普通高等教育“十三五”规划教材

管理运筹学

第3版

徐　辉　陈光辉　张　杰　胡盛强　王　枫　编著

同濟大學出版社
TONGJI UNIVERSITY PRESS

内 容 提 要

本书在介绍管理运筹学基本知识的基础上，系统讲解规划论中线性规划、运输问题、整数规划、目标规划和动态规划等的基本原理、方法及应用案例分析. 详细介绍了图论中图与树的概念、最短路问题、网络最大流问题、网络最小费用最大流问题，以及网络计划中网络图的绘制、关键路线确定和网络优化方法等；还介绍了不确定性决策问题的决策分析、博弈论，以及在不同需求情况下的确定性和非确定性的存储策略问题等. 通过附录介绍管理运筹学软件包 WinQSB 及其在管理运筹学中的应用实例(管理运筹学实验指导书). 本书共 12 章，各章后均附有习题，以帮助读者复习巩固所学的基本知识和检查学习效果.

本书案例丰富、内容紧凑、思路清晰，通过大量各具特色的案例分析，提高读者运用管理运筹学知识解决实际问题的能力. 本书实用性强，易于自学，可作为高等院校经济管理类、理工类专业本科生、研究生、MBA 的教材或教学参考书，亦可供广大企业管理者和工程技术人员阅读和参考.

图书在版编目(CIP)数据

管理运筹学 / 徐辉等编著. -- 3 版. -- 上海：同济大学出版社，2020. 7

ISBN 978-7-5608-9356-3

Ⅰ. ①管… Ⅱ. ①徐… Ⅲ. ①管理学—运筹学 Ⅳ. ①C931. 1

中国版本图书馆 CIP 数据核字(2020)第 162731 号

普通高等教育"十三五"规划教材

管理运筹学(第 3 版)

徐 辉 陈光辉 张 杰 胡盛强 王 枫 **编著**

责任编辑 陈佳蔚 **责任校对** 徐逢乔 **封面设计** 潘向蓁

出版发行 同济大学出版社 www. tongjipress. com. cn

(地址：上海市四平路 1239 号 邮编：200092 电话：021-65985622)

经　销 全国各地新华书店

印　刷 常熟市大宏印刷有限公司

开　本 787 mm×1092 mm 1/16

印　张 22. 25

印　数 1-3 100

字　数 555 000

版　次 2020 年 7 月第 3 版 2020 年 7 月第 1 次印刷

书　号 ISBN 978-7-5608-9356-3

定　价 49. 00 元

前 言

“管理运筹学”课程是经济管理类以及应用数学类专业基础课，主要授课对象为经济类、管理类各专业及应用数学类本科生.“管理运筹学”是以定量分析为主来研究管理问题，将工程思想和管理思想相结合，应用系统的、科学的、数学分析的方法，通过建模、求解数学模型获得最优决策方案.本课程将帮助学生正确理解“管理运筹学”的方法论，掌握“管理运筹学”整体优化思想；掌握线性规划、整数规划、运输问题、动态规划等基本模型的功能和特点，熟悉其建模条件、步骤和相应的技巧，能根据实际背景给出适当的“管理运筹学”模型，熟练掌握各种模型特别是确定性模型的求解方法，并能对求解结果作简单分析；掌握与基本模型相关的基本概念及基本原理，做到思路清晰、概念明确；具有初步运用“管理运筹学”思想和方法分析、解决实际问题的能力.

“管理运筹学”已广泛应用于工商企业、农业、国防、交通、能源及科学技术和工程管理等领域，以解决各行各业中的最优设计、最优分配、最优计划、最优决策和最优管理等最优化问题.其特点是首先通过对实际管理问题的分析，建立数学模型，然后对模型进行求解，从而为管理者和决策者选择最优决策提供科学的定量依据，提高组织的管理效率.因此，管理者和决策者掌握“管理运筹学”的基本原理和方法是十分必要的.

本书是在第2版的基础上，秉承前两个版本的特点，强调为应用而学，并在应用中学懂的教学理念；强调用“管理运筹学”方法使用配套软件解决实际管理中的问题，并基于课堂教学的经历，以及读者的建议，对第2版作了内容和文字的修订.通过教学实践，我们认为，要使学生掌握数学模型特征和应用，应该在清晰叙述模型特点的基础上配以各种模型应用，尽量避免冗长复杂的定理证明(该部分内容以附录形式出现，作为选学知识)，从而使内容更紧凑、更明了，同时通过大量各具特色的例题和习题来加强对学生建立“管理运筹学”模型能力的训练，培养他们运用“管理运筹学”理论与方法，分析和解决实际管理问题的能力，进而激发他们学习“管理运筹学”的兴趣.

全书共12章，各章主要内容简介如下：

第1章绪论，介绍了“管理运筹学”的发展历程，理解管理决策中的定性方法和定量方法，掌握“管理运筹学”的模型与方法，了解“管理运筹学”与计算机的关系，了解“管理运筹学”研究的特点及其在管理科学中的应用.

第2章线性规划与单纯形法，介绍了线性规划模型及应用，采用图解法的几何语言叙述，使得单纯形算法及理论结合得更加紧密，并将重要定理的证明作为阅读参考附在后面，供数学基础好的同学学习.

第3章对偶理论与灵敏度分析，介绍了线性规划对偶问题的实际背景，对偶问题的建立规则与基本性质，对偶问题最优解的计算及其经济解释，线性规划的灵敏度分析.

第4章运输问题，介绍了运输问题的数学模型及其求解运输问题的表上作业法，如何将产销不平衡的运输问题转化为平衡问题以及运输问题的若干案例分析.

第 5 章整数规划,介绍了整数规划及应用,我们放弃了多数教材中介绍算法过程的做法,重点放在构造模型解决广泛的管理问题上,并进行案例分析.

第 6 章目标规划,介绍了目标规划的基本概念、建模方法、图解法和单纯形法及其案例分析.

第 7 章动态规划,介绍了动态规划模型,根据其特点,把重点放在模型构造方面,选择多种问题进行讨论.

第 8 章图论及其应用,介绍了图与树的概念、最短路问题、网络最大流问题和网络最小费用最大流的算法及其案例分析.

第 9 章网络计划,介绍了网络图的绘制、网络计划的关键路线及网络优化方法.

第 10 章决策分析,介绍了基于不同决策准则下的不确定性决策问题的决策方法、风险决策的决策树方法、效用的概念以及效用曲线的确定、基于效用曲线的决策方法、层次分析法的原理及方法和马尔科夫决策方法.

第 11 章库存管理及其控制模拟,主要讲解库存管理及其控制模拟的基本概念、ABC 库存分析方法、确定型库存模型和随机型库存模型等若干个典型的模型及其应用.

第 12 章博弈论,主要讲解博弈论的基本概念、完全信息静态博弈模型、纳什均衡及混合策略纳什均衡的概念、解法及应用.

本书由广东财经大学工商管理学院教授徐辉博士(第 1 章、第 2 章),广东财经大学数学与统计学院陈光辉老师(第 6 章、第 7 章、第 8 章),广东财经大学工商管理学院教授张杰博士(第 5 章、第 11 章、第 12 章),广东财经大学工商管理学院副教授胡盛强博士(第 3 章、第 4 章),广东财经大学工商管理学院王枫博士(第 9 章、附录)等共同编著与修订.最后全书由徐辉教授统稿.由于水平所限,如有缺点和错误,敬请读者批评指正.在本书的编著过程中,参阅了大量已出版的教材和学术论文,借此机会,向这些作者和学者表示衷心感谢,同时,对使用本书的广大师生以及给予我们关心、鼓励和帮助的同行、专家学者致以由衷的感谢.

编　者

2020 年 6 月于广州

第 2 版前言

运筹学是20世纪40年代前后诞生的一门年轻的独立科学，它以运行系统作为研究对象，主要关注现实系统的最优运作，以及未来系统的最优设计，这是它不同于此前一切科学最显著特色. 而“管理运筹学模型与方法”是架构在运筹学基础上的学科，它借助运筹学理论与方法，针对现实中经济与管理系统进行量化分析，并以量化数据为支撑，求得经济与管理系统运行的最优化方案，以此来帮助其系统运行的决策者做出科学决策，由此可见，“管理运筹学模型与方法”是一门以管理决策支持为目标的应用性学科.

运筹学既是基础科学，又是应用科学，其自身体系异常浩繁，除了科学理论体系外，还包括应用体系和各种算法的计算机程序体系等. 绝非任何一本教材所能总揽. 本书名为“管理运筹学”，选材为经济与管理中常用的十几个运筹学分支，并侧重介绍其模型与方法，主要面向管理学、经济学两大学科门类各专业本科生、硕士研究生层次的课程教学. “管理运筹学”课程是经管类各专业的主干技术基础课，也是核心课程之一. 因此，本书主要内容涉及经济与管理中的最优规划及决策方法等问题. 通过本书的学习，可以使读者掌握如何从定性分析向定量分析过渡，分析整理经济与管理系统有关信息建立相应的定量分析模型，同时掌握有关求解定量模型的数学方法.

本书自2011年出版以来，深受广大读者欢迎，出版社为满足读者需要数次重印，累计已发行两万余册. 但是，随着管理运筹学理论与实践的飞速发展，为适应现代管理科学的实际需要，同时，为了全面提高本书的质量，我们趁广东财经大学：广东省特色专业（工商管理专业）、广东省重点建设专业（工商管理专业）和广东财经大学规划教材立项资助机会对该书进行了一次修订. 除了订正原教材的疏漏之外，还增加了库存管理及其控制模拟和博弈论等内容以充实. 在编撰本书过程中，我们注意从管理学和经济学的角度介绍运筹学基础知识，多以管理学和经济学这两大学科的各种实际问题为背景，引出基本概念、基本模型和基本方法，并且侧重各种模型与方法及其应用；为适应不同需求，选择性地纳入一些理论证明，但回避过于抽象、繁复的数学演绎；对于复杂的运筹学算法，大都运用直观手段和通俗语言来说明其基本思想，并辅以较丰富的算例和实例来说明其求解步骤，以便读者自学. 每章末都配有适当的习题，以利读者巩固学识、加深理解、融会贯通.

关于本书的具体修订工作，特作以下几点说明：

1. 基本保持原教材的体系、结构不变. 虽然增加了“库存管理及其控制模拟和博弈论”等内容，本书篇幅有所增加，但是，为避免篇幅过大，本书简明扼要的编写风格依然没有改变；

2. 加大案例教学力度，尽量避免冗长复杂的定理证明. 目的是培养学生运用管理运筹学模型与方法解决管理实践中的问题能力，进而激发他们学习管理运筹学的积极性；

3. 加强实验教学，增加“管理运筹学”课程实验教学内容，培养学生思考问题、研究问题和解决问题的动手能力以及学习管理运筹学的兴趣；

4. 基于“管理运筹学”理论特点及其内在规律，为了充分体现经济学与管理学科特色，修订版将涉及工商管理、市场营销学、电子商务、信息管理、投资学、工程管理、财务管理、物流学、人力资源管理、风险管理，数学建模和计算机科学等诸多领域，充分体现跨学科综合协同创新功能.

总之，本书从经济与管理实践角度出发，将管理运筹学建模方法、应用实例和 WinQSB2.0 软件计算有机结合，基本涵盖了经常使用的管理运筹学模型.以经济管理类专业的本科生和研究生为主要读者对象，结合经济管理类学生的特点，注重管理运筹学模型在管理实践中的应用，淡化有关的理论证明，着重从实际应用角度出发，对各种管理运筹学方法进行详尽地阐述.以管理运筹学原理和建模为出发点，结合实例讲解各种管理运筹学方法的建模技巧和求解模型的基本方法，以及利用 WinQSB2.0 软件求解各种模型的方法，是经济管理类专业学生学习管理运筹学和 WinQSB2.0 软件的良师益友，有助于读者使用 WinQSB2.0 软件解决管理实践过程中遇到的实际问题.

本书由广东财经大学工商管理学院教授徐辉博士（第 1 章、第 2 章、第 3 章、第 4 章、第 5 章）；广东财经大学数学与统计学院陈光辉老师（第 6 章、第 7 章、第 8 章、第 9 章）；广东财经大学工商管理学院副教授张杰博士（第 10 章、第 11 章、第 12 章、实验指导书）等共同编著与修订.我们本着对读者负责和精益求精的理念，对原书通篇进行字斟句酌的思考、研究，力求防止和消除一切瑕疵和错误.但由于水平所限，书中难免还会出现缺点和错误，敬请读者批评指正.同时借此机会，向使用本书的广大师生，向给予我们关心、鼓励和帮助的同行、专家学者致以由衷的感谢.

本书可作为大专院校经济学、管理学、理学和工学等专业的本科生和研究生教材，也可以作为学生、教师、科研人员和管理工作者系统学习管理运筹学以及 WinQSB2.0 软件使用的参考书.

作　者

2015 年 5 月于广州

第 1 版前言

运筹学是近 70 年来逐步发展起来的一门新兴的应用科学. 它是实现管理现代化和进行科学决策的有力工具. 如今，运筹学已发展成为一门理论完善、门类齐全、有着广泛应用前景的科学学科. 但由于它所研究问题的广泛性和复杂性，人们一直还没能形成一个统一且精确的运筹学定义. 从管理的角度来看，可以说运筹学是用定量化方法来为管理决策提供依据的一门学科. 运筹学把复杂的管理系统归结为模型(多数为数学模型)，然后使用数学方法和计算机求解与分析，从而得到管理系统的最优运行方案，供管理人员和决策人员参考.

运筹学已广泛应用于工商企业、农业、国防、交通、能源及科学技术和工程管理等领域，以解决各行各业中的最优设计、最优分配、最优计划、最优决策和最优管理等最优化问题. 其特点是首先通过对实际管理问题的分析，建立数学模型，然后对模型进行求解，从而为管理者和决策者选择最优决策提供科学的定量依据，进而提高组织的管理效率. 因此，管理者和决策者掌握一些运筹学的基本原理和方法是十分必要的. 目前高等学校中的经济与管理类专业、应用数学专业、部分工程类专业均开设了此课程.

通过多年的教学实践，我们认识到，要使学生掌握数学模型的特征和应用，应该在清晰叙述模型特点的基础上配以各种模型应用，并尽量避免冗长复杂的定理证明(该部分内容以附录形式出现，作为选学知识)，从而使内容更紧凑、更明了，同时通过大量各具特色的例题和习题来加强学生对建立运筹学模型能力的训练，培养他们运用运筹学解决实际管理问题的能力，进而激发他们学习运筹学的兴趣. 由于实际问题的解决总是在计算机上进行的，因此，对运筹学软件有兴趣的读者可直接与作者联系，或从相关网站下载.

基于上述原因，我们编写了本书. 其特点是提供了大量的案例分析，并尽量避免冗长复杂的定理证明. 且本书的绝大部分内容我们已经作为教学内容在实际教学中使用了多年，学生们普遍反映运筹学的学习不仅没有想象的那么困难，而且学习起来十分有趣. 本书决定出版时，我们又在原来教学内容的基础上作了适当的修改和补充.

全书共分 10 章，各章主要内容简介如下：

第 1 章绪论介绍运筹学的发展历程，从管理科学的角度强调了管理运筹学学习的重要性——简要介绍了运筹学模型、工作步骤和运筹学与计算机之间的关系，同时说明了管理运筹学使用的 WinQSB 2.0 版软件包的作用与功能.

第 2 章讲解线性规划模型及其应用，并采用图解法的几何语言叙述，使得单纯形算法及理论结合得更加紧密和更具有形象的几何意义，便于学生学习和掌握其相关内容. 此外，将重要定理的证明作为阅读参考附在后面，供数学基础较好的学生进一步学习.

第 3 章在介绍线性规划对偶问题实际背景的基础上，讲述对偶问题的建立规则与基本性质、对偶问题最优解的计算及其经济解释以及线性规划的灵敏度分析和参数线性规划.

第 4 章讲解运输问题的数学模型及求解运输问题的表上作业法，并介绍产销不平衡的运输问题转化为平衡问题的方法，随后给出运输问题的若干案例分析.

第 5 章介绍整数规划及其应用. 重点放在构造模型解决广泛的管理问题上,并进行案例分析.

第 6 章讲解目标规划的基本概念、建模方法、图解法和单纯形法,并给出了若干案例分析.

第 7 章讨论动态规划模型. 根据其特点,把重点放在模型构造方面,并选择若干实际问题进行分析.

第 8 章介绍图与树的概念、最短路问题、网络最大流问题、网络最小费用最大流的算法和中国邮递员问题,并给出相关案例分析.

第 9 章讲述网络图的绘制、网络计划的关键路线及网络优化方法.

第 10 章探讨基于不同决策准则下的不确定性决策问题的决策方法、风险决策的决策树方法、效用的概念以及效用曲线的确定、基于效用曲线的决策方法和层次分析法的原理及方法.

附录通过一系列的实验,介绍管理运筹学软件包 WinQSB 2.0 及其在管理运筹学中的线性规划、对偶理论与灵敏度分析、运输问题、整数规划、指派问题、目标规划、动态规划、最大流问题、网络计划、决策分析等方面的计算机应用实例.

本书第 4 章、第 5 章、第 6 章、第 7 章和第 10 章由广东商学院教授徐辉博士执笔,第 1 章由广东商学院副教授陈又星博士执笔,第 2 章、第 3 章、第 8 章、第 9 章及附录(实验指导书)由东华理工大学张延飞老师执笔.

管理运筹学的理论与实践还在日新月异地发展,本书的内容尚存局限和不足之处,恳请读者提出宝贵建议. 我们愿与大家在对现有知识的分享阅读和对新知识的持续学习中共同得到知识的更新与学术研究的提高.

本书是在借鉴诸多学者和专家辛勤劳动成果的基础上编著而成的,这些成果已列于参考文献中,在此谨向这些文献的作者致以诚挚的谢意! 因文献查阅较多,如有遗漏敬请谅解.

限于笔者学识水平,书中难免存在缺憾和不足之处,殷切期望广大读者批评指正,提出宝贵意见.

作　者

2011 年 5 月

目　录

前　言
第 2 版前言
第 1 版前言

1　绪论 …… 1
1.1　运筹学发展简史 …… 1
1.2　管理决策中的定性方法和定量方法 …… 2
1.3　运筹学的模型与方法 …… 3
1.4　运筹学与计算机 …… 6
1.5　运筹学研究的特点及其在管理科学中的应用 …… 8
本章小结 …… 9
习题 1 …… 10

2　线性规划与单纯形法 …… 11
2.1　什么是线性规划 …… 11
2.1.1　线性规划问题的具体实例 …… 12
2.1.2　线性规划问题的数学模型 …… 15
2.2　求解线性规划问题的基本原理 …… 19
2.2.1　图解法 …… 19
2.2.2　关于线性规划问题求解的一些基本定理 …… 21
2.2.3　基、基解和基可行解 …… 23
2.3　线性规划的单纯形法 …… 25
2.3.1　单纯形法的基本原理 …… 25
2.3.2　最优性检验与解的判别 …… 28
2.3.3　单纯形列表算法 …… 30
2.4　人工变量法 …… 34
2.4.1　大 M 法 …… 35
2.4.2　两阶段法 …… 37
2.5　案例分析 …… 41
* 2.6　几个基本定理的证明 …… 47
本章小结 …… 49
习题 2 …… 50

3 对偶理论与灵敏度分析 …… 55
3.1 线性规划的对偶问题 …… 55
3.1.1 问题的提出 …… 55
3.1.2 对偶问题的形式 …… 57
3.2 对偶问题的基本性质 …… 61
3.3 对偶单纯形法 …… 68
3.3.1 对偶单纯形法的基本原理 …… 68
3.3.2 对偶单纯形法的计算步骤 …… 69
3.4 对偶问题的经济解释——影子价格 …… 71
3.4.1 影子价格的概念 …… 71
3.4.2 对偶问题的经济解释 …… 72
3.4.3 影子价格在经济管理中的应用 …… 73
3.5 灵敏度分析 …… 75
3.5.1 目标函数中价值系数 c_j 的变化分析 …… 76
3.5.2 右端资源数量 b_i 的变化分析 …… 80
3.5.3 系数矩阵中技术系数 a_{ij} 的变化分析 …… 82
3.5.4 增加一个新变量的变化分析 …… 85
3.5.5 增加一个约束条件的变化分析 …… 86
3.6 参数线性规划 …… 87
3.6.1 目标函数中价值系数 c_j 的参数变化分析 …… 88
3.6.2 约束条件中右端常数 b_i 的参数变化分析 …… 90
3.7 案例分析 …… 92
本章小结 …… 98
习题 3 …… 98

4 运输问题 …… 104
4.1 运输问题的建模 …… 104
4.1.1 运输问题的数学模型 …… 104
4.1.2 运输问题数学模型的特点 …… 105
4.2 平衡运输问题的表上作业法 …… 106
4.2.1 给出初始基可行解 …… 107
4.2.2 解的最优性检验 …… 110
4.2.3 初始基可行解的改进 …… 112
4.2.4 平衡运输问题表上作业法的运算过程 …… 113
4.2.5 对运输问题需要说明的几个问题 …… 114
4.3 不平衡运输问题 …… 115
4.4 案例分析 …… 116
本章小结 …… 124
习题 4 …… 124

5 整数规划 …… 129
5.1 整数规划的建模 …… 129
5.2 整数规划的分枝定界法 …… 130
5.3 0－1 型整数规划 …… 132
5.3.1 0－1 型整数规划的建模 …… 132
5.3.2 0－1 型整数规划的解法 …… 135
5.4 指派问题 …… 136
5.4.1 指派问题的标准形式及数学模型 …… 136
5.4.2 指派问题的匈牙利解法 …… 137
5.4.3 非标准形式的指派问题 …… 140
5.5 案例分析 …… 141
本章小结 …… 146
习题 5 …… 147

6 目标规划 …… 150
6.1 目标规划问题及其数学模型 …… 150
6.1.1 目标规划问题的提出 …… 150
6.1.2 目标规划问题的基本概念及其建模 …… 151
6.2 目标规划的图解法 …… 152
6.3 目标规划的单纯形法 …… 154
6.4 案例分析 …… 156
本章小结 …… 161
习题 6 …… 161

7 动态规划 …… 165
7.1 多阶段决策问题 …… 166
7.2 动态规划的基本概念和基本方程 …… 166
7.2.1 动态规划的基本概念 …… 166
7.2.2 动态规划的基本思想与基本方程 …… 169
7.3 动态规划应用举例 …… 172
7.3.1 资源分配问题 …… 172
7.3.2 生产与存储问题 …… 176
7.3.3 设备更新问题 …… 180
本章小结 …… 181
习题 7 …… 181

8 图论及其应用 …… 184
8.1 图论导引 …… 184
8.2 树及最小支撑树问题 …… 186

8.2.1 树与树的基本性质 …… 187
8.2.2 支撑树和最小支撑树 …… 188
8.3 最短路问题 …… 188
8.3.1 Dijkstra 算法 …… 188
8.3.2 最短路的 Floyd 算法 …… 191
8.4 最大流问题 …… 193
8.4.1 基本概念和基本定理 …… 193
8.4.2 寻找最大流的标号法(Ford-Fulkerson 算法) …… 195
8.5 最小费用最大流问题 …… 197
8.6 中国邮递员问题 …… 199
8.7 案例分析 …… 201
本章小结 …… 203
习题 8 …… 203

9 网络计划 …… 207
9.1 计划网络图的绘制 …… 207
9.1.1 网络图的基本概念 …… 207
9.1.2 网络图的绘图规则与步骤 …… 208
9.2 网络计划的关键路线 …… 210
9.2.1 时间参数的计算 …… 210
9.2.2 关键路线 …… 211
9.3 网络优化与调整 …… 212
9.3.1 时间优化 …… 212
9.3.2 时间-费用优化 …… 213
9.3.3 时间-资源优化 …… 215
本章小结 …… 216
习题 9 …… 216

10 决策分析 …… 219
10.1 概述 …… 219
10.1.1 决策问题举例 …… 219
10.1.2 决策模型 …… 220
10.1.3 决策问题的分类 …… 220
10.2 不确定型决策 …… 221
10.2.1 等可能性准则 …… 221
10.2.2 乐观准则 …… 221
10.2.3 悲观准则 …… 222
10.2.4 折衷准则 …… 223
10.2.5 后悔值准则 …… 223

10.3 风险型决策 …… 224
10.3.1 最优期望益损值决策准则 …… 224
10.3.2 决策方法 …… 224
10.3.3 多级决策 …… 226
10.3.4 完全情报及其价值 …… 228
10.3.5 贝叶斯(Bayes)决策 …… 229
10.4 效用理论 …… 232
10.4.1 效用及效用曲线 …… 233
10.4.2 最大期望效用值决策准则及其应用 …… 235
10.5 层次分析法 …… 237
10.5.1 层次分析法概述 …… 237
10.5.2 层次分析法的基本原理与方法 …… 238
10.5.3 层次分析法的软计算 …… 245
10.6 马尔科夫决策 …… 254
10.6.1 马尔科夫决策的基本原理 …… 254
10.6.2 马尔科夫决策的应用 …… 257
本章小结 …… 259
习题 10 …… 259

11 库存管理及其控制模拟 …… 262
11.1 基本概念 …… 262
11.1.1 库存与库存管理 …… 262
11.1.2 库存管理系统 …… 263
11.1.3 库存管理系统的基本要素 …… 264
11.1.4 库存控制模型分类 …… 265
11.2 ABC 库存分析法 …… 266
11.2.1 ABC 分析原理 …… 266
11.2.2 ABC 分析图的绘制 …… 266
11.2.3 各类物资管理策略 …… 268
11.3 确定型库存模型 …… 268
11.3.1 不允许缺货模型 …… 268
11.3.2 允许缺货模型 …… 270
11.3.3 连续补充、不允许缺货模型 …… 272
11.3.4 不允许缺货、数量折扣模型 …… 274
11.4 随机型库存模型 …… 276
11.4.1 单阶段离散型随机库存模型 …… 276
11.4.2 单阶段连续型随机库存模型 …… 280
本章小结 …… 281
习题 11 …… 281

12 博弈论 …… 283
12.1 基本要素和分类 …… 283
12.1.1 博弈论的基本要素 …… 283
12.1.2 博弈论的分类 …… 284
12.2 完全信息静态博弈 …… 285
12.3 纳什均衡 …… 286
12.3.1 占优策略均衡 …… 286
12.3.2 重复剔除的占优策略均衡 …… 288
12.3.3 纳什均衡 …… 290
12.4 混合策略纳什均衡 …… 291
12.5 案例分析 …… 294
本章小结 …… 298
习题 12 …… 298

附录 A WinQSB 应用及管理运筹学实验 …… 300
A1 实验教学目的与要求 …… 300
A2 实验项目名称和学时分配 …… 300
A3 单项实验的内容和要求 …… 300
A3.1 线性规划 …… 300
A3.2 对偶理论与灵敏度分析 …… 308
A3.3 运输问题 …… 311
A3.4 整数规划与指派问题 …… 314
A3.5 目标规划 …… 317
A3.6 动态规划 …… 319
A3.7 最大流问题 …… 321
A3.8 网络计划 …… 322
A3.9 决策分析 …… 329
A3.10 存储论 …… 332

参考文献 …… 339

1 绪　　论

本章要求

◎ 了解运筹学发展简史.

◎ 理解管理决策中的定性方法和定量方法.

◎ 了解和掌握运筹学的模型与方法.

◎ 了解管理运筹学与计算机的关系.

◎ 了解运筹学研究的特点及其在管理科学中的应用.

1.1 运筹学发展简史

运筹学起源于 20 世纪 40 年代. 在第二次世界大战期间，由于战争的需要，英国、美国、法国、加拿大等国军事部门先后成立了由多学科科学家组成的研究工作小组，解决如何充分利用有限的战争资源取得军事最强战斗力的问题. 如在雷达站与整个防空作战系统的协调配合、深水炸弹的最佳定深规范、保持飞机最强战略力量的巡航比率、空军基地飞机种类的合理配置及远航轰炸的最佳编队、海运商船与护航军舰的最佳编队等方面做了大量卓有成效的工作，为取得战争的最终胜利做出了巨大贡献，这些研究工作称之为“Operational Research”，缩写为“OR”，即为作战研究或运用研究，也就是 OR(运筹学)的来源.

第二次世界大战期间，虽然运筹学已经诞生，但是由于战时的特殊环境，其研究方向主要集中于军事应用方面，其中绝大多数工作都是其他科学中的方法和手段的移植，并未形成一门学科的理论体系. 因此，这一时期只是运筹学的初创时期. 第二次世界大战之后，恢复和发展经济成为各个国家的主导工作，合理调配并充分利用战后稀缺的经济资源以取得最佳经济效果便成为亟待解决的问题. 而经济组织内与日俱增的复杂性和专门化所产生的各种决策问题，也比战前更为显著地引起社会的关注. 尤其是那些战时曾在军界运筹学小组工作过，现已成为企业顾问的科学家们，逐渐认识到现时所面临的这些问题同战时军界所面临的问题基本上是一致的，于是积极促成学术界和企业界对运筹学的开发和利用. 1948 年，在英国成立了世界上第一个运筹学专业学术团体——英国运筹学俱乐部，并于 1950 年创办了世界上第一本运筹学刊物《运筹学季刊》；1952 年，美国成立了运筹学会(Operations Research Society of America，缩写为 ORSA)，并后来创办了《运筹学》刊物. 1957 年，在美国的建议下，英国在牛津大学召开了第一届国际运筹学会议；1959 年，国际运筹学会联合会(International Federation of Operational Research Societies，缩写为 IFORS)正式成立，为促进运筹学的国际交流及其在全世界的发展做出了重大贡献，使运筹学成为一种广泛的世界性学术活动. 1995 年，美国运筹学会和美国管理科学学会合并为国际运筹学与管理科学学会. 在学术界与企业界的共同推动下，短短几十年里运筹学就扎下了牢固的根基. 现如今，运筹学已发展成为一门理论完善、门类齐全、有着广泛应用前景的科学学科.

在我国，运筹学的研究和应用起步较晚，在20世纪50年代中期才由钱学森与许国志等老一辈科学家由西方引入，并借助于《史记・高祖本纪》中的“夫运筹帷幄之中，决胜于千里之外”之佳话，将 Operational Research 翻译为运筹学，包含运用、筹划、以谋略取胜等含义. 1957年，运筹学开始应用于建筑业和纺织业. 1958年运筹学在交通运输、工农业生产等方面都得到了应用，产生了独具风格的“图上作业法”. 1970年后，在华罗庚教授的直接指导下，在全国范围内推广了统筹法和优选法，并取得了卓著成效. 1980年，中国运筹学会成立，并于1982年加入国际运筹学会联合会. 1984—1985年，中国运筹学会参与了亚太运筹学会联合会（Asian-Pacific Operational Research Societies，缩写为 APORS）的筹建工作，是八个创始国之一. 1992年，中国运筹学会从数学学会中独立出来，成为国家一级学会. 近年来，运筹学的应用已趋于研究规模大和复杂的问题，如部门计划、区域经济规划等，并已与系统工程融为一体，渗透于国民经济的各行各业，取得了丰硕成绩.

由于运筹学所研究问题的广泛性和复杂性，人们一直还没能形成一个统一且精确的运筹学定义. 从管理的角度来看，运筹学是为决策机构在对其控制下的业务活动进行决策时提供以数量化为基础的科学方法，它是一门应用科学，它广泛应用现有的科学技术知识和数学方法，解决实际中提出的专门问题，为决策者选择最优决策提供定量依据，同时，它又是一种给出问题坏的答案的艺术，否则问题的结果会更坏. 一方面，运筹学把复杂的管理系统归结为模型，然后使用数学方法和计算机求解与分析，从而得到系统的最优运行方案，强调最优决策；另一方面，运筹学强调最优决策过分理想，在现实中很难实现，于是用次优、满意等概念来代替最优.

西方许多学者往往把“运筹学”称为“管理科学”（Management Science，缩写为 MS）. 我们认为与运筹学同义的管理科学只是狭义的管理科学（何况，二者之间在理论研究的深度还是有些差别的）. 一般来说，管理科学包含的内容要比运筹学更广泛一些. 可以说，运筹学是管理科学最重要的组成部分.

1.2 管理决策中的定性方法和定量方法

决策是指人们对未来行动目标及其实现方案进行合理抉择的分析、判断过程，它是管理活动的核心. 制定决策的两个基本方法是定性方法和定量方法.

定性方法亦称“非数量分析法”，是决策者根据已知的情况和现有资料直接利用个人的知识经验对问题做出主观的判断和分析，并推断出问题规律的方法. 主要是依靠决策者个人的直觉和判断能力以及过去的经验. 因此，定性方法主要用于确定问题的性质，解决“有没有”“是不是”等的问题. 它的一个显著特征是较大程度上依赖于决策者的素质. 定性方法解决管理问题通常包含以下几方面内容：提出需要研究或解决的管理问题，明确研究对象，提出研究假设，拟定分析方案，建立理论模型等，也有运用知识经验和判断直接给出问题解决方案或验证研究假设、构建理论模型等.

常用的定性方法有：经验判断法、专家调查法、德尔菲法和头脑风暴法等.

定量方法是管理决策者从问题中提取量化资料和数据，对其进行分析后再用数学表达式把问题的目标、约束条件和其他关系表示出来，最后通过一种或多种定量的方法，得出决策结果. 如果管理决策者缺乏经验，或研究的问题是复杂的、特别重要的问题、新问题、重复性的问题等，定量方法就显得非常重要了，管理决策者应该予以重视. 在条件具备时，定量方法得出的决策结果一般较为客观，准确性较高，而且便于采用计算机辅助计算和进行多方案的选优. 但它也有局限性，在于很多实际的管理问题无法完全理性地加以描述，如人的需求、动机和行为就不是完全可用数学方法就能加以预测和管理的.

一般来说，制定决策的过程应做到定性方法和定量方法相结合. 定量方法并不制定决策，而是在决策制定过程中起协助作用，最后的“拍板权”应属于管理决策者. 过分依赖定量方法是有害的，但不去很好地利用定量方法也许会造成更为不利的结果. 简而言之，定量方法不能代替决策者的判断和经验，但它对决策者是很有价值的，如图 1-1 所示.

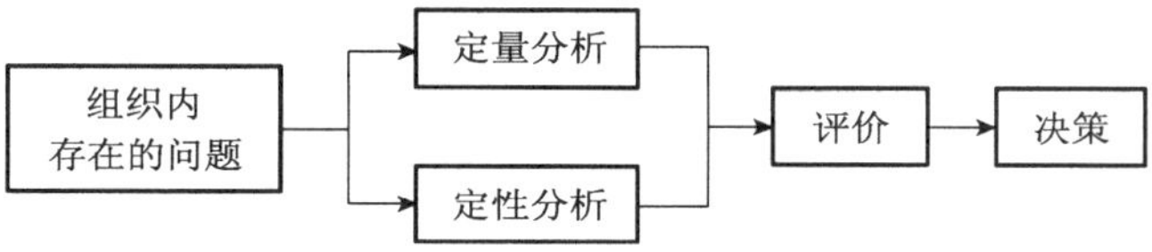

图 1-1　决策的定量和定性分析

1.3　运筹学的模型与方法

运筹学研究和解决问题的核心是正确建立和使用模型. 通常，模型是指为了某个特定目的，对真实系统或现象所作的一种简化表述，是帮助人们认识、分析和解决问题的有力工具. 为了协助解决实际问题，模型应具有简单和精确这两个特征，它应包含与分析问题有关的主要因素，同时，能反映各有关因素之间的相互关系. 模型有三种基本形式：

(1) 形象模型. 规模缩小或放大的由实物制成的模型，如建筑模型、航空模型、物质的原子结构模型等.

(2) 模拟模型. 这种模型是用具有某些性质的简单东西去代替具有另一种性质的复杂东西，当然，这两种不同性质的东西要具有相同的对应关系. 体温表就是模拟模型的一个例子，体温表上的刻度用来代表温度的度数. 同样，一把计算尺也是一个模拟模型.

(3) 符号或数学模型. 它是用符号和数学工具来描述现实系统的一种数学结构，也是目前使用最广泛、作用最大的一种模型.

数学模型是运筹学中最常用的模型. 运筹学中所使用的数学模型，一般由决策变量、约束或限制条件以及目标函数所构成，其实质表现为在约束条件允许的范围内，寻求目标函数的最优解. 运筹学模型的一个显著特点是它们大都是最优化模型. 这类模型的一般形式可表述为

目标函数　　$\max(\text{或}\ \min)V = F(x_i,\ y_i,\ u_i)$；　　(1.1)

约束条件　　s. t.　$G(x_i,\ y_i,\ u_i) \geqslant (\text{或} =, \text{或} \leqslant) 0$.　　(1.2)

其中，x_i 为决策变量（又称为可控变量），是模型所代表的系统中受到控制或能够控制的变量，在模型中表现为未知参数；y_i 为已知参数（也称为状态变量）；u_i 为随机因素. 模型的约束条件是决策变量客观上必须满足的限制条件，它反映出实际问题中不受控制系统变量或环境变量对受控制的决策变量的限制关系. 目标函数是模型所代表的性能指标或有效性的宏观度量，在模型中表现为决策变量的函数，反映了实际问题所要达到的理想目标.

运筹学发展到今天，内容已相当丰富，运筹学模型分类也很多. 当目标函数和约束条件都是线性函数时，称模型为线性模型，否则称为非线性模型. 当决策变量只取离散值时，称为离散模型，否则称为连续模型. 当模型中不含随机因素时，称它为确定性模型，否则称为随机性模型. 比如，确定性模型包括的运筹学分支有线性规划、整数规划、目标规划、非线性规划、动态规划、图与网络；随机性模型包括的运筹学分支有决策论、对策论、排队论、存储论、维修更新理论、搜索论、可靠性和质量管理等. 此外，还可以按模型的用途、使用的数学工具、求解方法等来给运筹学模型分类，这里不再赘述.

针对实际问题所建立的运筹学模型，一般应满足两个要求：一是要能完整地描述所研究的系统，以便能代替现实供我们研究；二是要在适合所研究问题的前提下，模型尽量简单. 但是，要实现这些要求，在开始建模时，往往不容易做到，而且选择什么样的模型和确定建立模型的范围，在开始阶段也很难判断，需要有丰富的实践经验和熟练的技巧，有时需要多次反复修改，最后才能确定下来，所以建立模型是一种创造性劳动.

运用运筹学方法分析和解决问题，作为一个过程实际上是一个科学决策的过程，这个过程的核心是建立运筹学模型和对模型进行分析、求解. 正确地进行这个过程一般要经过如下步骤：

(1) 提出问题，明确目标. 从现实系统分析开始，通过对系统中错综复杂的现状分析，找出影响系统的主要因素，提出要解决的实际问题. 具体分析问题的性质和环境，明确目标，弄清有关因素及其变化范围和相互关系，并将可控制因素与不可控制因素分开，从解决问题的困难程度，获得成功的可能性，技术、经济和操作的可行性等方面进行分析，做到心中有数，目的明确.

(2) 搜集数据与建立模型. 搜集数据与建立模型，两者是紧密关联的. 我们根据解决实际问题拟采用的模型去搜集和整理有关数据，或根据实际问题搜集和整理的数据去构建有关模型. 这里，所使用数据必须强调真实性和精确性，因为只有真实的数据才能反映客观事实. 对于大型问题，搜集精确的数据往往是一件费时、费力的艰巨工作. 实际上，有时由于难以得到足够的所需数据而必须改变拟采用模型的结构或类型. 而一个只要求少量数据但适用的近似模型，往往比一个虽然精确但对数据要求太高的模型更受到人们的欢迎.

建立模型是运筹学的关键工作步骤. 运筹学模型是一个能有效地达到一定目标（或多个目标）行动的系统，因此，目标一经确定，就要用数学语言描述问题，建立目标函数，分析问题所处的环境，确定约束条件，探求与问题有关的决策变量等，并选用合适的方法，建立运筹学模型.

(3) 分析并求解模型. 根据所建模型的性质及其数学特征，选择适当的求解方法. 对于一些较简单的模型，可用经典的数学分析方法求解，但这种情况实际上是很少的. 求解由式(1.1)和式(1.2)所表示的数学模型，常用的有迭代法. 所谓迭代法，就是用某种方法找出一个初始解，然后检验它是否为最优解，若不是最优解，它将会提供某种信息，说明如何可以求得一个比当前解有所改善（或至少一样好）的新解. 重复进行这一过程，直到确认问题无最优解，或求得一个最优解为止（对于一些复杂的问题，有时只可能求得近似最优解，次优解、满意解或满足最优解必要条件的解).运筹学中大多数有名的算法都是迭代法，在后面各章我们将会作更详细的介绍.当然，在实际上，必须借助于计算机进行求解，而解的精度要求可由决策者来决定.

除了迭代法，运筹学中另一种常用的解法称为模拟法或仿真法.主要用来求解复杂、带有随机因素的模型，这里不多作介绍.

(4) 检验并评价模型.模型分析和求解得到的结果只是解决问题的一个初步方案，此方案是否满意，尚需按照它能否解决实际问题，主要考虑达成目标的情况，选择合适的标准，并通过一定的方法，如灵敏度分析法、参数规划法、相关分析法等，对模型结构和一些基本参数进行检验与评价.如果不能接受，就要考虑模型的结构和逻辑关系的合理性、采用数据的完整性和科学性，并对模型进行修正或更改.另外，由于模型只能包含实际问题的主要方面，有许多因素如政策因素、社会因素等都不能包含进去，因而要对求解结果进行全面评价，分析求解结果是否符合实际问题.所以，只有经过反复修改验证的模型，才能最终给管理者提供一项既有科学依据，又符合实际的可行方案.

(5) 结果分析与实施.借助模型求出的结果，不是运筹学研究的终结，还必须对结果进行分析，对求解出的结果，决不能理解为一个或一组最优解(满意解).对结果进行分析，要让管理人员和建模人员共同参与.要让他们了解求解的方法步骤，对结果赋予经济含义，并从中获取求解过程中提供的多种宝贵的经济信息，使双方对结果取得共识.让管理人员参加对结果分析的全过程，有利于掌握分析的方法和理论，便于以后完成日常分析工作，保证结果分析的真正实施.

对结果分析的实施，关系到研究系统总体效益能否有较理想的提高，也是运筹学研究的最终目的.因此，在实施过程中，不仅要求加强系统内部科学管理，保证按支持结果的管理理论和方法进行，而且要求管理人员密切关注系统外部的市场需求、价格波动、资源供给和系统内部的情况变化，以便及时调整系统的目标、模型中的参数等.从某种意义上说，将分析结果成功地实施，是运筹学研究的最重要的一步.

应当说明，以上虽然将运筹学解决问题的过程划分为五个独立的阶段，但在实际应用中，很少能够将它们截然分开并加以区分，各个阶段之间经常是相互影响和彼此重叠，有时要经过多次反复.例如，建立模型这关键的一步就经常受到现有的求解方法的影响，有时甚至当运筹学研究进入到后面几个阶段时，由于对原来形成的问题有了新的认识，也会对前面工作阶段的内容作进一步的修改、补充，甚至推倒重来.具体工作步骤如图 1-2 所示.

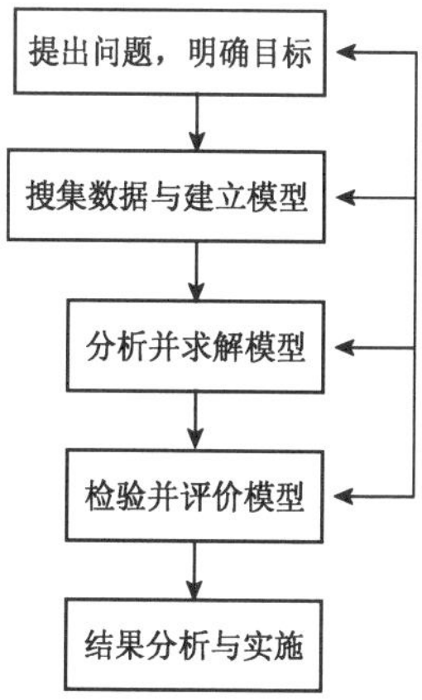

图 1-2　工作步骤

从运筹学模型的构建与应用的整个过程可以看出，提出问题和明确目标依赖于企业对系统外部环境和内部管理经济信息的掌握；构建模型需要所提问题的有关(经过科学加工处理的)数据信息作支撑；求解模型的结果又产生新的经济信息，它必须用现实环境作检验；在对结果分析和实施中更需要密切关注整个内部经济活动和外部市场动态的经济信息，并及时反馈给企业的管理决策者，以使运筹学模型保持适应外部市场和企业内部经济环境的动态平衡.缺乏经济信息的支持，运筹学模型将不可能达到预期的目标.它们之间的关系如图 1-3 所示.

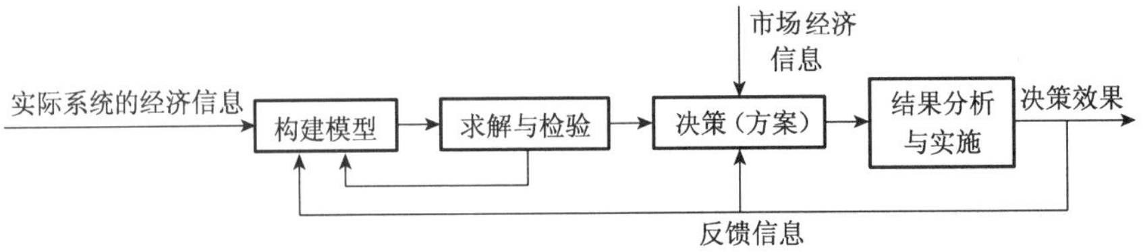

图 1-3　运筹学模型构建与经济信息之间的关系

总之，运筹学模型的构建和应用离不开过去、现在和将来（通过预测获得）有关的经济信息. 这些宝贵的信息获取来自企业的管理信息系统.

1.4　运筹学与计算机

数十年来，运筹学之所以能迅猛发展，除了它本身能适应社会的发展，有效地解决各个领域中很多依靠经验难以解决的问题以及一些运筹学家在理论和方法上做出了杰出贡献之外，计算机技术的快速发展起了重要的推动作用. 因为运筹学着重定量解决问题，往往要做大量的运算和数据分析才能获得结果. 如果用手工计算，不仅耗时、费力，甚至有时是不可能完成的. 因此，计算机就成了不可缺少的工具，如果没有计算机，绝大多数运筹学技术是完全不能实现的. 更重要的是，计算机能快速利用运筹学应用工作中所需的各种类型的管理信息，没有这些信息，许多运筹学工作就会变得毫无意义. 所以，计算机是推动运筹学应用的基本因素. 毫无疑问，随着时间的推移，运筹学与计算机之间的关系将会愈加密切. 如今，运筹学方法已成为计算机基础信息系统（Computer-Based Information System，缩写为 CBIS）的一个主要部分. CBIS 包含有管理信息系统、决策支持系统、人工智能和专家系统等，运筹学模型在这些系统中是大有作为的.

本书主要使用的管理运筹学软件包是 WinQSB 2.0 版. WinQSB 是 QSB 的 Windows 版，可以在 Windows 7/XP 平台下运行. WinQSB 是 Quantitative Systems for Business 的缩写，它是一种教学软件，对于非大型的问题一般都能计算，较小的问题还能演示中间的计算过程. 该软件可用于管理科学、决策科学、管理运筹学及生产运作管理等领域的求解问题. 内容包括：线性规划及整数规划、目标规划、分配问题、运输问题、最短路问题、最小部分树问题、网络最大流问题、货郎担问题、计划评审技术、二人零和对策、决策分析等.

WinQSB 2.0 共有 19 个子系统，分别用于解决管理运筹学不同方面的问题，详见表 1-1.

表 1-1　　WinQSB 2.0 的 19 个子系统

序号	程　序	启动程序名称	内　容	应用范围
1	Acceplance Sampling Analysis	ASA	抽样分析	各种抽样分析、抽样方案设计、假设分析
2	Aggregate Planning	AP	综合计划编制	具有多时期正常、加班、分时、转包生产量、需求量、存储费用、生产费用等复杂的整体综合生产计划的编制方法，将问题归结到求解线性规划模型或运输模型

续 表

序号	程　序	启动程序名称	内　　容	应用范围
3	Decision Analysis	DA	决策分析	确定型与风险型决策、贝叶斯决策、决策树、二人零和对策、蒙特卡罗模拟
4	Dynamic Programming	DP	动态规划	最短路问题、背包问题、生产与存储
5	Facility Location and Layout	FLL	设备场地布局	设备场地设计、功能布局、线路均衡布局
6	Forecasting and Linear Regression	FC	预测与线性回归	简单平均、移动平均、加权移动平均、线性趋势移动平均、指数平滑、多元线性回归、Holt-Winters 季节叠加与乘积
7	Goal Programming and Integer Linear Goal Programming	GPIGP	目标规划与整数线性目标规划	多目标线性规划、线性目标规划、变量可以取整、连续或无限制
8	Inventory Theory and System	ITS	存储论与存储控制系统	经济订货批量、批量折扣、单时期随机模型、多时期动态存储模型、存储控制系统(各种存储策略)
9	Job Scheduling	JOB	作业调度、编制工作进度表	机器加工排序、流水线车间加工排序
10	Linear and Integer Programming	LP-ILP	线性规划与整数线性规划	线性规划、整数规划、写对偶、灵敏度分析、参数分析
11	MarKoy Process	MKP	马尔科夫过程	转移概率、稳态概率
12	Material Requirements Planning	MRP	物料需求计划	物料需求计划的编制、成本核算
13	Network Modeling	Net	图论模型	运输、指派、最大值、最短路、最小支撑树、货郎担等问题
14	Nonlinear Programming	NLP	非线性规划	有(无)条件约束、目标函数或约束条件非线性,目标函数与约束条件都非线性等规划的求解与分析
15	Project Scheduling	PERT-CPM	网络计划	关键路径法、计划评审技术、网络的优化、工程完工时间模拟、绘制甘特图与网络图
16	Queqing Programming	QP	二次规划	求解线性约束、目标函数是二次型的一种非线性规划问题,变量可以取整数
17	Quality Control Charts	QCC	质量管理控制图	建立各种质量控制图质量分析
18	Queuing Analysis	QA	排队分析	各种排队模型的求解与性能分析、15 种分布模型、灵敏度分析、服务能力分析、成本分析
19	Queuing System Simulation	QSS	排队系统模拟	未知到达和服务时间分布、一般排队系统模拟计算

图 1-4 是 Win QSB 2.0 版的 19 个子系统菜单图.

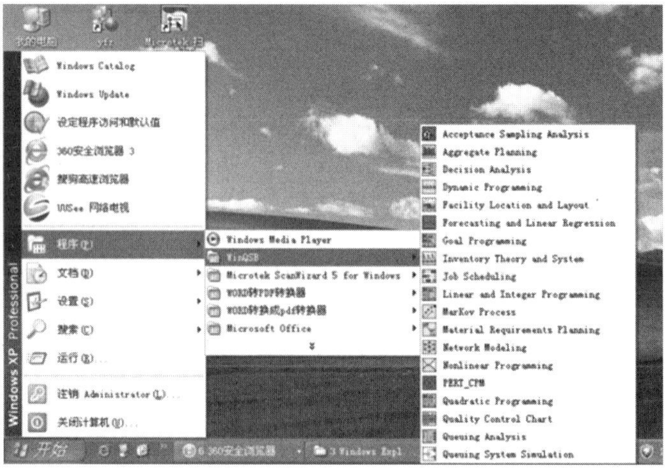

图 1-4　WinQSB 2.0 的 19 个子系统菜单图

1.5　运筹学研究的特点及其在管理科学中的应用

运筹学作为一门定量决策科学，利用数学、计算机科学以及其他科学的理论与方法，研究各种系统尤其是经济管理系统中运行的数量化规律，合理使用与统筹安排人力、物力、财力等资源，为决策者提供有决策依据的最优方案，以实现有效的管理并获得满意的经济效益和社会效果，就其理论与应用意义上归纳来说，运筹学研究问题具有以下特点：

(1) 运筹学研究和解决问题的基础是最优化技术，强调从全局追求总体效益最优. 运筹学针对研究的实际问题，从系统的观点出发，以整体最优为目标，研究各组成部分的功能及其相互间的影响关系，解决各组成部门之间的利害冲突，求出使所研究问题达到最优效果的解，并寻求一个最好的行动方案付诸实施.

(2) 运筹学研究和解决问题的优势是应用多学科交叉的方法，具有综合性. 运筹学从一开始就是由不同学科专长、多方面专家经过共同协作集体努力而获得成果的. 现在，由于研究对象的复杂性和多因素性，决定了运筹学内容的跨学科性、交叉渗透性和综合性.

(3) 运筹学研究和解决问题的方法具有显著的系统分析特征，其各种方法的运用，几乎都需要建立数学模型和利用计算机进行求解，可以说现在及今后，没有计算机的发展就没有运筹学的发展.

(4) 运筹学研究和解决问题的效果具有连续性. 一方面，用运筹学方法获得的解或最优方案，不可能在同一时间内将所有相关的问题都全部解决；另一方面，一旦发现有新的情况或问题时，必须对原有模型进行修正或需要输入新的数据，以调整原来的解或方案，因此，只有通过连续研究才能获得新的更好的效果.

(5) 运筹学具有强烈的实践性和应用的广泛性. 运筹学的目的在于解决实际问题，它所使用的全部假设和数学模型无非都是解决实际问题的工具，有助于各种经济活动和管理问题的解决，最终能向决策者提供建设性方案并能收到实效. 因此，它的应用并不受行业和部门的限制，已被广泛应用于工商管理、农业、国防、交通、能源及科学技术和工程管理等领域.

下面，我们列举运筹学在管理科学中的一些应用.

(1) 生产计划. 使用运筹学方法从总体上确定最优生产、存储和劳动力安排计划，以谋求最大的利润或最小的成本. 另外，还可以应用在生产作业计划、日程表的编排、合理下料、配料问题及物资管理等方面.

(2) 运输问题. 用运筹学中有关运输问题的方法，可以确定最小成本的运输路线、物流配送优化、运输工具的调度、物流设施选址等.

(3) 人力资源管理. 可以用运筹学方法对人员的需求和获得情况进行预测、确定合适的人员编制、用指派问题对人员进行合理分配、用层次分析法来确定人才评价体系等.

(4) 市场营销. 运筹学方法可用于广告预算和媒介的选择、产品竞争性的定价、新产品的开发与销售计划的制订等.

(5) 财务和会计. 用运筹学中的统计分析、数学规划与控制决策分析等方法，解决涉及预测、贷款、成本分析、定价、证券投资分析与管理、现金管理等方面的问题.

(6) 设备维修、更新和可靠性、项目选择和评价.

(7) 工程优化设计. 在建筑、电子、光学、机械和化工等领域有广泛的应用.

(8) 控制和管理. 涉及路网运输的管理、控制和分配与分布，包括如何有效地疏散和集中人流，有效地调度运输工具，有效地利用时间等.

(9) 计算机和信息系统. 用于计算机的内存分配，研究不同排队规则对计算机工作性能的影响等.

(10) 城市管理. 对各种应急服务系统的设计和运用. 如救火站、救护车分布点的设立. 此外，还有城市垃圾的清扫、搬运和处理，城市供水和污水处理系统的设计等.

本 章 小 结

决策是管理活动的核心，制定决策的两个基本方法是定性分析方法和定量分析方法. 运筹学是用定量分析方法为管理决策提供依据的一门学科，它是管理科学最重要的组成部分. 运筹学研究分析实际问题需要广泛使用数学模型，其中大都是最优化模型. 应用运筹学解决实际问题的工作步骤一般包括：提出问题，明确目标；搜集数据与建立模型；分析并求解模型；检验并评价模型；结果分析与实施等五个步骤.

计算机是推动运筹学发展的基本因素，是运筹学不可缺少的工具；而运筹学方法如今已成为计算机信息系统的一个主要部分. 随着信息化社会的到来，运筹学与计算机之间的关系将会愈加密切. 本章介绍了书中所使用的运筹学软件包 WinQSB 2.0 的作用与功能，运筹学研究的特点及其在管理科学中的应用.

习 题 1

1.1 简述运筹学的内涵.

1.2 管理决策中的定性方法和定量方法指的是什么?

1.3 简述运筹学模型的基本特点及其三要素.

1.4 简述运筹学的工作步骤.

1.5 简述运筹学研究的特点及其在管理科学中的应用.

2 线性规划与单纯形法

本章要求

◎ 掌握线性规划的数学模型及其建模步骤.

◎ 掌握线性规划的图解法.

◎ 认识线性规划的标准形,掌握转化为标准形的方法.

◎ 掌握单纯形法与单纯形表.

◎ 了解人工变量方法的使用.

◎ 掌握线性规划在经济管理中常见的应用例子.

线性规划(Linear Programming,简记为 LP)是运筹学的一个重要部分,是运筹学中研究较早,发展较快,理论上比较成熟和应用上极为广泛的一个重要分支,它已成为帮助各级管理人员进行决策的一种十分重要的工具. 传统的管理只注重定性分析,已远远不能适应当今社会发展的需要. 现代化管理要求采用定性分析和定量分析相结合的方法,一切管理工作要力求做到定量化、最优化,于是就产生了各种各样的管理优化技术. 在诸多的管理优化技术中,线性规划是目前最常用而又最为成功的一种. 其原因有三:一是应用广泛,管理工作中的大量优化问题可以用线性规划的模型来表达;二是模型较为简单,容易建立,容易学习和掌握;三是求解方法和理论基础较为成熟. 1939 年苏联数学家康托洛维奇(L. V. Kantrovich)在《生产组织与计划中的数学方法》一书中,首次提出了线性规划问题,成为最早研究这方面问题的学者. 到 1947 年,美国学者丹捷格(G. B. Dantzig)提出了线性规划问题的一般解法——单纯形法,为线性规划的理论发展奠定了基础,尤其是 1979 年哈奇安首次提出求解线性规划问题的一个多项式算法——椭球算法. 1984 年,卡玛卡(N. Karmarkar)提出了解线性规划问题的一个更为有效的新的内点算法,使得线性规划的理论发展趋于成熟. 70 多年来,随着电子计算机技术的发展,线性规划已广泛应用于工业、农业、商业、交通运输、经济管理和国防等各个领域,成为现代化管理的有力工具之一.

2.1 什么是线性规划

线性规划是数学规划问题中的一种. 以后我们会看到,还有所谓整数规划、目标规划、动态规划等. 这里的规划(Programming)是指计划的意思. 在规划前面冠以"线性"二字,则是因为这类规划问题的数学模型是线性的数学表达式.

一个实际问题的数学模型,是依据客观规律,对该问题中我们所关心的那些变量进行科学的分析后所得出的反映这些变量之间本质联系的数学关系式. 但一般说来,我们在工业、农业、交通运输、国防等方面所遇到的实际问题是很复杂的,它们涉及的因素很多,要想建立包罗各种因素的数学模型,不仅不可能(因有的数量关系根本无法弄清楚),也没有必要. 一个可行的办法是择其主要者,加以讨论之. 虽然,一般说来,模型粗一点,它不太精确,而模型细一点,对实际事物的描述会准确一些,但后者带来的问题是:或者在理论上难以处理,或者在计算时工作量太大,耗费昂贵. 所以,应根据实际问题的具体情况,抓住主要矛盾,建立既能保证精确度要求,又能使数学模型尽量简单.

实际的线性规划问题一般都很复杂,为了使读者易于掌握建立线性规划模型的方法,开始我们所选的例子都经过了大大简化,只要弄懂了这些简单的模型,今后遇到较为复杂的问题也就有办法了.

在生产实践中,任何一个企业可供利用的资源(如人力、物力、财力等)是有限的. 如何运用现有的资源安排生产,使产值最大或利润最高;或者,对于给定的任务,如何统筹安排以便消耗最少的资源. 这是一个问题的两个方面,就是寻找在一定条件下,使某个指标达到最优的问题. 根据实际问题的要求,可以建立线性规划问题数学模型来解决这类问题,而建立线性规划数学模型则是用线性规划解决问题时最基本的步骤. 线性规划问题由目标函数、约束条件以及变量的非负约束三部分组成. 下面我们通过管理中的两个具体实例来说明这类问题,并建立它们的数学模型.

2.1.1 线性规划问题的具体实例

例 2.1 生产计划制订问题. 某企业计划在下一个生产周期内用钢、铁、橡胶三种原料生产 A, B 两种产品,其有关资料见表 2-1.

表 2-1

单位消耗 \ 产品 / 原料	A	B	原料限制/t
钢	1	2	4
铁	4	0	8
橡胶	0	4	6
单位产品利润/万元	2	3	

问该企业在下一周期内应如何安排生产计划,使得既能充分利用现有原料,又使总利润最大?

解 这里所说的生产计划问题是指要制订出两种产品的产量. 显然,可行的生产计划是很多的,比如可以只生产 A 型产品,也可以只生产 B 型产品,也可以两种产品都生产. 通常一个企业的生产中有多种不同的产品组合,而每一种产品组合又有大量的不同的数量组合. 每个这样的组合都是一个生产计划. 要从这许许多多个(有时甚至是无穷多个)生产计划中确定出哪个是最优的(即是企业获利最多的),这是个非常困难的问题,传统的经济分析方法在此无能为力.

现在我们看看这里是怎样解决这个问题的.

第一步,选定决策变量,即决策人可控制的因素. 确定合适的决策变量是能否成功地建立数学模型的关键. 在本例中，可令决策变量 x_1, x_2 分别表示下一生产周期 A, B 两种产品的产量.

第二步，确定问题的目标，即决策人用来评价问题的不同方案优劣的标准. 这种目标总是决策变量的函数，称为目标函数. 在本例中，用 z 来表示总利润，目标函数就是使总利润

$$z = 2x_1 + 3x_2$$

达到最大. 我们用 max(是 maximize 的缩写)表示"最大"，于是得到目标函数

$$\max z = 2x_1 + 3x_2.$$

第三步，根据选定决策变量给出限制条件，称为约束条件. 它是用来描述完成目标，决策变量受到各种限制的等式或不等式. 在本例中，为了完成目标总利润最大，根据选定决策变量，由于原料钢、铁、橡胶都是有限的，故决策变量 x_1, x_2 必须满足下列条件：

$$\begin{cases} 1x_1 + 2x_2 \leqslant 4 & \text{(原料钢的限制)}, \\ 4x_1 + 0x_2 \leqslant 8 & \text{(原料铁的限制)}, \\ 0x_1 + 4x_2 \leqslant 6 & \text{(原料橡胶的限制)}. \end{cases}$$

另外，根据实际问题的需要和计算方面的考虑，还对决策变量 x_1, x_2 加上非负限制，即

$$x_1 \geqslant 0, \quad x_2 \geqslant 0.$$

综上所述，我们将例 2.1 的实际问题用数学模型描述成：

求 x_1, x_2，使得

$$\max z = 2x_1 + 3x_2,$$

$$\text{s. t.} \begin{cases} 1x_1 + 2x_2 \leqslant 4, \\ 4x_1 + 0x_2 \leqslant 8, \\ 0x_1 + 4x_2 \leqslant 6, \\ x_1 \geqslant 0,\ x_2 \geqslant 0. \end{cases}$$

其中，"s. t."是"subject to(受约束于)"的缩写. 这类问题通常称为生产计划制订问题.

通常，"生产计划制订问题"的一般提法是：

某企业计划在下一个生产周期内用 A_1, A_2, …, A_m 种原料去生产 B_1, B_2, …, B_n 种产品，已知其现有原料的数量和单位产品的原料消耗及其单位产品的利润见表 2-2.

表 2-2

单位消耗 \ 产品 / 原料	B_1	B_2	…	B_n	原料限制/t
A_1	a_{11}	a_{12}	…	a_{1n}	b_1
A_2	a_{21}	a_{22}	…	a_{2n}	b_2
⋮	⋮	⋮		⋮	⋮
A_m	a_{m1}	a_{m2}	…	a_{mn}	b_m
单位利润/万元	c_1	c_2	…	c_n	

问该企业应如何安排生产计划，使得既能充分利用现有原料，又能使总利润最大？

设决策变量 x_j 表示下一个周期产品 B_j，$j=1, 2, \cdots, n$ 的产量，则此问题的数学模型可归结为：求 x_j，$j=1, 2, \cdots, n$，使得

$$\max z = c_1x_1 + c_2x_2 + \cdots + c_jx_j + \cdots + c_nx_n,$$

$$\text{s. t.} \begin{cases} a_{11}x_1 + a_{12}x_2 + \cdots + a_{1j}x_j + \cdots + a_{1n}x_n \leqslant b_1, \\ a_{21}x_1 + a_{22}x_2 + \cdots + a_{2j}x_j + \cdots + a_{2n}x_n \leqslant b_2, \\ \quad\vdots \\ a_{m1}x_1 + a_{m2}x_2 + \cdots + a_{mj}x_j + \cdots + a_{mn}x_n \leqslant b_m, \\ x_j \geqslant 0, \quad j=1, 2, \cdots, n. \end{cases}$$

例 2.2 食物搭配问题. 某人每天食甲、乙两种食物（如猪肉、鸡蛋），这两种食物含 A_1，A_2，A_3 三种营养成分（如维生素、脂肪和蛋白质），已知这两种食物所含三种营养成分的含量（mg），根据人体每天对这三种营养成分的需求量（g）及这两种食物的单价（元/kg）见表 2-3，问此人对这两种食物各食用多少 kg，才能既满足营养需要又使总花费用最省？

表 2-3

含量/mg \ 食物 \ 成分	甲	乙	最低需求量/kg
A_1	0.10	0.15	1.00
A_2	1.70	0.75	7.50
A_3	1.10	1.30	10.00
食物单价/(元·kg^{-1})	2	1.5	

解 设决策变量 x_1，x_2 分别表示此人对甲、乙两种食物的食用量，这必须要求此人一天的食用花费尽可能最省，即目标函数为

$$\min z = 2x_1 + 1.5x_2.$$

同时，为了营养需要，变量 x_1，x_2 必须满足下列约束条件：

$$\text{s. t.} \begin{cases} 0.10x_1 + 0.15x_2 \geqslant 1.00, \\ 1.70x_1 + 0.75x_2 \geqslant 7.50, \\ 1.10x_1 + 1.30x_2 \geqslant 10.00, \\ x_1, x_2 \geqslant 0. \end{cases}$$

综合以上，其数学模型表示为

$$\min z = 2x_1 + 1.5x_2,$$

$$\text{s. t.} \begin{cases} 0.10x_1 + 0.15x_2 \geqslant 1.00, \\ 1.70x_1 + 0.75x_2 \geqslant 7.50, \\ 1.10x_1 + 1.30x_2 \geqslant 10.00, \\ x_1, x_2 \geqslant 0. \end{cases}$$

这类问题通常称为食物搭配问题.

通常,“食物搭配问题”的一般提法是:

某人每天食用 n 种食物 $B_1, B_2, \cdots, B_n$,这 n 种食物中含 $A_1, A_2, \cdots, A_m$ 共 m 种营养成分,已知这 n 种食物中所含 m 种营养成分的含量(mg)、根据人体每天对这 m 种营养成分的需求量及这 m 种食物的单价(元/kg)见表 2-4,问此人对这 m 种食物各食用多少 kg,才能既满足需要又使总费用最省?

表 2-4

含量/mg 成分 \ 食物	B_1	B_2	$\cdots$	B_n	最低需求量/kg
A_1	a_{11}	a_{12}	$\cdots$	a_{1n}	b_1
A_2	a_{21}	a_{22}	$\cdots$	a_{2n}	b_2
$\vdots$	$\vdots$	$\vdots$		$\vdots$	$\vdots$
A_m	a_{m1}	a_{m2}	$\cdots$	a_{mn}	b_m
食物单价/(元·kg^{-1})	c_1	c_2	$\cdots$	c_n	

设决策变量 $x_j, j=1, 2, \cdots, n$ 分别表示此人对这 n 种食物的食用量,则问题的线性规划模型表示为:求 $x_j, j=1, 2, \cdots, n$, 使得

$$\min z = c_1x_1 + c_2x_2 + \cdots + c_jx_j + \cdots + c_nx_n,$$

$$\text{s.t.} \begin{cases} a_{11}x_1 + a_{12}x_2 + \cdots + a_{1j}x_j + \cdots + a_{1n}x_n \geqslant b_1, \\ a_{21}x_1 + a_{22}x_2 + \cdots + a_{2j}x_j + \cdots + a_{2n}x_n \geqslant b_2, \\ \qquad\qquad \vdots \\ a_{m1}x_1 + a_{m2}x_2 + \cdots + a_{mj}x_j + \cdots + a_{mn}x_n \geqslant b_m, \\ x_j \geqslant 0, \quad j = 1, 2, \cdots, n. \end{cases}$$

2.1.2 线性规划问题的数学模型

上面我们从经济管理领域中建立了两个实际问题的数学模型,这两个问题虽然具体意义各不相同,但从数学模型来看,它们却有一些共同的特点,主要表现在:

第一,求一组**决策变量**(decision variables) $x_j, j=1, 2, \cdots, n$, 一般这些变量取值是非负的;

第二,确定决策变量可能受到的约束,称为**约束条件**(constraints),它们可以用决策变量的线性等式或不等式来表示;

第三,在满足约束条件的前提下,使某个函数值达到最大(如利润、收益等)或最小(如成本、运价、消费等),这种函数称为**目标函数**(objective function),它是决策变量的线性函数.

具备以上三个共同特点的数学模型称为**线性规划模型**,相应的问题称为**线性规划问题**. 以后我们把“线性规划”简写为“LP”,它是 Linear Programming 的缩写. 简单地说,线性规划问题就是求一个线性目标函数在一组线性约束条件下的极值问题,线性规划的数学模型分一般形式和标准形式两种,下面分别介绍,并讨论它们之间的转化.

1. 线性规划问题的一般形式

由以上两个例子,我们可以归纳出线性规划问题的一般形式是:

求一组决策变量 x_j, $j=1, 2, \cdots, n$ 使得

$$\max(\min)\ z = c_1x_1 + c_2x_2 + \cdots + c_jx_j + \cdots + c_nx_n, \tag{2.1}$$

$$\text{s.t.}\ \begin{cases} a_{11}x_1 + a_{12}x_2 + \cdots + a_{1j}x_j + \cdots + a_{1n}x_n \leqslant (=, \geqslant) b_1, \\ a_{21}x_1 + a_{22}x_2 + \cdots + a_{2j}x_j + \cdots + a_{2n}x_n \leqslant (=, \geqslant) b_2, \\ \qquad\vdots \\ a_{m1}x_1 + a_{m2}x_2 + \cdots + a_{mj}x_j + \cdots + a_{mn}x_n \leqslant (=, \geqslant) b_m, \\ x_j \geqslant 0, \quad j=1, 2, \cdots, n. \end{cases} \tag{2.2, 2.3}$$

其中, c_j, a_{ij}, $b_i (i=1, 2, \cdots, m;\ j=1, 2, \cdots, n)$ 均为已知实常数. 式(2.1)称为**目标函数**,式(2.2)和式(2.3)称为**约束条件**,特别称式(2.3)为**非负约束条件**.

在线性规划问题中,目标函数是变量的线性函数,约束条件是变量的线性不等式. 比如以下的问题就不是线性规划问题:

$$\max z = 2x_1x_2 + 3x_3,$$

$$\text{s.t.}\ \begin{cases} 2x_1^2 + x_2 - \dfrac{1}{x_3} \leqslant 15, \\ |x_1 - x_2| + 3x_2 \geqslant 10, \\ x_1, x_2, x_2 \geqslant 0. \end{cases}$$

2. 线性规划问题的标准形式

为了便于讨论一般解法,常将线性规划问题的约束条件归结为一组方程式和一组非负限制条件,并且对目标函数统一成求最大值,这种形式称为线性规划问题的标准形式:

$$\max z = c_1x_1 + c_2x_2 + \cdots + c_jx_j + \cdots + c_nx_n, \tag{2.4}$$

$$(\text{LP})\quad \text{s.t.}\ \begin{cases} a_{11}x_1 + a_{12}x_2 + \cdots + a_{1j}x_j + \cdots + a_{1n}x_n = b_1, \\ a_{21}x_1 + a_{22}x_2 + \cdots + a_{2j}x_j + \cdots + a_{2n}x_n = b_2, \\ \qquad\vdots \\ a_{m1}x_1 + a_{m2}x_2 + \cdots + a_{mj}x_j + \cdots + a_{mn}x_n = b_m, \\ x_j \geqslant 0, \quad j=1, 2, \cdots, n. \end{cases} \tag{2.5, 2.6}$$

并且假设 $b_i \geqslant 0 (i=1, 2, \cdots, m)$, 并简称为(LP)问题. (LP)问题还可以用以下几种形式来表示:

(1) 简记形式:

$$\max z = \sum_{j=1}^{n} c_jx_j, \tag{2.7}$$

$$\text{s.t.}\ \begin{cases} \sum\limits_{j=1}^{n} a_{ij}x_j = b_i, \quad i=1, 2, \cdots, m, & (2.8) \\ x_j \geqslant 0, \quad j=1, 2, \cdots, n. & (2.9) \end{cases}$$

(2) 矩阵形式：

$$\max z = \boldsymbol{c}\boldsymbol{x}^{①}, \tag{2.10}$$

$$\text{s. t.} \begin{cases} \boldsymbol{A}\boldsymbol{x} = \boldsymbol{b}, & (2.11) \\ \boldsymbol{x} \geqslant \boldsymbol{0}. & (2.12) \end{cases}$$

(3) 向量形式：

$$\max z = \boldsymbol{c}\boldsymbol{x}, \tag{2.13}$$

$$\text{s. t.} \begin{cases} \sum_{j=1}^{n} \boldsymbol{p}_j x_j = \boldsymbol{b}, & (2.14) \\ \boldsymbol{x} \geqslant \boldsymbol{0}. & (2.15) \end{cases}$$

其中，$\boldsymbol{A} = (a_{ij})_{m\times n}$，$\boldsymbol{c} = (c_1, c_2, \cdots, c_n)$ 为行向量，$\boldsymbol{x} = (x_1, x_2, \cdots, x_n)^{\mathrm{T}}$ 为列向量，$\boldsymbol{b} = (b_1, b_2, \cdots, b_m)^{\mathrm{T}}$ 为列向量.

我们称 $\boldsymbol{A}$ 为约束条件的系数矩阵，简称为**约束矩阵**，经济上又称为**技术矩阵**；c_j，$j = 1, 2, \cdots, n$ 为目标函数的系数，又称为**价值系数**，$\boldsymbol{c}$ 为**价值向量**；b_i，$i = 1, 2, \cdots, m$ 为第 i 个约束条件的右端常数，$\boldsymbol{b}$ 为右端向量，经济上又称为**资源向量**；x_j，$j = 1, 2, \cdots, n$ 为**决策变量**，$\boldsymbol{x}$ 为**决策向量**；$\boldsymbol{p}_j$，$j = 1, 2, \cdots, n$ 为 $\boldsymbol{A}$ 的第 j 列向量.

线性规划问题的标准形式具有如下特征：

(1) 目标函数为求极大值问题；

(2) 所有的约束条件(除非负约束条件外)都是等式，且右端常数均为非负；

(3) 所有的决策变量均非负.

为了使得我们的讨论能够抓住最主要的内容，而不致被一些次要的枝节问题搅乱视线，我们在这里对标准形式的(LP)问题做如下假设：

① 秩 $r(\boldsymbol{A}) = m$，且 $m < n$. 这就是说，方程组(2.5)中包含的 m 个方程式都是彼此独立的，没有多余方程，且方程个数小于未知量个数. 这种情况最为常见. 若 $r(\boldsymbol{A}) < m$，则说明方程组(2.5)中有多余方程. 这时应先去掉多余方程，然后再行求解.

② $\boldsymbol{b} \geqslant \boldsymbol{0}$，即一切 $b_i \geqslant 0$，$i = 1, 2, \cdots, m$(若有某个 $b_i < 0$，则可将 $b_i < 0$ 所在方程的两边乘以 -1).

今后，我们将在以上假设条件下去讨论标准形式的(LP)问题. 对于各种非标准形式的线性规划问题，我们总可以通过以下的变换，将其转化为标准形式.

3. 线性规划问题的非标准形转化为标准形

将非标准形的线性规划模型转化为标准形，一般要经过以下几步工作：

(1) 目标函数的转化. 若目标函数为求极小值，即为

$$\min z = \sum_{j=1}^{n} c_j x_j.$$

由于 $\min z = -\max(-z)$，从而将目标函数转化成

---

① 在大多数同类书中，$\boldsymbol{c}$，$\boldsymbol{x}$，z 都用的大写形式(即 C，X，Z)，但这种用法往往与后面(如对偶问题)讲解中的用法不一致，故本书采用小写形式，而且这与代数学中的惯用法一致，即：矩阵用黑斜体的大写字母，向量用黑斜体的小写字母.

$$\max z'|_{z'=-z} = -\sum_{j=1}^{n} c_j x_j .$$

(2) 约束条件的转化. 约束方程为不等式时，当约束条件为"$\leqslant$"时，则在其左边加一个非负变量，将不等式转化为等式. 这些被加入的非负变量称为**松弛变量**(slack variables)；当约束条件为"$\geqslant$"时，则在其左边减去一个非负变量，也称为松弛变量(或叫剩余变量)，将不等式变成等式. 由于加进的松弛变量，其物理意义是未被充分利用的资源或处于闲置的资源，因而不能带来价值或利润，故它们在目标函数里的系数定为零.

如果约束条件右端的常数项为负数，则将约束条件两边同乘-1，从而将右端常数项变为正数.

(3) 决策变量的转化. 若存在某个决策变量 $x_k \leqslant 0$，则可令 $x_k = -x'_k$，从而用 x'_k 取代 x_k，且满足 $x'_k \geqslant 0$. 如果某决策变量 x_k 为无约束变量，即变量 x_k 取 $\geqslant 0$ 或 $\leqslant 0$ 皆可，为了满足标准型对变量的非负要求，可令 $x_k = x'_k - x''_k$，其中 $x'_k \geqslant 0$，$x''_k \geqslant 0$，将其代入模型即可.

例 2.3 将下列线性规划问题化为标准形

$$\min z = -x_1 + 2x_2 + 3x_3, \tag{2.16}$$

$$\text{s. t.} \begin{cases} 2x_1 + x_2 + 3x_3 \leqslant 10, & (2.17) \\ 2x_1 + 2x_2 + x_3 \geqslant 6, & (2.18) \\ 3x_1 - 2x_2 - 3x_3 = -7, & (2.19) \\ x_1 \geqslant 0,\ x_2 \leqslant 0,\ x_3 \text{ 无约束}. & (2.20) \end{cases}$$

解 分下面几步进行：

(1) 由于 $x_2 \leqslant 0$，可令 $x'_2 = -x_2 \geqslant 0$，代入式(2.16)、式(2.17)、式(2.18)、式(2.19)；

(2) 由于 x_3 无约束，可令 $x_3 = x'_3 - x''_3$($x'_3 \geqslant 0$，$x''_3 \geqslant 0$)，代入式(2.16)、式(2.17)、式(2.18)、式(2.19)，其中的 x_3 均替换成 $x'_3 - x''_3$；

(3) 在式(2.17)的左边加一个非负的松弛变量 x_4；

(4) 在式(2.18)的左边减一个非负的松弛变量 x_5；

(5) 对式(2.19)两边同乘-1；

(6) 令 $z' = -z$，并将目标函数中各变量的系数均变成其相反数，从而将目标函数转为 $\max z'$；

(7) 令松弛变量在目标函数中的价值系数为零.

经过以上变换，得该问题的标准形为

$$\max z'|_{z'=-z} = x_1 + 2x'_2 - 3x'_3 + 3x''_3 + 0x_4 + 0x_5,$$

$$\text{s. t.} \begin{cases} 2x_1 - x'_2 + 3x'_3 - 3x''_3 + x_4 = 10, \\ 2x_1 - 2x'_2 + x'_3 - x''_3 - x_5 = 6, \\ -3x_1 - 2x'_2 + 3x'_3 - 3x''_3 = 7, \\ x_1,\ x'_2,\ x'_3,\ x''_3,\ x_4,\ x_5 \geqslant 0. \end{cases}$$

2.2 求解线性规划问题的基本原理

阐述这个问题之前,我们先来介绍两个基本概念.

对于线性规划问题的标准形

$$\max z = \boldsymbol{cx}, \tag{2.21}$$

$$\text{(LP)} \quad \text{s.t.} \begin{cases} \boldsymbol{Ax} = \boldsymbol{b}, & (2.22) \\ \boldsymbol{x} \geqslant \boldsymbol{0}. & (2.23) \end{cases}$$

定义 2.1 在(LP)问题中,凡满足所有约束条件式(2.22)、式(2.23)的解 $\boldsymbol{x} = (x_1, x_2, \cdots, x_n)^{\mathrm{T}}$ 称为(LP)问题**可行解**(feasible solution),所有可行解的集合称为**可行域**(feasible region)(或**可行解集**),记作 $S = \{\boldsymbol{x} \mid \boldsymbol{Ax} = \boldsymbol{b}, \boldsymbol{x} \geqslant \boldsymbol{0}\}$.

定义 2.2 设(LP)问题的可行域为 S,若存在 $\boldsymbol{x}^* \in S$,使得对于任意的 $\boldsymbol{x} \in S$,都有 $\boldsymbol{cx}^* \geqslant \boldsymbol{cx}$,则称 $\boldsymbol{x}^*$ 为(LP)问题的**最优解**,相应的目标函数值称为最优值,记作 z^*,即 $z^* = \boldsymbol{cx}^*$. 对于给定的(LP)问题,若存在最优解,则称它**有解**,否则称之为**无解**.

将(LP)问题的每一个可行解 $\boldsymbol{x}$ 代入目标函数 z 的表达式中,就可以得到一个相应的值. 一般说来,不同的 $\boldsymbol{x}$ 对应于不同的 z. 求解线性规划问题的根本任务就是要在全部可行解中找出使目标函数取最大或最小(统称最优值)的那个(或那些)可行解,即最优解. 因为在约束方程组中,$m < n$,故在一般情况下,可行解集 S 及其边界都是无穷点集,相应地,z 也就有无穷多个值. 要从这无穷多个值中找出一个最大的或最小的,一般来说是很困难的事情.

然而,值得庆幸的是,由于(LP)问题的结构特殊,其可行解集具有一些"很好"的性质(后面将给出),从而实现一个从无限到有限的转化,即从对无穷多个函数值的比较,转化为只需考虑有限多个函数值的情形.

下面,我们先用图解法来领会上述思想.

2.2.1 图解法

对于只有两个变量的线性规划问题,我们可以用在二维直角坐标平面上作图的方法求解,这种方法称为图解法. 图解法比较简单、直观,对所给问题也无须化成标准形.

图解法的步骤可概括为:在平面上建立直角坐标系;图示约束条件,找出可行域;做出目标函数线;寻找最优解.

下面通过实例来说明图解法.

例 2.4 用图解法求解例 2.1. 例 2.1 的数学模型是

$$\max z = 2x_1 + 3x_2, \tag{2.24}$$

$$\text{s.t.} \begin{cases} 1x_1 + 2x_2 \leqslant 4, & (2.25) \\ 4x_1 + 0x_2 \leqslant 8, & (2.26) \\ 0x_1 + 4x_2 \leqslant 6, & (2.27) \\ x_1, x_2 \geqslant 0. & (2.28) \end{cases}$$

解 画出坐标系. 以变量 x_1 为横坐标轴，x_2 为纵坐标轴作平面直角坐标系，并适当选取单位坐标长度. 约束条件(2.28)规定了变量只能在第一象限取值，所以绘图时第一象限占较大版面.

图示约束条件，找出可行域. 约束条件(2.25)是一个不等式，代表的是以直线 $x_1+2x_2=4$ 为边界的左下方的平面，同理分析约束条件式(2.26)、式(2.27)后，加上约束条件(2.28)，则满足所有约束条件的解(即可行解)组成的区域为多边形 $OQ_4Q_3Q_2Q_1$，这一区域称为可行域，图 2-1 中可行域用阴影表示.

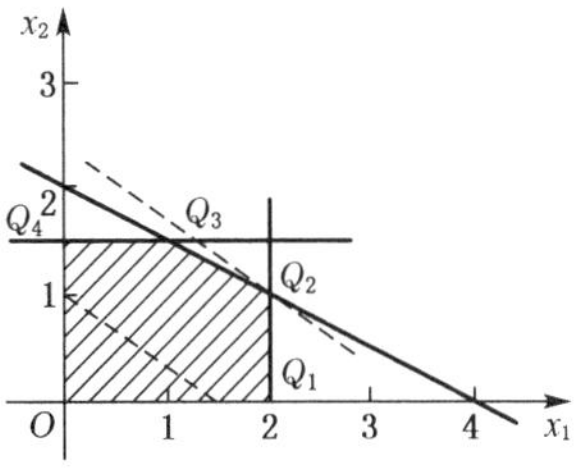

图 2-1

作出目标函数等值线. 目标函数 $z=2x_1+3x_2$ 中，z 是待定的值，随 z 的变化，$x_2=-\frac{2}{3}x_1+\frac{1}{3}z$ 是以 z 为参数、斜率为 $-\frac{2}{3}$ 的一族平行线，当 z 值由小变大时，得一族平行线，即目标函数等值线. 直线 $x_2=-\frac{2}{3}x_1+\frac{1}{3}z$，$z$ 为参数，沿其法线方向向右上方移动时，离 O 点越远，z 值越大.

确定最优解. 因最优解是可行域中使目标函数值达到最大的点，因此 x_1，x_2 的取值范围只能从凸多边形 $OQ_1Q_2Q_3Q_4$ 中去寻找. 从图 2-1 中可以看出，当代表目标函数的那条直线由 O 点开始向右上方移动时，z 的值逐渐增大，一直移动到当目标函数直线与约束条件包围成的凸多边形相切时为止，切点就是最优解的点. 本例中目标函数直线与凸多边形的切点是 Q_2，该点坐标为 (2, 1). 于是可得 $z^*=2\times2+3\times1=7$.

这说明该企业的最优生产计划方案是：生产产品 A 为 2 t，生产产品 B 为 1 t，可使最大总利润达 7 万元.

由例 2.4 可以看出，线性规划问题的最优解将出现在可行域的一个顶点上，这是线性规划问题有唯一最优解的情况. 但对于一般线性规划问题，求解结果还可能出现以下几种情况：

(1) 唯一解. 比如例 2.4 得到的最优解(2, 1)就是唯一解.

(2) 多重解. 如果将例 2.4 的目标函数改变为 $\max z=2x_1+4x_2$，则目标函数的直线族恰好与约束条件 $x_1+2x_2\leqslant4$ 的边界线平行. 当目标函数向优化方向移动时，与可行域相切的不是一个点，而是在整个线段 Q_2Q_3 上相切(图 2-2). 这时线段 Q_2Q_3 上的任意点都使 z 取得相同的最大值，即该线性规划问题有无穷多最优解，也称为有多重解. 在图 2-2 中，Q_2 和 Q_3 的坐标分别是 (2, 1)，$\left(1,\frac{3}{2}\right)$，则 Q_2Q_3 连线上的一切点可表示成

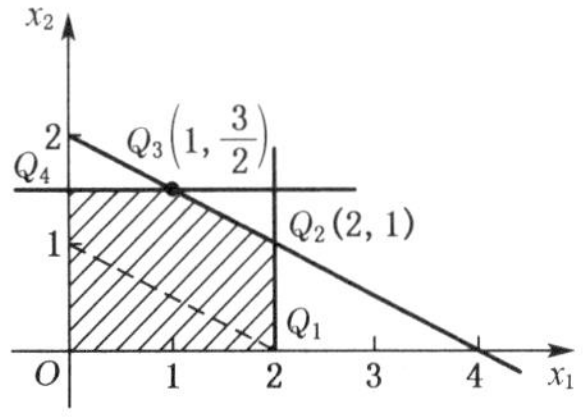

图 2-2

$$\alpha(2,1)+(1-\alpha)\left(1,\frac{3}{2}\right),\quad 0\leqslant\alpha\leqslant1, \tag{2.29}$$

这些点都是最优解.

(3) 无界解. 如果将例 2.4 的约束条件进行修改成如下线性规划模型：

$$\max z=2x_1+3x_2,$$

$$\text{s.t.}\begin{cases}x_1+2x_2\geqslant4,\\2x_1+\ x_2\geqslant3,\\x_1,\ x_2\geqslant0.\end{cases}$$

则此时可行域可伸展到无穷远处，即 z 的取值可以一直增大到无穷大(图 2-3). 这种情况下问题的最优解无界，称为取得无界解. 产生无界解的原因是在建立实际问题的数学模型时，可能遗漏了某些必要的资源约束条件.

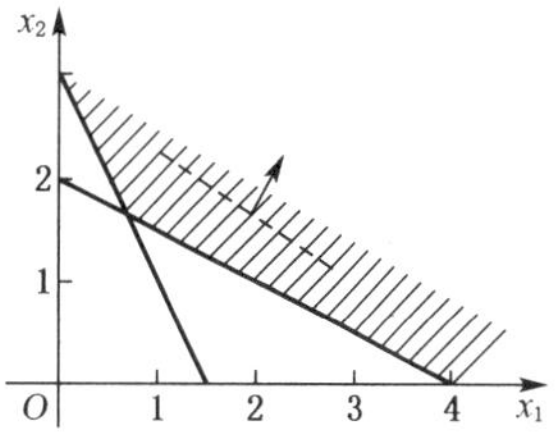

图 2-3

(4) 无可行解. 考察如下线性规划模型:

$$\max z = 2x_1 + x_2,$$

$$\text{s. t.} \begin{cases} 2x_1 + 2x_2 \leqslant 3, \\ 2x_1 + 3x_2 \geqslant 6, \\ x_1, \ x_2 \geqslant 0. \end{cases}$$

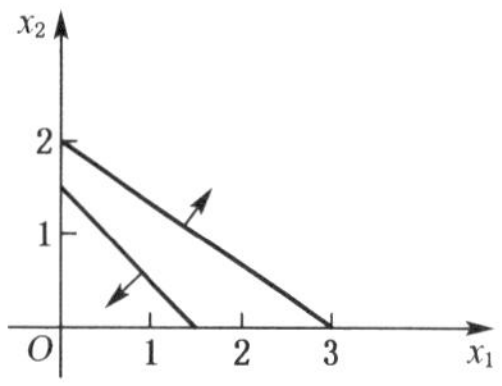

图 2-4

用图解法求解时，可以看出不存在满足所有约束条件的公共区域(可行域)，如图 2-4 所示，我们称这种情况为线性规划问题无可行解. 产生无可行解的原因是模型中存在相互之间矛盾的约束条件.

通过用图解法求解只有两个变量的(LP)问题，我们可以获得某些解一般(LP)问题的重要规律，主要有以下三点:

第一，关于解的存在性问题. 在求解线性规划问题时，解的情况有：唯一解、多重解、无界解、无可行解四种情况. 何时有解？何时无解？何时有多重解？何时无可行解？这些问题在我们学习了单纯形法以后，大体上可以得到解决.

第二，关于可行解集的结构问题. 从二维情形可见，可行解集的图形总是向外凸的. 这种无论在线性规划的有界集情形，还是无界集情形所表现出来的可行解集的凸性是线性规划的一个基本特性.

第三，关于最优解的获得方法问题. 如果线性规划问题有唯一最优解，则其最优解一定在可行域的某个“顶点”得到. 如果线性规划问题存在多重最优解，则有两个顶点及其连线上的一切点均取得最优解.

第一点已很显然，对于第二、第三点，下面将给出证明.

2.2.2 关于线性规划问题求解的一些基本定理

要从无穷多个可行解中找出最优解来，是一件非常困难的工作. 此问题的解决建立在一系列重要定理的基础上. 我们将从上节获得的几何启示出发，逐步展开这些基本定理. 这样，读者便能从中更好地领会到单纯形法产生的整个思路.

首先，我们介绍两个基本概念.

定义 2.3 设 $E \subset R^2$. 若 E 中任意两点 $x^{(1)}$ 和 $x^{(2)}$ 的连线上的一切点仍属于 E，即若 $x^{(1)} \in E$，$x^{(2)} \in E$，就必有 $x = \alpha x^{(1)} + (1-\alpha)x^{(2)} \in E$(其中 $0 \leqslant \alpha \leqslant 1$)，则称 E 为凸集(convex point-set).

例如，三角形、矩形、四面体、实心圆、实心球等都是凸集，而圆环、圆周不是凸集. 图 2-5 中的点集 D，E 是凸集，F，G 不是凸集.

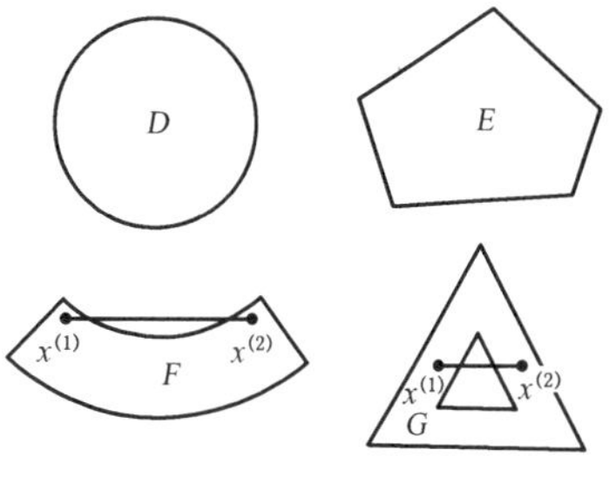

图 2-5

定义 2.4 若对于凸集 E 中的点 x，不存在 E 中两个相异的点 $x^{(1)}$ 和 $x^{(2)}$，使下式成立：

$$x=\alpha x^{(1)}+(1-\alpha)x^{(2)},\quad 0<\alpha<1,$$

则称 x 为 E 的**极点**(extreme point)或**顶点**.

如三角形、矩形、四面体的顶点，圆周上的一切点都是这些图形各自的极点. 图 2-5 中 D 的边界点都是极点，E 的 5 个顶点也都是极点.

现在我们来讨论求解 LP 问题的一系列基本定理. 在本节以后对 LP 问题进行一般性的理论分析中，我们都假定 LP 问题为标准形式，这点以后不再声明.

约束方程 $\boldsymbol{Ax}=\boldsymbol{b}$ 可改写成如下形式：

$$\sum_{j=1}^{n}\boldsymbol{p}_j x_j=\boldsymbol{b},$$

其中，$\boldsymbol{p}_j=\begin{pmatrix}a_{1j}\\a_{2j}\\\vdots\\a_{mj}\end{pmatrix}$，$j=1, 2, \cdots, n$，$\boldsymbol{p}_j$ 称为 $\boldsymbol{x}$ 的系数列向量.

定理 2.1 线性规划问题的可行解集 S（若非空）是凸集.

证明 按凸集定义，要证可行解集 S 中任意两点 $\boldsymbol{x}^{(1)}$ 和 $\boldsymbol{x}^{(2)}$ 连线上的一切点

$$\boldsymbol{x}=\alpha\boldsymbol{x}^{(1)}+(1-\alpha)\boldsymbol{x}^{(2)},\quad 0\leqslant\alpha\leqslant 1$$

仍属于 S，亦即要证 $\boldsymbol{x}$ 仍为可行解.

一方面，因为 $\boldsymbol{x}^{(1)}\geqslant\boldsymbol{0}$，$\boldsymbol{x}^{(2)}\geqslant\boldsymbol{0}$，且 $0\leqslant\alpha\leqslant 1$，所以，显然有 $\boldsymbol{x}\geqslant\boldsymbol{0}$，即 $\boldsymbol{x}$ 满足非负条件.

另一方面，由于 $\boldsymbol{Ax}^{(1)}=\boldsymbol{b}$，$\boldsymbol{Ax}^{(2)}=\boldsymbol{b}$，故有

$$\boldsymbol{Ax}=\boldsymbol{A}[\alpha\boldsymbol{x}^{(1)}+(1-\alpha)\boldsymbol{x}^{(2)}]=\alpha\boldsymbol{Ax}^{(1)}+(1-\alpha)\boldsymbol{Ax}^{(2)}=\alpha\boldsymbol{b}+(1-\alpha)\boldsymbol{b}=\boldsymbol{b},$$

即 $\boldsymbol{x}$ 满足约束方程.

综上，$\boldsymbol{x}$ 仍为可行解，证毕.

从前面的图解法中，我们看到极点在求解 LP 问题中的重要作用，故有必要对其进行仔细研究. 下面几个定理就是关于极点的有关结论，但是由于下面几个定理的证明稍微有点复杂，为使读者首先能集中精力掌握求解 LP 问题的主要思路，此处只叙述这些定理，而将证明放在本章的最后一节. 读者在熟悉了单纯形法的具体做法后，再去学习这些证明，将会很受启发.

引理 2.1 设 $\boldsymbol{x}\in S$. (i)若 $\boldsymbol{x}=\boldsymbol{0}$，则它一定是 S 的极点. (ii)若 $\boldsymbol{x}\neq\boldsymbol{0}$，则它为 S 之极点的充分必要条件是 $\boldsymbol{x}$ 的正分量所对应的系数列向量线性无关.

定理 2.2 若可行解集非空，则其极点所组成的集合也一定是非空. 换句话说，只要存在可行解，就一定存在极点.

定理 2.3 极点的个数是有限的.

定理 2.4 若线性规划问题有最优解，则最优解一定可以在极点中找到. 或者说，若目标函数有最优值，则最优值必至少在一极点上达到.

这些定理之所以极为重要，之所以被称为基本定理，是因为它们回答了我们所关心的一系列重大问题. 定理 2.1 回答的是："LP 问题的可行解集具有什么样的几何特征". 答曰：是个凸

集. 既然是凸集，便可谈及极点. 那么，什么样的点才能称为极点呢? 引理 2.1 解决了这一问题. 接着要问:“怎样的可行解集才能有极点呢?”定理 2.2 做了回答:只要 $S \neq \Phi$，它就有极点. 这一定理指出了极点存在的普遍性. 进一步要问:“极点的个数有多少呢?”定理 2.3 的回答是:有限个. 这一回答虽不具体，却是原则性的，联系定理 2.4 便可知其意义重大. 最后一个定理(定理 2.4)解决的是“极点与最优解究竟有何关系”. 答曰:极点中就有最优解. 因此，我们要想找出最优解，只需考察各个极点(它们是有限个)即可，而不必在整个可行解集或其边界所包含的无穷多个点中一一检查了.

为了给出寻找极点的具体方法，我们再从求解方程组的角度讨论几个概念.

2.2.3 基、基解和基可行解

设一般线性规划问题的标准形为

$$\max z = \boldsymbol{cx}, \tag{2.30}$$

$$(\text{LP}) \quad \text{s.t.} \begin{cases} \boldsymbol{Ax} = \boldsymbol{b}, & (2.31) \\ \boldsymbol{x} \geqslant \boldsymbol{0}. & (2.32) \end{cases}$$

考察由约束方程的系数矩阵 $\boldsymbol{A}$ 的全部列向量构成的向量组 $\boldsymbol{P} = \{\boldsymbol{p}_1, \boldsymbol{p}_2, \cdots, \boldsymbol{p}_n\}$. 因 $r(\boldsymbol{A}) = m$，所以，$\boldsymbol{P}$ 的极大无关组含有 m 个线性无关的向量. 由引理 2.1，可知其中的线性无关向量对确定极点起很重要的作用. 为此，引进如下的定义.

定义 2.5 在问题(LP)中，约束方程组(2.31)的系数矩阵 $\boldsymbol{A}$ 的任意一个 $m \times m$ 阶的非奇异的子方阵 $\boldsymbol{B}$(即 $|\boldsymbol{B}| \neq 0$ 又称满秩矩阵)，称为线性规划问题的一个基(basis)或基矩阵(basis matrix).

这就是说，基矩阵 $\boldsymbol{B}$ 是由矩阵 $\boldsymbol{A}$ 中任一 m 个线性无关的列向量组成，不失一般性，可设

$$\boldsymbol{B} = \begin{pmatrix} a_{11} & a_{12} & \cdots & a_{1m} \\ a_{21} & a_{22} & \cdots & a_{2m} \\ \vdots & \vdots & & \vdots \\ a_{m1} & a_{m2} & \cdots & a_{mm} \end{pmatrix} = (\boldsymbol{p}_1, \boldsymbol{p}_2, \cdots, \boldsymbol{p}_m),$$

并称 $\boldsymbol{p}_i$, $i = 1, 2, \cdots, m$ 为**基向量**，与基向量 $\boldsymbol{p}_i$ 相应的变量 $\boldsymbol{x}_i$, $i = 1, 2, \cdots, m$ 为**基变量**;不在 $\boldsymbol{B}$ 中的列向量 $\boldsymbol{p}_j$, $j = m+1, \cdots, n$ 称为**非基向量**，与非基向量 $\boldsymbol{p}_j$ 相应的变量 $\boldsymbol{x}_j$, $j = m+1, \cdots, n$ 为**非基变量**. 并记非基向量

$$\boldsymbol{N} = \begin{pmatrix} a_{1m+1} & a_{1m+2} & \cdots & a_{1n} \\ a_{2m+1} & a_{2m+2} & \cdots & a_{2n} \\ \vdots & \vdots & & \vdots \\ a_{mm+1} & a_{mm+2} & \cdots & a_{mn} \end{pmatrix} = (\boldsymbol{p}_{m+1}, \boldsymbol{p}_{m+2}, \cdots, \boldsymbol{p}_n),$$

则系数矩阵 $\boldsymbol{A}$ 可以写成分块形式

$$\boldsymbol{A} = (\boldsymbol{B}, \boldsymbol{N}). \tag{2.33}$$

将基变量和非基变量组成的向量分别记为

$$\boldsymbol{x}_B = (x_1, x_2, \cdots, x_m)^{\mathrm{T}}, \quad \boldsymbol{x}_N = (x_{m+1}, x_{m+2}, \cdots, x_n)^{\mathrm{T}},$$

则向量 $\boldsymbol{x}$ 也可以写成分块形式

$$\boldsymbol{x} = \begin{pmatrix} \boldsymbol{x}_B \\ \boldsymbol{x}_N \end{pmatrix}. \tag{2.34}$$

再将式(2.33)和式(2.34)代入约束方程组(2.31),得

$$(\boldsymbol{B}, \boldsymbol{N}) \begin{pmatrix} \boldsymbol{x}_B \\ \boldsymbol{x}_N \end{pmatrix} = \boldsymbol{b}, \quad 即 \quad \boldsymbol{B}\boldsymbol{x}_B + \boldsymbol{N}\boldsymbol{x}_N = \boldsymbol{b}.$$

又因为 $\boldsymbol{B}$ 是非奇异方阵,所以 $\boldsymbol{B}^{-1}$ 存在,将上式两边同乘 $\boldsymbol{B}^{-1}$,移项后得

$$\boldsymbol{x}_B = \boldsymbol{B}^{-1}\boldsymbol{b} - \boldsymbol{B}^{-1}\boldsymbol{N}\boldsymbol{x}_N. \tag{2.35}$$

这里可将 $\boldsymbol{x}_N$ 看作一组自由变量(又称独立变量),给它们任意一组值 $\bar{\boldsymbol{x}}_N$,则由式(2.35)可得对应的 $\boldsymbol{x}_B$ 的一组值 $\bar{\boldsymbol{x}}_B$,于是

$$\bar{\boldsymbol{x}} = \begin{pmatrix} \bar{\boldsymbol{x}}_B \\ \bar{\boldsymbol{x}}_N \end{pmatrix}$$

便是约束方程(2.31)的一个解. 特别地,令 $\bar{\boldsymbol{x}}_N = \boldsymbol{0}$ 时,则 $\bar{\boldsymbol{x}}_B = \boldsymbol{B}^{-1}\boldsymbol{b}$, 我们把约束方程组的这种特殊形式的解

$$\boldsymbol{x} = \begin{pmatrix} \boldsymbol{B}^{-1}\boldsymbol{b} \\ \boldsymbol{0} \end{pmatrix} \tag{2.36}$$

称为基解,具体定义如下:

定义 2.6 在约束方程(2.31)中,对于任意选定的基 $\boldsymbol{B}$,令所有的非基变量等于零,即 $\boldsymbol{x}_N = \boldsymbol{0}$, 得到的解(2.36)称为相应的基 $\boldsymbol{B}$ 的**基解**(basic solution).

因为基 $\boldsymbol{B}$ 是 $\boldsymbol{A}$ 的一个 $m \times m$ 阶的非奇异方阵,即它的列是从 $\boldsymbol{A}$ 的 n 列中选出的线性无关的 m 列,其选法最多共有

$$\mathrm{C}_n^m = \frac{n!}{m!(n-m)!}$$

种,故基的个数最多是 C_n^m 个,于是一个线性规划问题的基解最多也是 C_n^m 个.

基解满足约束方程组(2.31),但不一定满足非负约束条件(2.32),于是又有下面的定义.

定义 2.7 在基解(2.36)中,若 $\boldsymbol{x}_B = \boldsymbol{B}^{-1}\boldsymbol{b} \geqslant \boldsymbol{0}$, 则称此基解称为一个**基可行解**(basic feasible solution). 这时对应的基 $\boldsymbol{B}$ 称为**可行基**(feasible basis).

显然,一个线性规划问题的基可行解的个数最多也不会超过 C_n^m 个.

另外,由于矩阵 $\boldsymbol{A}$ 的秩为 m, 故对于选定的可行基 $\boldsymbol{B}$,基变量共有 m 个,非基变量共有 $n-m$ 个, 对应的基可行解中非零分量的个数至多为 m 个,如果非零分量个数等于 m(即所有基变量取值均为正),则称该基可行解为**非退化的基可行解**(nondegeneration basic feasible solution);如果非零分量个数小于 m(即存在取零值的基变量),则称该基可行解为**退化的基可行解**(degeneration basic feasible solution).

根据以上的分析，我们不加证明地给出以下定理：

定理 2.5 线性规划的基可行解就是可行域的极点.

由此可知，前面关于极点的许多结果都可以转到基可行解上来，比如我们有：只要存在可行解，就一定存在基可行解；基可行解的个数是有限的；若 LP 问题有最优解，则最优解一定可以在基可行解中找到.

结合前面的定理来说，我们有如下重要结论：LP 问题如果有最优解，则最优解必可在基可行解中找到，而基可行解的个数是有限的. 因此，我们只需要在有限多个基可行解中去寻找最优解. 2.3 节讲到的单纯形法，就是根据这些原理构思出来的.

2.3 线性规划的单纯形法

线性规划的单纯形法(Simplex Algorithm)是求解线性规划问题的基本方法之一，这是美国学者丹捷格于 1947 年提出来的，1953 年又对其进行改进，成为改进单纯形法. 1954 年，贝尔(Beale)提出了对偶单纯形法，使其单纯形法更为完善. 大量的实际应用表明，这是一种行之有效的方法.

从上面的讨论可知，若线性规划问题有最优解，则一定可以在基可行解上达到，单纯形法就是建立在这个理论基础上的. 它的基本思想是：首先从可行域中找到一个基可行解，然后判断它是否为最优解，若是则停止计算；否则，就找一个更好的基可行解，再进行检验，如此反复经过有限次迭代，直到找到最优解，或者判定它无界(即无有限最优解)为止.

下面，我们通过一个计算实例来说明单纯形法的基本原理.

2.3.1 单纯形法的基本原理

例 2.5 求解例 2.1.

$$\max z = 2x_1 + 3x_2,$$

$$\text{s. t.} \begin{cases} 1x_1 + 2x_2 \leqslant 4, \\ 4x_1 + 0x_2 \leqslant 8, \\ 0x_1 + 4x_2 \leqslant 6, \\ x_1 \geqslant 0,\ x_2 \geqslant 0. \end{cases}$$

解 先引入松弛变量 x_3, x_4, x_5 将问题化成标准形：

$$\max z = 2x_1 + 3x_2 + 0x_3 + 0x_4 + 0x_5, \tag{2.37}$$

$$\text{s. t.} \begin{cases} x_1 + 2x_2 + x_3 = 4, \\ 4x_1 + x_4 = 8, \\ 4x_2 + x_5 = 6, \\ x_1,\ x_2,\ x_3,\ x_4,\ x_5 \geqslant 0. \end{cases} \quad \begin{matrix} \\ (2.38) \\ \\ (2.39) \end{matrix}$$

第一步，找出初始可行基，确定初始基可行解. 约束方程(2.38)的系数矩阵

$$\boldsymbol{A}=(\boldsymbol{p}_1,\ \boldsymbol{p}_2,\ \boldsymbol{p}_3,\ \boldsymbol{p}_4,\ \boldsymbol{p}_5)=\begin{pmatrix}1 & 2 & 1 & 0 & 0\\ 4 & 0 & 0 & 1 & 0\\ 0 & 4 & 0 & 0 & 1\end{pmatrix},$$

其中，$(\boldsymbol{p}_3,\ \boldsymbol{p}_4,\ \boldsymbol{p}_5)$ 为一单位矩阵，因而 $(\boldsymbol{p}_3,\ \boldsymbol{p}_4,\ \boldsymbol{p}_5)$ 构成一个基，记作

$$\boldsymbol{B}^{(0)}=\begin{pmatrix}1 & 0 & 0\\ 0 & 1 & 0\\ 0 & 0 & 1\end{pmatrix}.$$

同时，确定 $x_3,\ x_4,\ x_5$ 为初始基变量，$x_1,\ x_2$ 为初始非基变量. 分别用 $\boldsymbol{x}_{\boldsymbol{B}}^{(0)}=(x_3,\ x_4,\ x_5)^{\mathrm{T}}$，$\boldsymbol{x}_{\boldsymbol{N}}^{(0)}=(x_1,\ x_2)^{\mathrm{T}}$ 表示. 将式(2.38)变换后可得

$$\begin{cases}x_3 = 4-\ x_1-2x_2\ ,\\ \quad x_4 = 8-4x_1\qquad\quad ,\\ \qquad x_5 = 6\qquad\ \ -4x_2\ .\end{cases}\tag{2.40}$$

令 $x_1=x_2=0$，可得初始基可行解

$$\boldsymbol{x}^{(0)}=(0,\ 0,\ 4,\ 8,\ 6)^{\mathrm{T}}.$$

这个基可行解表示的经济意义是：企业没有安排生产产品 A 和 B，三种资源也没有被利用，此时，企业的利润指标 $z^{(0)}=0$. 那么这个解是不是最优解呢？

第二步，最优性检验. 将式(2.40)代入目标函数式(2.37)可得

$$z^{(0)}=0+2x_1+3x_2.\tag{2.41}$$

从式(2.41)可知，首先，目标函数中不含基变量 $x_3,\ x_4,\ x_5$；其次，非基变量 $x_1,\ x_2$ 的系数都是正数，如果将其中一个变量，例如 x_1(或 x_2) 由非基变量换为基变量(称为“进基”)，则 x_1(或 x_2) 的取值可以由零变成正值，就会使目标函数的值增大. 从而可以断定初始基可行解 $\boldsymbol{x}^{(0)}$ 并不是最优解. 从经济意义上讲，安排生产产品 A(或 B)，都可以使企业的利润指标增加. 所以，只要不含基变量的目标函数的表达式(2.41)中有非基变量的系数为正，就表示目标函数值还有改进可能. 为使目标函数值增加得快一些，可选择正系数中最大的那个非基变量为进基(我们后面将这一规则称为“σ 规则”). 由于 $\max\{2,\ 3\}=3$ 是非基变量 x_2 的系数，因此确定 x_2 为进基. 但基变量的个数是一定的(等于系数矩阵 $\boldsymbol{A}$ 的秩 m)，于是还要确定从原基变量 $x_3,\ x_4,\ x_5$ 中哪一个换出来作为非基变量(称为“**出基**”). 为此我们进行如下分析.

第三步，换基迭代. 当确定了 x_2 作为进基之后，必须要从 $x_3,\ x_4,\ x_5$ 中换出一个作为出基，并保证其余的均为非负. 由于 x_1 仍为非基变量，令 $x_1=0$，则式(2.40)变成

$$\begin{cases}x_3 = 4-2x_2\geqslant 0,\\ \quad x_4 = 8\qquad\ \ \geqslant 0,\\ \qquad x_5 = 6-4x_2\geqslant 0.\end{cases}\tag{2.42}$$

分析式(2.42)可知，只有当 x_2 的取值不超过 $\min\left\{\frac{4}{2}, -, \frac{6}{4}\right\}=\frac{3}{2}$ 时，才能满足非负条件. 当 $x_2=\frac{3}{2}$ 时，最小比值$\frac{6}{4}$对应的基变量 $x_5=0$. 即 x_5 由基变量变成了非基变量，也就是用 x_2 去替换 x_5. 这一过程称为**"换基"**(我们后面将这一规则称为"θ 规则").

从经济意义上讲，由于每生产一件产品 B，需要耗掉钢、铁、橡胶三种原料数分别为 2 t，0 t，4 t，当确定生产产品 B 的产量为$\frac{3}{2}$件时，则需要消耗钢、铁、橡胶三种原料数分别为 3 t，0 t，6 t，这说明原料橡胶已全部用完. 因此，由这些原料中的薄弱环节橡胶的供应量确定了产品 B 的产量不超过$\frac{3}{2}$件. 这充分体现了出基的选择兼顾各种限制条件的思想，所以又称为**最小比值法则**.

经过上述换基以后，新的基变量 $\boldsymbol{x}_{\boldsymbol{B}}^{(1)}=(x_3, x_4, x_2)^{\mathrm{T}}$，新的非基变量为 $\boldsymbol{x}_{\boldsymbol{N}}^{(1)}=(x_1, x_5)^{\mathrm{T}}$. 将当前的基变量 x_3，x_4，x_2 用非基变量 x_1，x_5 表示. 即将式(2.38)中的 x_5 与 x_2 的位置对调后，可得

$$\begin{cases} 2x_2+x_3 \qquad\qquad =4-x_1, \\ \qquad\qquad\quad x_4=8-4x_1, \\ 4x_2 \qquad\qquad\quad =6-x_5. \end{cases} \tag{2.43}$$

式(2.43)可变换成

$$\begin{cases} \quad x_3 \qquad =1-x_1+\frac{1}{2}x_5, \\ \qquad\quad x_4=8-4x_1, \\ x_2 \qquad\quad =\frac{3}{2} \qquad -\frac{1}{4}x_5. \end{cases} \tag{2.44}$$

令 $x_1=x_5=0$，可得

$$\boldsymbol{x}^{(1)}=\left(0, \frac{3}{2}, 1, 8, 0\right)^{\mathrm{T}}.$$

将式(2.44)代入式(2.37)，可得

$$z^{(1)}=\frac{9}{2}+2x_1-\frac{3}{4}x_5. \tag{2.45}$$

从式(2.45)可知，由于 x_1 前的系数为 $2>0$，所以 $\boldsymbol{x}^{(1)}$ 仍不是最优解. 且在目标函数(2.45)中，只有非基变量 x_1 的值增加才可以使目标函数值 z 增加，选择非基变量 x_1 为进基，另一个非基变量 $x_5=0$ 保持不变，则式(2.44)变成

$$\begin{cases} \quad x_3 \qquad =1-x_1 \geqslant 0, \\ \qquad\quad x_4=8-4x_1 \geqslant 0, \\ x_2 \qquad\quad =\frac{3}{2} \qquad\ \geqslant 0. \end{cases} \tag{2.46}$$

分析式(2.46)可知，只有当 x_1 的取值不超过 $\min\left\{\frac{1}{1}, \frac{8}{4}, -\right\} = 1$ 时，才能满足非负条件. 此时最小比值$\frac{1}{1}$对应的基变量为 x_3，这就决定了用 x_1 去替换 x_3，将式(2.44)中的 x_1 与 x_3 的位置对调后，可得

$$\begin{cases} x_1 = 1 - x_3 + \frac{1}{2}x_5, \\ x_4 = 4 + 4x_3 - 2x_5, \\ x_2 = \frac{3}{2} - \frac{1}{4}x_5. \end{cases} \tag{2.47}$$

令 $x_3 = x_5 = 0$，可得

$$\boldsymbol{x}^{(2)} = \left(1, \frac{3}{2}, 0, 4, 0\right)^{\mathrm{T}}.$$

将式(2.47)代入式(2.37)，可得

$$z^{(2)} = \frac{13}{2} - 2x_3 + \frac{1}{4}x_5. \tag{2.48}$$

由式(2.48)可知，x_5 前的系数为 $\frac{1}{4} > 0$，继续进行"换基"得新的基可行解

$$\boldsymbol{x}^{(3)} = (2, 1, 0, 0, 2)^{\mathrm{T}}.$$

而此时目标函数的表达式是

$$z^{(3)} = 7 - \frac{3}{2}x_3 - \frac{1}{8}x_4. \tag{2.49}$$

由于式(2.49)中所有非基变量 x_3，x_4 的系数都是负数，则表示 $\boldsymbol{x}^{(3)}$ 已是最优解. 最优解中 $x_1 = 2$，$x_2 = 1$ 表示 A 产品生产 2 个单位，B 产品生产 1 个单位. $x_3 = 0$，$x_4 = 0$，$x_5 = 2$ 表示原料钢没有富余，原料铁已没有富余，原料橡胶有富余量 2 单位. 在式(2.49)中，令 $x_3 = x_4 = 0$，可得 $z = 7$，表示按照最佳生产方案生产可获最大利润为 7 万元.

对照图解法，可以很清楚地了解利用单纯形算法求解线性规划问题所获得的结果. 初始基可行解 $\boldsymbol{x}^{(0)} = (0, 0, 4, 8, 6)^{\mathrm{T}}$ 相当于图 2-2 中的原点 $O(0, 0)$；$\boldsymbol{x}^{(1)} = \left(0, \frac{3}{2}, 1, 8, 0\right)^{\mathrm{T}}$ 相当于 $Q_4 = \left(0, \frac{3}{2}\right)$；$\boldsymbol{x}^{(2)} = \left(1, \frac{3}{2}, 0, 4, 0\right)^{\mathrm{T}}$ 相当于 $Q_3 = \left(1, \frac{3}{2}\right)$；$\boldsymbol{x}^{(3)} = (2, 1, 0, 0, 2)^{\mathrm{T}}$ 相当于 $Q_2 = (2, 1)$. 从初始基可行解 $\boldsymbol{x}^{(0)}$ 开始迭代，依次得到 $\boldsymbol{x}^{(1)}$，$\boldsymbol{x}^{(2)}$，$\boldsymbol{x}^{(3)}$，这相当于图 2-2 中的目标函数平移时，从 O 点开始，首先碰到 Q_4 点，然后碰到 Q_3 点，最后到达 Q_2 点.

2.3.2 最优性检验与解的判别

一般而言，对已化成标准形式的线性规划问题，只要从系数矩阵中能直接观察到一个单位

矩阵，即可得到一个初始基可行解；如果不能直接找到单位矩阵，则可通过添加人工变量来求解，这一方法将在 2.4 节中讨论.

得到初始基可行解后，要检验一下是否是最优解. 如果是，则停止迭代；如果不是，则要继续迭代. 每次迭代后，都要检验一下是否是最优解，进一步还要判断属于解的哪一种情况. 为此，需要建立对解的判别准则.

一般情况下，经过迭代后，有

$$x_i = b'_i - \sum_{j=m+1}^{n} a'_{ij} x_j, \quad i = 1, 2, \cdots, m. \tag{2.50}$$

将式(2.50)代入目标函数 $\max z = \sum_{j=1}^{n} c_j x_j$ 可得

$$z = \sum_{i=1}^{m} c_i x_i + \sum_{j=m+1}^{n} c_j x_j = \sum_{i=1}^{m} c_i b'_i + \sum_{j=m+1}^{n} \left(c_j - \sum_{i=1}^{m} c_i a'_{ij}\right) x_j. \tag{2.51}$$

令 $z_0 = \sum_{i=1}^{m} c_i b'_i$, $z_j = \sum_{i=1}^{m} c_i a'_{ij}$, $j = m+1, m+2, \cdots, n$, 式(2.51)变换成

$$z = z_0 + \sum_{j=m+1}^{n} (c_j - z_j) x_j. \tag{2.52}$$

再令 $\sigma_j = c_j - z_j$, $j = m+1, m+2, \cdots, n$, 代入式(2.52)，可得

$$z = z_0 + \sum_{j=m+1}^{n} \sigma_j x_j. \tag{2.53}$$

由于判别基可行解是否为最优解，是看其对应的目标函数中非基变量 x_j 前的系数 σ_j 是否均满足 $\sigma_j \leqslant 0$, $j = m+1, m+2, \cdots, n$, 因而我们将 σ_j 称为**检验数**. 根据 σ_j 判别各种解的准则是：

(1) 最优解及唯一解判别准则. 若 $\boldsymbol{x}^* = (b'_1, b'_2, \cdots, b'_m, 0, \cdots, 0)^{\mathrm{T}}$ 为对应于基 $\boldsymbol{B}$ 的一个基可行解，且对应于一切 $j = m+1, m+2, \cdots, n$ 有 $\sigma_j \leqslant 0$, 则 $\boldsymbol{x}^*$ 为最优解. 如果对一切 $j = m+1, m+2, \cdots, n$ 均有 $\sigma_j < 0$, 则 $\boldsymbol{x}^*$ 为唯一解.

(2) 多重解判别准则. 若 $\boldsymbol{x}^* = (b'_1, b'_2, \cdots, b'_m, 0, \cdots, 0)^{\mathrm{T}}$ 为对应于基 $\boldsymbol{B}$ 的一个基可行解，对应于一切 $j = m+1, m+2, \cdots, n$ 均有 $\sigma_j \leqslant 0$, 但 σ_j 中至少有一个非基变量的检验数满足 $\sigma_{m+k} = 0$, 则该线性规划问题有多重解.

(3) 无界解判别准则. 若 $\boldsymbol{x}^{(0)} = (b'_1, b'_2, \cdots, b'_m, 0, \cdots, 0)^{\mathrm{T}}$ 为一基可行解，且存在一个非基变量的检验数 $\sigma_{m+k} > 0$, 但对 $i = 1, 2, \cdots, m$ 有 $a'_{i,m+k} \leqslant 0$, 那么该线性规划问题具有无界解. 证明如下*：

对于线性规划(LP)问题：

$$\max z = \sum_{j=1}^{n} c_j x_j = \sum_{i=1}^{m} c_i x_i + \sum_{j=m+1}^{n} c_j x_j,$$

$$\text{s.t.} \begin{cases} \sum_{j=1}^{n} a_{ij} x_j = b_i, & i = 1, 2, \cdots, m, \\ x_j \geqslant 0, & j = 1, 2, \cdots, n. \end{cases}$$

一般情况下，约束方程组：$\sum_{j=1}^{n} a_{ij}x_j = b_i$，$i = 1, 2, \cdots, m$ 经过迭代后，有

$$\sum_{j=1}^{n} a_{ij}x_j = b_i,\ i = 1, 2, \cdots, m \Rightarrow x_i = b'_i - \sum_{j=m+1}^{n} a'_{ij}x_j,\ i = 1, 2, \cdots, m.$$

事实上，我们构造一个新解 $X^{(1)}$，它的分量为

$$x_i^{(1)} = b'_i - \lambda a'_{i,\,m+k},\quad \lambda > 0,\ i = 1, 2, \cdots, m,$$

$x_{m+k}^{(1)} = \lambda$，$x_j^{(1)} = 0$，$j = m+1, m+2, \cdots, n$，且 $j \neq m+k$，因为 $a_{i,\,m+k} \leqslant 0$，所以 $\forall \lambda > 0$，则 $x^{(1)} = (x_1^{(1)}, x_2^{(1)}, \cdots, x_m^{(1)}, x_{m+1}^{(1)}, x_{m+2}^{(1)}, \cdots, x_{m+k}^{(1)}, \cdots, x_n^{(1)})$

$= (b'_1 - \lambda a'_{1,\,m+k}, b'_2 - \lambda a'_{2,\,m+k}, \cdots, b'_m - \lambda a'_{m,\,m+k}, 0, 0, \cdots, \lambda, \cdots, 0)$ 非负，

为线性规划(LP)问题的可行解，将 $x^{(1)}$ 代入目标函数

$$\max z = \sum_{j=1}^{n} c_j x_j = \sum_{i=1}^{m} c_i x_i + \sum_{j=m+1}^{n} c_j x_j$$

中得

$$\begin{aligned} z &= c_1 b'_1 + c_2 b'_2 + \cdots + c_m b'_m - \lambda(c_1 a'_{1,\,m+k} + c_2 a'_{2,\,m+k} + \cdots + c_m a'_{m,\,m+k}) + c_{m+k} \cdot \lambda \\ &= z_0 + \left(c_{m+k} - \sum_{i=1}^{m} c_i a'_{i,\,m+k}\right) \cdot \lambda = z_0 + \sigma_{m+k} \cdot \lambda. \end{aligned}$$

因为 $\sigma_{m+k} > 0$，所以当 $\lambda \to +\infty$ 时，则 $z \to +\infty$，所以该线性规划(LP)问题目标函数无界.
其中，$z_0 = \sum_{i=1}^{m} c_i b'_i$，$\sigma_{m+k} = c_{m+k} - \sum_{i=1}^{m} c_i \cdot a_{i,\,m+k}$.

(4) 无可行解的判别将在本书 2.4 节进行讨论.

2.3.3 单纯形列表算法

根据单纯形法的基本原理，可将单纯形法的计算步骤归纳如下：

(1) 找出初始可行基，确定初始基可行解，建立初始单纯形表.

(2) 检查对应于非基变量的检验数 $\sigma_j = c_j - \sum_{i=1}^{m} c_i a'_{ij}$，若所有 $\sigma_j \leqslant 0$，且存在可行解(判别方法在 2.4 节中给出)，则已得到最优解，停止计算. 如果在所有 $\sigma_j > 0$ 的 σ_j 中，有一个 σ_K 对应于 x_K 的系数列向量 $\boldsymbol{p}_K \leqslant 0$，即对 $i = 1, 2, \cdots, m$，均有 $a'_{i,\,K} \leqslant 0$，则此问题有无界解，停止计算；否则转(3).

(3) 进行基变换.

换入变量的确定采取"**$\boldsymbol{\sigma}$ 规则**". 令

$$\max\{\sigma_j \mid \sigma_j > 0,\ j = m+1, m+2, \cdots, n\} = \sigma_{m+k},$$

则选择 x_{m+k} 作为换入变量.

换出变量的确定采取"**$\boldsymbol{\theta}$ 规则**". 令

$$\theta=\min\left\{\frac{b_i'}{a_{i,\,m+k}'}\,\middle|\,a_{i,\,m+k}'>0\right\}=\frac{b_l'}{a_{l,\,m+k}'}.$$

这里 $a_{i,\,m+k}'$，$i=1,2,\cdots,m$ 为换入变量 x_{m+k} 的系数列向量中的元素. 选择 x_l 为换出变量.

(4) 将 $a_{i,\,m+k}'$，$i=1,2,\cdots,m$ 作为主元素进行旋转运算(即用高斯消去法进行迭代运算)，把 x_{m+k} 所对应的列向量

$$\boldsymbol{p}_{m+k}'=\begin{pmatrix}a_{1,\,m+k}'\\a_{2,\,m+k}'\\\vdots\\a_{l,\,m+k}'\\\vdots\\a_{m,\,m+k}'\end{pmatrix}\xrightarrow{\text{变换为}}\begin{pmatrix}0\\0\\\vdots\\1\\\vdots\\0\end{pmatrix}\leftarrow\text{第 } l \text{ 行}$$

从而得到一个新的基可行解，重复步骤(2)—(4)，直到终止.

前面利用单纯形法的基本原理求解线性规划问题，其计算过程显得比较烦琐，现在我们介绍一种单纯形的列表算法，这一方法可以直观而清楚地表明计算过程.

对标准形的线性规划问题

$$\max z=\boldsymbol{cx},\tag{2.54}$$

$$(\text{LP})\quad \text{s. t.}\ \begin{cases}\boldsymbol{Ax}=\boldsymbol{b}, & (2.55)\\ \boldsymbol{x}\geqslant\boldsymbol{0}. & (2.56)\end{cases}$$

不妨设 $m\times m$ 阶的非奇异方阵 $\boldsymbol{B}$ 是(LP)问题的一个基，为讨论方便，不妨假设 $\boldsymbol{A}=(\boldsymbol{B},\boldsymbol{N})$，$\boldsymbol{x}=\begin{pmatrix}\boldsymbol{x}_B\\\boldsymbol{x}_N\end{pmatrix}$，则方程组(2.55)可等价地变换为

$$(\boldsymbol{B},\boldsymbol{N})\begin{pmatrix}\boldsymbol{x}_B\\\boldsymbol{x}_N\end{pmatrix}=\boldsymbol{b}\implies\boldsymbol{Bx}_B+\boldsymbol{Nx}_N=\boldsymbol{b}.$$

由于 $\boldsymbol{B}$ 是非奇异方阵，故 $\boldsymbol{B}^{-1}$存在，有 $\boldsymbol{x}_B+\boldsymbol{B}^{-1}\boldsymbol{Nx}_N=\boldsymbol{B}^{-1}\boldsymbol{b}$，移项得

$$\boldsymbol{x}_B=\boldsymbol{B}^{-1}\boldsymbol{b}-\boldsymbol{B}^{-1}\boldsymbol{Nx}_N.\tag{2.57}$$

再将目标函数(2.54)作相应的变换，将它用非基变量来表示

$$\begin{aligned}z=\boldsymbol{cx}=(\boldsymbol{c}_B,\boldsymbol{c}_N)\begin{pmatrix}\boldsymbol{x}_B\\\boldsymbol{x}_N\end{pmatrix}&=\boldsymbol{c}_B\boldsymbol{x}_B+\boldsymbol{c}_N\boldsymbol{x}_N=\boldsymbol{c}_B(\boldsymbol{B}^{-1}\boldsymbol{b}-\boldsymbol{B}^{-1}\boldsymbol{Nx}_N)+\boldsymbol{c}_N\boldsymbol{x}_N\\&=\boldsymbol{c}_B\boldsymbol{B}^{-1}\boldsymbol{b}+(\boldsymbol{c}_N-\boldsymbol{c}_B\boldsymbol{B}^{-1}\boldsymbol{N})\boldsymbol{x}_N,\end{aligned}$$

则(LP)问题又可等价地写成

$$\max z=\boldsymbol{c}_B\boldsymbol{B}^{-1}\boldsymbol{b}+(\boldsymbol{c}_N-\boldsymbol{c}_B\boldsymbol{B}^{-1}\boldsymbol{N})\boldsymbol{x}_N,\tag{2.58}$$

$$(\text{LP})\quad \text{s. t.}\ \begin{cases}\boldsymbol{x}_B+\boldsymbol{B}^{-1}\boldsymbol{Nx}_N=\boldsymbol{B}^{-1}\boldsymbol{b}, & (2.59)\\ \boldsymbol{x}_B\geqslant\boldsymbol{0},\ \boldsymbol{x}_N\geqslant\boldsymbol{0}. & (2.60)\end{cases}$$

我们称式(2.58)—式(2.60)为问题(LP)对应于基 $\boldsymbol{B}$ 的**典式**.

在式(2.57)中令 $\boldsymbol{x}_N=\mathbf{0}$(即全部非基变量取值为零),则得 $\boldsymbol{x}_B=\boldsymbol{B}^{-1}\boldsymbol{b}$.

当 $\boldsymbol{x}_B=\boldsymbol{B}^{-1}\boldsymbol{b}\geqslant\mathbf{0}$ 时,$\boldsymbol{x}^{(0)}=\begin{pmatrix}\boldsymbol{x}_B\\ \boldsymbol{x}_N\end{pmatrix}=\begin{pmatrix}\boldsymbol{B}^{-1}\boldsymbol{b}\\ \mathbf{0}\end{pmatrix}\geqslant\mathbf{0}$ 就是初始可行基 $\boldsymbol{B}$ 对应的初始基可行解.
令 $\sigma_N=\boldsymbol{c}_N-\boldsymbol{c}_B\boldsymbol{B}^{-1}\boldsymbol{N}$,显然,$\sigma_N$ 就是非基变量 $\boldsymbol{x}_N$ 的检验数.

这样,我们可以根据(LP)问题的典式列出一张初始表,称为**初始单纯形表**(表 2-5).

表 2-5

$\boldsymbol{c}\rightarrow$			$\boldsymbol{c}_B$	$\boldsymbol{c}_N$
$\boldsymbol{c}_B$	$\boldsymbol{x}_B$	$\boldsymbol{b}$	$\boldsymbol{x}_B$	$\boldsymbol{x}_N$
$\boldsymbol{c}_B$	$\boldsymbol{x}_B$	$\boldsymbol{B}^{-1}\boldsymbol{b}$	$\boldsymbol{I}$	$\boldsymbol{B}^{-1}\boldsymbol{N}$
c_j-z_j		$\boldsymbol{c}_B\boldsymbol{B}^{-1}\boldsymbol{b}$	$\mathbf{0}$	$\boldsymbol{c}_N-\boldsymbol{c}_B\boldsymbol{B}^{-1}\boldsymbol{N}$

又因为
$$\boldsymbol{B}^{-1}\boldsymbol{A}=\boldsymbol{B}^{-1}(\boldsymbol{B},\ \boldsymbol{N})=(\boldsymbol{I},\ \boldsymbol{B}^{-1}\boldsymbol{N}),$$
$$\boldsymbol{c}-\boldsymbol{c}_B\boldsymbol{B}^{-1}\boldsymbol{A}=(\boldsymbol{c}_B,\ \boldsymbol{c}_N)-\boldsymbol{c}_B(\boldsymbol{I},\ \boldsymbol{B}^{-1}\boldsymbol{N})=(\mathbf{0},\ \boldsymbol{c}_N-\boldsymbol{c}_B\boldsymbol{B}^{-1}\boldsymbol{N}),$$
并记
$$\sigma=(\sigma_B,\ \sigma_N)=\boldsymbol{c}-\boldsymbol{c}_B\boldsymbol{B}^{-1}\boldsymbol{A},$$
其中,$\sigma_B=\mathbf{0}$,$\sigma_N=\boldsymbol{c}_N-\boldsymbol{c}_B\boldsymbol{B}^{-1}\boldsymbol{N}$. 于是,表 2-5 还可简化为表 2-6.

表 2-6

$\boldsymbol{c}\rightarrow$			$\boldsymbol{c}$
$\boldsymbol{c}_B$	$\boldsymbol{x}_B$	$\boldsymbol{b}$	$\boldsymbol{x}$
$\boldsymbol{c}_B$	$\boldsymbol{x}_B$	$\boldsymbol{B}^{-1}\boldsymbol{b}$	$\boldsymbol{B}^{-1}\boldsymbol{A}$
c_j-z_j		$\boldsymbol{c}_B\boldsymbol{B}^{-1}\boldsymbol{b}$	$\boldsymbol{c}-\boldsymbol{c}\boldsymbol{B}^{-1}\boldsymbol{A}$

表 2-5 的具体表示形式见表 2-7.

表 2-7

$c_j\rightarrow$			c_1	…	c_m	c_{m+1}	…	c_n	θ_i
$\boldsymbol{c}_B$	$\boldsymbol{x}_B$	$\boldsymbol{b}$	x_1	…	x_m	x_{m+1}	…	x_n	
c_1	x_1	b_1'	1	…	0	$a_{1,\ m+1}'$	…	a_{1n}'	θ_1
c_2	x_2	b_2'	0	…	0	$a_{2,\ m+1}'$	…	a_{2n}'	θ_2
⋮	⋮	⋮	⋮	⋮	⋮	⋮	⋮	⋮	⋮
c_m	x_m	b_m'	0	…	1	$a_{m,\ m+1}'$	…	a_{mn}'	θ_m
c_j-z_j		$\sum_{i=1}^{m}c_ib_i'$	0	…	0	$c_{m+1}-\sum_{i=1}^{m}c_ia_{i,m+1}'$	…	$c_n-\sum_{i=1}^{m}c_ia_{in}'$	

其中,$\boldsymbol{x}_B$ 列为基变量,这里是 $x_1,\ x_2,\cdots,\ x_m$;

$\boldsymbol{c}_B$ 列中为基变量的价值系数,这里是 $c_1,\ c_2,\ \cdots,\ c_m$;它们随基变量改变而改变,并与基变量相对应;

$\boldsymbol{b}$ 列中为约束方程组右端的常数;

c_j 行中为所有变量的价值系数 $c_1,\ c_2,\ \cdots,\ c_n$;

θ_i 列的数字是在确定换入变量后,按 θ 规则计算的相应的 θ 值;

最后一行称为检验数行，对应各非基变量 x_j 的检验数是 $c_j - \sum_{i=1}^{m} c_i a'_{ij}$，即 $c_j - z_j = \sigma_j$，$j = m+1, m+2, \cdots, n$.

表 2-7 称为初始单纯形表，每迭代一次构造一个新单纯形表.

现在我们结合例题来说明如何利用单纯形列表算法求解线性规划问题.

例 2.6 利用单纯形列表算法求解例 2.1.

解 (1)根据例 2.1 的标准形，取松弛变量 x_3, x_4, x_5 为基变量，它对应的单位矩阵为初始基. 这时可以得到一个初始基可行解 $\boldsymbol{x}^{(0)} = (0, 0, 4, 8, 6)^{\mathrm{T}}$，将相关数字填入表中，得到初始单纯形表，见表 2-8.

表 2-8

$c_j \rightarrow$			2	3	0	0	0	θ_i
$\boldsymbol{c_B}$	$\boldsymbol{x_B}$	$\boldsymbol{b}$	x_1	x_2	x_3	x_4	x_5	
0	x_3	4	1	2	1	0	0	2
0	x_4	8	4	0	0	1	0	—
0	x_5	6	0	[4]	0	0	1	$\frac{3}{2}$
$c_j - z_j$		0	2	3	0	0	0	

表 2-8 中的左上角的 c_j 是表示目标函数中各变量的价值系数，在表的 $\boldsymbol{c_B}$ 列中，填入初始基变量的价值系数，它们都是 0，检验数行各非基变量的检验数为

$$\sigma_1 = c_1 - z_1 = 2 - (0 \times 1 + 0 \times 4 + 0 \times 0) = 2,$$

$$\sigma_2 = c_2 - z_2 = 3 - (0 \times 2 + 0 \times 0 + 0 \times 4) = 3.$$

(2) 因 $\sigma_1 = 2$，$\sigma_2 = 3$ 都大于零，且 $\boldsymbol{p}_1$，$\boldsymbol{p}_2$ 的坐标有正分量存在，转入下一步.

(3) 因为 $\max\{\sigma_1, \sigma_2\} = \max\{2, 3\} = 3$，所以 x_2 为换入变量.

$$\theta = \min\left\{\frac{b_i}{a_{i2}} \middle| a_{i2} > 0\right\} = \min\left\{\frac{4}{2}, —, \frac{6}{4}\right\} = \frac{6}{4} = \frac{3}{2},$$

因为 $\frac{3}{2}$ 对应 x_5 这一行，所以 x_5 为换出变量.

(4) 以 x_5 所在行与 x_2 所在列的交叉元素[4]为主元素，进行旋转运算，即将 $\boldsymbol{p}_2$ 变换为 $(0, 0, 1)^{\mathrm{T}}$，在 $\boldsymbol{x_B}$ 列中将 x_5 替换为 x_2，得到新表(表 2-9).

表 2-9

$c_j \rightarrow$			2	3	0	0	0	θ_i
$\boldsymbol{c_B}$	$\boldsymbol{x_B}$	$\boldsymbol{b}$	x_1	x_2	x_3	x_4	x_5	
0	x_3	1	[1]	0	1	0	$-\frac{1}{2}$	1
0	x_4	8	4	0	0	1	0	2
3	x_2	$\frac{3}{2}$	0	1	0	0	$\frac{1}{4}$	—
$c_j - z_j$		$\frac{9}{2}$	2	0	0	0	$-\frac{3}{4}$	

b 列的数字是 $x_3=1$, $x_4=8$, $x_2=\frac{3}{2}$.

于是,得到新的基可行解 $x^{(1)}=\left(0, \frac{3}{2}, 1, 8, 0\right)^{\mathrm{T}}$. 目标函数的取值 $z=\frac{9}{2}$.

(5) 检查表 2-9 中的所有 σ_j, 因为 σ_1 为 2,说明 x_1 应为换入变量,重复(2)—(4)的计算步骤,得表 2-10.

表 2-10

$c_j \rightarrow$			2	3	0	0	0	θ_i
$\boldsymbol{c_B}$	$\boldsymbol{x_B}$	$\boldsymbol{b}$	x_1	x_2	x_3	x_4	x_5	
2	x_1	1	1	0	1	0	$-\frac{1}{2}$	—
0	x_4	4	0	0	-4	1	[2]	2
3	x_2	$\frac{3}{2}$	0	1	0	0	$\frac{1}{4}$	6
c_j-z_j		$\frac{13}{2}$	0	0	-2	0	$\frac{1}{4}$	
2	x_1	2	1	0	0	$\frac{1}{4}$	0	
0	x_5	2	0	0	-2	$\frac{1}{2}$	1	
3	x_2	1	0	1	$\frac{1}{2}$	$-\frac{1}{8}$	0	
c_j-z_j		7	0	0	$-\frac{3}{2}$	$-\frac{1}{8}$	0	

(6) 表 2-10 最后一行的所有检验数都已为负或零,这表示目标函数已不可能再增大,于是得到最优解 $\boldsymbol{x}^*=\boldsymbol{x}^{(3)}=(2, 1, 0, 0, 2)^{\mathrm{T}}$, 目标函数值 $z^*=7$.

2.4 人工变量法

前面所举的单纯形法的例子中,化为标准形后约束条件的系数矩阵中含有单位矩阵,以此作初始可行基,使求初始基可行解和建立初始单纯形表都十分方便.但对所有约束条件是"$\geqslant$"形式的不等式及等式约束情况,添加松弛变量后,尚不能构造单位矩阵,这时,我们采用人造基方法,即对不等式约束减去一个非负的剩余变量后,再加上一个非负的人工变量;对于等式约束直接加上一个非负的人工变量,总能得到一个单位矩阵,这些变量没有实际意义,纯粹是出于一种处理方法的需要,故称这种方法为人工变量法(artificial variables).

设线性规划问题为

$$\text{(LP)}\quad \max z=\sum_{j=1}^{n} c_j x_j,\quad \text{s. t.}\begin{cases}\sum_{j=1}^{n} a_{ij} x_j=b_i, & i=1, 2, \cdots, m, \\ x_j \geqslant 0, & j=1, 2, \cdots, n.\end{cases}$$

在约束条件 $\sum_{j=1}^{n}a_{ij}x_j = b_i,\ b_i \geqslant 0,\ i=1,\ 2,\ \cdots,\ m$ 中，分别给每一个约束方程加入一个非负的人工变量 $x_{n+1},\ x_{n+2},\ \cdots,\ x_{n+m}$，得到

$$\begin{cases} a_{11}x_1 + a_{12}x_2 + \cdots + a_{1n}x_n + x_{n+1} & = b_1, \\ a_{21}x_1 + a_{22}x_2 + \cdots + a_{2n}x_n \qquad + x_{n+2} & = b_2, \\ \qquad \vdots \qquad\qquad\qquad \ddots & \ \vdots \\ a_{m1}x_1 + a_{m2}x_2 + \cdots + a_{mn}x_n \qquad\qquad + x_{n+m} & = b_m, \\ x_1,\ x_2,\ \cdots,\ x_n \geqslant 0,\ x_{n+1},\ x_{n+2},\ \cdots,\ x_{n+m} \geqslant 0. \end{cases}$$

以 $x_{n+1},\ x_{n+2},\ \cdots,\ x_{n+m}$ 为基变量，并可得到一个 $m \times m$ 阶的单位矩阵，令非基变量 $x_1,\ \cdots,\ x_n$ 为零，便可得到一个初始基可行解 $\boldsymbol{x}^{(0)} = (0,\ 0,\ \cdots,\ 0,\ b_1,\ b_2,\ \cdots,\ b_m)^{\mathrm{T}}$.

因为人工变量是后加入原约束条件中的虚拟变量，要求将它们从基变量中逐个替换出来. 若经过基的变换，基变量中不再含有非零的人工变量，这表示原问题有解；若在最终单纯形表中当所有检验数 $c_j - z_j \leqslant 0$，而在基变量中还有某个非零人工变量，这表示无可行解.

下面我们来介绍人工变量法的两种方法——大 M 法和两阶段法.

2.4.1 大 M 法

在一个线性规划问题的约束条件中加进人工变量后，要求人工变量对目标函数取值不受影响，为此假定人工变量在目标函数中的系数为 $-M$，M 为任意大的正数，这样目标函数要实现最大化时，必须把人工变量从基变量中换出，否则目标函数不可能实现最大化. 所以，大 M 法属于惩罚类算法. 根据以上分析，作辅助问题：

$$\max f = \sum_{j=1}^{n} c_j x_j - \sum_{i=1}^{m} M x_{n+i},$$

$$(\mathrm{LP}') \qquad \text{s. t.} \begin{cases} \sum_{j=1}^{n} a_{ij}x_j + x_{n+i} = b_i, & i = 1,\ 2,\ \cdots,\ m, \\ x_j \geqslant 0, & j = 1,\ 2,\ \cdots,\ n+m. \end{cases}$$

再对 (LP') 问题用单纯形法求解即可.

(LP') 和 (LP) 有如下的关系：

定理 2.6 若 (LP') 有最优解 $(x_1^*,\ x_2^*,\ \cdots,\ x_{n+m}^*)^{\mathrm{T}}$，则当 $x_{n+1}^* = x_{n+2}^* = \cdots = x_{n+m}^* = 0$ 时，$(x_1^*,\ x_2^*,\ \cdots,\ x_n^*)^{\mathrm{T}}$ 即为 (LP) 之最优解；否则 (LP) 无可行解.（证明略.）

例 2.7 用单纯形法求解线性规划问题

$$\max z = -3x_1 + x_3,$$

$$\text{s. t.} \begin{cases} x_1 + x_2 + x_3 \leqslant 4, \\ -2x_1 + x_2 - x_3 \geqslant 1, \\ 3x_2 + x_3 = 9, \\ x_1,\ x_2,\ x_3 \geqslant 0. \end{cases}$$

解 在约束条件中加入松弛变量 x_4, x_5,人工变量 x_6, x_7,得到

$$\max z = -3x_1 + x_3 + 0x_4 + 0x_5 - Mx_6 - Mx_7,$$

$$\text{s. t.}\begin{cases} x_1 + x_2 + x_3 + x_4 = 4, \\ -2x_1 + x_2 - x_3 - x_5 + x_6 = 1, \\ 3x_2 + x_3 + x_7 = 9, \\ x_j \geqslant 0, \quad j = 1, 2, \cdots, 7. \end{cases}$$

其中,M 是一个任意大的正数.

该模型中构成单位矩阵的变量 x_4, x_6, x_7 为基变量,令非基变量 x_1, x_2, x_3, x_5 等于零,即得到初始基可行解 $\boldsymbol{x}^{(0)} = (0, 0, 0, 4, 0, 1, 9)^{\mathrm{T}}$,并列出初始单纯形表. 在单纯形法迭代运算中,$M$ 可当作一个数学符号一起参加运算. 检验数中含 M 符号的,当 M 的系数为正时,该检验数为正,当 M 的系数为负时,该项检验数为负. 例 2.7 中添加人工变量后,用单纯形法求解的过程见表 2-11.

表 2-11

$c_j \to$			-3	0	1	0	0	$-M$	$-M$	θ_i
$\boldsymbol{c_B}$	$\boldsymbol{x_B}$	$\boldsymbol{b}$	x_1	x_2	x_3	x_4	x_5	x_6	x_7	
0	x_4	4	1	1	1	1	0	0	0	4
$-M$	x_6	1	-2	$[1]$	-1	0	-1	1	0	1
$-M$	x_7	9	0	3	1	0	0	0	1	3
$c_j - z_j$		$-10M$	$-2M-3$	$4M$	1	0	$-M$	0	0	
0	x_4	3	3	0	2	1	1	-1	0	1
0	x_2	1	-2	1	-1	0	-1	1	0	—
$-M$	x_7	6	$[6]$	0	4	0	3	-3	1	1
$c_j - z_j$		$-6M$	$6M-3$	0	$4M+1$	0	$3M$	$-4M$	0	
0	x_4	0	0	0	0	1	$-\frac{1}{2}$	$-\frac{1}{2}$	$-\frac{1}{2}$	—
0	x_2	3	0	1	$\frac{1}{3}$	0	0	0	$\frac{1}{3}$	9
-3	x_1	1	1	0	$\left[\frac{2}{3}\right]$	0	$\frac{1}{2}$	$-\frac{1}{2}$	$\frac{1}{6}$	$\frac{3}{2}$
$c_j - z_j$		-3	0	0	3	0	$\frac{3}{2}$	$-M-\frac{3}{2}$	$-M+\frac{1}{2}$	
0	x_4	0	0	0	0	1	$-\frac{1}{2}$	$\frac{1}{2}$	$-\frac{1}{2}$	
0	x_2	$\frac{5}{2}$	$-\frac{1}{2}$	1	0	0	$-\frac{1}{4}$	$\frac{1}{4}$	$\frac{1}{4}$	
1	x_3	$\frac{3}{2}$	$\frac{3}{2}$	0	1	0	$\frac{3}{4}$	$-\frac{3}{4}$	$\frac{1}{4}$	
$c_j - z_j$		$\frac{3}{2}$	$-\frac{9}{2}$	0	0	0	$-\frac{3}{4}$	$-M+\frac{3}{4}$	$-M-\frac{1}{4}$	

最后可得：$\boldsymbol{x}^* = \left(0, \frac{5}{2}, \frac{3}{2}, 0, 0, 0, 0\right)^{\mathrm{T}}$，$\max z = -3\times 0+1\times\frac{3}{2}=\frac{3}{2}$.

2.4.2 两阶段法

由于在大 M 法中引入了一个很大的正数 M，因此在计算机求解时，可能会产生较大的舍入误差，故实际问题中常采用两阶段法. 这种方法是将加入人工变量后的线性规划问题分为两个阶段来求解. 下面我们仍就标准形(LP)问题进行讨论.

设线性规划问题为

$$
\text{(LP)}\quad
\begin{aligned}
&\max z = \sum_{j=1}^{n} c_j x_j,\\
&\text{s.t.}\ \begin{cases}\sum_{j=1}^{n} a_{ij}x_j = b_i, & i=1, 2, \cdots, m,\\ x_j \geqslant 0, & j=1, 2, \cdots, n.\end{cases}
\end{aligned}
$$

第一阶段：令辅助问题中的目标函数仅为各人工变量的负值之和，即作辅助问题：

$$
\text{(LP}''\text{)}\quad
\begin{aligned}
&\max f = \sum_{i=1}^{m} -x_{n+i},\\
&\text{s.t.}\ \begin{cases}\sum_{j=1}^{n} a_{ij}x_j + x_{n+i} = b_i, & i=1, 2, \cdots, m,\\ x_j \geqslant 0, & j=1, 2, \cdots, n+m.\end{cases}
\end{aligned}
$$

显然，$x_{n+1}, \cdots, x_{n+m}$ 可以作为辅助问题(LP″)的一个初始基变量. 因 f 有上界，且可行解集是闭集，故 f 的最优值 f^* 必然存在，且 $f^* \leqslant 0$.

定理 2.7 (LP)有可行解的充分必要条件是(LP″)的最优值 $f^* = 0$.（证明略.）

在具体解题时，用得较多的是下述推论：

推论 若 $f^* < 0$，则(LP)无可行解；若 $f^* = 0$，则(LP)有可行解.

第二阶段：从第一阶段所求得的初始可行基和初始基可行解出发，继续求解原(LP)问题，得到原(LP)问题的最优基和最优解. 当 $f^* = 0$ 时，分两种情形考虑：情形一，若(LP″)的最优基 B'' 中不含人工变量，则 B'' 即为(LP)的一个可行基；情形二，若 B'' 中含有人工变量，此时情况较为复杂，下面我们通过例题来说明其解法.

例 2.8 用两阶段法解例 2.7.

$$
\begin{aligned}
&\max z = -3x_1 + x_3,\\
&\text{s.t.}\ \begin{cases} x_1 + x_2 + x_3 \leqslant 4,\\ -2x_1 + x_2 - x_3 \geqslant 1,\\ 3x_2 + x_3 = 9,\\ x_1, x_2, x_3 \geqslant 0.\end{cases}
\end{aligned}
$$

解 引进松弛变量 $x_4, x_5 \geqslant 0$，得到

$$\max z = -3x_1 + x_3,$$

$$\text{s.t.} \begin{cases} x_1 + x_2 + x_3 + x_4 = 4, \\ -2x_1 + x_2 - x_3 - x_5 = 1, \\ 3x_2 + x_3 = 9, \\ x_1, x_2, x_3, x_4, x_5 \geqslant 0. \end{cases}$$

增加人工变量 $x_6, x_7 \geqslant 0$，构造辅助问题，并进入第一阶段求解.

$$\max f = -x_6 - x_7,$$

$$\text{s.t.} \begin{cases} x_1 + x_2 + x_3 + x_4 = 4, \\ -2x_1 + x_2 - x_3 - x_5 + x_6 = 1, \\ 3x_2 + x_3 + x_7 = 9, \\ x_1, x_2, x_3, x_4, x_5, x_6, x_7 \geqslant 0. \end{cases}$$

用单纯形法求解，得到第一阶段问题的计算表，见表 2-12.

表 2-12

$c_j \rightarrow$			0	0	0	0	0	−1	−1	θ_i
$\boldsymbol{c_B}$	$\boldsymbol{x_B}$	$\boldsymbol{b}$	x_1	x_2	x_3	x_4	x_5	x_6	x_7	
0	x_4	4	1	1	1	1	0	0	0	4
−1	x_6	1	−2	[1]	−1	0	−1	1	0	1
−1	x_7	9	0	3	1	0	0	0	1	3
$c_j - z_j$		−10	−2	4	0	0	−1	0	0	
0	x_4	3	3	0	2	1	1	−1	0	1
0	x_2	1	−2	1	−1	0	−1	1	0	—
−1	x_7	6	[6]	0	4	0	3	−3	1	1
$c_j - z_j$		−6	6	0	4	0	3	−4	0	
0	x_4	0	0	0	0	1	$-\frac{1}{2}$	$-\frac{1}{2}$	$-\frac{1}{2}$	
0	x_2	3	0	1	$\frac{1}{3}$	0	0	0	$\frac{1}{3}$	
0	x_1	1	1	0	$\frac{2}{3}$	0	$\frac{1}{2}$	$-\frac{1}{2}$	$\frac{1}{6}$	
$c_j - z_j$		0	0	0	0	0	0	−1	−1	

最优解 $\boldsymbol{x}^* = (1, 3, 0, 0, 0, 0, 0)^{\mathrm{T}}$，最优值 $f = 0$. 第一阶段最后一张最优表说明找到了原问题的一组基可行解，将它作为初始基可行解，求原问题的最优解即第二阶段问题为

$$\max z = -3x_1 + x_3,$$

$$\text{s. t.} \begin{cases} \qquad\qquad x_4 - \dfrac{1}{2}x_5 = 0, \\ x_2 + \dfrac{1}{3}x_3 \qquad\quad = 3, \\ x_1 \quad + \dfrac{2}{3}x_3 \quad + \dfrac{1}{2}x_5 = 1, \\ x_1, x_2, x_3, x_4, x_5 \geqslant 0. \end{cases}$$

从表 2-12 中的最后一张表出发，将表 2-12 中的人工变量 x_6，x_7 所在的列除去，将目标函数的系数替换为 $\max z = -3x_1 + x_3$ 中的系数，再继续用单纯形法计算，求解过程见表 2-13.

表 2-13

$c_j \to$			-3	0	1	0	0	θ_i
$\boldsymbol{c_B}$	$\boldsymbol{x_B}$	$\boldsymbol{b}$	x_1	x_2	x_3	x_4	x_5	
0	x_4	0	0	0	0	1	$-\frac{1}{2}$	—
0	x_2	3	0	1	$\frac{1}{3}$	0	0	9
-3	x_1	1	1	0	$\left[\frac{2}{3}\right]$	0	$\frac{1}{2}$	$\frac{3}{2}$
$c_j - z_j$		-3	0	0	3	0	$\frac{3}{2}$	
0	x_4	0	0	0	0	1	$-\frac{1}{2}$	
0	x_2	$\frac{5}{2}$	$-\frac{1}{2}$	1	0	0	$-\frac{1}{4}$	
1	x_3	$\frac{3}{2}$	$\frac{3}{2}$	0	1	0	$\frac{3}{4}$	
$c_j - z_j$		$\frac{3}{2}$	$-\frac{9}{2}$	0	0	0	$-\frac{3}{4}$	

检验数 $\sigma_j \leqslant 0$，最优解为 $\boldsymbol{x}^* = \left(0, \dfrac{5}{2}, \dfrac{3}{2}, 0, 0, 0, 0\right)^{\mathrm{T}}$，最优值 $z^* = \dfrac{3}{2}$.

不难看出，上面两种计算方法的每一步迭代的结果类似，最后结果相同.

在第二阶段计算时，初始表中的检验数不能引用第一阶段最优表的检验数，必须换成原问题的检验数，用代入法或公式计算.

另外，即使第一阶段最优值为零，只能说明原问题有可行解，第二阶段问题不一定有最优解，即原问题可能无界.

前面我们已经给出了唯一解、多重解、无界解的判别准则，在学习了人工变量法之后，我们就可以给出无可行解的判别准则.

无可行解的判别准则　当线性规划问题中添加人工变量后，用人工变量法求解，如果迭代到某单纯形表已满足所有非基变量的 $\sigma_j \leqslant 0$，但基变量中仍含有非零的人工变量，则该线性规划问题无可行解.

前面我们已经学习了求解线性规划问题的几种方法，掌握了这些方法之后，我们就可以解决任意型的线性规划模型了. 现在，我们对前面的内容做一个简单的小结，并给出几个需要进一步说明的问题.

（1）对给定的线性规划问题应首先化为标准形式，选取或构造一个单位矩阵作为基，求出初始基可行解并列出初始单纯形表. 对各种类型线性规划问题如何化为标准形式及如何选取初始基变量可参见表 2-14.

表 2-14

线性规划模型			化为标准形式
变量		$x_j \geqslant 0$	不变
		$x_j \leqslant 0$	令 $x_j' = -x_j$，则 $x_j' \geqslant 0$
		x_j 取值无约束	令 $x_j = x_j' - x_j''$，其中 $x_j' \geqslant 0$，$x_j'' \geqslant 0$
约束条件	右端项	$b_i \geqslant 0$	不变
		$b_i < 0$	约束条件两端乘以“-1”
	形式	$\sum_{j=1}^{n} a_{ij}x_j \leqslant b_i$	$\sum_{j=1}^{n} a_{ij}x_j + x_{si} = b_i$
		$\sum_{j=1}^{n} a_{ij}x_j = b_i$	$\sum_{j=1}^{n} a_{ij}x_j + x_{ai} = b_i$
		$\sum_{j=1}^{n} a_{ij}x_j \geqslant b_i$	$\sum_{j=1}^{n} a_{ij}x_j - x_{si} + x_{ai} = b_i$
目标函数	极大或极小	$\max z = \sum_{j=1}^{n} c_j x_j$	不变
		$\min z = \sum_{j=1}^{n} c_j x_j$	令 $z' = -z$，化为求 $\max z' = -\sum_{j=1}^{n} c_j x_j$
	变量前的系数	加松弛变量 x_{si} 时	$\max z = \sum_{j=1}^{n} c_j x_j + 0x_{si}$
		加人工变量 x_{ai} 时	$\max z = \sum_{j=1}^{n} c_j x_j - Mx_{ai}$

（2）线性规划问题求解过程，如图 2-6 所示。

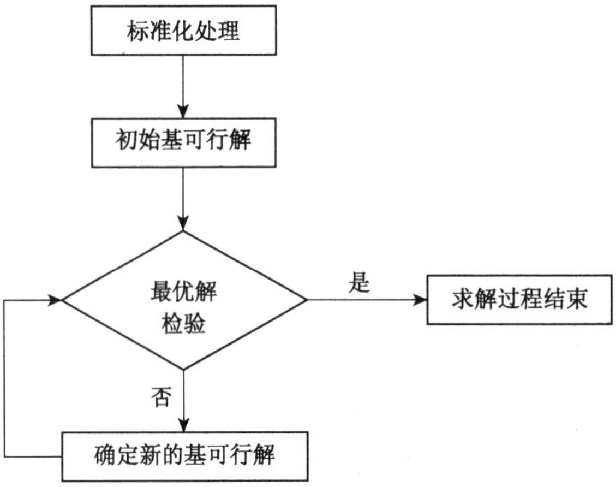

图 2-6　线性规划问题求解过程框图

单纯形法的计算步骤，如图 2-7 所示.

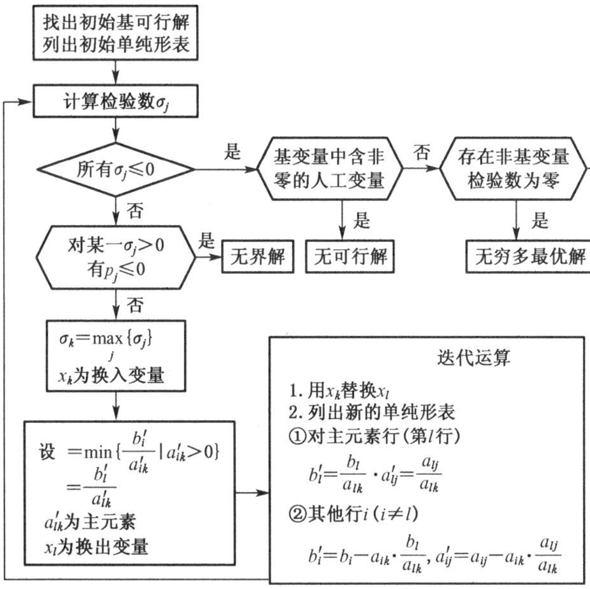

图 2-7　单纯形法的计算步骤

（3）目标函数为取极小化解的最优性判别，只需将原来要求检验数 $\sigma_j \leqslant 0$ 改成 $\sigma_j \geqslant 0$ 即可.

（4）按 θ 规则来确定换出变量时，如果存在两个相同的最小比值 θ_i，则在下一轮单纯形表的基可行解中即有可能出现一个或多个基变量等于零的退化解. 退化解的原因是模型中存在多余的约束，使多个基可行解对应同一顶点. 当存在退化解时，就有可能出现迭代计算的循环，从而永远迭代不到最优解. 为此，1974 年勃兰德(Bland)提出了一个简便而有效的原则：

第一，当存在多个 $\sigma_j > 0$ 时，始终选择下标最小的变量作为换入变量；

第二，当计算 θ 值出现两个以上相同的最小比值时，始终选取下标最小的变量作为换出变量.

2.5　案例分析

案例 2.1　合理下料问题.

现要做 100 套钢架，每套由长 2.8 m，2.2 m 和 1.8 m 的元钢各一根组成，已知原材料长 6.0 m，问应如何下料，可以使原材料最省？

解　由于要裁成的三种元钢的总长度是 2.8 m+2.2 m+1.8 m=6.8 m，超过了原材料 6 m 的长度. 因此，我们容易实现的裁法是：在原材料上分别裁下 2.8 m，2.2 m 的元钢各一根，这样要 100 根原材料才能裁到 100 根 2.8 m，2.2 m 的元钢. 再来考虑如何裁得 1.8 m 的元钢，由于一根原材料可以裁得 3 根 1.8 m 的元钢，这样要裁得 100 根 1.8 m 的元钢，就需要原材料 34 根. 采取上述裁法需 134 根原材料方可裁得 2.8 m，2.2 m，1.8 m 的元钢各 100 根.

但如果改用套裁，则可节约原材料. 经过简单分析，我们得到几种可供套裁的方案，见表 2-15.

表 2-15

下料长度 \ 下料根数 \ 方案	Ⅰ	Ⅱ	Ⅲ	Ⅳ	Ⅴ	Ⅵ
2.8 m	0	0	0	1	1	2
2.2 m	0	1	2	0	1	0
1.8 m	3	2	0	1	0	0
合计长度/m	5.4	5.8	4.4	4.6	5.0	5.6
料头/m	0.6	0.2	1.6	1.4	1.0	0.4

为了获得 100 套钢架，需要混合使用各种下料方案. 设按六种方案下料的原材料的根数分别为 $x_1, x_2, \cdots, x_6$，根据表 2-15，可建立如下数学模型：

$$\min z = x_1 + x_2 + x_3 + x_4 + x_5 + x_6,$$

$$\text{s. t.} \begin{cases} 0x_1 + 0x_2 + 0x_3 + 1x_4 + 1x_5 + 2x_6 \geqslant 100, \\ 0x_1 + 1x_2 + 2x_3 + 0x_4 + 1x_5 + 0x_6 \geqslant 100, \\ 3x_1 + 2x_2 + 0x_3 + 1x_4 + 0x_5 + 0x_6 \geqslant 100, \\ x_1, x_2, \cdots, x_6 \geqslant 0. \end{cases}$$

经运算，最优解是 $x_2 = 50$，$x_3 = 25$，$x_6 = 50$，$x_1 = x_4 = x_5 = 0$，这样，共需原材料 125 根.

思考题 如果每套钢架由 2.8 m 的元钢 1 根、2.2 m 的元钢 2 根、1.8 m 的元钢 3 根组成，则如何修改数学模型？

案例 2.2 配料问题.

某企业要用三种原材料甲、乙、丙混合调配出三种不同规格的产品 A，B，C. 已知产品的规格要求、产品单价、每天能供应的原材料数量及原材料单价（表 2-16、表 2-17），问该企业应如何安排生产，使利润收入为最大？

表 2-16

产品名称	规格要求	单价/(元·kg^{-1})
A	原材料甲不少于 50% 原材料乙不超过 25%	50
B	原材料甲不少于 25% 原材料乙不超过 50%	40
C	不限	30

表 2-17

原材料名称	每天最多能供应量/kg	单价/(元·kg^{-1})
甲	100	65
乙	100	25
丙	60	35

解 设 $x_{A甲}$ 表示产品 A 中甲原料的重量，$x_{A乙}$ 表示产品 A 中乙原料的重量，依次类推. 根据表 2-16 有

$$x_{A甲} \geqslant \frac{1}{2}A, \quad x_{A乙} \leqslant \frac{1}{4}A, \quad x_{B甲} \geqslant \frac{1}{4}B, \quad x_{B乙} \leqslant \frac{1}{2}B.$$

这里，$x_{A甲}+x_{A乙}+x_{A丙}=A$，表示 A 产品的总重量；$x_{B甲}+x_{B乙}+x_{B丙}=B$，表示 B 产品的总重量.

表 2-17 表明这些原材料供应数量的限制，加入产品 A，B，C 中原料甲的总重量每天不超过 100 kg，乙的总重量不超过 100 kg，丙的重量不超过 60 kg，由此可得

$$x_{A甲}+x_{B甲}+x_{C甲} \leqslant 100,$$

$$x_{A乙}+x_{B乙}+x_{C乙} \leqslant 100,$$

$$x_{A丙}+x_{B丙}+x_{C丙} \leqslant 60.$$

我们的目标是使利润最大，在本题中可理解成用产品的销售额与原材料的总成本之差为最大.

而产品 A 的销售额是：$50(x_{A甲}+x_{A乙}+x_{A丙})$；
产品 B 的销售额是：$40(x_{B甲}+x_{B乙}+x_{B丙})$；
产品 C 的销售额是：$30(x_{C甲}+x_{C乙}+x_{C丙})$；
原料甲的成本是：$65(x_{A甲}+x_{B甲}+x_{C甲})$；
原料乙的成本是：$25(x_{A乙}+x_{B乙}+x_{C乙})$；
原料丙的成本是：$35(x_{A丙}+x_{B丙}+x_{C丙})$.
综上所述，可整理得如下模型：

$$\max z = [50(x_{A甲}+x_{A乙}+x_{A丙})+40(x_{B甲}+x_{B乙}+x_{B丙})+30(x_{C甲}+x_{C乙}+x_{C丙})] - [65(x_{A甲}+x_{B甲}+x_{C甲})+25(x_{A乙}+x_{B乙}+x_{C乙})+35(x_{A丙}+x_{B丙}+x_{C丙})],$$

$$\text{s.t.}\begin{cases} x_{A甲} \geqslant \frac{1}{2}(x_{A甲}+x_{A乙}+x_{A丙}), \\ x_{A乙} \leqslant \frac{1}{4}(x_{A甲}+x_{A乙}+x_{A丙}), \\ x_{B甲} \geqslant \frac{1}{4}(x_{B甲}+x_{B乙}+x_{B丙}), \\ x_{B乙} \leqslant \frac{1}{2}(x_{B甲}+x_{B乙}+x_{B丙}), \\ x_{A甲}+x_{B甲}+x_{C甲} \leqslant 100, \\ x_{A乙}+x_{B乙}+x_{C乙} \leqslant 100, \\ x_{A丙}+x_{B丙}+x_{C丙} \leqslant 60, \\ x_{ij} \geqslant 0, \quad i = A, B, C; \ j = 甲, 乙, 丙. \end{cases}$$

思考题 如果某同学在建模时，假设产品 A，B，C 的重量分别为 x_A，x_B，x_C，假设 A 产

品中甲的比例为 $y_{A甲}$，依此类推，那么这位同学能建成线性规划的模型吗？

案例 2.3 连续投资问题.

某投资公司在今后五年内考虑给下列项目投资，已知：

项目 A，从第一年到第四年每年年初需要投资，并于次年末回收本利 115%；

项目 B，第三年初需要投资，到第五年末能回收本利 125%，但规定最大投资额不超过 4 万元；

项目 C，第二年初需要投资，到第五年末能回收本利 140%，但规定最大投资额不超过 3 万元；

项目 D，五年内每年初可购买公债，于当年末归还，并加利息 6%.

该投资公司现有资金 10 万元，问应如何确定给这些项目每年的投资额，使该投资公司到第五年末拥有的资金的本利总额为最大？

解 (1)确定变量. 这是一个连续投资问题，与时间有关. 但这里设法用线性规划方法静态的处理. 以 x_{iA}, x_{iB}, x_{iC}, x_{iD}, $i=1, 2, \cdots, 5$ 分别表示第 i 年年初给项目 A, B, C, D 的投资额. 它们都是待定的未知变量. 根据给定的条件，将变量列于表 2-18 中.

表 2-18

年份 / 项目	1	2	3	4	5
A	x_{1A}	x_{2A}	x_{3A}	x_{4A}	
B			x_{3B}		
C		x_{2C}			
D	x_{1D}	x_{2D}	x_{3D}	x_{4D}	x_{5D}

(2) 投资额应等于手中拥有的资金额. 由于项目 D 每年都可以投资，并且当年末即能回收本息，所以该部门每年应把资金全部投出去，手中不应当有剩余的呆滞资金. 因此

第一年：该投资公司年初拥有 100 000 元，所以有

$$x_{1A}+x_{1D}=100\,000.$$

第二年：因第一年给项目 A 的投资要到第二年末才能回收. 所以该部门在第二年初拥有资金额仅为项目 D 在第一年回收的本息 $x_{1D}(1+6\%)$. 于是第二年的投资分配是

$$x_{2A}+x_{2C}+x_{2D}=1.06x_{1D}.$$

第三年：第三年初的资金额是从项目 A 第一年投资及项目 D 第二年投资中回收的本利总和：$x_{1A}(1+15\%)$ 及 $x_{2D}(1+6\%)$. 于是，第三年的资金分配为

$$x_{3A}+x_{3B}+x_{3D}=1.15x_{1A}+1.06x_{2D}.$$

第四年：同以上分析，可得

$$x_{4A}+x_{4D}=1.15x_{2A}+1.06x_{3D}.$$

第五年：

$$x_{5D}=1.15x_{3A}+1.06x_{4D}.$$

此外,对项目 B, C 的投资有限额的规定,即

$$x_{3B} \leqslant 40\,000,$$

$$x_{2C} \leqslant 30\,000.$$

(3) 目标函数. 问题是要求在第五年末该部门手中拥有的资金额达到最大,这个目标函数可表示为

$$\max z = 1.15x_{4A} + 1.40x_{2C} + 1.25x_{3B} + 1.06x_{5D}.$$

(4) 数学模型. 经过以上分析,这个与时间有关的投资问题可以用以下线性规划模型来描述:

$$\max z = 1.15x_{4A} + 1.40x_{2C} + 1.25x_{3B} + 1.06x_{5D}.$$

$$\text{s. t.} \begin{cases} x_{1A} + x_{1D} = 100\,000, \\ -1.06x_{1D} + x_{2A} + x_{2C} + x_{2D} = 0, \\ -1.15x_{1A} - 1.06x_{2D} + x_{3A} + x_{3B} + x_{3D} = 0, \\ -1.15x_{2A} - 1.06x_{3D} + x_{4A} + x_{4D} = 0, \\ -1.15x_{3A} - 1.06x_{4D} + x_{5D} = 0, \\ x_{2C} \leqslant 30\,000, \\ x_{3B} \leqslant 40\,000, \\ x_{iA},\ x_{iB},\ x_{iC},\ x_{iD} \geqslant 0, \quad i = 1,\ 2,\ \cdots,\ 5. \end{cases}$$

(5) 用单纯形法计算结果得到

第一年: $x_{1A} = 34\,783$ 元, $x_{1D} = 65\,217$ 元;

第二年: $x_{2A} = 39\,130$ 元, $x_{2C} = 30\,000$ 元, $x_{2D} = 0$;

第三年: $x_{3A} = 0$, $x_{3B} = 40\,000$ 元, $x_{3D} = 0$;

第四年: $x_{4A} = 45\,000$ 元, $x_{4D} = 0$;

第五年: $x_{5D} = 0$.

到第五年末该投资公司拥有资金总额为 143 750 元,即盈利 43.75%.

思考题 如果投资方案中没有项目 D,则建模时需要做怎样的修改?

案例 2.4 购买汽车问题.

某汽车公司有资金 600 000 元,打算用来购买 A, B, C 三种汽车. 已知汽车 A 每辆为 10 000 元,汽车 B 每辆为 20 000 元,汽车 C 每辆为 23 000 元. 又汽车 A 每辆每班需一名司机,可完成 2 100 t · km;汽车 B 每辆每班需两名司机,可完成 3 600 t · km;汽车 C 每辆每班需两名司机,可完成 3 780 t · km. 每辆汽车每天最多安排三班,每个司机每天最多安排一班. 限制购买汽车不超过 30 辆,司机不超过 145 人. 问:每种汽车应购买多少辆,可使每天的 t · km 总数最大?

解 设购买的汽车 A 中,每天只安排一班的为 A_1 辆,每天只安排两班的为 A_2 辆,每天安排三班的为 A_3 辆;同理,设有变量 B_1, B_2, B_3 和 C_1, C_2, C_3. 于是可得

目标函数: $\max z = 2\,100A_1 + 4\,200A_2 + 6\,300A_3 + 3\,600B_1 + 7\,200B_2 + 10\,800B_3 + 3\,780C_1 + 7\,560C_2 + 11\,340C_3$,

约束条件：$10\,000(A_1+A_2+A_3)+20\,000(B_1+B_2+B_3)+23\,000(C_1+C_2+C_3)\leqslant 600\,000$，

$$A_1+A_2+A_3+B_1+B_2+B_3+C_1+C_2+C_3\leqslant 30,$$
$$A_1+2A_2+3A_3+2B_1+4B_2+6B_3+2C_1+4C_2+6C_3\leqslant 145,$$
$$A_i\geqslant 0,\ B_i\geqslant 0,\ C_i\geqslant 0 \text{ 且为整数}, \quad i=1,2,3.$$

上述问题的最优结果从略.

案例 2.5 人员安排问题.

某医院根据日常工作统计，每昼夜 24 h 中至少需要的护士人数见表 2-19，护士们分别在各时段开始时上班，并连续工作 8 h，问应如何安排各个时段开始上班工作的人数，才能使护士的总人数最少？

表 2-19

序　号	时　段	护士的最少人数
1	6:00—10:00	60
2	10:00—14:00	70
3	14:00—18:00	60
4	18:00—22:00	50
5	22:00— 2:00	20
6	2:00— 6:00	30

解 设第 j 班次开始上班的人数为 x_j，$j=1,2,\cdots,6$，则 $\sum_{j=1}^{6}x_j$ 为护士的总人数，因此有如下模型：

$$\min z=x_1+x_2+x_3+x_4+x_5+x_6,$$

$$\text{s.t.}\begin{cases} x_1+x_2 \geqslant 70,\\ x_2+x_3 \geqslant 60,\\ x_3+x_4 \geqslant 50,\\ x_4+x_5 \geqslant 20,\\ x_5+x_6 \geqslant 30,\\ x_6+x_1 \geqslant 60,\\ x_j\geqslant 0 \text{ 且为整数}, \quad j=1,2,\cdots,6. \end{cases}$$

求解可得最优解 $x_1=50$，$x_2=20$，$x_3=50$，$x_4=0$，$x_5=20$，$x_6=10$，最优值 $z=150$. 因此，医院至少应配备 150 名护士.

案例 2.6 多周期动态生产计划问题.

一家企业要对某种产品制订今后 n 个周期（一个周期可以是一周或一个月等）的生产计划. 已知第 j 个周期的产品需求量为 d_j，该厂第 j 周期的正常生产能力是 a_j，加班生产能力为 b_j，正常生产的单位成本为 c_j 元，加班生产的单位成本要增加 e_j 元.

企业库存能力为 I，第 j 周期库存单位成本要为 h_j 元. 假定在第 1 周期初和第 n 周期末的库存量都为零. 问该企业应如何安排各个周期的生产与库存，才能在满足市场需要的条件下，

使总成本最小？试建立这个问题的线性规划模型.

解 先定义决策变量.设 x_j 为第 j 周期正常生产的产品数，y_j 为第 j 周期加班生产的产品数，z_j 为第 j 周期末库存的产品数.

使用下列的一般关系式：

本期产量＋上期末库存－本期末库存量＝本期需求量.

读者不难得到如下的线性规划模型：

$$\min z = \sum_{j=1}^{n} c_j x_j + \sum_{j=1}^{n} (c_j + e_j) y_j + \sum_{j=1}^{n-1} h_j z_j,$$

$$\text{s. t.} \begin{cases} x_1 + y_1 - z_1 = d_1, \\ x_j + y_j + z_{j-1} - z_j = d_j, \quad j = 2, \cdots, n-1, \\ x_n + y_n + z_{n-1} = d_n, \\ 0 \leqslant x_j \leqslant a_j, \quad j = 1, \cdots, n, \\ 0 \leqslant y_j \leqslant b_j, \quad j = 1, \cdots, n, \\ 0 \leqslant z_j \leqslant I, \quad j = 1, \cdots, n-1. \end{cases}$$

*2.6 几个基本定理的证明

引理 2.1 设 $\boldsymbol{x} \in S$. (i)若 $\boldsymbol{x} = \boldsymbol{0}$，则它一定是 S 的极点. (ii)若 $\boldsymbol{x} \neq \boldsymbol{0}$，则它为 S 之极点的充分必要条件是：$\boldsymbol{x}$ 的正分量所对应的系数列向量线性无关.

证明 (i)用反证法.假设 $\boldsymbol{0}$($\boldsymbol{n}$ 维向量)是 S 中某两个不同点 $\boldsymbol{x}^{(1)}$，$\boldsymbol{x}^{(2)}$ 所连线段的内点，即有

$$\alpha \boldsymbol{x}^{(1)} + (1-\alpha) \boldsymbol{x}^{(2)} = \boldsymbol{0}, \quad 0 < \alpha < 1.$$

因为 $\alpha > 0$，$1-\alpha > 0$，而 $\boldsymbol{x}^{(1)}$，$\boldsymbol{x}^{(2)}$ 的各分量均非负，故只有 $\boldsymbol{x}^{(1)} = \boldsymbol{x}^{(2)} = \boldsymbol{0}$，这与前面假设 $\boldsymbol{x}^{(1)}$ 与 $\boldsymbol{x}^{(2)}$ 是两个相异点矛盾.所以 $\boldsymbol{x} = \boldsymbol{0}$ 是 S 的极点.

(ii) ① 必要性.用反证法.设 $\boldsymbol{x}$ 为 S 之极点，且 $\boldsymbol{x} \neq \boldsymbol{0}$，于是在分量中必有某些为正数.不失一般性，可设它们为 $x_1, x_2, \cdots, x_k$，$1 \leqslant k \leqslant n$，对应的系数列向量为 $\boldsymbol{p}_1, \boldsymbol{p}_2, \cdots, \boldsymbol{p}_k$. 假设 $\boldsymbol{p}_1, \boldsymbol{p}_2, \cdots, \boldsymbol{p}_k$ 线性相关，则存在一组不全为零的常数 $\alpha_1, \alpha_2, \cdots, \alpha_k$，使 $\alpha_1 \boldsymbol{p}_1 + \alpha_2 \boldsymbol{p}_2 + \cdots + \alpha_k \boldsymbol{p}_k = \boldsymbol{0}$.

现令 $\alpha_{k+1} = \alpha_{k+2} = \cdots = \alpha_n = 0$，并记 $\boldsymbol{\alpha} = (\alpha_1, \alpha_2, \cdots, \alpha_n)$.

因 $x_j > 0$，$j = 1, 2, \cdots, k$，$x_j = \alpha_j = 0$，$k+1 \leqslant j \leqslant n$，所以存在一个充分小的正数 δ，使得 $x_j \pm \delta \alpha_j \geqslant 0$，$j = 1, 2, \cdots, n$，故有

$$\sum_{j=1}^{n} (x_j \pm \delta \alpha_j) \boldsymbol{p}_j = \sum_{j=1}^{n} x_j \boldsymbol{p}_j \pm \delta \sum_{j=1}^{n} \alpha_j \boldsymbol{p}_j = \boldsymbol{b} \pm \delta \sum_{j=1}^{n} \alpha_j \boldsymbol{p}_j = \boldsymbol{b}.$$

这说明 $\boldsymbol{x} + \delta \boldsymbol{\alpha} = (x_1 + \delta \alpha_1, \cdots, x_n + \delta \alpha_n)^{\mathrm{T}}$ 和 $\boldsymbol{x} - \delta \boldsymbol{\alpha} = (x_1 - \delta \alpha_1, \cdots, x_n - \delta \alpha_n)^{\mathrm{T}}$ 是(LP)的两个不同的可行解.

但易见

$$x = \frac{1}{2}[(x + \delta\alpha) + (x - \delta\alpha)].$$

故 $\boldsymbol{x}$ 不是 S 之极点，这与假设矛盾. 所以 $\boldsymbol{p}_1, \boldsymbol{p}_2, \cdots, \boldsymbol{p}_k$ 必然线性无关.

② 充分性. 若向量 $\boldsymbol{p}_1, \boldsymbol{p}_2, \cdots, \boldsymbol{p}_k$ 线性无关，要证明 $\boldsymbol{x}$ 是 S 的极点. 仍用反证法. 假设 $\boldsymbol{x}$ 不是 S 的极点，即是一内点，于是

$$\boldsymbol{x} = \alpha \boldsymbol{x}^{(1)} + (1-\alpha)\boldsymbol{x}^{(2)}, \quad 0 < \alpha < 1,$$

其中，$\boldsymbol{x}^{(1)}, \boldsymbol{x}^{(2)}$ 是 S 中的两个不同点. 用分量形式写出上式，即有

$$x_j = \alpha x_j^{(1)} + (1-\alpha)x_j^{(2)}, \quad j = 1, 2, \cdots, n.$$

注意 $\boldsymbol{x}$ 的分量中，从第 $k+1$ 个起全为零，即有

$$\alpha x_j^{(1)} + (1-\alpha)x_j^{(2)} = 0, \quad j = k+1, k+2, \cdots, n.$$

因 $x_j^{(1)} \geqslant 0, x_j^{(2)} \geqslant 0, \alpha > 0$ 及$(1-\alpha) > 0$，则必有

$$x_j^{(1)} = x_j^{(2)} = 0, \quad j = k+1, k+2, \cdots, n.$$

因 $x_j^{(1)}, x_j^{(2)}$ 都是可行解，应满足 $\sum_{j=1}^{n} \boldsymbol{p}_j x_j = \boldsymbol{b}$，于是得

$$x_1^{(1)}\boldsymbol{p}_1 + x_2^{(1)}\boldsymbol{p}_2 + \cdots + x_k^{(1)}\boldsymbol{p}_k = \boldsymbol{b},$$
$$x_1^{(2)}\boldsymbol{p}_1 + x_2^{(2)}\boldsymbol{p}_2 + \cdots + x_k^{(2)}\boldsymbol{p}_k = \boldsymbol{b}.$$

两式相减便有

$$(x_1^{(1)} - x_1^{(2)})\boldsymbol{p}_1 + (x_2^{(1)} - x_2^{(2)})\boldsymbol{p}_2 + \cdots + (x_k^{(1)} - x_k^{(2)})\boldsymbol{p}_k = \boldsymbol{0}.$$

因 $\boldsymbol{x}^{(1)} \neq \boldsymbol{x}^{(2)}$，等式左边的 $\boldsymbol{x}_i^{(1)} - \boldsymbol{x}_i^{(2)}$ 不全为零，从而 $\boldsymbol{p}_1, \boldsymbol{p}_2, \cdots, \boldsymbol{p}_k$ 线性相关，与已知条件矛盾. 所以，$\boldsymbol{x}$ 必是 S 的极点. 充分性证毕.

定理 2.2 若可行解集非空，则其极点所组成的集合也一定是非空. 换句话说，只要存在可行解，就一定存在极点.

证明 若 $\boldsymbol{x} = \boldsymbol{0}$，则它已是极点.

若 $\boldsymbol{x} \neq \boldsymbol{0}$，不失一般性，可设其正分量为 $x_1, x_2, \cdots, x_k$，它们所对应的系数列向量为 $\boldsymbol{p}_1, \boldsymbol{p}_2, \cdots, \boldsymbol{p}_k$, $1 \leqslant k \leqslant n$. 如果 $\boldsymbol{p}_1, \boldsymbol{p}_2, \cdots, \boldsymbol{p}_k$ 线性无关，则由引理 2.1，$\boldsymbol{x}$ 为极点. 如果 $\boldsymbol{p}_1, \boldsymbol{p}_2, \cdots, \boldsymbol{p}_k$ 线性相关，如同证明引理2.1中的必要性一样，我们可从 $\boldsymbol{x}$ 出发，构作出两个可行解 $\boldsymbol{x} \pm \delta\boldsymbol{\alpha}$.

显然，还可以这样选择 δ：在满足 $x_j \pm \delta\alpha_j \geqslant 0, j = 1, 2, \cdots, k$ 的同时，使上述诸式中至少有一个取等号. 此事可如下进行：

先将 $x_j \pm \delta\alpha_j \geqslant 0$ 变形为 $\delta|\alpha_j| \leqslant x_j, j = 1, 2, \cdots, k$.

若有些 $\alpha_j = 0$，则对这些 j，可随便选取 δ，都可使 $x_j \pm \delta\alpha_j \geqslant 0$ 成立.

若 $\alpha_j \neq 0$，显然对于这个这样的 α_j，由等式

$$\delta|\alpha_j| = x_j, \quad 1 \leqslant j \leqslant k$$

都可确定一个正数 δ,即 $\delta=\frac{x_j}{|\alpha_j|}$. 我们选取其中最小的一个,为简单起见,仍记为 δ. 于是,在不等式组 $\delta|\alpha_j|\leqslant x_j,\ j=1,\ 2,\ \cdots,\ k$ 中至少有一个取等号.

因此,在 $x_j\pm\delta\alpha_j,\ j=1,\ 2,\ \cdots,\ k$ 中至少有一个为零. 从而在二可行解 $\boldsymbol{x}\pm\delta\boldsymbol{\alpha}$ 中至少有一个,其正分量的个数比 $\boldsymbol{x}$ 的正分量个数少 1. 这就是说,从非极点 $\boldsymbol{x}$ 出发,可以做出一个可行解 $\boldsymbol{x}^{(1)}$,其正分量的个数比 $\boldsymbol{x}$ 的正分量个数少 1. 若 $\boldsymbol{x}^{(1)}$ 还不是极点,又可仿上述方法做出 $\boldsymbol{x}^{(2)}$. …… 继续此过程,最后必可得一可行解 $\boldsymbol{x}^{(t)}$:或者 $\boldsymbol{x}^{(t)}=\boldsymbol{0}$,或者 $\boldsymbol{x}^{(t)}$ 的正分量所对应的系数列向量线性无关(因为到极端情况,当 $\boldsymbol{x}^{(t)}$ 只有一个正分量时,它对应的系数列向量只有一个,必然线性无关). 此时,$\boldsymbol{x}^{(t)}$ 即为极点.

定理 2.3 极点的个数是有限的.

证明 因为每一个非零极点由矩阵 $\boldsymbol{A}$ 的一组线性无关列向量唯一确定,而矩阵 $\boldsymbol{A}$ 只有 n 列. n 个向量中线性无关组的个数是有限的,所以非零极点个数,从而整个极点个数也就是有限的.

定理 2.4 若线性规划问题有最优解,则最优解一定可以在极点中找到. 或者说,若目标函数有最优值,则最优值必至少在一个极点上达到.

证明 设 $\boldsymbol{x}^*$ 不是极点,则如同定理 2.2 的证明一样,可做出两个可行解 $\boldsymbol{x}^*\pm\delta\boldsymbol{\alpha}$. 对它们有 $z(\boldsymbol{x}^*\pm\delta\boldsymbol{\alpha})=z(\boldsymbol{x}^*)\pm z(\delta\boldsymbol{\alpha})$.

因为 $z(\boldsymbol{x}^*)$ 是最大值,所以

$$z(\boldsymbol{x}^*)-z(\boldsymbol{x}^*+\delta\boldsymbol{\alpha})\geqslant 0,\quad \text{即}\quad z(\delta\boldsymbol{\alpha})\leqslant 0,$$

以及

$$z(\boldsymbol{x}^*)-z(\boldsymbol{x}^*-\delta\boldsymbol{\alpha})\geqslant 0,\quad \text{即}\quad z(\delta\boldsymbol{\alpha})\geqslant 0.$$

于是 $z(\delta\boldsymbol{\alpha})=0$, 从而

$$z(\boldsymbol{x}^*\pm\delta\boldsymbol{\alpha})=z(\boldsymbol{x}^*).$$

由此可知,若已给最优解 $\boldsymbol{x}^*$ 不是极点,则如定理 2.2 的证明中所指出的,最后总可以找到一个极点,而它的目标函数值仍为 $z(\boldsymbol{x}^*)$.

本 章 小 结

线性规划是管理运筹学中应用最广泛的重要内容之一,在经济管理活动中,人们经常使用线性规划模型求解有限资源的最优配置问题. 本章介绍了线性规划的数学模型、基本概念、图解法,线性规划的标准形及转化为标准形的方法,线性规划的单纯形法算法和人工变量法. 单纯形法算法是求解一般线性规划问题的有效方法,该方法的基本思路是每次迭代从某个基可行解(顶点或称为极点)转移到另一个“更好”的基可行解(顶点或称为极点),经过有限次迭代运算可找到问题的最优解或发现问题具有无界解. 本章介绍了单纯形法的基本原理和计算步骤,包括寻找初始基可行解的人工变量方法,并探讨求多个最优解的问题. 作为应用,本章给出了若干有代表性的经济管理中常见的应用案例.

习 题 2

2.1 试述线性规划问题数学模型的组成部分及特征，判别下列数学模型是否为线性规划模型.（模型中 a, b, c 为常数，x, y 为变量.）

(1) $\max z = 3x_1 + 5x_2 + 7x_3$,

$$\text{s.t.}\begin{cases} x_1 + 2x_2 - 6x_3 \geqslant 8, \\ 5x_1 + x_2 + 8x_3 \leqslant 20, \\ 3x_1 + 4x_2 = 12, \\ x_1, x_3 \geqslant 0; \end{cases}$$

(2) $\min z = \prod_{j=1}^{n} c_j x_j$,

$$\text{s.t.}\begin{cases} \sum_{j=1}^{n} a_{ij} x_j \leqslant b_i, \quad i = 1, \cdots, m, \\ x_j \geqslant 0, \quad j = 1, \cdots, n; \end{cases}$$

(3) $\min z = \sum_{i=1}^{m} a_1^2 x_i + \sum_{j=1}^{n} b_1^2 y_j$,

$x_i + y_j \leqslant c_{ij}^2, \quad i = 1, \cdots, m; \ j = 1, \cdots, n.$

2.2 将线性规划化为标准形式.

(1) $\max z = x_1 + 4x_2 - x_3$,

$$\text{s.t.}\begin{cases} 2x_1 + x_2 + 3x_3 \leqslant 20, \\ 5x_1 - 7x_2 + 4x_3 \geqslant 3, \\ 10x_1 + 3x_2 + 6x_3 \geqslant -5, \\ x_1 \geqslant 0, x_2 \geqslant 0, x_3 \text{ 无限制}; \end{cases}$$

(2) $\min z = 9x_1 - 3x_2 + 5x_3$,

$$\text{s.t.}\begin{cases} |6x_1 + 7x_2 - 4x_3| \leqslant 20, \\ x_1 \geqslant 5, \\ x_1 + 8x_2 = -8, \\ x_1 \geqslant 0, x_2 \geqslant 0, x_3 \geqslant 0; \end{cases}$$

(3) $\max z = 2x_1 + 3x_2$,

$$\text{s.t.}\begin{cases} 1 \leqslant x_1 \leqslant 5, \\ -x_1 + x_2 = -1, \\ x_1 \geqslant 0, x_2 \geqslant 0; \end{cases}$$

(4) $\max z = \min\{3x_1 + 4x_2, x_1 + x_2 + x_3\}$,

$$\text{s.t.}\begin{cases} x_1 + 2x_2 + x_3 \leqslant 30, \\ 4x_1 - x_2 + 2x_3 \geqslant 15, \\ 9x_1 + x_2 + 6x_3 \geqslant -5, \\ x_1 \text{ 无约束}, x_2, x_3 \geqslant 0. \end{cases}$$

2.3 图解线性规划问题，并指出该问题是具有唯一最优解、无穷多最优解、无界解还是无可行解.

(1) $\max z = -2x_1 + x_2$,

$$\text{s.t.}\begin{cases} x_1 + x_2 \geqslant 1, \\ x_1 - 3x_2 \geqslant -1, \\ x_1, x_2 \geqslant 0; \end{cases}$$

(2) $\max z = -x_1 - 3x_2$,

$$\text{s.t.}\begin{cases} 2x_1 - x_2 \geqslant -2, \\ 2x_1 + 3x_2 \leqslant 12, \\ x_1 \geqslant 0, x_2 \geqslant 0; \end{cases}$$

(3) $\max z = -3x_1 + 2x_2$,

$$\text{s.t.}\begin{cases} x_1 + 2x_2 \leqslant 11, \\ -x_1 + 4x_2 \leqslant 10, \\ 2x_1 - x_2 \leqslant 7, \\ x_1 - 3x_2 \leqslant 1, \\ x_1, x_2 \geqslant 0; \end{cases}$$

(4) $\max z = x_1 + x_2$,

$$\text{s.t.}\begin{cases} 3x_1 + 8x_2 \leqslant 12, \\ x_1 + x_2 \leqslant 2, \\ 2x_1 \leqslant 3, \\ x_1, x_2 \geqslant 0; \end{cases}$$

(5) $\max z = x_1 + 2x_2$,

$$\text{s.t.}\begin{cases} x_1 - x_2 \geqslant 2, \\ x_1 \geqslant 3, \\ x_2 \leqslant 6, \\ x_1, x_2 \geqslant 0; \end{cases}$$

(6) $\max z = x_1 + 2x_2$,

$$\text{s.t.}\begin{cases} x_1 - x_2 \geqslant 2, \\ x_1 \geqslant 3, \\ x_2 \leqslant 6, \\ x_1, x_2 \geqslant 0; \end{cases}$$

(7) $\max z = 2x_1 - 5x_2$,

$$\text{s. t.}\begin{cases} x_1 + 2x_2 \geqslant 6, \\ x_1 + x_2 \leqslant 2, \\ x_1,\ x_2 \geqslant 0; \end{cases}$$

(8) $\max z = 2.5x_1 + 2x_2$,

$$\text{s. t.}\begin{cases} 2x_1 + x_2 \leqslant 8, \\ 0.5x_1 \leqslant 1.5, \\ x_1 + 2x_2 \leqslant 10, \\ x_1,\ x_2 \geqslant 0. \end{cases}$$

2.4 分别用图解法和单纯形法求解线性规划问题，指出单纯形法迭代的每一步的基可行解对应于图形上的哪一个极点.

(1) $\max z = x_1 + 3x_2$,

$$\text{s. t.}\begin{cases} -2x_1 + x_2 \leqslant 2, \\ 2x_1 + 3x_2 \leqslant 12, \\ x_1,\ x_2 \geqslant 0; \end{cases}$$

(2) $\max z = -3x_1 - 5x_2$,

$$\text{s. t.}\begin{cases} x_1 + 2x_2 \leqslant 6, \\ x_1 + 4x_2 \leqslant 10, \\ x_1 + x_2 \leqslant 4, \\ x_1 \geqslant 0,\ x_2 \geqslant 0. \end{cases}$$

2.5 用单纯形法求解线性规划问题.

(1) $\max z = 3x_1 + 4x_2 + x_3$,

$$\text{s. t.}\begin{cases} 2x_1 + 3x_2 + x_3 \leqslant 1, \\ x_1 + 2x_2 + 2x_3 \leqslant 3, \\ x_j \geqslant 0, \quad j = 1,\ 2,\ 3; \end{cases}$$

(2) $\max z = 2x_1 + x_2 - 3x_3 + 5x_4$,

$$\text{s. t.}\begin{cases} x_1 + 5x_2 + 3x_3 - 7x_4 \leqslant 30, \\ 3x_1 - x_2 + x_3 + x_4 \leqslant 10, \\ 2x_1 - 6x_2 - x_3 + 4x_4 \leqslant 20, \\ x_j \geqslant 0, \quad j = 1,\ 2,\ 3,\ 4; \end{cases}$$

(3) $\max z = 3x_1 + 2x_2 - \frac{1}{8}x_3$,

$$\text{s. t.}\begin{cases} -x_1 + 2x_2 + 3x_3 \leqslant 4, \\ 4x_1 - 2x_3 \leqslant 12, \\ 3x_1 + 8x_2 + 4x_3 \leqslant 10, \\ x_1,\ x_2,\ x_3 \geqslant 0; \end{cases}$$

(4) $\min z = -2x_1 - x_2 - 4x_3 + x_4$,

$$\text{s. t.}\begin{cases} x_1 + 2x_2 + x_3 - 3x_4 \leqslant 8, \\ -x_2 + x_3 + 2x_4 \leqslant 10, \\ 2x_1 + 7x_2 - 5x_3 - 10x_4 \leqslant 20, \\ x_j \geqslant 0, \quad j = 1,\ 2,\ 3,\ 4; \end{cases}$$

(5) $\max z = 3x_1 + 2x_2 + x_3$,

$$\text{s. t.}\begin{cases} 5x_1 + 4x_2 + 6x_3 \leqslant 25, \\ 8x_1 + 6x_2 + 3x_3 \leqslant 24, \\ x_j \geqslant 0, \quad j = 1,\ 2,\ 3; \end{cases}$$

(6) $\max z = 5x_1 + 6x_2 + 8x_3$,

$$\text{s. t.}\begin{cases} x_1 + 3x_2 + 2x_3 \leqslant 50, \\ x_1 + 4x_2 + 3x_3 \leqslant 80, \\ x_1 \geqslant 0,\ x_2 \geqslant 0,\ x_3 \geqslant 0. \end{cases}$$

2.6 分别用大 M 法和两阶段法求解性规划问题.

(1) $\max z = 10x_1 - 5x_2 + x_3$,

$$\text{s. t.}\begin{cases} 5x_1 + 3x_2 + x_3 = 10, \\ -5x_1 + x_2 - 10x_3 \leqslant 15, \\ x_j \geqslant 0, \quad j = 1,\ 2,\ 3; \end{cases}$$

(2) $\min z = 5x_1 - 6x_2 - 7x_3$,

$$\text{s. t.}\begin{cases} x_1 + 5x_2 - 3x_3 \geqslant 15, \\ 5x_1 - 6x_2 + 10x_3 \leqslant 20, \\ x_1 + x_2 + x_3 = 5, \\ x_j \geqslant 0, \quad j = 1,\ 2,\ 3; \end{cases}$$

(3) $\max z = 10x_1 + 15x_2$,

$$\text{s. t.}\begin{cases} 5x_1 + 3x_2 \leqslant 9, \\ -5x_1 + 6x_2 \leqslant 15, \\ 2x_1 + x_2 \geqslant 5, \\ x_1,\ x_2,\ x_3 \geqslant 0; \end{cases}$$

(4) $\max z = 2x_1 + 3x_2 - x_3 + x_4$,

$$\text{s. t.}\begin{cases} x_1 - x_2 + 2x_3 + x_4 \geqslant 9, \\ 2x_2 + x_3 - x_4 \leqslant 5, \\ -2x_1 + x_2 - 3x_3 + x_4 \leqslant -1, \\ x_1 + x_3 \geqslant 3, \\ x_j \geqslant 0, \quad j = 1,\ 2,\ 3,\ 4. \end{cases}$$

2.7 已知某线性规划问题的单纯形表如表 2-20 所示,试求其价值系数向量 $\boldsymbol{c}$ 及目标函数值 z.

表 2-20

$c_j \rightarrow$		c_1	c_2	c_3	c_4	c_5	c_6	c_7	$\boldsymbol{b}$
$\boldsymbol{c_B}$	$\boldsymbol{x_B}$	x_1	x_2	x_3	x_4	x_5	x_6	x_7	
3	x_4	0	1	2	1	−3	0	2	4
4	x_1	1	0	−1	0	2	0	−1	0
0	x_6	0	−1	4	0	−4	1	2	$\frac{3}{2}$
σ_j		0	−1	−1	0	1	0	−2	

2.8 已知线性规划

$$\max z = c_1x_1 + c_2x_2 + c_3x_3,$$
$$\text{s. t.} \begin{cases} a_{11}x_1 + a_{12}x_2 + a_{13}x_3 \leqslant b_1, \\ a_{21}x_1 + a_{22}x_2 + a_{23}x_3 \leqslant b_2, \\ x_1,\ x_2,\ x_3 \geqslant 0 \end{cases}$$

的最优单纯形表如表 2-21 所示,求原线性规划矩阵 $\boldsymbol{c}$, $\boldsymbol{A}$ 及 $\boldsymbol{b}$,最优基 $\boldsymbol{B}$ 及 $\boldsymbol{B}^{-1}$.

表 2-21

$c_j \rightarrow$		c_1	c_2	c_3	c_4	c_5	$\boldsymbol{b}$
$\boldsymbol{c_B}$	$\boldsymbol{x_B}$	x_1	x_2	x_3	x_4	x_5	
c_1	x_1	1	0	4	$\frac{1}{6}$	$\frac{1}{15}$	6
c_2	x_2	0	1	−3	0	$\frac{1}{5}$	2
σ_j		0	0	−1	−2	−3	

2.9 已知某线性规划问题的单纯形表如表 2-22 所示.

表 2-22

$c_j \rightarrow$		−3	a	−1	−1	$\boldsymbol{b}$
$\boldsymbol{c_B}$	$\boldsymbol{x_B}$	x_1	x_2	x_3	x_4	
−1	x_3	−2	2	1	0	b_1
−1	x_4	3	1	0	1	b_2
σ_j		σ_1	σ_2	σ_3	σ_4	

当 $b_1=($　　$)$, $b_2=($　　$)$, $a=($　　$)$时, $\boldsymbol{x}=(0,\ 0,\ b_1,\ b_2)$ 为唯一最优解.

当 $b_1=($　　$)$, $b_2=($　　$)$, $a=($　　$)$时,有多重解,此时 $\sigma=($　　　　$)$.

2.10 某企业每月生产 A, B, C 三种产品,单件产品的原材料消耗量、设备台时的消耗量、资源限量及单件产品利润如表 2-23 所示.

表 2-23

资源 \ 产品	A	B	C	资源限量
材料/kg	1.5	1.2	4	2 500
设备/台时	3	1.6	1.2	1 400
利润/(元·件$^{-1}$)	10	14	12	

根据市场需求，预测三种产品最低月需求量分别是 150、260 和 120，最高月需求量是 250、310 和 130. 试建立该问题的数学模型，使每月利润最大.

2.11 建筑公司需要用 6 m 长的塑钢材料制作 A, B 两种型号的窗架. 两种窗架所需材料规格及数量如表 2-24 所示.

表 2-24

	型号 A		型号 B	
每套窗架需要材料	长度/m	数量/根	长度/m	数量/根
	A_1:1.7	2	B_1:2.7	2
	A_2:1.3	3	B_2:2.0	3
需要量/套	200		150	

问怎样下料使得：(1)用料最少？(2)余料最少？

2.12 A, B 两种产品，都需要经过前后两道工序加工，每一个单位产品 A 需要前道工序 1 h 和后道工序 2 h，每一个单位产品 B 需要前道工序 2 h 和后道工序 3 h. 可供利用的前道工序有 11 h，后道工序有 17 h.

每加工一个单位产品 B 的同时，会产生两个单位的副产品 C，且不需要任何费用，产品 C 一部分可出售赢利，其余的只能加以销毁.

出售单位产品 A, B, C 的利润分别为 3 元、7 元、2 元，每单位产品 C 的销毁费为 1 元. 预测表明，产品 C 最多只能售出 13 个单位. 试建立使总利润最大的生产计划的数学模型.

2.13 某投资人现有下列四种投资机会，三年内每年年初都有 3 万元(不计利息)可供投资。

方案一：在三年内投资人应在每年年初投资，一年结算一次，年收益率是 20%，下一年可继续将本息投入获利；

方案二：在三年内投资人应在第一年年初投资，两年结算一次，收益率是 50%，下一年可继续将本息投入获利，这种投资最多不超过 2 万元；

方案三：在三年内投资人应在第二年年初投资，两年结算一次，收益率是 60%，这种投资最多不超过 1.5 万元；

方案四：在三年内投资人应在第三年年初投资，一年结算一次，年收益率是 30%，这种投资最多不超过 1 万元.

投资人应采用怎样的投资决策方能使三年的总收益最大？试建立数学模型.

2.14 某发展公司是商务房地产开发项目的投资商. 公司有机会在三个建设项目中投资：高层办公楼、宾馆及购物中心，各项目不同年份所需的资金和净现值见表 2-25. 三个项目的投资方案是：投资公司现在预付项目所需资金的百分比数，那么以后三年每年必须按此比例追加项目所需资金，也会获得同样比例的净现值. 例如，公司按 10% 投资项目 1，现在必须支付 400 万元，今后三年分别投入 600 万元、900 万元和 100 万元，获得净现值 450 万元.

公司目前和预计今后三年可用于三个项目的投资金额是：现有 2 500 万元，一年后 2 000 万元，两年后 2 000 万元，三年后 1 500 万元. 当年没有用完的资金可以转入下一年继续使用.

该公司管理层希望设计一个组合投资方案，并能确定在每个项目中的投资百分比，使其投资获得的净现值最大.

表 2-25

年　份	10%项目所需资金/万元		
	项目 1	项目 2	项目 3
0	400	800	900
1	600	800	500
2	900	800	200
3	100	700	600
净现值/万元	450	700	500

2.15　化工企业有两个工厂生产油漆，它的油漆销售订单主要来自三个大的客户，从两个工厂到客户的运输费用见表 2-26.

表 2-26

客户	订单数量/t	运输费用/(元・t^{-1})	
		从工厂一	从工厂二
建材批发站	55	180	250
化工批发站	100	260	230
建筑公司	85	320	190

油漆在工厂必须经过着色与调和两道工序，这两道工序在两个工厂的生产能力和生产成本见表 2-27.

表 2-27

工序	每吨油漆的处理时间/h	处理成本/(元・h^{-1})	设备的处理能力/h
在工厂 1 着色	5	380	600
在工厂 1 调和	7	260	800
在工厂 2 着色	4	400	1 000
在工厂 2 调和	6	250	1 200

试建立一个线性规划模型使该企业的总费用最小.

2.16　一合资企业面临一个四个月的生产计划问题. 四个月的需求分别为 4 500 件、3 200 件、5 500 件、4 200 件. 目前(第一个月初)该企业有 100 名熟练工人，月工资为每人每月 800 元，正常工作时每人每月可完成 40 件产品. 由于市场需求变动较大，该企业可通过下列方法调节生产：

(1) 利用加班增加生产，加班生产的产品每人每月为 10 件，企业要支付加倍的工资.

(2) 利用库存来调节生产，库存费用为 10 元/(件・月)，最大库存能力为 1 000 件.

试为该企业构造一个数学模型，在满足需求的前提下使四个月的总费用最小. 假定该企业在第一个月初的库存为零，要求第四个月底的库存为 500 件.

3 对偶理论与灵敏度分析

本章要求

◎ 了解线性规划对偶问题的实际背景.

◎ 掌握对偶问题的建立规则与基本性质.

◎ 掌握对偶问题最优解的计算及其经济解释.

◎ 掌握线性规划的灵敏度分析.

◎ 了解线性规划的参数分析.

◎ 掌握线性规划在经济管理中常见的应用例子.

线性规划问题具有对偶性，即任何一个求极大值的线性规划问题，都有一个求极小化的线性规划问题与之对应，反之亦然. 如果把其中的一个问题称为原问题，则另一个问题称为它的对偶问题. 并称这互相联系的两个问题为一对对偶问题. 研究对偶问题之间的关系及其解的性质，就构成了线性规划的对偶理论(Duality Theory). 根据对偶理论，在解原问题的同时，也可以得到对偶问题的解. 在用单纯形法求得最优解以后，还可进行灵敏度分析，以了解线性规划模型的参数对最优解的影响. 对偶理论和方法是线性规划的重要内容，引进了对偶的概念以后，线性规划不仅仅是一种优化的计算方法，而且成为一种经济分析的工具，在经济管理中有着广泛的应用.

3.1 线性规划的对偶问题

3.1.1 问题的提出

例 3.1 在例 2.1 中，我们讨论了企业的生产资源的合理利用问题，并建立了相应的线性规划模型，即

$$\max z = 2x_1 + 3x_2,$$

$$\text{s. t.} \begin{cases} 1x_1 + 2x_2 \leqslant 4, \\ 4x_1 \qquad\ \leqslant 8, \\ \qquad 4x_2 \leqslant 6, \\ x_1 \geqslant 0,\ x_2 \geqslant 0. \end{cases} \tag{3.1}$$

现在我们从另一个角度来讨论这个问题.

假设该企业的决策者决定不自己组织生产 A, B 产品，而是将其拥有的资源(例如，钢、

铁、橡胶)进行出租或外售,试问该企业的决策者应如何将拥有的每种资源进行合理定价?

分析 决策者在做决策时,显然要考虑两个因素:

(1) 每种资源出租或外售所回收的费用应不低于自己组织生产时可获得的利润;

(2) 决策定价又不能太高,要使对方易于接受.

总之,定价要公平合理,使双方都能接受.

设 y_1, y_2, y_3 分别表示出租或外售单位资源(钢、铁、橡胶)的租金或售价,则根据第一个因素应有如下约束:将用于加工产品 A, B 的所有资源,如果用来出租或外售所回收的费用,应不低于自己组织生产可获得的利润,见表 3-1.

表 3-1

单件消耗 资源 / 产品	钢	铁	橡胶	单位利润
A	1	4	0	2
B	2	0	4	3
现有资源	4	8	6	

即有约束条件为

$$\begin{cases} y_1 + 4y_2 \geqslant 2, \\ 2y_1 + 4y_3 \geqslant 3. \end{cases}$$

当然还有对变量的非负限制,即 $y_1, y_2, y_3 \geqslant 0$.

把企业所有资源都出租和出让,其总收入为 $w = 4y_1 + 8y_2 + 6y_3$.

从企业的决策者来看当然希望 w 越大越好,但从接受者(购买者)来看,他的支付当然越少越好.所以,根据第二个因素,为了使对方易于接受,该企业能够将自己现有的资源出租或外售,应使总收入即对方的总支出尽可能少才比较合理,因为只有这样,卖方才不会吃亏,买方也易于接受.于是,这个问题的数学模型可归结为:求决策变量 y_1, y_2, y_3,使得

$$\min w = 4y_1 + 8y_2 + 6y_3,$$

$$\text{s.t.} \begin{cases} y_1 + 4y_2 \geqslant 2, \\ 2y_1 + 4y_3 \geqslant 3, \\ y_1, y_2, y_3 \geqslant 0. \end{cases} \tag{3.2}$$

这也是一个线性规划问题,如果我们把问题(3.1)称为线性规划原问题(简记为 LP 问题),则问题(3.2)就是它的线性规划对偶问题(Duality Programming,简记为 DP 问题).

例 3.2 在例 2.2 中,我们讨论了某人的食物搭配问题,并建立了相应的线性规划模型,即

$$\min z = \sum_{j=1}^{n} c_j x_j,$$

$$\text{s.t.} \begin{cases} \sum_{j=1}^{n} a_{ij} x_j \geqslant b_i, \quad i = 1, 2, \cdots, m, \\ x_j \geqslant 0, \quad j = 1, 2, \cdots, n. \end{cases} \tag{3.3}$$

现在我们再从另一个角度来讨论这个问题.

设有某企业想将这种营养成分分别制成单一的营养丸销售,试给这每种营养丸定价.

分析 显然,为了保证销路,对营养丸的定价不能太高.设含一个单位的第 i 种营养成分的营养丸定价为 y_i, $i = 1, 2, \cdots, m$,因为原来的食物中,第 j 种食物每单位的价格为 c_j, $j = 1, 2, \cdots, n$,而它所含第 i 种营养成分的量为 a_{ij},也就是说,现在要用 a_{ij} 个单位的第 i 种营养丸才能代替它.因此,为了使该企业愿意采用营养丸来代替原来的食物,必须使营养丸的价格满足下列不等式:

$$\sum_{i=1}^{m} a_{ij} y_i \leqslant c_j, \quad j = 1, 2, \cdots, n.$$

由于每种食物中必须含有 b_i 个单位的第 i 种营养成分,因此这样一份代替食物的总收入为

$$w = \sum_{i=1}^{m} b_i y_i.$$

对于企业来说,问题是如何确定每种营养丸的售价 y_i, $i = 1, 2, \cdots, m$,使在满足上述约束条件下企业的总收入达到最大,则问题可归结为

$$\max w = \sum_{i=1}^{m} b_i y_i,$$

$$\text{s. t.} \begin{cases} \sum_{i=1}^{m} a_{ij} y_i \leqslant c_j, & j = 1, 2, \cdots, n, \\ y_i \geqslant 0, & i = 1, 2, \cdots, m. \end{cases} \tag{3.4}$$

3.1.2 对偶问题的形式

1. 对称形式的对偶问题

定义 3.1 线性规划原问题为

$$\max z = c_1 x_1 + c_2 x_2 + \cdots + c_n x_n,$$

$$\text{(P)} \qquad \text{s. t.} \begin{cases} a_{11} x_1 + a_{12} x_2 + \cdots + a_{1n} x_n \leqslant b_1, \\ a_{21} x_1 + a_{22} x_2 + \cdots + a_{2n} x_n \leqslant b_2, \\ \qquad \vdots \\ a_{m1} x_1 + a_{m2} x_2 + \cdots + a_{mn} x_n \leqslant b_m, \\ x_j \geqslant 0, \quad j = 1, 2, \cdots, n. \end{cases} \tag{3.5}$$

则称下列线性规划问题

$$\min w = b_1 y_1 + b_2 y_2 + \cdots + b_m y_m,$$

$$\text{(D)} \qquad \text{s. t.} \begin{cases} a_{11} y_1 + a_{21} y_2 + \cdots + a_{m1} y_m \geqslant c_1, \\ a_{12} y_1 + a_{22} y_2 + \cdots + a_{m2} y_m \geqslant c_2, \\ \qquad \vdots \\ a_{1n} y_1 + a_{2n} y_2 + \cdots + a_{mn} y_m \geqslant c_n, \\ y_i \geqslant 0, \quad i = 1, 2, \cdots, m. \end{cases} \tag{3.6}$$

为其对偶问题，其中 y_i，$i=1, 2, \cdots, m$ 称为对偶变量，并称问题(3.5)和问题(3.6)为一对对称形式的对偶问题，原问题简记为(P)，对偶问题简记为(D).

问题(3.5)和问题(3.6)又可用矩阵符号简记为

原问题：

$$\text{(P)}\qquad \max z = \boldsymbol{cx},\quad \text{s. t.} \begin{cases} \boldsymbol{Ax} \leqslant \boldsymbol{b}, \\ \boldsymbol{x} \geqslant \boldsymbol{0}. \end{cases} \tag{3.7}$$

对偶问题：

$$\text{(D)}\qquad \min w = \boldsymbol{yb},\quad \text{s. t.} \begin{cases} \boldsymbol{yA} \geqslant \boldsymbol{c}, \\ \boldsymbol{y} \geqslant \boldsymbol{0}. \end{cases} \tag{3.8}$$

其中，$\boldsymbol{y}=(y_1, y_2, \cdots, y_m)$ 是一个行向量.

上述式(3.8) 对偶问题中令 $w'=-w$，则可改写为

$$\max w' = -\boldsymbol{yb},$$

$$\text{s. t.} \begin{cases} -\boldsymbol{yA} \leqslant -\boldsymbol{c}, \\ \boldsymbol{y} \geqslant \boldsymbol{0}. \end{cases}$$

将其作为原问题，按定义 3.1 可写出它的对偶问题为

$$\min z' = -\boldsymbol{cx},$$

$$\text{s. t.} \begin{cases} -\boldsymbol{Ax} \geqslant -\boldsymbol{b}, \\ \boldsymbol{x} \geqslant \boldsymbol{0}. \end{cases}$$

再令 $z=-z'$，则上式可改写为

$$\max z = \boldsymbol{cx},$$

$$\text{s. t.} \begin{cases} \boldsymbol{Ax} \leqslant \boldsymbol{b}, \\ \boldsymbol{x} \geqslant \boldsymbol{0}. \end{cases}$$

可见，对偶问题的对偶问题即为原问题.

根据上面的定义，对于一对对称形式的对偶问题，有如下对偶规则：

(1) 给每个原始约束条件定义一个非负对偶变量 y_i，$i=1, 2, \cdots, m$；

(2) 使原问题的目标函数系数 c_j 变为其对偶问题约束条件的右端常数；

(3) 使原问题约束条件右端常数变为其对偶问题目标函数的系数；

(4) 将原问题约束条件的系数矩阵转置，得到其对偶问题约束条件的系数矩阵；

(5) 改变约束条件不等号的方向，即将"⩽"改为"⩾"；

(6) 原问题的目标函数是"max"型，对偶问题为"min"型.

例 3.3 写出线性规划问题

$$\max z = 2x_1 - 3x_2 + 4x_3,$$

$$\text{s. t.} \begin{cases} x_1 + 3x_2 - 5x_3 \geqslant 2, \\ 3x_1 + x_2 + 7x_3 \leqslant 3, \\ -x_1 + 4x_2 + 6x_3 \geqslant 5, \\ x_j \geqslant 0, \quad j = 1, 2, 3 \end{cases}$$

的对偶问题.

解　首先将问题化为式(3.5)的对称形式

$$\max z = 2x_1 - 3x_2 + 4x_3,$$

$$\text{s. t.} \begin{cases} -x_1 - 3x_2 + 5x_3 \leqslant -2, \\ 3x_1 + x_2 + 7x_3 \leqslant 3, \\ x_1 - 4x_2 - 6x_3 \leqslant -5, \\ x_j \geqslant 0, \quad j = 1, 2, 3. \end{cases}$$

再根据定义 3.1 写出其对偶问题

$$\min w = -2y_1' + 3y_2 - 5y_3',$$

$$\text{s. t.} \begin{cases} -y_1' + 3y_2 + y_3' \geqslant 2, \\ -3y_1' + y_2 - 4y_3' \geqslant -3, \\ 5y_1' + 7y_2 - 6y_3' \geqslant 4, \\ y_1' \geqslant 0, \ y_2 \geqslant 0, \ y_3' \geqslant 0. \end{cases}$$

令 $y_1 = -y_1' \leqslant 0$, $y_3 = -y_3' \leqslant 0$,则上式可改写为

$$\min w = 2y_1 + 3y_2 + 5y_3,$$

$$\text{s. t.} \begin{cases} y_1 + 3y_2 - y_3 \geqslant 2, \\ 3y_1 + y_2 + 4y_3 \geqslant -3, \\ -5y_1 + 7y_2 + 6y_3 \geqslant 4, \\ y_1 \leqslant 0, \ y_2 \geqslant 0, \ y_3 \leqslant 0. \end{cases}$$

2. 非对称形式的对偶问题

因为并非所有线性规划问题都具有对称形式,故下面讨论一般情况下线性规划问题如何写出其对偶问题. 考虑下面的例子.

例 3.4　写出下列线性规划原问题

$$\max z = 2x_1 + 3x_2 - 5x_3 + x_4,$$

$$\text{s. t.} \begin{cases} 4x_1 + x_2 - 3x_3 + 2x_4 \geqslant 5, & (3.9\text{a}) \\ 3x_1 - 2x_2 + 7x_4 \leqslant 4, & (3.9\text{b}) \\ -2x_1 + 3x_2 + 4x_3 + x_4 = 6, & (3.9\text{c}) \\ x_1 \leqslant 0, \ x_2, \ x_3 \geqslant 0, \ x_4 \text{ 无约束} & (3.9\text{d}) \end{cases}$$

的对偶问题.

解　首先将问题化为式(3.5)的对称形式.

(1) 将约束条件(3.9a) 两端同乘"-1",得 $-4x_1 - x_2 + 3x_3 - 2x_4 \leqslant -5$;

(2) 将约束条件(3.9c) 先转化成 $-2x_1 + 3x_2 + 4x_3 + x_4 \leqslant 6$ 和 $-2x_1 + 3x_2 + 4x_3 + x_4 \geqslant 6$,再变换为 $-2x_1 + 3x_2 + 4x_3 + x_4 \leqslant 6$ 和 $2x_1 - 3x_2 - 4x_3 - x_4 \leqslant -6$;

(3) 在约束条件(3.9d) 中令 $x_1' = -x_1 (\geqslant 0)$, $x_4 = x_4' - x_4''$,其中 $x_4' \geqslant 0$, $x_4'' \geqslant 0$. 经上述变换,例 3.4 可重新表达为

$$
\begin{array}{lll}
 & \max z = -2x_1' + 3x_2 - 5x_3 + x_4' - x_4'', & \text{对偶变量} \\
\text{s. t.} & \left\{ \begin{array}{l}
4x_1' - x_2 + 3x_3 - 2x_4' + 2x_4'' \leqslant -5, \\
-3x_1' - 2x_2 + 7x_4' - 7x_4'' \leqslant 4, \\
2x_1' + 3x_2 + 4x_3 + x_4' - x_4'' \leqslant 6, \\
-2x_1' - 3x_2 - 4x_3 - x_4' + x_4'' \leqslant -6, \\
x_1' \geqslant 0,\ x_2,\ x_3 \geqslant 0,\ x_4'' \geqslant 0,\ x_4'' \geqslant 0.
\end{array} \right. &
\begin{array}{l} y_1' \\ y_2 \\ y_3' \\ y_3'' \\ \ \end{array}
\end{array}
$$

令各约束对应的对偶变量分别为 y_1', y_2, y_3', y_3'',按定义 3.1 可写出其对偶问题为

$$
\min w = -5y_1' + 4y_2 + 6y_3' - 6y_3'',
$$

$$
\text{s. t.} \left\{ \begin{array}{ll}
4y_1' - 3y_2 + 2y_3' - 2y_3'' \geqslant -2, & (3.10\text{a}) \\
-y_1' - 2y_2 + 3y_3' - 3y'' \geqslant 3, & (3.10\text{b}) \\
3y_1' + 4y_3' - 4y'' \geqslant -5, & (3.10\text{c}) \\
-2y_1' + 7y_2 + y_3' - y'' \geqslant 1, & (3.10\text{d}) \\
2y_1' - 7y_2 - y_3' + y'' \geqslant -1, & (3.10\text{e}) \\
y_1',\ y_2,\ y_3',\ y'' \geqslant 0. & (3.10\text{f})
\end{array} \right.
$$

在式(3.10) 中,令 $y_1 = -y_1'$, $y_3 = y_3' - y_3''$;将式(3.10a) 两端同乘"-1"得 $4y_1 + 3y_2 - 2y_3 \leqslant 2$;将式(3.10d)、式(3.10e) 转换为 $2y_1 + 7y_2 + y_3 = 1$, 由此得

$$
\min w = 5y_1 + 4y_2 + 6y_3,
$$

$$
\text{s. t.} \left\{ \begin{array}{l}
4y_1 + 3y_2 - 2y_3 \leqslant 2, \\
y_1 - 2y_2 + 3y_3 \geqslant 3, \\
-3y_1 + 4y_3 \geqslant -5, \\
2y_1 + 7y_2 + y_3 = 1, \\
y_1 \leqslant 0,\ y_2 \geqslant 0,\ y_3 \text{ 无约束}.
\end{array} \right.
$$

将上述对偶问题与原问题对比发现,无论对称或非对称形式的线性规划问题在写出其对偶问题时,其对偶规则见表 3-2.

表 3-2 **对偶规则表**

<table>
<tr><td colspan="2">原问题(P)</td><td rowspan="2">对应</td><td colspan="2">对偶问题(D)</td></tr>
<tr><td colspan="2">目标函数 max</td><td colspan="2">目标函数 min</td></tr>
<tr><td rowspan="4">约
束
条
件</td><td>m 个</td><td rowspan="4">相
反
关
系</td><td>m 个</td><td rowspan="4">变

量</td></tr>
<tr><td>$\leqslant$</td><td>$\geqslant 0$</td></tr>
<tr><td>$\geqslant$</td><td>$\leqslant 0$</td></tr>
<tr><td>$=$</td><td>无约束</td></tr>
</table>

续　表

<table>
<tr><td colspan="2">原问题(P)</td><td rowspan="2">对应</td><td colspan="2">对偶问题(D)</td></tr>
<tr><td colspan="2">目标函数 max</td><td colspan="2">目标函数 min</td></tr>
<tr><td rowspan="4">变量</td><td>n 个</td><td rowspan="4">一致关系</td><td>n 个</td><td rowspan="4">约束条件</td></tr>
<tr><td>$\geqslant 0$</td><td>$\geqslant$</td></tr>
<tr><td>$\leqslant 0$</td><td>$\leqslant$</td></tr>
<tr><td>无约束</td><td>$=$</td></tr>
<tr><td colspan="2">目标函数的系数 c</td><td rowspan="3">对应</td><td colspan="2">约束条件右端常数 c</td></tr>
<tr><td colspan="2">约束条件右端常数 b</td><td colspan="2">目标函数的系数 b</td></tr>
<tr><td colspan="2">系数矩阵 $\mathbf{A}$</td><td colspan="2">系数矩阵 $\mathbf{A}^{\mathrm{T}}$</td></tr>
</table>

由于对偶问题的对偶问题为原问题，故若原问题的目标函数是"min"，对偶问题的目标函数则是"max"，且约束条件与变量的对应关系为对偶规则表 3-2 的一致关系，而变量与约束条件则是相反关系.

例 3.5　写出下列线性规划原问题

$$\min z = x_1 + 5x_2 - 4x_3 + 9x_4,$$

$$\text{s.t.}\begin{cases} 7x_1 - 2x_2 + 8x_3 - x_4 \leqslant 18, \\ 6x_2 - 5x_4 \geqslant 10, \\ 2x_1 + 8x_2 - x_3 = -14, \\ x_1 \text{ 无约束}, x_2 \leqslant 0, x_3, x_4 \geqslant 0 \end{cases}$$

的对偶问题.

解　根据对偶规则表 3-2 可以直接写出上述问题的对偶问题：

$$\max w = 18y_1 + 10y_2 - 14y_3,$$

$$\text{s.t.}\begin{cases} 7y_1 + 2y_3 = 1, \\ -2y_1 + 6y_2 + 8y_3 \geqslant 5, \\ 8y_1 - y_3 \leqslant -4, \\ -y_1 - 5y_2 \leqslant 9, \\ y_1 \leqslant 0, y_2 \geqslant 0, y_3 \text{ 无约束}. \end{cases}$$

3.2　对偶问题的基本性质

因非对称形式的对偶问题能转化为等价的对称形式的对偶问题，为了讨论问题的方便，我们仅以一对对称形式的对偶问题：

$$\max z = \sum_{j=1}^{n} c_j x_j,$$

$$(\text{P}) \qquad \text{s.t.} \begin{cases} \sum_{j=1}^{n} a_{ij} x_j \leqslant b_i, \quad i = 1, 2, \cdots, m, \\ x_j \geqslant 0, \quad j = 1, 2, \cdots, n; \end{cases}$$

$$\min w = \sum_{i=1}^{m} b_i y_i,$$

$$\text{(D)} \qquad \text{s. t.} \begin{cases} \sum_{i=1}^{m} a_{ij} y_i \geqslant c_j, & j = 1, 2, \cdots, n, \\ y_i \geqslant 0, & i = 1, 2, \cdots, m \end{cases}$$

来说明有关性质,所有这些结论对于其他形式的对偶问题也同样成立.

性质 1(弱对偶性) 若 $\bar{x}_j$, $j = 1, 2, \cdots, n$ 是原问题的可行解,$\bar{y}_i$, $i = 1, 2, \cdots, m$ 是其对偶问题的可行解,则恒有

$$\sum_{j=1}^{n} c_j \bar{x}_j \leqslant \sum_{i=1}^{m} b_i \bar{y}_i. \tag{3.11}$$

证明

$$\sum_{j=1}^{m} c_j \bar{x}_j \leqslant \sum_{j=1}^{n} \left(\sum_{i=1}^{m} a_{ij} \bar{y}_i\right) \bar{x}_j = \sum_{i=1}^{m} \sum_{j=1}^{n} a_{ij} \bar{x}_j \bar{y}_i, \tag{3.12}$$

$$\sum_{i=1}^{m} b_i \bar{y}_i \geqslant \sum_{i=1}^{m} \left(\sum_{j=1}^{n} a_{ij} \bar{x}_j\right) \bar{y}_i = \sum_{i=1}^{m} \sum_{j=1}^{n} a_{ij} \bar{x}_j \bar{y}_i. \tag{3.13}$$

由式(3.12)、式(3.13)可知,$\sum_{j=1}^{n} c_j \bar{x}_j \leqslant \sum_{i=1}^{m} b_i \bar{y}_i$.

由性质 1 可得下面的重要结论:

结论 1 若 $\bar{x}_j$, $j = 1, 2, \cdots, n$ 和 $\bar{y}_i$, $i = 1, 2, \cdots, m$ 分别是问题(P) 和问题(D) 的可行解,则 $\sum_{j=1}^{n} c_j \bar{x}_j$ 是问题(D) 的目标函数最小值的一个下界;$\sum_{i=1}^{m} b_i \bar{y}_i$ 是问题(P) 的目标函数最大值的一个上界.

性质 2(最优性) 若 x_j^*, $j = 1, 2, \cdots, n$ 是原问题(P) 的可行解,y_i^*, $i = 1, 2, \cdots, m$ 是其对偶问题(D) 的可行解,且有 $\sum_{j=1}^{n} c_j x_j^* = \sum_{i=1}^{m} b_i y_i^*$,则 x_j^*, $j = 1, 2, \cdots, n$ 是原问题(P) 的最优解,y_i^*, $i = 1, 2, \cdots, m$ 是其对偶问题(D) 的最优解.

证明 由性质 1 知,对于原问题(P) 的任一可行解 x_j, $j = 1, 2, \cdots, n$,必有 $\sum_{j=1}^{n} c_j x_j \leqslant \sum_{i=1}^{m} b_i y_i^*$,又 $\sum_{j=1}^{n} c_j x_j^* = \sum_{i=1}^{m} b_i y_i^*$,故 $\sum_{j=1}^{n} c_j x_j \leqslant \sum_{j=1}^{n} c_j x_j^*$. 由定义知,$x_j^*$, $j = 1, 2, \cdots, n$ 为原问题(P) 的最优解. 同理可证,y_i^*, $i = 1, 2, \cdots, m$ 是其对偶问题(D) 的最优解.

性质 3(无界性) 在一对对偶问题(P)和(D)中,若其中一个问题可行,但目标函数无界,则另一个问题不可行.

证明 用反证法. 设问题(P)可行,但目标函数无界,若问题(D)可行,即存在可行解 $\bar{y}_i$, $i =1, 2, \cdots, m$,则由性质 1 知,$\sum_{i=1}^{m} b_i \bar{y}_i$ 即为问题(P) 的上界,与假设矛盾. 证毕.

注 性质 3 的逆命题不一定成立. 即在一对对偶问题(P)和(D)中,当其中一个问题无可

行解时，则另一个问题或者目标函数无界，或者无可行解.

由性质 3 可得下面的重要结论：

结论 2　在一对对偶问题(P)和(D)中，若一个(如(P))可行，而另一个(如(D))不可行，则该可行的问题(如(P))无界.

例如，下述一对对偶问题两者皆无可行解.

原问题(P)

$$\min w = -x_1 - x_2,$$

$$\text{s.t.} \begin{cases} x_1 - x_2 \geqslant 1, \\ -x_1 + x_2 \geqslant 1, \\ x_1,\ x_2 \geqslant 0; \end{cases}$$

对偶问题(D)

$$\max z = y_1 + y_2,$$

$$\text{s.t.} \begin{cases} y_1 - y_2 \leqslant -1, \\ -y_1 + y_2 \leqslant -1, \\ y_1,\ y_2 \geqslant 0. \end{cases}$$

结论 3　问题(P)与问题(D)同时具有最优解的充分必要条件使两者皆有可行解.

性质 4(强对偶性或对偶定理)　强对偶性也称为对偶定理. 若原问题(P)有最优解，则其对偶问题(D)也一定具有最优解，且有 $\max z = \min w$，即目标函数值相等.

证明　将原问题(P)加上松弛变量可化成标准形式：

$$\max z = \boldsymbol{cx} + \boldsymbol{0x}_s,$$

$$\text{s.t.} \begin{cases} \boldsymbol{Ax} + \boldsymbol{Ix}_s = \boldsymbol{b}, \\ \boldsymbol{x},\ \boldsymbol{x}_s \geqslant \boldsymbol{0}. \end{cases}$$

由单纯形法计算可知，若问题(P)有最优解，设其对应的最优基为 $\boldsymbol{B}$，由于 $\boldsymbol{x}_s$ 的检验数 $-\boldsymbol{c_B B}^{-1} \leqslant \boldsymbol{0}$，令 $y = \boldsymbol{c_B B}^{-1}$，则 $\boldsymbol{y} \geqslant \boldsymbol{0}$. 此时，检验数 $\boldsymbol{\sigma} = \boldsymbol{c} - \boldsymbol{c_B B}^{-1}\boldsymbol{A} = \boldsymbol{c} - \boldsymbol{yA} \leqslant \boldsymbol{0}$，即 $\boldsymbol{yA} \geqslant \boldsymbol{c}$.

由此可知，$\boldsymbol{y}$ 为对偶问题(D) 的可行解，且 $\boldsymbol{yb} = \boldsymbol{c_B B}^{-1}\boldsymbol{b} = z = \boldsymbol{cx}$，故有 $\boldsymbol{y}$ 为其对偶问题(D) 的最优解.

同理，当问题(D)有最优解时，问题(P)也有最优解.

由此性质的证明，可得出如下结论：

结论 4　若问题(P)和问题(D)中的任意一个有最优解，则另一个也有最优解，且目标函数的最优值相等.

综上所述，一对对偶问题的关系，只能有下面三种情况之一出现：

(1) 都有最优解，分别设为 x_j^*，$j = 1, 2, \cdots, n$ 和 y_i^*，$i = 1, 2, \cdots, m$，则必有

$$\sum_{j=1}^{n} c_j x_j^* = \sum_{i=1}^{m} b_i y_i^*;$$

(2) 一个问题无界，则另一个问题无可行解；

(3) 两个都无可行解.

性质 5(互补松弛性)　设 $\boldsymbol{x}^*$，$\boldsymbol{y}^*$ 分别是原问题(P)和对偶问题(D)的可行解，则 $\boldsymbol{x}^*$，$\boldsymbol{y}^*$ 分别为原问题(P)和对偶问题(D)的最优解的充分必要条件是

$$\begin{cases} \boldsymbol{y}^*(\boldsymbol{b} - \boldsymbol{Ax}^*) = \boldsymbol{0}, & (3.15) \\ (\boldsymbol{y}^*\boldsymbol{A} - \boldsymbol{c})\boldsymbol{x}^* = \boldsymbol{0}. & (3.16) \end{cases}$$

证明 必要性. 若 $\boldsymbol{x}^*$, $\boldsymbol{y}^*$ 分别为原问题(P)和对偶问题(D)的最优解,则

$$\begin{cases}\boldsymbol{Ax}^* \leqslant \boldsymbol{b},\\ \boldsymbol{x}^* \geqslant \boldsymbol{0};\end{cases} \qquad \begin{cases}\boldsymbol{y}^*\boldsymbol{A} \geqslant \boldsymbol{c},\\ \boldsymbol{y}^* \geqslant \boldsymbol{0}.\end{cases}$$

且 $\boldsymbol{cx}^* = \boldsymbol{y}^*\boldsymbol{b}$.

又 $\boldsymbol{cx}^* \leqslant \boldsymbol{y}^*\boldsymbol{Ax}^* \leqslant \boldsymbol{y}^*\boldsymbol{b}$,有 $\boldsymbol{cx}^* = \boldsymbol{y}^*\boldsymbol{Ax}^* = \boldsymbol{y}^*\boldsymbol{b}$,即

$$\begin{cases}\boldsymbol{y}^*(\boldsymbol{b}-\boldsymbol{Ax}^*) = \boldsymbol{0},\\ (\boldsymbol{y}^*\boldsymbol{A}-\boldsymbol{c})\boldsymbol{x}^* = \boldsymbol{0}.\end{cases}$$

充分性. 由 $\boldsymbol{y}^*(\boldsymbol{b}-\boldsymbol{Ax}^*) = \boldsymbol{0}$, $(\boldsymbol{y}^*\boldsymbol{A}-\boldsymbol{c})\boldsymbol{x}^* = \boldsymbol{0}$,得

$$\boldsymbol{y}^*\boldsymbol{b} = \boldsymbol{y}^*\boldsymbol{Ax}^* = \boldsymbol{cx}^*.$$

又因为 $\boldsymbol{x}^*$, $\boldsymbol{y}^*$ 分别是原问题(P)和对偶问题(D)的可行解,故 $\boldsymbol{x}^*$, $\boldsymbol{y}^*$ 分别为原问题(P)和对偶问题(D)的最优解. 证毕.

我们称式(3.15)和式(3.16)为**互补松弛条件**. 这里若记

$$\boldsymbol{A} = (\boldsymbol{p}_1, \boldsymbol{p}_2, \cdots, \boldsymbol{p}_n) = \begin{pmatrix}\boldsymbol{a}_1\\ \boldsymbol{a}_2\\ \vdots\\ \boldsymbol{a}_m\end{pmatrix},$$

其中,$\boldsymbol{p}_j = (a_{1j}, a_{2j}, \cdots, a_{mj})^{\mathrm{T}}$ 表示矩阵 $\boldsymbol{A}$ 的第 j 列,$\boldsymbol{a}_i = (a_{i1}, a_{i2}, \cdots, a_{in})$ 表示矩阵 $\boldsymbol{A}$ 的第 i 行. 由于 $\boldsymbol{b}-\boldsymbol{Ax}^* \geqslant \boldsymbol{0}$, $\boldsymbol{y}^*\boldsymbol{A}-\boldsymbol{c} \geqslant \boldsymbol{0}$ 及 $\boldsymbol{x}^* \geqslant \boldsymbol{0}$, $\boldsymbol{y}^* \geqslant \boldsymbol{0}$,则式(3.15) 和式(3.16) 可以写成下面的等价形式:

$$\begin{cases}y_i^*(b_i - a_i x^*) = 0, \quad i = 1, 2, \cdots, m, & (3.17)\\ (y^* P_j - c_j)x_j^* = 0, \quad j = 1, 2, \cdots, n. & (3.18)\end{cases}$$

由式(3.17)和式(3.18)可得互补松弛关系如下:在原问题(P) 和对偶问题(D) 的最优解 $\boldsymbol{x}^* = (x_1^*, x_2^*, \cdots, x_n^*)^{\mathrm{T}}$ 和 $\boldsymbol{y}^* = (y_1^*, y_2^*, \cdots, y_m^*)$ 处

(1) 若有某个 $y_i^* > 0$,则必有 $a_i x^* = b_i$;若有某个 $a_i x^* < b_i$,则必有 $y_i^* = 0$.

(2) 若有某个 $\boldsymbol{y}^*\boldsymbol{p}_j > c_j$,则必有 $x_j^* = 0$;若有某个 $x_j^* > 0$,则必有 $\boldsymbol{y}^*\boldsymbol{p}_j = c_j$.

习惯上,我们把某一可行点(例如 $\boldsymbol{x}^*$ 或 $\boldsymbol{y}^*$)处的严格不等式约束(包括对变量的非负约束)称为**松约束**(或**不起作用约束**),而把严格等式约束称为**紧约束**(或**起作用约束**). 这样,上述(1)、(2)可以概括为一句话:即对于最优解 $\boldsymbol{x}^*$ 和 $\boldsymbol{y}^*$ 而言,松约束的对偶约束是紧约束. 这就是为什么我们将条件(3.15)和条件(3.16)称为互补松弛条件的理由.

由性质 5 我们可以得出下面结论:

结论 5 设一对对偶问题都有可行解,若原问题的某一约束是某个最优解的松约束,则它的对偶约束一定是其对偶问题最优解的紧约束.

这一结论在计算上,若已知一个问题的最优解,则可利用互补松弛条件求另一个问题的最优解.

例 3.6 已知线性规划原问题是

$$\min z = 3x_1 + 4x_2 + 2x_3 + 5x_4 + 9x_5,$$

$$\text{s. t.} \begin{cases} x_2 + x_3 - 5x_4 + 3x_5 \geqslant 2, \\ x_1 + x_2 - x_3 + x_4 + 2x_5 \geqslant 3, \\ x_j \geqslant 0, \quad j = 1, 2, \cdots, 5, \end{cases}$$

其对偶问题的最优解为 $\boldsymbol{y}^* = (1, 3)$,试求原问题的最优解.

解 原问题的对偶问题为

$$\max w = 2y_1 + 3y_2,$$

$$\text{s. t.} \begin{cases} y_2 \leqslant 3, \\ y_1 + y_2 \leqslant 4, \\ y_1 - y_2 \leqslant 2, \\ -5y_1 + y_2 \leqslant 5, \\ 3y_1 + 2y_2 \leqslant 9, \\ y_1, y_2 \geqslant 0. \end{cases}$$

对应的目标函数最优值 $w^* = 11$. 将 $y_1^* = 1$, $y_2^* = 3$ 代入对偶约束条件可知,第 1, 2, 5 三个约束条件为严格等式约束,第 3, 4 两个约束条件为严格不等式约束. 若令原问题的最优解为 $\boldsymbol{x}^* = (x_1^*, x_2^*, x_3^*, x_4^*, x_5^*)^{\mathrm{T}}$,则由互补松弛性,必有 $x_3^* = x_4^* = 0$,又 $y_1^* = 1 > 0$, $y_2^* = 3 > 0$,由互补松弛性知,原问题的约束必为等式,即

$$\begin{cases} x_2^* + 3x_5^* = 2, \\ x_1^* + x_2^* + 2x_5^* = 3, \end{cases} \quad \text{故} \quad \begin{cases} x_1^* = 1 + x_5^*, \\ x_2^* = 2 - 3x_5^*. \end{cases}$$

此方程组有无穷多组解,令 $x_5^* = 0$,得 $x_1^* = 1$, $x_2^* = 2$,即 $\boldsymbol{x}^{*(1)} = (1, 2, 0, 0, 0)^{\mathrm{T}}$ 为原问题的一个最优解,目标函数的最优值 $z^* = 11$.

再令 $x_5^* = \dfrac{2}{3}$,得 $x_1^* = \dfrac{5}{3}$, $x_2^* = 0$,即 $\boldsymbol{x}^{*(2)} = \left(\dfrac{5}{3}, 0, 0, 0, \dfrac{2}{3}\right)^{\mathrm{T}}$ 也是原问题的一个最优解,$z^* = 11$.

根据线性规划的理论,它们的凸组合

$$\boldsymbol{x}^* = \lambda \boldsymbol{x}^{*(1)} + (1-\lambda)\boldsymbol{x}^{*(2)}, \quad 0 \leqslant \lambda \leqslant 1$$

也是原问题的最优解.

性质 6(原问题与对偶问题的解之间的对应关系) 用单纯形法求解问题(LP)时,迭代的每一步在得到原问题一个基可行解的同时,其检验数行的 y_i 和 $z_j - c_j$ 的值是其对偶问题的一个基解;在单纯形表中,原问题的松弛变量对应于对偶问题的变量,对偶问题的剩余变量对应于原问题的变量;这些互相对应的变量若在一个问题的解中是基变量,则在另一个问题的解中是非基变量;将这两个解代入各自的目标函数,则有 $z = w$.

根据两个问题之间的对应关系和对偶问题的性质,只需求解其中一个问题. 从一个问题最优解的单纯形表中(最终单纯形表),同时得到另一个问题的最优解.

将问题(P)和问题(D)化为标准形式:

$$\text{(P)}\quad \max z = \boldsymbol{cx} + \boldsymbol{0x}_s,\quad \text{s. t.}\begin{cases}\boldsymbol{Ax} + \boldsymbol{Ix}_s = \boldsymbol{b},\\ \boldsymbol{x},\ \boldsymbol{x}_s \geqslant \boldsymbol{0};\end{cases}\qquad \text{(D)}\quad \min w = \boldsymbol{yb} + \boldsymbol{0y}_s,\quad \text{s. t.}\begin{cases}\boldsymbol{yA} - \boldsymbol{y}_s\boldsymbol{I} = \boldsymbol{c},\\ \boldsymbol{y},\ \boldsymbol{y}_s \geqslant \boldsymbol{0}.\end{cases}$$

设 $\boldsymbol{B}$ 是原问题(P)中的一个可行基，令 $\boldsymbol{A} = (\boldsymbol{B},\ \boldsymbol{N})$，则原问题(P)写为

$$\max z = \boldsymbol{c_B x_B} + \boldsymbol{c_N x_N} + \boldsymbol{0x}_s,$$
$$\text{s. t.}\begin{cases}\boldsymbol{Bx_B} + \boldsymbol{Nx_N} + \boldsymbol{Ix}_s = \boldsymbol{b},\\ \boldsymbol{x_B},\ \boldsymbol{x_N},\ \boldsymbol{x}_s \geqslant \boldsymbol{0}.\end{cases}$$

用单纯形法求解问题(P)时，从初始单纯形表到迭代一次得到原问题一个基可行解的同时，其相应的变化情况见表 3-3.

表 3-3

$c_j \to$			$\boldsymbol{c_B}$	$\boldsymbol{c_N}$	$\boldsymbol{0}$
$\boldsymbol{c_B}$	$\boldsymbol{x_B}$	$\boldsymbol{b}$	$\boldsymbol{x_B}$	$\boldsymbol{x_N}$	$\boldsymbol{x_s}$
$\boldsymbol{0}$	$\boldsymbol{x_s}$	$\boldsymbol{b}$	$\boldsymbol{B}$	$\boldsymbol{N}$	$\boldsymbol{I}$
$c_j - z_j$		$\boldsymbol{0}$	$\boldsymbol{c_B}$	$\boldsymbol{c_N}$	$\boldsymbol{0}$
$\boldsymbol{c_B}$	$\boldsymbol{x_B}$	$\boldsymbol{B}^{-1}\boldsymbol{b}$	$\boldsymbol{I}$	$\boldsymbol{B}^{-1}\boldsymbol{N}$	$\boldsymbol{B}^{-1}$
$c_j - z_j$		$\boldsymbol{c_B B}^{-1}\boldsymbol{b}$	$\boldsymbol{0}$	$\boldsymbol{c_N} - \boldsymbol{c_B B}^{-1}\boldsymbol{N}$	$-\boldsymbol{c_B B}^{-1}$

相应地，其对偶问题可表示为

$$\min w = \boldsymbol{yb} + \boldsymbol{0y}_s,$$
$$\text{s. t.}\begin{cases}\boldsymbol{y}(\boldsymbol{B},\ \boldsymbol{N}) - \boldsymbol{y}_s\boldsymbol{I} = \boldsymbol{c},\\ \boldsymbol{y},\ \boldsymbol{y}_s \geqslant \boldsymbol{0},\end{cases}$$

其中，$\boldsymbol{c} = (\boldsymbol{c_B},\ \boldsymbol{c_N})$.

由于 $\boldsymbol{y}(\boldsymbol{B},\ \boldsymbol{N}) - \boldsymbol{y}_s\boldsymbol{I} = \boldsymbol{y}(\boldsymbol{B},\ \boldsymbol{N}) - (\boldsymbol{y}_{s_1},\ \boldsymbol{y}_{s_2})\boldsymbol{I} = (\boldsymbol{yB} - \boldsymbol{y}_{s_1},\ \boldsymbol{yN} - \boldsymbol{y}_{s_2}) = (\boldsymbol{c_B},\ \boldsymbol{c_N})$，即有

$$\min w = \boldsymbol{yb} + \boldsymbol{0y}_s,$$
$$\text{s. t.}\begin{cases}\boldsymbol{yB} - \boldsymbol{y}_{s_1} = \boldsymbol{c_B},\\ \boldsymbol{yN} - \boldsymbol{y}_{s_2} = \boldsymbol{c_N},\\ \boldsymbol{y},\ \boldsymbol{y}_{s_1},\ \boldsymbol{y}_{s_2} \geqslant \boldsymbol{0}.\end{cases}$$

表 3-4

$\boldsymbol{x_B}$	$\boldsymbol{x_N}$	$\boldsymbol{x_s}$
$\boldsymbol{0}$	$\boldsymbol{c_N} - \boldsymbol{c_B B}^{-1}\boldsymbol{N}$	$-\boldsymbol{c_B B}^{-1}$
$\boldsymbol{y}_{s_1}$	$-\boldsymbol{y}_{s_2}$	$-\boldsymbol{y}$

当求得原问题的一个基可行解 $\boldsymbol{x} = \begin{pmatrix}\boldsymbol{x_B}\\ \boldsymbol{x_N}\end{pmatrix} = \begin{pmatrix}\boldsymbol{B}^{-1}\boldsymbol{b}\\ \boldsymbol{0}\end{pmatrix}$ 时，其相应的检验数及与对偶问题的解之间的关系见表 3-4.

从而得出原问题(P)和对偶问题(D)变量之间的对应关系见表 3-5.

表 3-5

原问题(P)	对应的对偶问题(D)
原始决策变量 x_j	松弛变量 $z_j - c_j$，$j = 1, 2, \cdots, n$
松弛变量 x_{n+i}	原始对偶变量 y_i，$i = 1, 2, \cdots, m$
基变量 m 个	非基变量 m 个
非基变量 n 个	基变量 n 个

例 3.7 已知线性规划原问题为

$$\max z = 2x_1 + x_2,$$

$$(\mathrm{P}) \quad \text{s. t.} \begin{cases} 5x_2 \leqslant 15, \\ 6x_1 + 2x_2 \leqslant 24, \\ x_1 + x_2 \leqslant 5, \\ x_1,\ x_2 \geqslant 0 \end{cases}$$

及其相应的对偶问题为

$$\min w = 15y_1 + 24y_2 + 5y_3,$$

$$(\mathrm{D}) \quad \text{s. t.} \begin{cases} 6y_2 + y_3 \geqslant 2, \\ 5y_1 + 2y_2 + y_3 \geqslant 1, \\ y_1,\ y_2,\ y_3 \geqslant 0. \end{cases}$$

将其转化为标准形,分别为

$$\max z = 2x_1 + x_2 + 0x_3 + 0x_4 + 0x_5,$$

$$(\mathrm{P}') \quad \text{s. t.} \begin{cases} 5x_2 + x_3 = 15, \\ 6x_1 + 2x_2 + x_4 = 24, \\ x_1 + x_2 + x_5 = 5, \\ x_1,\ x_2,\ x_3,\ x_4,\ x_5 \geqslant 0 \end{cases}$$

及

$$\max w' \Big|_{w' = -w} = -15y_1 - 24y_2 - 5y_3 + 0y_4 + 0y_5,$$

$$(\mathrm{D}') \quad \text{s. t.} \begin{cases} 6y_2 + y_3 - y_4 = 2, \\ 5y_1 + 2y_2 + y_3 - y_5 = 1, \\ y_1,\ y_2,\ y_3,\ y_4,\ y_5 \geqslant 0. \end{cases}$$

用单纯形法求得上述两个问题的最终单纯形表见表 3-6 和表 3-7.

表 3-6

$c_j \to$			2	1	0	0	0
$\boldsymbol{c_B}$	$\boldsymbol{x_B}$	$\boldsymbol{b}$	x_1	x_2	x_3	x_4	x_5
0	x_3	$\frac{15}{2}$	0	0	1	$\frac{5}{4}$	$-\frac{15}{2}$
2	x_1	$\frac{7}{2}$	1	0	0	$\frac{1}{4}$	$-\frac{1}{2}$
1	x_2	$\frac{3}{2}$	0	1	0	$-\frac{1}{4}$	$\frac{3}{2}$
σ_j		$\frac{17}{2}$	0	0	0	$-\frac{1}{4}$	$-\frac{1}{2}$
对应的对偶变量			$-y_4$	$-y_5$	$-y_1$	$-y_2$	$-y_3$

表 3-7

$b_i \to$			-15	-24	-5	0	0
$\boldsymbol{b_B}$	$\boldsymbol{y_B}$	$\boldsymbol{c}$	y_1	y_2	y_3	y_4	y_5
-24	y_2	$\frac{1}{4}$	$-\frac{5}{4}$	1	0	$-\frac{1}{4}$	$-\frac{1}{4}$
-5	y_3	$\frac{1}{2}$	$\frac{15}{2}$	0	1	$\frac{1}{2}$	$-\frac{3}{2}$
σ_i		$-\frac{17}{2}$	$-\frac{15}{2}$	0	0	$-\frac{7}{2}$	$-\frac{3}{2}$
对应的对偶变量			$-x_3$	$-x_4$	$-x_5$	$-x_1$	$-x_2$

对偶原问题的最优解为 $(y_1,\ y_2,\ y_3,\ y_4,\ y_5)=\left(0,\ \frac{1}{4},\ \frac{1}{2},\ 0,\ 0\right)$.

注 由表 3-6 知,求解原问题的最优解(最终单纯形表)时,同时得到对偶原问题的最优解 $(y_1,\ y_2,\ y_3,\ y_4,\ y_5)=\left(0,\ \frac{1}{4},\ \frac{1}{2},\ 0,\ 0\right)$;由表 3-7 知,求解对偶问题的最优解(最终单纯形表)时,同时得到原问题的最优解 $(x_1,\ x_2,\ x_3,\ x_4,\ x_5)^{\mathrm{T}}=\left(\frac{7}{2},\ \frac{3}{2},\ \frac{15}{2},\ 0,\ 0\right)^{\mathrm{T}}$. 而由表 3-7 知,$W'$ 最大值取 $-\frac{17}{2}$,W 最小值取 $\frac{17}{2}$,与表 3-6 中 Z 的最大值 $\frac{17}{2}$ 相等.

3.3 对偶单纯形法

3.3.1 对偶单纯形法的基本原理

对偶单纯形法是求解线性规划的另一个基本方法,它是根据对偶原理和单纯形法的原理而设计出来的,因此称为对偶单纯形法. 由对偶理论可以知道,对于一个线性规划问题,我们能够通过求解它的对偶问题来找到它的最优解. 下面我们考虑一般的标准形线性规划问题及其对偶问题:

$$(\mathrm{P})\quad \begin{array}{l}\max z=\boldsymbol{cx},\\ \text{s. t.}\ \begin{cases}\boldsymbol{Ax}=\boldsymbol{b},\\ \boldsymbol{x}\geqslant \boldsymbol{0};\end{cases}\end{array}\qquad (\mathrm{D})\quad \begin{array}{l}\min w=\boldsymbol{yb},\\ \text{s. t.}\ \begin{cases}\boldsymbol{yA}\geqslant \boldsymbol{c},\\ \boldsymbol{y}\ \text{无约束}.\end{cases}\end{array}$$

设 $\boldsymbol{B}$ 是原问题(P)的一个基,不失一般性,不妨设 $\boldsymbol{B}=(\boldsymbol{p}_1,\ \boldsymbol{p}_2,\ \cdots,\ \boldsymbol{p}_m)$,则 $\boldsymbol{x}^{(0)}=\begin{pmatrix}\boldsymbol{x_B}\\ \boldsymbol{x_N}\end{pmatrix}=\begin{pmatrix}\boldsymbol{B}^{-1}\boldsymbol{b}\\ \boldsymbol{0}\end{pmatrix}$ 为原问题(P)的一个基解;且当 $\boldsymbol{x_B}=\boldsymbol{B}^{-1}\boldsymbol{b}\geqslant \boldsymbol{0}$ 时,$\boldsymbol{x}^{(0)}$ 为一个基可行解,$\boldsymbol{B}$ 为可行基;进一步,若检验数满足 $\boldsymbol{\sigma}=\boldsymbol{c}-\boldsymbol{c_B}\boldsymbol{B}^{-1}\boldsymbol{A}\leqslant \boldsymbol{0}$ 且 $\boldsymbol{x_B}$ 中不含非零人工变量,则 $\boldsymbol{x}^{(0)}$ 为原问题(P)的一个最优解,$\boldsymbol{B}$ 为最优基. 这就是求解原问题(P)的原始单纯形法的基本思路.

下面我们用对偶的观点来解释这一问题.

令 $\boldsymbol{y}^* = \boldsymbol{c}_B\boldsymbol{B}^{-1}$,若 $\boldsymbol{B}$ 为原问题(P) 的最优基,则 $\boldsymbol{\sigma} = \boldsymbol{c} - \boldsymbol{c}_B\boldsymbol{B}^{-1}\boldsymbol{A} \leqslant \boldsymbol{0}$,有 $\boldsymbol{y}^*\boldsymbol{A} \geqslant \boldsymbol{c}$,且 $\boldsymbol{y}^* \geqslant \boldsymbol{0}$,即 $\boldsymbol{y}^*$ 是对偶问题(D) 的一个可行解,且对应的目标函数值

$$w^* = \boldsymbol{y}^*\boldsymbol{b} = \boldsymbol{c}_B\boldsymbol{B}^{-1}\boldsymbol{b} = z^*$$

等于原问题(P)的最优目标函数值. 由最优性知,$\boldsymbol{y}^* = \boldsymbol{c}_B\boldsymbol{B}^{-1}$也是对偶问题(D) 的最优解.

这样,同原始单纯形法一样,求解对偶问题(D),可以从对偶问题(D)的一个基可行解开始,从一个基可行解迭代到另一个基可行解,使目标函数值减少, 直到 $w^* = \boldsymbol{y}^*\boldsymbol{b} = \boldsymbol{c}_B\boldsymbol{B}^{-1}\boldsymbol{b} = z^*$,减少到 $\boldsymbol{x}_B = \boldsymbol{B}^{-1}\boldsymbol{b} \geqslant \boldsymbol{0}$ 时,即得对应的基可行解 $\boldsymbol{y}^* = \boldsymbol{c}_B\boldsymbol{B}^{-1}$ 为对偶问题(D) 的最优解. 即若存在一个对偶问题(D) 的一个可行基 $\boldsymbol{B}$,有 $\boldsymbol{c}_B\boldsymbol{B}^{-1}\boldsymbol{p}_j \geqslant c_j$ 或 $c_j - z_j \leqslant 0$,这时只要 $\boldsymbol{x}_B = \boldsymbol{B}^{-1}\boldsymbol{b} \geqslant \boldsymbol{0}$, 即原问题(P)的解也为可行解,则两者均为最优解. 否则,保持对偶问题(D)为可行解,找出原问题的相邻基解, 再判别是否有 $\boldsymbol{x}_B \geqslant \boldsymbol{0}$, 循环进行,一直到原问题(P)也为可行解,从而两者均为最优解.

3.3.2 对偶单纯形法的计算步骤

(1) 根据原问题(P),找到对偶问题(D) 的一个可行基 $\boldsymbol{B}$,不妨设 $\boldsymbol{B} = (\boldsymbol{p}_1, \boldsymbol{p}_2, \cdots, \boldsymbol{p}_m)$,列出初始单纯形表. 检查 $\boldsymbol{b}' = \boldsymbol{B}^{-1}\boldsymbol{b}$ 列的数字,若均为非负,检验数均为非正,则已得到最优解,停止计算. 若检查 $\boldsymbol{b}$ 列的数字时,至少还有一个负分量,检验数保持非正,那么进行下面的计算.

(2) 基变量变换,确定换出基变量.

若 $b'_r = \min\{b'_i \mid b'_i = \boldsymbol{B}^{-1}\boldsymbol{b} < 0,\ 1 \leqslant i \leqslant m\}$,则取相应的基变量 x_r 为出基变量.

(3) 基变量变换,确定换入基变量.

在单纯形表中检查 a_{rj}, $j = 1, 2, \cdots, n$. 若所有的 $a_{rj} \geqslant 0$,则无可行解,停止计算.(事实上,对 $b'_r < 0$, $a_{rj} \geqslant 0$, $j = 1, 2, \cdots, n$,在这种情况下,把表中第 r 行的约束方程列出有 $x_r + a_{r,m+1}x_{m+1} + a_{r,m+2}x_{m+2} + \cdots + a_{r,n}x_n = b_r$,因为 $a_{rj} \geqslant 0$, $j = m+1, m+2, \cdots, n$, $b'_r < 0$ 不可能存在 $x_j \geqslant 0$, $j = 1, 2, \cdots, n$ 的解,所以原来问题无可行解.) 若存在 $a_{rj} < 0$, $j = 1, 2, \cdots, n$,则计算

$$\theta = \min_j\left\{\frac{c_j - z_j}{a_{rj}} \middle| a_{lj} < 0\right\} = \frac{c_k - z_k}{a_{rk}}.$$

按"θ 规则 " 所对应的列的非基变量 x_k 为换入变量(入基变量),这样才能保持得到的对偶问题的解仍为可行解.

(4) 以 a_{rk} 为主元素,按原始单纯形法在表中进行迭代计算,得到新的计算表(单纯形表).

重复(1)—(4)步骤,直至得到最优解.

下面举例来说明具体的计算过程.

例 3.8 用对偶单纯形法求解(P)问题:

$$\min w = 2x_1 + 3x_2 + 4x_3,$$

$$\text{s. t.} \begin{cases} x_1 + 2x_2 + x_3 \geqslant 3, \\ 2x_1 - x_2 + 3x_3 \geqslant 4, \\ x_1, x_2, x_3 \geqslant 0. \end{cases}$$

解 先将该问题化成下列形式,以便得到对偶问题的初始可行解.

$$\max z\Big|_{z=-w} = -2x_1 - 3x_2 - 4x_3 + 0x_4 + 0x_5,$$

$$\text{s.t.}\begin{cases} -x_1 - 2x_2 - x_3 + x_4 = -3, \\ -2x_1 + x_2 - 3x_3 + x_5 = -4, \\ x_j \geqslant 0, \quad j = 1, 2, \cdots, 5. \end{cases}$$

建立该问题的初始单纯形表,见表 3-8.

表 3-8

$c_j \to$			-2	-3	-4	0	0
$\boldsymbol{c_B}$	$\boldsymbol{x_B}$	$\boldsymbol{b}$	x_1	x_2	x_3	x_4	x_5
0	x_4	-3	-1	-2	-1	1	0
0	x_5	-4	$[-2]$	1	-3	0	1
$c_j - z_j$		0	-2	-3	-4	0	0

从表 3-8 可知,检验数行对应着对偶问题的解的可行解.因为 $\boldsymbol{b}$ 列数字为负,所以需进行迭代运算.

(1) 出基变量的确定.按上述对偶单纯形法计算步骤(2),计算 $\min\{-3, -4\} = -4$,以 x_5 为换出基变量.

(2) 入基变量的确定.按上述对偶单纯形法计算步骤(3),计算 $\theta = \min\left\{\frac{-2}{-2}, \frac{-4}{-3}\right\} = \frac{-2}{-2} = 1$,以 x_1 为换入基变量.

以出基变量与入基变量的行与列的交叉处"-2"为主元素,按单纯形法计算步骤进行迭代,得表 3-9.

表 3-9

$c_j \to$			-2	-3	-4	0	0
$\boldsymbol{c_B}$	$\boldsymbol{x_B}$	$\boldsymbol{b}$	x_1	x_2	x_3	x_4	x_5
0	x_4	-1	0	$\left[-\frac{5}{2}\right]$	$\frac{1}{2}$	1	$-\frac{1}{2}$
-2	x_1	2	1	$-\frac{1}{2}$	$\frac{3}{2}$	0	$-\frac{1}{2}$
$c_j - z_j$		-4	0	-4	-1	0	-1

由表 3-9 可知,对偶问题仍是可行解,而 $\boldsymbol{b}$ 列中仍有负分量.取 x_4 为换出基变量.

按"θ-规则"计算 $\theta = \min\left\{\frac{-4}{-\frac{5}{2}}, -, \frac{-1}{-\frac{1}{2}}\right\} = \frac{-4}{-\frac{5}{2}} = \frac{8}{5}$,以 x_2 为换入基变量.再以出基变量与入基变量所在行与列的交叉处"$-\frac{5}{2}$"为主元素.按单纯形法计算步骤再次进行迭代,得表 3-10.

表 3-10

$c_j\to$			−2	−3	−4	0	0
$\boldsymbol{c_B}$	$\boldsymbol{x_B}$	$\boldsymbol{b}$	x_1	x_2	x_3	x_4	x_5
−3	x_2	$\frac{2}{5}$	0	1	$-\frac{1}{5}$	$-\frac{2}{5}$	$\frac{1}{5}$
−2	x_1	$\frac{11}{5}$	1	0	$\frac{7}{5}$	$-\frac{1}{5}$	$-\frac{2}{5}$
c_j-z_j		$-\frac{28}{5}$	0	0	$-\frac{9}{5}$	$-\frac{8}{5}$	$-\frac{1}{5}$

从表 3-10 可知，$\boldsymbol{b}$ 列数字全为非负，检验数全为非正，所以原问题的最优解为

$$\boldsymbol{x}^* = \left(\frac{11}{5},\ \ \frac{2}{5},\ \ 0,\ \ 0,\ \ 0\right)^{\mathrm{T}},$$

最优目标函数值 $w^* = -z^* = -\left(-2\times\frac{11}{5}-3\times\frac{2}{5}\right)=\frac{28}{5}$.

若对应两个约束条件的对偶变量分别为 y_1 和 y_2，则对偶问题的最优解为

$$\boldsymbol{y}^* = (y_1^*,\ y_2^*) = \boldsymbol{c_B}\boldsymbol{B}^{-1} = (-3\quad -2)\begin{pmatrix}-\frac{2}{5} & \frac{1}{5}\\ -\frac{1}{5} & -\frac{2}{5}\end{pmatrix} = \left(\frac{8}{5}\quad \frac{1}{5}\right).$$

从以上求解过程可以看到，对偶单纯形有以下优点：

(1) 初始解可以是非可行解，当检验数均为负数时，就可以进行基的变换，这时不需要加入人工变量，所以可以简化计算.

(2) 当变量多于约束条件时，对这样的(P)问题，用对偶单纯形法计算可以减少计算工作量，所以对变量较少，而约束条件很多的(P)问题，可先将它变成对偶问题，然后用对偶单纯形法求解.

(3) 在灵敏度分析中，有时需要用对偶单纯形法，这样可使问题的处理简化.

对偶单纯形法的局限性主要是，对大多数(P)问题，很难找到一个初始可行解，所以该方法在求解 LP 问题时很少单独应用.

3.4　对偶问题的经济解释——影子价格

3.4.1　影子价格的概念

考虑一对对称形式的对偶问题

$$(\mathrm{P})\quad \max z = \boldsymbol{cx},\quad \text{s.t.}\begin{cases}\boldsymbol{Ax}\leqslant \boldsymbol{b},\\ \boldsymbol{x}\geqslant \boldsymbol{0};\end{cases}\qquad (\mathrm{D})\quad \min w = \boldsymbol{yb},\quad \text{s.t.}\begin{cases}\boldsymbol{yA}\geqslant \boldsymbol{c},\\ \boldsymbol{y}\geqslant \boldsymbol{0}.\end{cases}$$

我们来讨论第 i 种资源 b_i 增加 1 个单位所引起的目标函数最优值的变化情况. 设 $\boldsymbol{B}$ 为

(P)问题的最优基，则由 $\boldsymbol{y}^* = \boldsymbol{c}_B\boldsymbol{B}^{-1}$ 有

$$z^* = \boldsymbol{c}_B\boldsymbol{B}^{-1}\boldsymbol{b} = \boldsymbol{y}^*\boldsymbol{b} = y_1^* b_1 + y_2^* b_2 + \cdots + y_m^* b_m.$$

当 b_i 变为 b_i+1 时(其余的右端常数不变,并假设这种变化不影响最优基 $\boldsymbol{B}$,更一般的情况将在灵敏度分析中讨论),目标函数最优值变为

$$z'^* = y_1^* b_1 + y_2^* b_2 + \cdots + y_i^*(b_i+1) + \cdots + y_m^* b_m.$$

此时,目标函数最优值的改变量为

$$\Delta z^* = z'^* - z^* = y_i^*.$$

即 y_i^* 的经济意义为:第 i 种资源 b_i 增加 1 个单位时所引起的目标函数最优值的改变量.也可写成

$$\frac{\partial z^*}{\partial b_i} = y_i^*, \quad i = 1, 2, \cdots, m,$$

即 y_i^* 表示 z^* 对 b_i 的变化率.

定义 在一对对偶问题(P)和(D)中,若(P)的某个约束条件的右端常数 b_i 增加 1 个单位时,所引起的目标函数最优值 z^* 的改变量 y_i^* 称为第 i 个约束条件的**影子价格**(shadow price).

3.4.2 对偶问题的经济解释

(1) 影子价格的经济含义是对一个单位的第 i 种资源的估价,这种估价不是第 i 种资源的市场价格,而是根据第 i 种资源在生产中做出的贡献而作的估价,它有赖于资源的利用情况,是未知数,而资源的市场价格是已知数,相对比较稳定.也就是说,企业的生产任务、产品结构与产品质量等情况发生变化,资源的影子价格也随之改变,而资源的市场价格则主要由市场决定.

(2) 影子价格是一种边际价格,在 $\frac{\partial z^*}{\partial b_i} = y_i^*$ 中,y_i^* 的值的经济含义相当于在给定的生产条件(而其他条件不变)下,单位资源变化所引起的目标函数的最优值的变化,它是一种边际价格.由例 2.1 的最终单纯形表可知,$y_1^* = \frac{3}{2}$, $y_2^* = \frac{1}{8}$, $y_3^* = 0$,说明在其他条件不变的情况下,若资源钢增加 1 t 时,该企业按最优生产计划安排生产可多获利 $\frac{3}{2}$ 万元;资源铁增加 1 t 时,可多获利 $\frac{1}{8}$ 万元;资源橡胶增加 1 t 时,对获利无影响.

(3) 资源的影子价格实际上又是一种机会成本.在纯市场经济条件下,当资源 b_i 的市场价格 p_i 低于($<$)该资源的影子价格 y_i^* 时,可以买进该种资源,自己组织生产;相反,当资源 b_i 的市场价格 p_i 高于($>$)该种资源的影子价格 y_i^* 时,就应该卖出该种资源.随着资源的买进卖出,它的影子价格也将随之发生变化,一直到影子价格 y_i^* 与市场价格 p_i 保持同等水平时($y_i^* = p_i$),才处于平衡状态.

(4) 资源的影子价格是衡量资源的使用是否合理的一个标准.由互补松弛性知,当 $\sum_{j=1}^{n} a_{ij}x_j^* < b_i$ 时,$y_i^* = 0$;当 $y_i^* > 0$ 时,$\sum_{j=1}^{n} a_{ij}x_j^* = b_i$.表明生产过程中若某种资源 b_i 未得到

充分利用时，该种资源的影子价格为零；当资源的影子价格不为零时，表明该资源在生产中已得到充分利用. 所以，资源的影子价格是衡量资源的使用是否合理的一个标准.

(5) 从影子价格的含义上再来考察单纯形法的计算.

$$\sigma_j = c_j - z_j = c_j - \boldsymbol{c_B B}^{-1} \boldsymbol{p}_j = c_j - \sum_{i=1}^{m} a_{ij} y_i.$$

式中，c_j 代表第 j 种产品的产值(利润)，$\sum_{i=1}^{m} a_{ij} y_i$ 是生产该种产品所消耗各种资源的影子价格的总和，即该种产品的隐含成本. 当该种产品产值(利润)大于(>)其隐含成本时，表明生产该种产品有利，可在计划中安排生产. 否则，用这些资源来生产别的产品更为有利，就不在生产中安排生产. 此即为单纯形法中各个检验数的经济含义.

(6) 一般地，对(P)问题的求解是确定资源的最优分配方案，而对于对偶问题的求解则是确定对资源的恰当估价，这种估价直接涉及资源的最有效利用. 如在一个大型企业内部，可借助资源的影子价格确定一些内部资源的估算价格，以便控制有限资源的使用，使有限资源发挥更大的经济效益. 所以，影子价格不是一种真实价格，而是系统资源价值的映像表现，但是通过影子价格可以对系统资源的利用情况做出客观评价，从而决定企业的经营决策.

3.4.3 影子价格在经济管理中的应用

1. 影子价格能指示企业内部挖掘潜力的方向

利用影子价格(Shadow Price)进行企业经济活动，不仅可以实现资源的最优配置，而且可以指明企业内部挖潜的主攻方向. 因为影子价格能指明各种资源在实现企业最优目标时的影响作用，影子价格愈高的资源，表明它对目标增益的影响愈大，同时也表明这种资源对该企业来说愈稀缺和愈贵重，企业的管理者就应该更加重视对这种资源的管理，通过挖潜革新、降低消耗或及时补充该资源，以保证给企业带来较大的收益. 总之，对影子价格大于零的资源都应该采取措施，增加投入，以保证生产正常进行，实现利润最大化. 当然，对影子价格等于零的资源，企业的管理者也不能忽视，这种资源对该企业来说是相对富有的，一方面，可以向别的企业转让这种资源或以市场价出售，以免形成积压和浪费；另一方面，通过企业内部的改造、挖潜和增加对影子价格大于零的资源的投入后，原有的剩余资源又可以得到充分利用，而变为新的紧缺资源(变为影子价格大于零). 这样不断调整、补充，真正实现资源的合理利用.

2. 影子价格在企业经营决策中的作用

因为影子价格不是市场价格，它是根据企业本身的资源情况 b_i，消耗系数 a_{ij} 和产品的利润 c_j 计算出来的一种价格，是新增资源所创造的价值，是边际价格. 对于不同的企业，即使是相同的资源，其影子价格也不一定相同，就是同一企业，在不同的生产周期，资源的影子价格也不完全一样. 当 $y_i^* > P_i$ 时，企业买进该资源组织生产，获利较大；当 $y_i^* < P_i$ 时，企业卖出该资源以获得较大的利润. 所以影子价格又是一种机会成本.

另外，检验数

$$\sigma_j = c_j - \boldsymbol{c_B B}^{-1} \boldsymbol{p}_j = c_j - \sum_{i=1}^{m} a_{ij} y_i, \quad j = 1, 2, \cdots, n$$

可看成是第 j 种产品的相对价值系数，它等于单位第 j 种产品的产值 c_j 与第 j 种产品所消耗的各项资源的影子价格的总和(即第 j 种产品的隐含成本 $\sum_{i=1}^{m} a_{ij} y_i$) 之差.

3. 影子价格在新产品开发决策中的作用

企业在新产品投产之前，可利用影子价格，通过分析新产品使用资源的经济效果，以决定新产品是否值得投产.

考虑两种新产品 A, B,它们对资源的消耗以及可获得的单位利润见表 3-11,试决定它们是否应予投产?

表 3-11

单位消耗 \ 产品 / 资源	A	B	影子价格
钢	1	2	0
铁	2	1	$\frac{32}{7}$
橡胶	3	4	$\frac{6}{7}$
单位利润/万元	10	9	

分析 计算产品 A, B 的相对价值系数:

$$\sigma_A = c_A - \sum_{i=1}^{3} a_{i1} y_i = 10 - \left(1 \times 0 + 2 \times \frac{32}{7} + 3 \times \frac{6}{7}\right) = -\frac{12}{7} < 0,$$

$$\sigma_B = c_B - \sum_{i=1}^{3} a_{i2} y_i = 9 - \left(2 \times 0 + 1 \times \frac{32}{7} + 4 \times \frac{6}{7}\right) = 1 > 0.$$

由于产品 A 所能提供的单位利润小于其隐含成本，相对价值系数 $\sigma_A < 0$，故产品 A 不值得投产;

而产品 B 所能提供的单位利润大于其隐含成本，相对价值系数 $\sigma_B > 0$，故产品 B 值得投产.

4. 利用影子价格分析现有产品价格变动对资源紧缺情况的影响

如在例 2.1 中，当产品的利润不是(2, 3)，而是(4, 3)时，则从最优单纯形表可以重新计算影子价格为

$$\boldsymbol{y}^* = \boldsymbol{c_B B}^{-1} = (4, 0, 3)\begin{pmatrix} 0 & \frac{1}{4} & 0 \\ -2 & \frac{1}{2} & 1 \\ \frac{1}{2} & -\frac{1}{8} & 0 \end{pmatrix} = \left(\frac{3}{2}, \frac{5}{8}, 0\right).$$

由于 $y_1^* = \frac{3}{2}$ 不变，说明它的紧缺情况不变，但 $y_2^* = \frac{5}{8} > \frac{1}{8}$，比原来的增大了，说明它的紧缺程度增加了.

5. 利用影子价格分析工艺改变后对资源的影响

如在例 2.1 中,使钢节约 2%,则带来的收益为

$$y_1^* \cdot b_1 \cdot 2\% = \frac{3}{2} \times 4 \times 2\% = 0.12(\text{万元}).$$

3.5 灵敏度分析

前面,我们讨论线性规划问题时,总是假设 $c_j, b_i, a_{ij}, i=1, \cdots, m; j=1, \cdots, n$ 是不变的常数,但实际上这些数据往往是估计值或预测值,不可能很精确,而且随着情况的变化,这些数据也会经常发生变化. 例如,市场行情的变化会引起价值系数 c_j 的变化;资源投入量的改变会引起右端常数 b_i 的变化;工艺条件的改变会引起消耗系数 a_{ij} 的变化;生产中增加新产品的开发会引起决策变量的增加;生产中增添新的工序会引起约束条件的增加等. 因此,我们自然会提出这样的两个问题:

(1) 当这些数据中有一个或几个发生变化时,已求得(P)问题的最优解会有什么变化?

(2) 这些数据在什么范围内变化时,已求得(P)问题的最优解或最优基不变?

这样,我们把在已求得原(P)问题的最优解的基础上,来分析这些数据的变化对最优解的影响而显示出来的敏感程度称为灵敏度分析(sensitivity analysis),又称优化后分析(postoptimality analysis).

我们来考虑(P)问题

$$(\mathrm{P}) \quad \max z = \boldsymbol{cx}, \quad \text{s.t.} \begin{cases} \boldsymbol{Ax} \leqslant \boldsymbol{b}, \\ \boldsymbol{x} \geqslant \boldsymbol{0}. \end{cases}$$

引入松弛变量 $\boldsymbol{x}_s$,将(P)化为标准型. 对于选定的基 $\boldsymbol{B}$,将(P)问题化为关于基 $\boldsymbol{B}$ 的典式:

$$\max z = \boldsymbol{c_B B}^{-1}\boldsymbol{b} + (\boldsymbol{c_N} - \boldsymbol{c_B B}^{-1}\boldsymbol{N})\boldsymbol{x_N} - \boldsymbol{c_B B}^{-1}\boldsymbol{x}_s,$$

$$\text{s.t.} \begin{cases} \boldsymbol{x_B} + \boldsymbol{B}^{-1}\boldsymbol{N x_N} + \boldsymbol{B}^{-1}\boldsymbol{x}_s = \boldsymbol{B}^{-1}\boldsymbol{b}, \\ \boldsymbol{x_B}, \boldsymbol{x_N}, \boldsymbol{x}_s \geqslant \boldsymbol{0}. \end{cases}$$

列出单纯形表见表 3-12.

表 3-12

$c_j \rightarrow$			$\boldsymbol{c_B}$	$\boldsymbol{c_N}$	$\boldsymbol{0}$
$\boldsymbol{c_B}$	$\boldsymbol{x_B}$	$\boldsymbol{b}$	$\boldsymbol{x_B}$	$\boldsymbol{x_N}$	$\boldsymbol{x}_s$
$\boldsymbol{0}$	$\boldsymbol{x}_s$	$\boldsymbol{b}$	$\boldsymbol{B}$	$\boldsymbol{N}$	$\boldsymbol{I}$
$c_j - z_j$		$\boldsymbol{0}$	$\boldsymbol{c_B}$	$\boldsymbol{c_N}$	$\boldsymbol{0}$
$\boldsymbol{c_B}$	$\boldsymbol{x_B}$	$\boldsymbol{B}^{-1}\boldsymbol{b}$	$\boldsymbol{I}$	$\boldsymbol{B}^{-1}\boldsymbol{N}$	$\boldsymbol{B}^{-1}$
$c_j - z_j$		$\boldsymbol{c_B B}^{-1}\boldsymbol{b}$	$\boldsymbol{0}$	$\boldsymbol{c_N} - \boldsymbol{c_B B}^{-1}\boldsymbol{N}$	$-\boldsymbol{c_B B}^{-1}$

基可行解 $\boldsymbol{x} = \begin{pmatrix} \boldsymbol{x_B} \\ \boldsymbol{x_N} \end{pmatrix} = \begin{pmatrix} \boldsymbol{B}^{-1}\boldsymbol{b} \\ \boldsymbol{0} \end{pmatrix}$ 为最优解的条件是

① $\boldsymbol{x}_B = \boldsymbol{B}^{-1}\boldsymbol{b} \geqslant \boldsymbol{0}$；

② $\boldsymbol{\sigma} = \boldsymbol{c} - \boldsymbol{c}_B\boldsymbol{B}^{-1}\boldsymbol{A} \leqslant \boldsymbol{0}$， 即 $\boldsymbol{\sigma}_N = \boldsymbol{c}_N - \boldsymbol{c}_B\boldsymbol{B}^{-1}\boldsymbol{N} \leqslant \boldsymbol{0}$， $-\boldsymbol{c}_B\boldsymbol{B}^{-1} \leqslant \boldsymbol{0}$.

若 $\boldsymbol{B}$ 为最优基，$\boldsymbol{x} = \begin{pmatrix} \boldsymbol{B}^{-1}\boldsymbol{b} \\ \boldsymbol{0} \end{pmatrix}$ 为最优解，当其中的某些数据发生变化时，就可能使这个最优解或最优基发生变化. 如目标函数的价值系数 c_j 的变化，就可能影响②式是否成立；右端常数 b_i 的变化，就可能影响①式是否成立；技术矩阵 $\boldsymbol{A}$ 中的消耗系数 a_{ij} 的变化，则可能影响①，②两个条件. 因此，我们要来研究这些数据的变化对最优解或最优基的影响，也就是灵敏度分析. 从而灵敏度分析的理论依据就是看条件①，②是否成立. 对灵敏度分析所研究的问题概括起来就是：

(1) 为了保持现有的最优解或最优基不变，找出这些数据变化的范围，即所谓数据的稳定性区域.

(2) 当这些数据超出了(1)的范围时，如何在原有最优解或最优基的基础上做出微小调整，尽快求出新的最优解或最优基.

显然当(P)问题中某一个或几个系数发生变化后，原来的已得结果一般会发生变化. 但是，从单纯形法的迭代过程中来看，每次迭代运算均与基变量的系数矩阵 $\boldsymbol{B}$ 有关，所以，可把发生变化的个别系数，经过一定计算后直接填入最终的计算表中，并进行检验和分析. 可按表 3-13 的几种情况进行处理.

表 3-13

原问题	对偶问题	结论或继续计算的步骤
可行解	可行解	表中解仍为问题的最优解
可行解	非可行解	用单纯形法继续迭代求最优解
非可行解	可行解	用对偶单纯形法继续迭代求最优解
非可行解	非可行解	引入人工变量，编制新的单纯形表，求最优解

下面，我们就各种情况分别进行讨论.

3.5.1 目标函数中价值系数 c_j 的变化分析

目标函数中价值系数 c_j 的变化，会引起检验数 σ_j 的变化，从而影响最优性条件②能否成立. 它可分为 c_j 是对应的非基变量的系数或基变量的系数两种情况讨论.

(1) 若 $c_j \in \boldsymbol{c}_N$. 对于最优基 $\boldsymbol{B}$ 而言，非基变量 x_j 的价值系数 c_j 改变为 $c_j' = c_j + \Delta c_j$，则变化后的检验数为

$$\sigma_j' = c_j' - \boldsymbol{c}_B\boldsymbol{B}^{-1}\boldsymbol{p}_j = c_j + \Delta c_j - \boldsymbol{c}_B\boldsymbol{B}^{-1}\boldsymbol{p}_j = \sigma_j + \Delta c_j.$$

要保持原最优解不变，则必须使

$$\sigma_j' = \sigma_j + \Delta c_j \leqslant 0,$$

由此可导出

$$\Delta c_j \leqslant -\sigma_j. \qquad \text{(公式 1)}$$

这就是保持原最优解不变时，非基变量 x_j 的价值系数 c_j 的变化范围. 当超出这个范围时，原

最优解将不再是最优解了. 为了求新的最优解，必须在原最优单纯形表的基础上，继续往下迭代以求得新的最优解.

(2) 若 $c_r \in \boldsymbol{c_B}$. 对于最优基 $\boldsymbol{B}$ 而言，某个基变量 x_r 的价值系数 c_r 改变为 $c_r' = c_r + \Delta c_r$，则

$$\begin{aligned}\boldsymbol{c}_B'\boldsymbol{B}^{-1}\boldsymbol{A} &= (\boldsymbol{c_B} + \Delta\boldsymbol{c_B})\boldsymbol{B}^{-1}\boldsymbol{A} = \boldsymbol{c_B}\boldsymbol{B}^{-1}\boldsymbol{A} + (0,\ \cdots,\ \Delta c_r,\ \cdots,\ 0)\boldsymbol{B}^{-1}\boldsymbol{A} \\ &= \boldsymbol{c_B}\boldsymbol{B}^{-1}\boldsymbol{A} + \Delta c_r(a_{r1}',\ a_{r2}',\ \cdots,\ a_{rn}'),\end{aligned}$$

其中，$(a_{r1}',\ a_{r2}',\ \cdots,\ a_{rn}')$ 是矩阵 $\boldsymbol{B}^{-1}\boldsymbol{A}$ 的第 r 行. 于是，变化后的检验数为

$$\sigma_j' = c_j - \boldsymbol{c}_B'\boldsymbol{B}^{-1}\boldsymbol{p}_j = c_j - \boldsymbol{c_B}\boldsymbol{B}^{-1}\boldsymbol{p}_j - \Delta c_r a_{rj}' = \sigma_j - \Delta c_r a_{rj}',\quad j = 1,\ 2,\ \cdots,\ n.$$

要保持原最优解不变，则必须满足

$$\sigma_j' = \sigma_j - \Delta c_r a_{rj}' \leqslant 0,$$

即

当 $a_{rj}' < 0$ 时，有 $\Delta c_r \leqslant \dfrac{\sigma_j}{a_{rj}'}$；

当 $a_{rj}' > 0$ 时，有 $\Delta c_r \geqslant \dfrac{\sigma_j}{a_{rj}'}$.

由此可导出 Δc_r 允许变化的范围为

$$\max_j\left\{\frac{\sigma_j}{a_{rj}'}\,\middle|\,a_{rj}' > 0\right\} \leqslant \Delta c_r \leqslant \min_j\left\{\frac{\sigma_j}{a_{rj}'}\,\middle|\,a_{rj}' < 0\right\}. \qquad (公式 2)$$

使用(公式 2)时，首先要在最优表上查出基变量 x_r 所在行中的元素 a_{rj}'，$j = 1,\ 2,\ \cdots,\ n$，而且只取与非基变量所在列相对应的元素，将其中的正元素放在不等式的左边，负元素放在不等式的右边，分别求出 Δc_r 的上下界.

例 3.9 已知(P)问题

$$\max z = x_1 + 5x_2 + 3x_3 + 4x_4,$$

$$\text{s. t.}\ \begin{cases}2x_1 + 3x_2 + x_3 + 2x_4 \leqslant 800, \\ 5x_1 + 4x_2 + 3x_3 + 4x_4 \leqslant 1\,200, \\ 3x_1 + 4x_2 + 5x_3 + 3x_4 \leqslant 1\,000, \\ x_j \geqslant 0,\quad j = 1,\ 2,\ 3,\ 4\end{cases}$$

的最优单纯形表见表 3-14.

表 3-14

$c_j \to$			1	5	3	4	0	0	0
$\boldsymbol{c_B}$	$\boldsymbol{x_B}$	$\boldsymbol{b}$	x_1	x_2	x_3	x_4	x_5	x_6	x_7
0	x_5	100	$\frac{1}{4}$	0	$-\frac{13}{4}$	0	1	$\frac{1}{4}$	-1
4	x_4	200	2	0	-2	1	0	1	-1
5	x_2	100	$-\frac{3}{4}$	1	$\frac{11}{4}$	0	0	$-\frac{3}{4}$	1
$c_j - z_j$		1 300	$-\frac{13}{4}$	0	$-\frac{11}{4}$	0	0	$-\frac{1}{4}$	-1

(1) 为保持现有最优解不变，分别求非基变量 x_1，x_3 和基变量 x_2，x_4 的价值系数 c_1，c_3 和 c_2，c_4 的变化范围；

(2) 当 c_1 变为 5 时，求新的最优解；

(3) 当 $\boldsymbol{c_B}$ 由(0, 4, 5)变为(0, 6, 2)时，原最优解是否仍保持最优？

解 (1) 由表 3-14 可知，非基变量 x_1，x_3 的检验数 $\sigma_1=-\frac{13}{4}$，$\sigma_3=-\frac{11}{4}$，于是由(公式 1)知，要现有最优解不变，必须 $\Delta c_1 \leqslant \frac{13}{4}$，$\Delta c_3 \leqslant \frac{11}{4}$，即当

$$c_1' = c_1 + \Delta c_1 \leqslant 1 + \frac{13}{4} \leqslant \frac{17}{4},$$

$$c_3' = c_3 + \Delta c_3 \leqslant 3 + \frac{11}{4} \leqslant \frac{23}{4}$$

时，原最优解不变.

同样，要现有最优解不变，由(公式 2)知，Δc_4 的变化范围为

$$\max\left\{\frac{-\frac{13}{4}}{2}, \frac{-\frac{1}{4}}{1}\right\} \leqslant \Delta c_4 \leqslant \min\left\{\frac{-\frac{11}{4}}{-2}, \frac{-1}{-1}\right\},$$

即

$$-\frac{1}{4} \leqslant \Delta c_4 \leqslant 1.$$

也就是说，c_4 的变化范围为

$$\frac{15}{4} \leqslant c_4 \leqslant 5.$$

Δc_2 的变化范围为

$$\max\left\{\frac{-\frac{11}{4}}{\frac{11}{4}}, \frac{-1}{1}\right\} \leqslant \Delta c_2 \leqslant \min\left\{\frac{-\frac{13}{4}}{-\frac{3}{4}}, \frac{-\frac{1}{4}}{-\frac{3}{4}}\right\},$$

即

$$-1 \leqslant \Delta c_2 \leqslant \frac{1}{3}.$$

也就是说，c_2 的变化范围为

$$4 \leqslant c_2 \leqslant \frac{16}{3}.$$

(2) 当 $c_1' = 5 > \frac{17}{4}$ 时，已超出了 c_1 的变化范围，最优解要变. 新的最优解可由下面的方法求得. 求出新的检验数

$$\sigma_1' = c_1' - c_B B^{-1} p_1 = 5 - (0, 4, 5)\begin{pmatrix} \frac{1}{4} \\ 2 \\ -\frac{3}{4} \end{pmatrix} = \frac{3}{4} > 0.$$

以 x_1 为进基变量，用新的检验数 $\sigma_1' = \frac{3}{4}$ 代替原来的检验数 $\sigma_1 = -\frac{-13}{4}$，其余数据不变，得新的单纯形表见表 3-15(Ⅰ)，并继续迭代得表 3-15(Ⅱ).

表 3-15

序号	$c_j \rightarrow$			5	5	3	4	0	0	0
	c_B	x_B	b	x_1	x_2	x_3	x_4	x_5	x_6	x_7
Ⅰ	0	x_5	100	$\frac{1}{4}$	0	$-\frac{13}{4}$	0	1	$\frac{1}{4}$	-1
	4	x_4	200	[2]	0	-2	1	0	1	-1
	5	x_2	100	$-\frac{3}{4}$	1	$\frac{11}{4}$	0	0	$-\frac{3}{4}$	1
	$c_j - z_j$		1 300	$\frac{3}{4}$	0	$-\frac{11}{4}$	0	0	$-\frac{1}{4}$	-1
Ⅱ	0	x_5	75	0	0	-3	$-\frac{1}{8}$	1	$\frac{1}{8}$	$-\frac{7}{8}$
	5	x_1	100	1	0	-1	$\frac{1}{2}$	0	$\frac{1}{2}$	$-\frac{1}{2}$
	5	x_2	175	0	1	2	$\frac{3}{8}$	0	$-\frac{3}{8}$	$\frac{5}{8}$
	$c_j - z_j$		1 375	0	0	-2	$-\frac{3}{8}$	0	$-\frac{5}{8}$	$-\frac{5}{8}$

由表 3-15(Ⅱ)可得新的最优解

$$\boldsymbol{x}^* = (100, 175, 0, 0, 75, 0, 0)^{\mathrm{T}}$$

及新的最优目标函数值 $z^* = 1\,375$.

(3) 由(1) 知，当 $\frac{15}{4} \leqslant c_4 \leqslant 5$ 时，原最优基不变. 现在 c_4 变为了 6，已超出了 Δc_4 的允许范围.

同样，当 $4 \leqslant c_2 \leqslant \frac{16}{3}$ 时，原最优基不变. 现在 c_2 变为了 2，已不在 c_2 的允许范围内.

当 $\boldsymbol{c_B}$ 由(0, 4, 5) 变为(0, 6, 2) 时，即 c_4 变为 6，c_2 变为 2，都超过了它们的允许范围，需要求新的最优解，为此用变换后的 $\boldsymbol{c_B'}$ 代替 $\boldsymbol{c_B}$，将表 3-15 改写成表 3-16(Ⅰ)，再继续迭代求得新的最优解(表 3-16(Ⅱ)).

表 3-16

序号	$c_j \to$			1	2	3	6	0	0	0
	c_B	x_B	b	x_1	x_2	x_3	x_4	x_5	x_6	x_7
Ⅰ	0	x_5	100	$\frac{1}{4}$	0	$-\frac{13}{4}$	0	1	$\frac{1}{4}$	-1
	6	x_4	200	2	3	-2	1	0	1	-1
	2	x_2	100	$-\frac{3}{4}$	1	$\frac{11}{4}$	0	0	$-\frac{3}{4}$	[1]
	$c_j - z_j$		1 400	$-\frac{19}{2}$	0	$\frac{19}{2}$	0	0	$-\frac{9}{4}$	4
Ⅱ	0	x_5	200	$-\frac{1}{2}$	1	$-\frac{1}{2}$	0	1	$-\frac{1}{2}$	0
	6	x_4	300	$\frac{5}{4}$	1	$\frac{3}{4}$	1	0	$\frac{1}{4}$	0
	0	x_7	100	$-\frac{3}{4}$	1	$\frac{11}{4}$	0	0	$-\frac{3}{4}$	1
	$c_j - z_j$		1 800	$-\frac{13}{2}$	-4	$-\frac{3}{2}$	0	0	$-\frac{3}{2}$	0

由该表可知,已求得最优解:

$$\boldsymbol{x}^* = (0,\ 0,\ 0,\ 300,\ 200,\ 0,\ 100)^{\mathrm{T}}$$

及新的最优目标函数值 $z^* = 1\,800$.

注 在表 3-16(Ⅰ)中,按进基变量选择的原则,应取 x_3 进基,x_2 出基,以 $a'_{33} = \dfrac{11}{4}$ 为主元素进行换基运算,需要迭代两次才能得到表 3-16(Ⅱ),这里选 x_7 为进基,x_2 为出基,$a'_{37} = 1$ 为主元素进行换基运算,迭代一次即得到最优解,这说明在单纯形法中,选择进基变量和出基变量不是绝对化,必要时,可以灵活处理.

3.5.2 右端资源数量 b_i 的变化分析

右端资源数量 b_i 的变化,会引起基变量 $\boldsymbol{x_B} = \boldsymbol{B}^{-1}\boldsymbol{b}$ 的变化,从而影响最优性条件① 能否成立. 假设右端资源数量 b_r 变化为 $b'_r = b_r + \Delta b_r$,并假设(P) 问题的其他系数均不变. 对于最优基 $\boldsymbol{B}$ 而言,则使最终单纯形表中(P) 问题的基变量解相应地变化为

$$\boldsymbol{x}'_{\boldsymbol{B}} = \boldsymbol{B}^{-1}(\boldsymbol{b} + \Delta\boldsymbol{b}) = \boldsymbol{B}^{-1}\boldsymbol{b} + \boldsymbol{B}^{-1}\Delta\boldsymbol{b} = \begin{pmatrix} b'_1 \\ \vdots \\ b'_i \\ \vdots \\ b'_m \end{pmatrix} + \boldsymbol{B}^{-1}\begin{pmatrix} 0 \\ \vdots \\ \Delta b_r \\ \vdots \\ 0 \end{pmatrix} = \begin{pmatrix} b'_1 + a'_{1r}\Delta b_r \\ \vdots \\ b'_i + a'_{ir}\Delta b_r \\ \vdots \\ b'_m + a'_{mr}\Delta b_r \end{pmatrix},$$

其中,$(a'_{1r},\ a'_{2r},\ \cdots,\ a'_{mr})^{\mathrm{T}}$ 为逆矩阵 $\boldsymbol{B}^{-1}$ 中的第 r 列.

要保持最优解不变,则必须 $\boldsymbol{x}'_{\boldsymbol{B}} \geqslant \boldsymbol{0}$,即

$$b'_i + a'_{ir}\Delta b_r \geqslant 0,\quad i = 1,\ 2,\ \cdots,\ m.$$

当 $a'_{ir}>0$ 时,有 $\Delta b_r \geqslant -\dfrac{b'_i}{a'_{ir}}$;

当 $a'_{ir}<0$ 时,有 $\Delta b_r \leqslant -\dfrac{b'_i}{a'_{ir}}$.

由此可以导出 Δb_r 的允许变化范围为

$$\max_i\left\{-\frac{b'_i}{a'_{ir}}\,\middle|\,a'_{ir}>0\right\}\leqslant \Delta b_r \leqslant \min_i\left\{-\frac{b'_i}{a'_{ir}}\,\middle|\,a'_{ir}<0\right\}. \qquad \text{(公式 3)}$$

此时,相应的目标函数值变为

$$z'^{*}=\boldsymbol{c_B B}^{-1}(\boldsymbol{b}+\Delta \boldsymbol{b})=z^{*}+\boldsymbol{c_B B}^{-1}\Delta \boldsymbol{b}.$$

使用(公式 3)时,首先要在最优表中查出最优基 $\boldsymbol{B}$ 的逆矩阵 $\boldsymbol{B}^{-1}$. 如果要分析 b_r,则只需将 $\boldsymbol{B}^{-1}$的第 r 列的正元素放在不等式左边,负元素放在不等式的右边,再按(公式 3)求出 Δb_r 的上、下界.

例 3.10 在例 3.9 中,

(1) 为保持现有最优解不变,分别求出 b_1, b_2, b_3 的允许变化范围.

(2) 如果 b_3 减少了 150,验证原最优解是否可行? 如果不可行,求出改变后的最优解及最优值.

解 (1)由(公式 3)及表 3-14 中的数据可得

$$\max\left\{-\frac{100}{1}\right\}\leqslant \Delta b_1 <+\infty,$$

即

$$-100\leqslant \Delta b_1<+\infty.$$

故 b_1 的允许变化范围为

$$700\leqslant b_1<+\infty.$$

同理,可得

$$\max\left\{-\frac{100}{\frac{1}{4}},-\frac{200}{1}\right\}\leqslant \Delta b_2\leqslant \min\left\{-\frac{100}{-\frac{3}{4}}\right\},$$

即

$$-200\leqslant \Delta b_2\leqslant \frac{400}{3}.$$

故 b_2 的允许变化范围为

$$1\,000\leqslant b_2\leqslant \frac{4\,000}{3}.$$

同理,可得

$$\max\left\{-\frac{100}{1}\right\}\leqslant \Delta b_3\leqslant \min\left\{-\frac{100}{-1},-\frac{200}{-1}\right\},$$

即

$$-100\leqslant \Delta b_3\leqslant 100.$$

故 b_3 的允许变化范围为

$$900 \leqslant b_3 \leqslant 1\,100.$$

(2) 当 $\Delta b_3 = -150$ 时，已超出了 Δb_3 的变化范围$[-100, 100]$，因而原最优解不可行，又

$$\boldsymbol{x}_B' = \begin{pmatrix} x_5 \\ x_4 \\ x_2 \end{pmatrix} = \boldsymbol{B}^{-1}(\boldsymbol{b} + \Delta\boldsymbol{b}) = \begin{pmatrix} 1 & \frac{1}{4} & -1 \\ 0 & 1 & -1 \\ 0 & -\frac{3}{4} & 1 \end{pmatrix} \begin{pmatrix} 800 \\ 1\,200 \\ 850 \end{pmatrix} = \begin{pmatrix} 250 \\ 350 \\ -50 \end{pmatrix}$$

及

$$z' = \boldsymbol{c}_B \boldsymbol{B}^{-1}(\boldsymbol{b} + \Delta\boldsymbol{b}) = (0, 4, 5) \begin{pmatrix} 250 \\ 350 \\ -50 \end{pmatrix} = 1\,150.$$

用这些数据去替代表 3-14 中的相应数据，其余数据不变，得表 3-17(Ⅰ)，再用对偶单纯形法进行迭代得表 3-17(Ⅱ).

表 3-17

序号	$c_j \rightarrow$			1	5	3	4	0	0	0
	$\boldsymbol{c}_B$	$\boldsymbol{x}_B$	$\boldsymbol{b}$	x_1	x_2	x_3	x_4	x_5	x_6	x_7
Ⅰ	0	x_5	250	$\frac{1}{4}$	0	$-\frac{13}{4}$	0	1	$\frac{1}{4}$	-1
	4	x_4	350	2	0	-2	1	0	1	-1
	5	x_2	-50	$-\frac{3}{4}$	1	$\frac{11}{4}$	0	0	$\left[-\frac{3}{4}\right]$	1
	$c_j - z_j$		1 150	$-\frac{13}{4}$	0	$-\frac{11}{4}$	0	0	$-\frac{1}{4}$	-1
Ⅱ	0	x_5	$\frac{700}{3}$	$\frac{1}{4}$	$\frac{1}{3}$	$-\frac{7}{3}$	0	1	0	$-\frac{2}{3}$
	4	x_4	$\frac{850}{3}$	1	$\frac{4}{3}$	$\frac{5}{3}$	1	0	0	$\frac{1}{3}$
	0	x_6	$\frac{200}{3}$	1	$-\frac{4}{3}$	$-\frac{11}{3}$	0	0	1	$-\frac{4}{3}$
	$c_j - z_j$		$\frac{3\,400}{3}$	-3	$-\frac{1}{3}$	$-\frac{11}{3}$	0	0	0	$-\frac{4}{3}$

由该表可知，已求得最优解

$$\boldsymbol{x}'^{*} = \left(0, 0, 0, \frac{850}{3}, \frac{700}{3}, \frac{200}{3}, 0\right)^{\mathrm{T}}$$

及目标函数最优值 $z'^{*} = \dfrac{3\,400}{3}$.

3.5.3 系数矩阵中技术系数 a_{ij} 的变化分析

系数矩阵 **A** 中技术系数 a_{ij} 的变化，可视变动系数 a_{ij} 处于 **A** 中的哪一列而分两种情况来考虑：一是 a_{ij} 处于非基变量列中；二是 a_{ij} 处于基变量列中.

1. 非基变量 x_j 的系数列向量 $\boldsymbol{p}_j$ 的变化

非基变量 x_j 的系数列向量 $\boldsymbol{p}_j$ 的变化，会引起检验数 $\sigma_j = c_j - \boldsymbol{c}_B\boldsymbol{B}^{-1}\boldsymbol{p}_j$ 的变化，从而影响最优性条件 ② 能否成立. 若对于最优基 $\boldsymbol{B}$ 而言，非基变量 x_j 的系数列向量 $\boldsymbol{p}_j$ 改变为 $\boldsymbol{p}_j' = \boldsymbol{p}_j + \Delta\boldsymbol{p}_j$，则变化后的检验数为

$$\sigma_j' = c_j - \boldsymbol{c}_B\boldsymbol{B}^{-1}\boldsymbol{p}_j' = c_j - \boldsymbol{c}_B\boldsymbol{B}^{-1}(\boldsymbol{p}_j + \Delta\boldsymbol{p}_j) = \sigma_j - \boldsymbol{c}_B\boldsymbol{B}^{-1}\Delta\boldsymbol{p}_j,\quad j = 1, 2, \cdots, n.$$

要使原最优基 $\boldsymbol{B}$ 保持不变，则必须

$$\sigma_j' = \sigma_j - \boldsymbol{c}_B\boldsymbol{B}^{-1}\Delta\boldsymbol{p}_j = \sigma_j - \boldsymbol{y}\Delta\boldsymbol{p}_j \leqslant 0,\quad j = 1, 2, \cdots, n,$$

其中，$\boldsymbol{y} = \boldsymbol{c}_B\boldsymbol{B}^{-1} \geqslant \boldsymbol{0}$ 为对偶可行解. 即

$$\boldsymbol{y}\Delta\boldsymbol{p}_j \geqslant \sigma_j,\quad j = 1, 2, \cdots, n. \qquad \text{(公式 4)}$$

特别地，当 $\Delta\boldsymbol{p}_j = (0, \cdots, \Delta a_{ij}, \cdots, 0)^{\mathrm{T}}$ 时，由(公式 4) 得

$$(y_1, \cdots, y_i, \cdots, y_m)\begin{pmatrix} 0 \\ \vdots \\ \Delta a_{ij} \\ \vdots \\ 0 \end{pmatrix} = y_i\Delta a_{ij} \geqslant \sigma_j.$$

由此可导出 Δa_{ij} 的变化范围：

当 $y_i > 0$ 时，$\Delta a_{ij} \geqslant \dfrac{\sigma_j}{y_i}$；当 $y_i = 0$ 时，Δa_{ij} 无限制，即 $\Delta a_{ij} \in \mathbf{R}$.

2. 基变量 x_j 的系数列向量 $\boldsymbol{p}_j$ 的变化

基变量 x_j 的系数列向量 $\boldsymbol{p}_j$ 的变化，会引起 $\boldsymbol{B}^{-1}$ 的变化，从而影响最优性条件①，②能否成立. 即对于最优基 $\boldsymbol{B}$ 而言，基变量 x_j 的系数列向量 $\boldsymbol{p}_j$ 发生变化时，它不仅影响现行最优解的可行性，也影响到它的最优性. 这里不准备介绍变化范围的一般公式，而建议按具体的最优化表格进行分析.

例 3.11 在例 3.9 中，

(1) 为保持现有最优解不变，分别求非基变量 x_1，x_3 的系数的变化范围；

(2) 若非基变量 x_3 的系数列向量由 $\begin{pmatrix} 1 \\ 3 \\ 5 \end{pmatrix}$ 变为 $\begin{pmatrix} 1 \\ 4 \\ 1 \end{pmatrix}$，考察原最优解是否仍然保持最优？若不是，该怎么办？

解 (1) 由表 3-14 所示的最优表可以查得，$y_1 = 0$，$y_2 = \dfrac{1}{4}$，$y_3 = 1$，且 $y_2 > 0$，$y_3 > 0$，故，Δa_{11}，Δa_{13} 无限制，即 $\Delta a_{11} \in \mathbf{R}$，$\Delta a_{13} \in \mathbf{R}$，而

$$\Delta a_{21} \geqslant \frac{\sigma_1}{y_2} = \frac{-\frac{13}{4}}{\frac{1}{4}} = -13,\quad \Delta a_{31} \geqslant \frac{\sigma_1}{y_3} = \frac{-\frac{13}{4}}{1} = -\frac{13}{4},$$

$$\Delta a_{23} \geqslant \frac{\sigma_3}{y_2} = \frac{-\frac{11}{4}}{\frac{1}{4}} = -11,\quad \Delta a_{33} \geqslant \frac{\sigma_3}{y_3} = \frac{-\frac{11}{4}}{1} = -\frac{11}{4}.$$

(2) 当 x_3 的系数由 $\begin{pmatrix}1\\3\\5\end{pmatrix}$ 变为 $\begin{pmatrix}1\\4\\1\end{pmatrix}$ 时，显然有

$$\Delta a_{13}=1-1=0,\quad \Delta a_{23}=4-3=1,\quad \Delta a_{33}=1-5=-4.$$

即

$$\Delta \boldsymbol{p}_3=\begin{pmatrix}1\\4\\1\end{pmatrix}-\begin{pmatrix}1\\3\\5\end{pmatrix}=\begin{pmatrix}0\\1\\-4\end{pmatrix},$$

则 $\boldsymbol{y}\Delta \boldsymbol{p}_3=\left(0,\ \frac{1}{4},\ 1\right)\begin{pmatrix}0\\1\\-4\end{pmatrix}=-\frac{15}{4}<-\frac{11}{4}=\sigma_3.$

即不满足(公式 4)，原最优解不再是最优解了，为了求新的最优解，应先求新的检验数

$$\sigma_3'=c_3-\boldsymbol{c_B}\boldsymbol{B}^{-1}\boldsymbol{p}_3'=3-\left(0,\ \frac{1}{4},\ 1\right)\begin{pmatrix}1\\4\\1\end{pmatrix}=1>0.$$

故取 x_3 为进基变量. 再计算

$$\boldsymbol{B}^{-1}\boldsymbol{p}_3'=\begin{pmatrix}1 & \frac{1}{4} & -1\\ 0 & 1 & -1\\ 0 & -\frac{3}{4} & 1\end{pmatrix}\begin{pmatrix}1\\4\\1\end{pmatrix}=\begin{pmatrix}1\\3\\-2\end{pmatrix},$$

用它替换表 3-14 中的第 3 列，得表 3-18(Ⅰ). 继续迭代得表 3-18(Ⅱ).

表 3-18

序号	$c_j\rightarrow$			1	5	3	4	0	0	0
	$\boldsymbol{c_B}$	$\boldsymbol{x_B}$	$\boldsymbol{b}$	x_1	x_2	x_3	x_4	x_5	x_6	x_7
Ⅰ	0	x_5	100	$\frac{1}{4}$	0	1	0	1	$\frac{1}{4}$	-1
	4	x_4	200	2	0	[3]	1	0	1	-1
	5	x_2	100	$-\frac{3}{4}$	1	-2	0	0	$-\frac{3}{4}$	1
	c_j-z_j		1 300	$-\frac{13}{4}$	0	1	0	0	$-\frac{1}{4}$	-1
Ⅱ	0	x_5	$\frac{100}{3}$	$-\frac{5}{12}$	0	0	$-\frac{1}{3}$	1	$-\frac{1}{12}$	$-\frac{2}{3}$
	3	x_3	$\frac{200}{3}$	$\frac{2}{3}$	0	1	$\frac{1}{3}$	0	$\frac{1}{3}$	$-\frac{1}{3}$
	5	x_2	$\frac{700}{3}$	$\frac{7}{12}$	1	0	$\frac{2}{3}$	0	$-\frac{1}{12}$	$\frac{1}{3}$
	c_j-z_j		$\frac{4\,100}{3}$	$-\frac{47}{3}-12$	0	0	$-\frac{1}{3}$	0	$-\frac{7}{12}$	$-\frac{2}{3}$

由该表可以看出，已求得最优解

$$x'^{*} = \left(0,\ \frac{700}{3},\ \frac{200}{3},\ 0,\ \frac{100}{3},\ 0,\ 0\right)^{\mathrm{T}}$$

及最优值 $z^{*} = \frac{4\,100}{3}$.

3.5.4 增加一个新变量的变化分析

增加一个新变量在实际问题中相当于增加一种新产品. 设增加的新变量为 x_{n+1}，它对应的价值系数为 c_{n+1}，在技术矩阵中对应的系数列向量为 $\boldsymbol{p}_{n+1} = (a_{1,n+1},\ a_{2,n+1},\ \cdots,\ a_{m,n+1})^{\mathrm{T}}$，则把 x_{n+1} 看成非基变量，在原最优单纯形表中增加一列

$$\boldsymbol{p}'_{n+1} = \boldsymbol{B}^{-1}\boldsymbol{p}_{n+1} = \begin{pmatrix} a'_{1,n+1} \\ a'_{2,n+1} \\ \vdots \\ a'_{m,n+1} \end{pmatrix}$$

及检验数 $\sigma_{n+1} = c_{n+1} - \boldsymbol{c}_{\boldsymbol{B}}\boldsymbol{B}^{-1}\boldsymbol{p}'_{n+1}$.

这就得到了新问题的单纯形表，若 $\sigma_{n+1} \leqslant 0$，则原问题的最优解不变；否则，可继续用单纯形法迭代求解.

例 3.12 在例 3.9 中新增加一个决策变量 x_8（相当于生产计划中增加一种新产品），已知价值系数 $c_8 = 7$，系数列向量 $\boldsymbol{p}_8 = (3,\ 2,\ 5)^{\mathrm{T}}$. 问该产品是否值得投产？如果值得投产，求新的最优解.

解 在原最优单纯形表中增加一列

$$\boldsymbol{p}'_8 = \boldsymbol{B}^{-1}\boldsymbol{p}_8 = \begin{pmatrix} 1 & \frac{1}{4} & -1 \\ 0 & 1 & -1 \\ 0 & -\frac{3}{4} & 1 \end{pmatrix}\begin{pmatrix} 3 \\ 2 \\ 5 \end{pmatrix} = \begin{pmatrix} -\frac{3}{2} \\ -3 \\ \frac{7}{2} \end{pmatrix},$$

得其非基变量 x_8 的检验数

$$\sigma_8 = c_8 - \boldsymbol{c}_{\boldsymbol{B}}\boldsymbol{p}'_8 = 7 - (0,\ 4,\ 5)\begin{pmatrix} -\frac{3}{2} \\ -3 \\ \frac{7}{2} \end{pmatrix} = \frac{3}{2} > 0.$$

故 x_8 可以进基，即新产品可以投产. 为求新的最优解，在原最优单纯形表（表 3-14）的基础上再增加一列 x_8，将 $\boldsymbol{p}'_8$ 及 σ_8 填在相应的位置，得表 3-19（Ⅰ），经过两次换基运算，得表 3-19（Ⅲ）. 求得最优解

$$\boldsymbol{x}^{*} = (0,\ 0,\ 0,\ 0,\ 200,\ 800,\ 0,\ 200)^{\mathrm{T}}$$

及最优值 $z^{*} = 1\,400$.

表 3-19

序号	$c_j \to$			1	5	3	4	0	0	0	7
	$\boldsymbol{c_B}$	$\boldsymbol{x_B}$	$\boldsymbol{b}$	x_1	x_2	x_3	x_4	x_5	x_6	x_7	x_8
Ⅰ	0	x_5	100	$\frac{1}{4}$	0	$-\frac{13}{4}$	0	1	$\frac{1}{4}$	-1	$-\frac{3}{2}$
	4	x_4	200	2	0	-2	1	0	1	-1	-3
	5	x_2	100	$-\frac{3}{4}$	1	$\frac{11}{4}$	0	0	$-\frac{3}{4}$	1	$\left[\frac{7}{2}\right]$
	$c_j - z_j$		1 300	$-\frac{13}{4}$	0	$-\frac{11}{4}$	0	0	$-\frac{1}{4}$	-1	$\frac{3}{2}$
Ⅱ	0	x_5	$\frac{1\,000}{7}$	$-\frac{1}{14}$	$\frac{3}{7}$	$-\frac{39}{14}$	0	1	$-\frac{1}{14}$	$-\frac{4}{7}$	0
	4	x_4	$\frac{2\,000}{7}$	$\frac{19}{14}$	$\frac{6}{7}$	$\frac{5}{14}$	1	0	$\left[\frac{5}{14}\right]$	$-\frac{1}{7}$	0
	7	x_8	$\frac{200}{7}$	$-\frac{3}{4}$	$\frac{2}{7}$	$\frac{11}{14}$	0	0	$-\frac{3}{14}$	$\frac{2}{7}$	1
	$c_j - z_j$		$\frac{9\,400}{7}$	$-\frac{41}{14}$	$-\frac{3}{7}$	$-\frac{55}{14}$	0	0	$\frac{1}{14}$	$-\frac{10}{7}$	0
Ⅲ	0	x_5	200	$\frac{1}{5}$	$\frac{3}{5}$	-2	$\frac{1}{5}$	1	0	$-\frac{3}{5}$	0
	0	x_6	800	$\frac{19}{5}$	$\frac{12}{5}$	1	$\frac{14}{5}$	0	1	$-\frac{2}{5}$	0
	7	x_8	200	$\frac{3}{5}$	$\frac{4}{5}$	1	$\frac{3}{5}$	0	0	$\frac{1}{5}$	1
	$c_j - z_j$		1 400	$-\frac{16}{5}$	$-\frac{3}{5}$	-4	$-\frac{1}{5}$	0	0	$-\frac{7}{5}$	0

3.5.5 增加一个约束条件的变化分析

增加一个约束条件，在实际问题中相当于增添一道工序. 设新增加的约束条件为

$$a_{m+1,1}x_1 + a_{m+1,2}x_2 + \cdots + a_{m+1,n}x_n \leqslant b_{m+1}.$$

分析的方法是：先将原问题的最优解 $\boldsymbol{x}^* = (x_1^*, x_2^*, \cdots, x_n^*)^{\mathrm{T}}$ 代入这个新增的约束条件中，若满足，说明新增约束条件未起到限制作用，原最优解不变. 否则，将新增约束条件直接反映到最终表中，再进行分析. 具体做法是在原最终单纯形表上增加一行和一列，增加的行中以 x_{n+1}（添加的松弛变量）为基变量 x_j，并在变量下面填入 $a_{m+1,j}$，$j = 1, 2, \cdots, n$，增加的列 $\boldsymbol{p}_{n+1}$ 是一个单位列向量，它的最下面的一个元素为 1，其余元素均为 0（包括 $\sigma_{n+1} = 0$），这样增加一行后，可能破坏了原最优表上的单位矩阵（最优基），要用矩阵的初等行变换将原单位矩阵恢复，然后再继续迭代求解.

例 3.13 在例 3.9 中增加一个新约束条件

$$4x_1 + 2x_2 - 2x_3 + 4x_4 \leqslant 600,$$

问原最优解是否仍然保持？若不能，则求出新的最优解.

解 由于原最优解 $\boldsymbol{x}^* = (0, 100, 0, 200)$ 不满足新增约束条件，故引入松弛变量 x_8，在表

3-14 中增加一行和一列，将有关数据填入，得表 3-20(Ⅰ).

表 3-20

序号	$c_j \rightarrow$			1	5	3	4	0	0	0	0
	$\boldsymbol{c_B}$	$\boldsymbol{x_B}$	$\boldsymbol{b}$	x_1	x_2	x_3	x_4	x_5	x_6	x_7	x_8
Ⅰ	0	x_5	100	$\frac{1}{4}$	0	$-\frac{13}{4}$	0	1	$\frac{1}{4}$	-1	0
	4	x_4	200	2	0	-2	1	0	1	-1	0
	5	x_2	100	$-\frac{3}{4}$	1	$\frac{11}{4}$	0	0	$-\frac{3}{4}$	1	0
	0	x_8	600	4	2	-2	4	0	0	0	1
	$c_j - z_j$		1 300	$-\frac{13}{4}$	0	$-\frac{11}{4}$	0	0	$-\frac{1}{4}$	-1	0
Ⅱ	0	x_5	100	$\frac{1}{4}$	0	$-\frac{13}{4}$	0	1	$\frac{1}{4}$	-1	0
	4	x_4	200	2	0	-2	1	0	1	-1	0
	5	x_2	100	$-\frac{3}{4}$	1	$\frac{11}{4}$	0	0	$-\frac{3}{4}$	1	0
	0	x_8	-400	$-\frac{5}{2}$	0	$\frac{1}{2}$	0	0	$\left[-\frac{5}{2}\right]$	2	1
	$c_j - z_j$		1 300	$-\frac{13}{4}$	0	$-\frac{11}{4}$	0	0	$-\frac{1}{4}$	-1	0
Ⅲ	0	x_5	60	0	0	$-\frac{16}{5}$	0	1	0	$-\frac{4}{5}$	$\frac{1}{10}$
	4	x_4	40	1	0	$-\frac{9}{5}$	1	0	0	$-\frac{1}{5}$	$\frac{2}{5}$
	5	x_2	220	0	1	$\frac{13}{5}$	0	0	0	$\frac{2}{5}$	$-\frac{3}{10}$
	0	x_6	160	1	0	$-\frac{1}{5}$	0	0	1	$-\frac{4}{5}$	$-\frac{2}{5}$
	$c_j - z_j$		1 260	-3	0	$-\frac{14}{5}$	0	0	0	$-\frac{6}{5}$	$-\frac{1}{10}$

事实上，表 3-20(Ⅰ)并不是一张正规的单纯形表，因为将新约束条件的系数填入基变量 x_8 所在的行以后，破坏了原来的单位矩阵(最优基). 为了恢复原来的单位矩阵，需要用矩阵的初等行变换将单位列向量中新出现的非零元素变为零，这样得表 3-20(Ⅱ). 然后再用对偶单纯形法继续迭代得表 3-20(Ⅲ). 则可求得新的最优解：

$$\boldsymbol{x}^* = (0,\ 220,\ 0,\ 40,\ 60,\ 160,\ 0,\ 0)^{\mathrm{T}}$$

及最优值 $z^* = 1\,260$.

3.6 参数线性规划

在线性规划的实际应用中，由于某种原因，有时线性规划问题的目标函数和约束条件的右端常数会随着某个参数而连续变化. 例如，在制定生产计划时，产品的价格会由于原材料的供应价格的波动而波动，这样，代表总利润的目标函数中的价值系数便会随着某个参数而改变. 又例如，在同样的问题中，由于供应原材料的厂家的生产发生变化，原材料的限制量产生波动时，那么约束条件的右端常数也将随着某个参数而有所改变. 这种问题用灵敏度分析的方法处理是很不方便的. 因为灵敏度分析是研究单个数据变化时，对最优解产生的影响. 而当数据随着某个参数连续变化时，研究它们对最优解的影响，则是参数线性规划所要讨论的问题. 但是，由于这两种方法都是讨论数据的变化对最优解的影响，因而它们分析和处理问题的方法有许多相似之处. 下面我们主要来讨论目标函数价值系数和约束条件右端常数是某个参变量的线性函数的情况.

3.6.1 目标函数中价值系数 c_j 的参数变化分析

当线性规划问题中的决策变量 x_j 的价值系数 c_j 以参数 $c_j+\lambda\Delta c_j$（其中 λ 为参数，Δc_j 为给定常数，表示价值系数变化的相对速度）形式发生变化时，原线性规划问题的目标函数 $z=\sum_{j=1}^{n}c_jx_j$ 被替代为 $z(\lambda)=\sum_{j=1}^{n}(c_j+\lambda\Delta c_j)x_j$，则线性规划问题变为

$$\max z(\lambda)=\sum_{j=1}^{n}(c_j+\lambda\Delta c_j)x_j,$$

$$\text{s.t.}\quad\begin{cases}\sum_{j=1}^{n}a_{ij}x_j=b_i, & i=1,2,\cdots,m,\\ x_j\geqslant 0, & j=1,2,\cdots,n.\end{cases}$$

由于 Δc_j 可正可负，故可以只分析 λ 从 0 开始逐渐增加的情形. 其分析的步骤如下：

(1) 令 $\lambda=0$，求出线性规划问题的最终单纯形表；

(2) 类似灵敏度分析的过程，将 $\lambda\Delta c_j$ 引入到最终单纯形表中去；

(3) 增加 λ 值，一直到最终单纯形表中有一个非基变量的检验数为正数时为止；

(4) 用这个变量作为下一步迭代过程中的换入变量，并用单纯形法来发现新的最优解，然后返回(3).

例 3.14 分析 λ 变化时，下述参数线性规划问题最优解的变化.

$$\max z(\lambda)=(3+2\lambda)x_1+(5-\lambda)x_2,$$

$$\text{s.t.}\quad\begin{cases}x_1\leqslant 4,\\ 2x_2\leqslant 12,\\ 3x_1+2x_2\leqslant 18,\\ x_1,\ x_2\geqslant 0.\end{cases}$$

解 将其化为标准型

$$\max z(\lambda)=(3+2\lambda)x_1+(5-\lambda)x_2+0x_3+0x_4+0x_5,$$

$$\text{s.t.}\quad\begin{cases}x_1+x_3=4,\\ 2x_2+x_4=12,\\ 3x_1+2x_2+x_5=18,\\ x_j\geqslant 0, \quad j=1,2,\cdots,5.\end{cases}$$

令 $\lambda=0$，用单纯形法求得最优解，见表 3-21(Ⅰ). 再将 λ 的变化直接反映到最终表 3-21(Ⅰ)中，得表 3-21(Ⅱ).

当 λ 增大，$\lambda \geqslant \dfrac{\frac{3}{2}}{\frac{7}{6}} = \dfrac{9}{7}$ 时，首先出现 $\sigma_4 \geqslant 0$，在 $0 \leqslant \lambda \leqslant \dfrac{9}{7}$ 时，得最优解 $\boldsymbol{x}^* = (2, 6, 2, 0, 0)^{\mathrm{T}}$，最优目标值 $z^*(\lambda) = 36 - 2\lambda$. $\lambda = \dfrac{9}{7}$ 为第一临界点.

当 $\lambda > \dfrac{9}{7}$ 时，$\sigma_4 > 0$，这时 x_4 作为换入变量. 用单纯形法迭代一步，得表 3-21(Ⅲ). 在 $\dfrac{9}{7} < \lambda \leqslant 5$ 时，得最优解 $\boldsymbol{x}^* = (4, 3, 0, 6, 0)^{\mathrm{T}}$，最优目标值 $z^*(\lambda) = 27 + 5\lambda$. $\lambda = 5$ 为第二临界点.

当 $\lambda > 5$ 时，$\sigma_5 > 0$，这时 x_5 作为换入变量. 用单纯形法迭代一步，得表 3-21(Ⅳ). 此时 λ 继续增大时，恒有 σ_2，$\sigma_3 < 0$，故当 $\lambda > 5$ 时，最优解 $\boldsymbol{x}^* = (4, 0, 0, 12, 6)^{\mathrm{T}}$，最优目标值 $z^*(\lambda) = 12 + 8\lambda$.

表 3-21

序号	$c_j \to$			3	5	0	0	0
	$\boldsymbol{c_B}$	$\boldsymbol{x_B}$	$\boldsymbol{b}$	x_1	x_2	x_3	x_4	x_5
Ⅰ	0	x_3	2	0	0	1	$\frac{1}{3}$	$-\frac{1}{3}$
	5	x_2	6	0	1	0	$\frac{1}{2}$	0
	3	x_1	2	1	0	0	$-\frac{1}{3}$	$\frac{1}{3}$
	$c_j - z_j$		36	0	0	0	$-\frac{3}{2}$	-1
Ⅱ	$c_j \to$			$3+2\lambda$	$5-\lambda$	0	0	0
	$\boldsymbol{c_B}$	$\boldsymbol{x_B}$	$\boldsymbol{b}$	x_1	x_2	x_3	x_4	x_5
	0	x_3	2	0	0	1	$\left[\frac{1}{3}\right]$	$-\frac{1}{3}$
	$5-\lambda$	x_2	6	0	1	0	$\frac{1}{2}$	0
	$3+2\lambda$	x_1	2	1	0	0	$-\frac{1}{3}$	$\frac{1}{3}$
	$c_j - z_j$		$36-2\lambda$	0	0	0	$-\frac{3}{2}+\frac{7}{6}\lambda$	$-1-\frac{2}{3}\lambda$
Ⅲ	0	x_4	6	0	0	3	1	-1
	$5-\lambda$	x_2	3	0	1	$-\frac{3}{2}$	0	$\left[\frac{1}{2}\right]$
	$3+2\lambda$	x_1	4	1	0	1	0	0
	$c_j - z_j$		$27+5\lambda$	0	0	$\frac{9}{2}-\frac{7}{2}\lambda$	0	$-\frac{5}{2}+\frac{1}{2}\lambda$
Ⅳ	0	x_4	12	0	2	0	1	0
	0	x_5	6	0	2	-3	0	1
	$3+2\lambda$	x_1	4	1	0	1	0	0
	$c_j - z_j$		$12+8\lambda$	0	$5-\lambda$	$-3-2\lambda$	0	0

至此,问题已全部解答完毕。现将此参数规划问题的目标函数 $z(\lambda)$ 与 λ 的变化关系表示如图 3-1 所示.

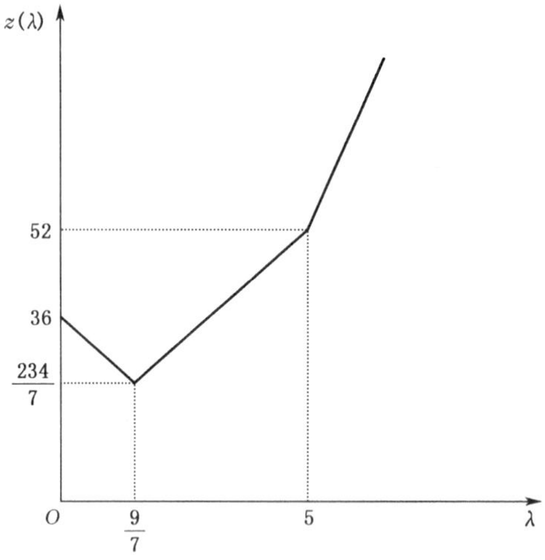

图 3-1

3.6.2 约束条件中右端常数 b_i 的参数变化分析

当线性规划问题约束条件中的右端常数 b_i 以参数 $b_i+\lambda\Delta b_i$(其中 λ 为参数,Δb_i 为给定的常数,表示约束条件中右端常数 b_i 变化的相对速度)的形式发生变化时,原线性规划问题的右端常数 b_i 被替代为 $b_i+\lambda\Delta b_i$,则线性规划问题变为

$$\max z(\lambda)=\sum_{j=1}^{n}c_jx_j,$$

$$\text{s.t.}\quad\begin{cases}\sum_{j=1}^{n}a_{ij}x_j=b_i+\lambda\Delta b_i, & i=1,2,\cdots,m,\\ x_j\geqslant 0, & j=1,2,\cdots,n.\end{cases}$$

由于 Δb_i 可正可负,故 $b_i+\lambda\Delta b_i$ 可能会影响到 b 列的正负,于是可用对偶单纯形法来分析.其分析步骤如下:

(1) 以 $\lambda=0$ 求解线性规划问题;

(2) 用矩阵方法把 $\lambda\Delta b_i$ 引入到右端常数列,即 $\boldsymbol{b}'=\boldsymbol{B}^{-1}(b_i+\lambda\Delta b_i)$;

(3) 增加 λ 直到最终单纯形表中资源系数列中的一个基变量变为负数时为止;

(4) 用此变量作为对偶单纯形法迭代中的换出变量,并求出最优解,然后返回(3).

例 3.15 分析以下线性规划问题,当 $\lambda\geqslant 0$ 时,其最优解的变化.

$$\max z=x_1+3x_2,$$

$$\text{s.t.}\quad\begin{cases}x_1+x_2\leqslant 6-\lambda,\\ -x_1+2x_2\leqslant 6+\lambda,\\ x_1,x_2\geqslant 0.\end{cases}$$

解 将其化为标准形:

$$\max z = x_1 + 3x_2 + 0x_3 + 0x_4,$$

$$\text{s. t.} \begin{cases} x_1 + x_2 + x_3 = 6 - \lambda, \\ -x_1 + 2x_2 + x_4 = 6 + \lambda, \\ x_1, x_2, x_3, x_4 \geqslant 0. \end{cases}$$

令 $\lambda = 0$,用单纯形法求得最优解,如表 3-22(Ⅰ)所示.

计算 $$B^{-1}\Delta b = \begin{pmatrix} \frac{2}{3} & -\frac{1}{3} \\ \frac{1}{3} & \frac{1}{3} \end{pmatrix}\begin{pmatrix} -\lambda \\ \lambda \end{pmatrix} = \begin{pmatrix} -\lambda \\ 0 \end{pmatrix}.$$

将这计算结果反映到最终表 3-22(Ⅰ)中,得表 3-22(Ⅱ).

在表 3-22(Ⅱ)中,当 λ 增大,并当 $0 \leqslant \lambda \leqslant 2$ 时,最优解为 $x^* = (2-\lambda, 4, 0, 0)^T$,最优目标值 $z^*(\lambda) = 14 - \lambda$.

当 $\lambda \geqslant 2$ 时,则 $b_1 < 0$,这时将 x_1 作为换出变量.用对偶单纯形法迭代一步,得表 3-22(Ⅲ).当 $2 \leqslant \lambda \leqslant 6$ 时,得最优解 $x^* = (0, 6-\lambda, 0, -6+3\lambda)^T$,最优目标值 $z^*(\lambda) = 18 - 3\lambda$.

当 $\lambda > 6$ 时,问题无可行解.

表 3-22

序号	$c_j \rightarrow$			1	3	0	0
	c_B	x_B	b	x_1	x_2	x_3	x_4
Ⅰ	1	x_1	2	1	0	$\frac{2}{3}$	$-\frac{1}{3}$
	3	x_2	4	0	1	$\frac{1}{3}$	$\frac{1}{3}$
	$c_j - z_j$		14	0	0	$-\frac{5}{3}$	$-\frac{2}{3}$
Ⅱ	1	x_1	$2-\lambda$	1	0	$\frac{2}{3}$	$\left[-\frac{1}{3}\right]$
	3	x_2	4	0	1	$\frac{1}{3}$	$\frac{1}{3}$
	$c_j - z_j$		$14-\lambda$	0	0	$-\frac{5}{3}$	$-\frac{2}{3}$
Ⅲ	0	x_4	$-6+3\lambda$	-3	0	-2	1
	3	x_2	$6-\lambda$	1	1	1	0
	$c_j - z_j$		$18-3\lambda$	-2	0	-3	0

至此,问题已全部解答完毕.现将此参数规划问题的目标函数 $z(\lambda)$ 与 λ 的变化关系表示如图 3-2 所示.

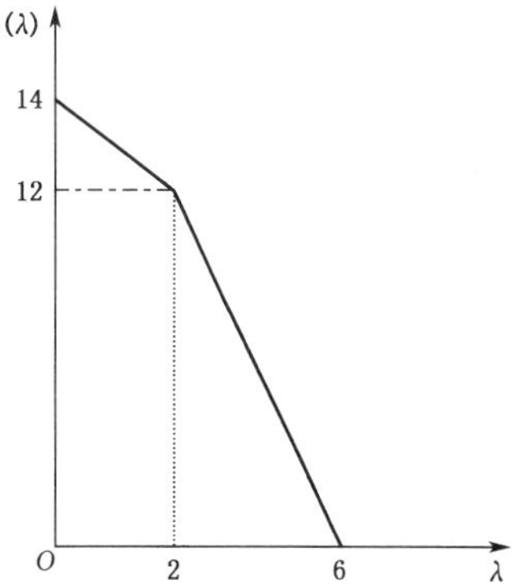

图 3-2

3.7 案例分析

案例 3.1 综合生产问题.

某企业加工 A, B, C 三种元件，三种元件在粗加工、精加工和包装检验三个车间所需的单位工时、单位价格和各车间总工时限额见表 3-23，问如何安排生产，可获最大总产值？

表 3-23

	A	B	C	各车间工时
粗加工	1	2	1	430
精加工	3	0	2	460
检查包装	1	4	0	420
单位价格	30	20	50	

(1) 该企业附近有甲、乙两个小厂愿意承接粗加工和精加工业务. 但受各种因素的限制，该企业只能与一个厂签订一种加工合同. 为增加收益，该企业如何分别与两厂签订合同？已知甲、乙两厂分别提出的条件见表 3-24.

表 3-24

	粗加工	精加工
甲　厂	3 元/工时	17 元/工时
乙　厂	8 元/工时	16 元/工时

(2) 由于市场价格的波动，A 元件的价格有上升趋势，问在价格达到多少时，A 元件投产才有利？

(3) 由于市场供求关系的限制，现在 B 元件最多只能生产 60 件，问应如何调整生产计划？

解 设生产 A, B, C 元件分别为 x_1, x_2, x_3 件，其数学模型为

$$\max z = 30x_1 + 20x_2 + 50x_3,$$

$$\text{s.t.} \begin{cases} x_1 + 2x_2 + x_3 \leqslant 430, \\ 3x_1 + 2x_3 \leqslant 460, \\ x_1 + 4x_2 \leqslant 420, \\ x_1, x_2, x_3 \geqslant 0. \end{cases}$$

用单纯形法解之，得最终表(表 3-25).

表 3-25

$c_j \rightarrow$			30	20	50	0	0	0
$\boldsymbol{c_B}$	$\boldsymbol{x_B}$	$\boldsymbol{b}$	x_1	x_2	x_3	x_4	x_5	x_6
20	x_2	100	$-\frac{1}{4}$	1	0	$\frac{1}{2}$	$-\frac{1}{4}$	0
50	x_3	230	$\frac{3}{2}$	0	1	0	$\frac{1}{2}$	0
0	x_6	20	2	0	0	-2	1	1
$c_j - z_j$		13 500	-40	0	0	-10	-20	0

因此，最终方案是：生产 A，B，C 元件分别为 0 件、100 件、230 件，可获得最大产值 13 500 元，同时由最终表可以看出：粗加工的影子价格为 10 元/工时，精加工的影子价格为 20 元/工时，检查包装车间剩余 20 个工时.

(1) 首先对粗加工工时 b_1 和精加工工时 b_2 作灵敏度分析，以便求出在保证现行最优基的前提下，b_1 和 b_2 的允许增加量.

从最终表知

$$\boldsymbol{B}^{-1}=\begin{pmatrix}\frac{1}{2} & -\frac{1}{4} & 0\\ 0 & \frac{1}{2} & 0\\ -2 & 1 & 1\end{pmatrix},$$

$$\boldsymbol{B}^{-1}\boldsymbol{b}=\begin{pmatrix}\frac{1}{2} & -\frac{1}{4} & 0\\ 0 & \frac{1}{2} & 0\\ -2 & 1 & 1\end{pmatrix}\begin{pmatrix}b_1'\\ 460\\ 420\end{pmatrix}=\begin{pmatrix}\frac{b_1'}{2}-\frac{460}{4}\\ 230\\ -2b_1'+880\end{pmatrix}\geqslant 0,$$

得 $230\leqslant b_1'\leqslant 440$，而现有粗加工 430 工时，该企业为了进一步提高总收益，在不改变现行生产方案的前提下可追加粗加工 $440-430=10$ 工时，再由粗加工工时的影子价格为 10 元 / 工时，所以，追加 10 个粗加工工时可多获得产值 $10\times 10=100$ 元.

又由

$$\boldsymbol{B}^{-1}\boldsymbol{b}=\begin{pmatrix}\frac{1}{2} & -\frac{1}{4} & 0\\ 0 & \frac{1}{2} & 0\\ -2 & 1 & 1\end{pmatrix}\begin{pmatrix}430\\ b_2'\\ 420\end{pmatrix}\geqslant 0,$$

得 $440\leqslant b_2'\leqslant 860$，即可追加精加工 $860-460=400$ 工时. 再由精加工工时的影子价格为 20 元 / 工时，同样可多获得产值 $20\times 400=8\,000$ 元.

若分别与甲、乙两厂签订加工合同，要付甲厂加工费分别是 $3\times 10=30$ 元和 $17\times 400=6\,800$ 元，该厂净获利为 $100-30=70$ 元或 $8\,000-6\,800=1\,200$ 元；要付乙厂加工费分别是 $8\times 10=80$ 元和 $16\times 400=6\,400$ 元，该厂净获利为 $100-80=20$ 元或 $8\,000-6\,400=1\,600$ 元.

因此，应与甲厂签订粗加工合同 10 个工时，与乙厂签订精加工合同 400 工时，可使获利最大为 $70+1\,600=1\,670$ 元.

(2) 对 A 元件的价值系数 c_1 作灵敏度分析. 若要 x_1 进基作为产品变量，必须使 x_1 的检验数 $\sigma_1=c_1-\boldsymbol{c_B}\boldsymbol{B}^{-1}\boldsymbol{p}_1>0$，即

$$c_1-(10,\quad 20,\quad 0)\begin{pmatrix}1\\ 3\\ 1\end{pmatrix}>0,\quad 亦即\quad c_1>70.$$

这说明只有当 A 元件的单位价格达到 70 元时才有利于生产.

(3) 在原问题中添加一个约束条件 $x_2\leqslant 60$，引入松弛变量，将其作为新的一行加到最终表(表 3-25)中，并用对偶单纯形法解得最终表见表 3-26.

表 3-26

$c_j \to$			30	20	50	0	0	0	0
c_B	x_B	b	x_1	x_2	x_3	x_4	x_5	x_6	x_7
20	x_2	60	0	1	0	0	0	0	1
50	x_3	230	$\frac{3}{2}$	0	1	0	$\frac{1}{2}$	0	0
0	x_6	180	1	0	0	0	0	1	−4
0	x_4	80	$-\frac{1}{2}$	0	0	1	$-\frac{1}{2}$	0	−2
$c_j - z_j$		12 700	−45	0	0	0	−25	0	−20

调整后的最优方案是：生产 A，B，C 元件分别为 0 件、60 件、230 件，最大利润是 12 700 元，比原来减少了 800 元.

案例 3.2 市场调查.

市场调查公司专门评定消费者对新产品、服务和广告活动的反应. 一个客户公司要求 MSI 帮助确定消费者对一种近期推出的家居产品的反应. 在与客户会面的过程中，MSI 同意开展个人入户调查，调查有儿童的家庭和没有儿童的家庭的反应. 同时，MSI 还愿意开展日间和夜间调查. 值得注意的是，客户的合同要求 MSI 依照以下的限制条款进行 1 000 次访问：

(1) 至少访问 400 个儿童的家庭；

(2) 至少访问 400 个无儿童的家庭；

(3) 夜间访问的家庭数量不得少于日间访问的数量；

(4) 至少 40％的有儿童的家庭必须在夜间访问；

(5) 至少 60％的无儿童的家庭必须在夜间访问.

因为访问有儿童的家庭需要额外的时间，而且夜间访问员的报酬要比日间访问员高，所以调查成本因访问类型的不同而不同. 基于以往的调查研究，预计的访问费用见表 3-27.

那么，以最小的总访问成本来满足合同要求的家庭-时间的访问计划是什么样的呢？

解 设决策变量为

x_1：日间访问有儿童家庭的数量；

x_2：夜间访问有儿童家庭的数量；

x_3：日间访问无儿童家庭的数量；

x_4：夜间访问无儿童家庭的数量.

表 3-27　　单位：10 元

家庭类型	访问费用	
	日间	夜间
有儿童	20	25
无儿童	18	20

那么，该问题的线性规划数学模型为

$$\min z = 20x_1 + 25x_2 + 18x_3 + 20x_4,$$

$$\text{s.t.}\begin{cases} x_1 + x_2 + x_3 + x_4 = 1\,000, \\ x_1 + x_2 \geqslant 400, \\ x_3 + x_4 \geqslant 400, \\ -x_1 + x_2 - x_3 + x_4 \geqslant 0, \\ -0.4x_1 + 0.6x_2 \geqslant 0, \\ -0.6x_3 + 0.4x_4 \geqslant 0, \\ x_1,\ x_2,\ x_3,\ x_4 \geqslant 0. \end{cases}$$

对此模型的求解结果见表 3-28.

表 3-28

家庭类型	访问次数		
	日间	夜间	总计
有儿童	240	160	400
无儿童	240	360	600
总计	480	520	1 000

另外，通过灵敏度分析，约束条件 1 的影子价格为 −19.2，表明访问的数量从 1 000 增加到 1 001，目标函数值会减少(总访问成本将增加)192 元. 因此，192 元就是要进行额外的一次访问时所增加的成本，它也是将访问数量从 1 000 减少到 999 时能够节省的成本.

值为 200 的松弛变量，由约束条件 3 表明，将要访问的无儿童家庭的数量比要求的多 200 个. 类似地，值为 40 的松弛变量，由约束条件 4 表明，夜间访问的家庭数量比日间多 40 个. 约束条件 5 和约束条件 6 中的松弛变量的零值表明，成本更高的夜间访问的家庭数量已达最小值. 事实上，约束条件 5 的影子价格"−5"表明，如果必须要在夜间比要求的最小数量多访问一个家庭(有儿童)，那么总访问成本会增加 50 元. 类似地，约束条件 6 的影子价格"−2"表明，如果必须要在夜间比要求的最小数量多访问一个家庭(无儿童)，那么总访问成本会增加 20 元.

案例 3.3 投资组合.

现有一家 H 共同基金公司，它最近通过变现工业债券获得了 100 000 美元的现金，并正在为这笔资金寻找其他的投资机会. 根据该公司目前的投资情况，公司高级财务分析师建议新的投资全用在石油、钢铁行业或政府债券上. 该分析师还具体确定了 5 个投资机会，并预计了它们的年收益率. 表 3-29 展示了各种投资及相应的年收益率.

表 3-29　H 共同基金公司的投资机会

投资对象	预期年收益率
中石油	7.3%
中石化	10.3%
宝钢股份	6.4%
鞍钢股份	7.5%
政府债券	4.5%

该公司的管理层提出以下的投资方案：

(1) 在任何行业(石油或钢铁)的投资不得多于 50 000 美元；

(2) 对政府债券的投资至少相当于对钢铁行业投资的 25%；

(3) 对中石化这种高收益但又高风险的投资项目，投资额不得多于对整个石油行业投资的 60%.

这笔可使用的 100 000 美元资金应以怎样的投资方案(投资项目及数量)来分配呢?

解 设决策变量为

x_1：投资于中石油的资金数；

x_2：投资于中石化的资金数；

x_3：投资于宝钢股份的资金数；

x_4：投资于鞍钢股份的资金数；

x_5：投资于政府债券的资金数.

利用表 3-29 提供的预期收益率，我们得出该公司的投资收益最大化的线性规划数学模型为

$$\max z = 0.073x_1 + 0.103x_2 + 0.064x_3 + 0.075x_4 + 0.045x_5,$$

$$\text{s.t.} \begin{cases} x_1 + x_2 + x_3 + x_4 + x_5 = 100\,000, \\ x_1 + x_2 \leqslant 50\,000, \\ x_3 + x_4 \leqslant 50\,000, \\ -0.25x_3 - 0.25x_4 + x_5 \geqslant 0, \\ -0.6x_1 + 0.4x_2 \leqslant 0, \\ x_1, x_2, x_3, x_4, x_5 \geqslant 0. \end{cases}$$

对此模型的求解结果见表 3-30.

表 3-30　H 共同基金公司的最佳投资组合

投资	数量/美元	预期年收益率/美元
中石油	20 000	1 460
中石化	30 000	3 090
鞍钢股份	40 000	3 000
政府债券	10 000	450
总　计	100 000	8 000
预期年收益 8 000 美元,总年收益率=8%		

约束条件 1 的影子价格 0.069 表明,为投资组合多提供 1 美元,目标函数值将增加 0.069 美元,如果能以低于 6.9%的成本获得更多资金,管理者应考虑取得它们. 但是,如果可以通过在别处的投资(并非这 5 种证券)获得高于 6.9%的收益,那么管理者们应质疑将全部 100 000 美元的资金投于这个投资组合中是否明智.

其他情况可类似解释.

案例 3.4　制造或购买决策.

R 公司经营多种商用和工程产品. 最近 R 公司准备推出两款新的计算器,其中一款用于商用市场,名为"财务经理";另一款用于工程市场,名为"技术专家". 每款计算器都由三种零部件构成:一个基座,一个电子管,一个面板(即外盖).

两款计算器使用相同的基座,但电子管和面板则不同. 所有的零件都可以由公司自己生产或从外部购买,零部件的生产和采购价格见表 3-31.

R 公司的预测师们指出市场将需要 3 000 台"财务经理"和 2 000 台"技术专家". 但是,由于生产能力有限,公司仅能够安排 200 h 的正常生产时间和 50 h 的加班时间用于计算器的生产. 加班时间要每小时多支付给员工 90 元的津贴,即额外的成本. 表 3-32 显示了各种零部件所分得的生产时间(单位:min).

表 3-31　R 公司计算器零配件的生产和采购价格

零部件	单位成本:10 元	
	制造(正常时间)	采购
基　座	0.50	0.60
"财务经理"电子管	3.75	4.00
"技术专家"电子管	3.30	3.90
"财务经理"面板	0.60	0.65
"技术专家"面板	0.75	0.78

表 3-32　R 公司计算器零配件每单位的生产时间

零部件	生产时间/min
基　座	1.0
"财务经理"电子管	3.0
"技术专家"电子管	2.5
"财务经理"面板	1.0
"技术专家"面板	1.5

R 公司的问题是决定每种零部件有多少单位由自己生产,多少单位从外部购买.

解 设问题的决策变量为

x_1:生产的基座数量;

x_2:购买的基座数量;

x_3:生产的“财务经理”电子管数量;

x_4:购买的“财务经理”电子管数量;

x_5:生产的“技术专家”电子管数量;

x_6:购买的“技术专家”电子管数量;

x_7:生产的“财务经理”面板数量;

x_8:购买的“财务经理”面板数量;

x_9:生产的“技术专家”面板数量;

x_{10}:购买的“技术专家”面板数量;

x_{11}:用于决定安排多少小时的加班时间.

则 R 公司的制造或购买问题的线性规划数学模型为

$$\min z = 0.5x_1 + 0.6x_2 + 3.75x_3 + 4x_4 + 3.3x_5 + 3.9x_6 + 0.6x_7 + 0.65x_8 + 0.75x_9 + 0.78x_{10} + 9x_{11},$$

$$\text{s.t.}\begin{cases} x_1 + x_2 = 5\,000, \\ x_3 + x_4 = 3\,000, \\ x_5 + x_6 = 2\,000, \\ x_7 + x_8 \\ x_9 + x_{10} = 2\,000, \\ x_{11} \leqslant 50, \\ x_1 + 3x_3 + 2.5x_5 + x_7 + 1.5x_9 - 60x_{11} \leqslant 12\,000, \\ x_j \geqslant 0, \quad j = 1, 2, \cdots, 11. \end{cases}$$

对此模型的求解结果见表 3-33.

表 3-33 **R 公司计算器零配件的制造和采购决策**

零部件	制造/台	采购/台	合计/台
基座	5 000	0	5 000
“财务经理”电子管	667	2 333	3 000
“技术专家”电子管	2 000	0	2 000
“财务经理”面板	0	3 000	3 000
“技术专家”面板	0	2 000	2 000
加班时间	0		0

通过灵敏度分析表明,外部供货者的价格变化能够影响最佳解决方案.例如,目标函数 x_1 的系数的最优范围是 0.583 到无穷大.如果基座的采购价格为每个 5.83 元或更多,那么基座的购买数量仍然为零.但是当采购价格低于 5.83 元时,R 公司将开始购买而非生产基座配件.类似地,通过灵敏度分析也能得到其他零部件的购买价格范围.

本章小结

每一个线性规划问题都伴随着一个被称为其对偶问题的线性规划问题，它们之间有着十分密切的关系. 本章介绍了导致对偶问题的实际背景，给出了对偶问题的建立规则和基本性质，并讨论了对偶最优解(影子价格)的计算方法及经济解释. 当一个线性规划问题解完后，研究该问题中的某一参数发生变化对求解结果的影响是十分必要的和有价值的. 灵敏度分析(优化后分析)用来确定某一参数(目标函数系数、右端项等)不影响最优解或最优基变量的可变范围，也可用于考察增加或减少变量和约束条件所带来的变化. 作为应用，本章也给出了若干有代表性的经济管理中常见的应用例子和案例.

习题 3

3.1 试从经济角度解释对偶变量的含义.

3.2 判断下列说法是否正确，为什么?

(1) 如线性规划的原问题存在可行解，则其对偶问题也一定存在可行解；

(2) 如线性规划的对偶问题无可行解，则原问题也一定无可行解；

(3) 如果线性规划的原问题和对偶问题都具有可行解，则该线性规划问题一定具有有限最优解；

(4) 任何线性规划问题都存在其对偶问题；

(5) 如果原问题存在可行解，则其对偶问题也一定存在可行解；

(6) 当原问题为无界解时，对偶问题也为无界解；

(7) 当对偶问题无可行解时，原问题一定具有无界解；

(8) 若原问题有无穷多最优解，则对偶问题也一定具有无穷多最优解.

3.3 写出下列线性规划问题的对偶问题.

(1) $\min z = 2x_1 + 2x_2 + 4x_3$,

$$\text{s.t.}\begin{cases} 2x_1 + 3x_2 + 5x_3 \geqslant 2, \\ 3x_1 + x_2 + 7x_3 \leqslant 3, \\ x_1 + 4x_2 + 6x_3 \leqslant 5, \\ x_1,\ x_2,\ x_3 \geqslant 0; \end{cases}$$

(2) $\max z = x_1 + 2x_2 + 3x_3 + 4x_4$,

$$\text{s.t.}\begin{cases} -x_1 + x_2 - x_3 - 3x_4 = 5, \\ 6x_1 + 7x_2 + 3x_3 - 5x_4 \geqslant 8, \\ 12x_1 - 9x_2 - 9x_3 + 9x_4 \leqslant 20, \\ x_1,\ x_2 \geqslant 0,\ x_3 \leqslant 0,\ x_4 \text{ 无约束}; \end{cases}$$

(3) $\max Z = -2x_1 + 4x_2$,

$$\text{s.t.}\begin{cases} -x_1 + 3x_2 \leqslant -1, \\ x_1 + 5x_2 \leqslant 4, \\ x_1,\ x_2 \geqslant 0; \end{cases}$$

(4) $\min Z = 2x_1 - x_2 + 3x_3$,

$$\text{s.t.}\begin{cases} x_1 + 2x_2 = 10, \\ -x_1 - 3x_2 + x_3 \geqslant 8, \\ x_1,\ x_2 \text{ 无约束},\ x_3 \geqslant 0; \end{cases}$$

(5) $\max Z = x_1 + 2x_2 + 4x_3 - 3x_4$,

$$\text{s.t.}\begin{cases} 10x_1 + x_2 - x_3 - 4x_4 = 8, \\ 7x_1 + 6x_2 - 2x_3 - 5x_4 \geqslant 10, \\ 4x_1 - 8x_2 + 6x_3 + x_4 \leqslant 6, \\ x_1,\ x_2 \geqslant 0,\ x_3 \leqslant 0,\ x_4 \text{ 无约束}; \end{cases}$$

(6) $\max Z = -2x_1 + 3x_2 + 6x_3 - 7x_4$,

$$\text{s.t.}\begin{cases} 3x_1 - 2x_2 + x_3 - 6x_4 = 9, \\ 6x_1 + 5x_3 - x_4 \geqslant 6, \\ -x_1 + 2x_2 - x_3 + 2x_4 \leqslant -2, \\ 5 \leqslant x_1 \leqslant 10, \\ x_1 \geqslant 0,\ x_2,\ x_3,\ x_4 \text{ 无约束}. \end{cases}$$

3.4 已知线性规划问题

$$\min z = 6x_1 - 2x_2 + 10x_3,$$

$$\text{s.t.}\begin{cases} x_2 + 2x_3 \leqslant 5, \\ 3x_1 - x_2 + x_3 \leqslant 10, \\ x_1, x_2, x_3 \geqslant 0, \end{cases}$$

其最优单纯形表见表 3-34.

表 3-34

$c_j \to$			6	-2	10	0	0
$\boldsymbol{c_B}$	$\boldsymbol{x_B}$	$\boldsymbol{b}$	x_1	x_2	x_3	x_4	x_5
10	x_3	$\frac{5}{2}$	0	$\frac{1}{2}$	1	$\frac{1}{2}$	0
6	x_1	$\frac{5}{2}$	1	$-\frac{1}{2}$	0	$-\frac{1}{6}$	$\frac{1}{3}$
$c_j - z_j$		40	0	-4	0	-4	-2

(1) 写出原始问题的最优解、最优值、最优基 $\boldsymbol{B}$ 及其逆 $\boldsymbol{B}^{-1}$.

(2) 写出原始问题的对偶问题,并从表 3-34 中直接求出对偶问题的最优解.

3.5 证明题:已知(Ⅰ)(Ⅱ)两个原问题(P):

(Ⅰ) $\max Z_1 = \sum_{j=1}^{n} c_j x_j$,

$$\text{s.t.}\begin{cases} \sum_{j=1}^{n} a_{ij} x_j \leqslant b_i,\ i = 1, 2, \cdots, m, \\ x_j \geqslant 0,\ j = 1, 2, \cdots, n; \end{cases}$$

(Ⅱ) $\max Z_2 = \sum_{j=1}^{n} c_j x_j$,

$$\text{s.t.}\begin{cases} \sum_{j=1}^{n} a_{ij} x_j \leqslant b_i + k_i,\ i = 1, 2, \cdots, m, \\ x_j \geqslant 0,\ j = 1, 2, \cdots, n, \end{cases}$$

其中, a_{ij}, b_i, k_i 均为已知常数.

设 Z_1^*, Z_2^* 分别为(Ⅰ),(Ⅱ)的最优值, y_i^*, $i = 1, 2, \cdots, m$ 为(Ⅰ)的对偶问题的最优解,求证: $Z_2^* \leqslant Z_1^* + \sum_{i=1}^{m} k_i y_i^*$.

3.6 用改进单纯形法求解以下线性规划问题.

(1) $\max z = 6x_1 - 2x_2 + 3x_3$,

$$\text{s.t.}\begin{cases} 2x_1 - x_2 + 2x_3 \leqslant 2, \\ x_1 \quad\quad + 4x_3 \leqslant 4, \\ x_1, x_2, x_3 \geqslant 0; \end{cases}$$

(2) $\min z = 2x_1 + x_2$,

$$\text{s.t.}\begin{cases} 3x_1 + x_2 = 3, \\ 4x_1 + 3x_2 \geqslant 6, \\ x_1 + 2x_2 \leqslant 3, \\ x_1, x_2 \geqslant 0. \end{cases}$$

3.7 考虑线性规划

$$\min z = 12x_1 + 2x_2,$$

$$\text{s.t.}\begin{cases} x_1 + 4x_2 \geqslant 4, \\ x_1 + 5x_2 \geqslant 2, \\ 2x_1 + 3x_2 \geqslant 7, \\ x_1, x_2 \geqslant 0. \end{cases}$$

(1) 说明原问题与对偶问题都有最优解;

(2) 通过解对偶问题，由最优表中观察出原问题的最优解；

(3) 利用公式 $\boldsymbol{c}_B\boldsymbol{B}^{-1}$ 求原问题的最优解；

(4) 利用互补松弛条件求原问题的最优解.

3.8 计算题.

(1) 已知线性规划问题：

$$\max z = 2x_2 + x_1 + 5x_3 + 6x_4, \quad \text{对偶变量}$$

$$\text{s. t.} \begin{cases} 2x_1 \qquad + x_3 + x_4 \leqslant 8, & y_1 \\ 2x_1 + 2x_2 + x_3 + 2x_4 \leqslant 12, & y_2 \\ x_1, x_2, x_3, x_4 \geqslant 0, \end{cases}$$

其对偶问题的最优解 $y_1^* = 4$，$y_2^* = 1$，试应用对偶问题的性质，求原问题的最优解.

(2) 已知线性规划问题：

$$\max Z = 15x_1 + 20x_2 + 5x_3,$$

$$\text{s. t.} \begin{cases} x_1 + 5x_2 + x_3 \leqslant 5, \\ 5x_1 + 6x_2 + x_3 \leqslant 6, \\ 3x_1 + 10x_2 + x_3 \leqslant 7, \\ x_1 \geqslant 0,\ x_2 \geqslant 0,\ x_3 \text{ 无约束} \end{cases}$$

的最优解 $X = \left(\frac{1}{4}, 0, \frac{19}{4}\right)^{\mathrm{T}}$，求对偶问题的最优解.

3.9 试用对偶单纯形法求解下列线性规划问题.

(1) $\min z = x_1 + x_2$,

$$\text{s. t.} \begin{cases} 2x_1 + x_2 \geqslant 4, \\ x_1 + 7x_2 \geqslant 7, \\ x_1, x_2 \geqslant 0; \end{cases}$$

(2) $\min z = 3x_1 + 2x_2 + x_3 + 4x_4$,

$$\text{s. t.} \begin{cases} 2x_1 + 4x_2 + 5x_3 + x_4 \geqslant 0, \\ 3x_1 - x_2 + 7x_3 - 2x_4 \geqslant 2, \\ 5x_1 + 2x_2 + x_3 + 6x_1 \geqslant 15, \\ x_1, x_2, x_3, x_4 \geqslant 0; \end{cases}$$

(3) $\min Z = 3x_1 + 4x_2 + 5x_3$,

$$\text{s. t.} \begin{cases} x_1 + 2x_2 + 3x_3 \geqslant 8, \\ 2x_1 + 2x_2 + x_3 \geqslant 10, \\ x_1, x_2, x_3 \geqslant 0; \end{cases}$$

(4) $\min Z = 3x_1 + 4x_2$,

$$\text{s. t.} \begin{cases} x_1 + x_2 \geqslant 4, \\ 2x_1 + x_2 \leqslant 2, \\ x_1 \geqslant 0,\ x_2 \geqslant 0. \end{cases}$$

3.10 某企业拟生产甲、乙、丙三种产品，都需要在 A，B 两种设备上加工，有关数据见表 3-35.

表 3-35

设备 \ 产品	单耗/(台时·件$^{-1}$)			设备有效台时
	甲	乙	丙	
A	1	2	1	400
B	2	1	2	500
产值/(千元·件$^{-1}$)	3	2	1	

(1) 如何充分发挥设备能力，使产品总产值最大？

(2) 若为了提高产量，以每台时 350 元租金租用外厂 A 设备，问是否合算？

3.11 试就 3.10 题解答下列问题：

(1) 试分别确定甲产品单位产值、B 设备提供量各自的影响范围.

(2) 若每月能以 39 万元租金租用外厂 B 设备 300 台时，则是否租用？为什么？

(3) 若每月 A 设备提供量减少 200 台时，B 设备提供量增加 100 台时，试问最优解与影子价格有何变化？

3.12 已知(P)问题

$$\max z = 5x_1 + 2x_2 + 3x_3,$$

$$\text{s.t.} \begin{cases} x_1 + 5x_2 + 2x_3 \leqslant b_1, \\ x_1 - 5x_2 - 6x_3 \leqslant b_2, \\ x_1 \geqslant 0,\ x_2 \geqslant 0,\ x_3 \geqslant 0. \end{cases}$$

对于给定的常数 b_1 和 b_2,其最优单纯形表见表 3-36.

表 3-36

$c_j \rightarrow$			5	2	3	0	0
c_B	x_B	b	x_1	x_2	x_3	x_4	x_5
5	x_1	30	1	λ_1	2	1	0
0	x_5	10	0	λ_2	-8	-1	1
$c_j - z_j$		150	0	λ_3	-7	λ_4	λ_5

其中,λ_1,λ_2,λ_3,λ_4,λ_5 是常数. 试求:

(1) b_1 和 b_2 的值;

(2) 对偶问题的最优解;

(3) λ_1,λ_2,λ_3 的值;

(4) 参数 c_1,c_2,c_3 的影响范围;

(5) 参数 b_1,b_2 的影响范围;

(6) 参数 a_{12},a_{13},a_{23} 的影响范围;

(7) 参数 a_{11},a_{21} 的影响范围.

3.13 现有线性规划问题:

$$\max z = -5x_1 + 5x_2 + 13x_3,$$

$$\text{s.t.} \begin{cases} -x_1 + x_2 + 3x_3 \leqslant 20, & ① \\ 12x_1 + 4x_2 + 10x_3 \leqslant 90, & ② \\ x_1,\ x_2,\ x_3 \geqslant 0. \end{cases}$$

先用单纯形法求出最优解,然后分析下列各种条件下,最优解分别有什么变化?

(1) 约束条件①的右端常数由 20 变为 30;

(2) 约束条件②的右端常数由 90 变为 70;

(3) 目标函数中 x_3 的系数由 13 变为 8;

(4) x_1 的向量系数由 $\begin{pmatrix} -1 \\ 12 \end{pmatrix}$ 变为 $\begin{pmatrix} 0 \\ 5 \end{pmatrix}$;

(5) 增加一个约束条件③: $2x_1 + 3x_2 + 5x_3 \leqslant 50$;

(6) 将原约束条件②改变为 $10x_1 + 5x_2 + 10x_3 \leqslant 100$.

3.14 已知线性规划问题

$$\max z = 2x_1 + x_2 - x_3,$$

$$\text{s.t.} \begin{cases} x_1 + 2x_2 + 3x_3 \leqslant 8, \\ -x_1 + x_2 - 2x_3 \leqslant 4, \\ x_1,\ x_2,\ x_3 \geqslant 0 \end{cases}$$

及其最优单纯形表见表 3-37.

表 3-37

$c_j \to$			2	1	−1	0	0
$\boldsymbol{c_B}$	$\boldsymbol{x_B}$	$\boldsymbol{b}$	x_1	x_2	x_3	x_4	x_5
2	x_1	8	1	2	1	1	0
0	x_5	12	0	3	−1	1	1
$c_j - z_j$		16	0	−3	−3	−2	0

(1) 求使最优基保持不变的 c_2 的变化范围. 如果 c_2 从 1 变成 5,最优基是否变化,如果变化,求出新的最优基和最优解.

(2) 对 c_1 进行灵敏度分析,求出 c_1 由 2 变为 4 时的最优基和最优解.

(3) 对第二个约束中的右端项 b_2 进行灵敏度分析,求出 b_2 从 4 变为 1 时新的最优基和最优解.

(4) 增加一个新的变量 x_6,它在目标函数中的系数 $c_6 = 4$,在约束条件中的系数向量为 $\boldsymbol{a}_6 = \begin{pmatrix}1\\2\end{pmatrix}$,求新的最优基和最优解.

(5) 增加一个新的约束 $x_2 + x_3 \geqslant 2$,求新的最优基和最优解.

3.15 某企业用甲、乙、丙三种原料生产 A, B, C, D 四种产品,每种产品消耗原料定额以及三种原料的数量见表 3-38.

表 3-38

产　　品	A	B	C	D	原料数量/t
对原料甲的单耗/(t・万件$^{-1}$)	3	2	1	4	2 400
对原料乙的消耗/(t・万件$^{-1}$)	2	—	2	3	3 200
对原料丙的消耗/(t・万件$^{-1}$)	1	3	—	2	1 800
单位产品的利润/(万元・万件$^{-1}$)	25	12	14	15	

(1) 求使总利润最大的生产计划和按最优生产计划生产时,三种原料的耗用量和剩余量.

(2) 求四种产品的利润在什么范围内变化时,最优生产计划不会变化.

(3) 求三种原料的影子价格.

(4) 在最优生产计划下,哪一种原料更为紧缺? 如果甲原料增加 120 t,这时紧缺程度是否有变化?

3.16 某企业利用原材料甲、乙、丙生产产品 A, B, C,有关资料见表 3-39.

表 3-39

材料消耗 \ 产品 \ 原材料	A	B	C	每月可供原材料/kg
甲	2	1	1	200
乙	1	2	3	500
丙	2	2	1	600
每件产品利润/元	4	1	3	

(1) 怎样安排生产，使总利润最大？

(2) 若增加 1 kg 原材料甲，总利润增加多少？

(3) 设原材料乙的市场价格为 1.2 元/kg，若要转卖原材料乙，工厂应至少叫价多少？为什么？

(4) 单位产品利润分别在什么范围内变化时，原生产计划不变？

(5) 原材料分别单独在什么范围内波动时，仍只生产 A 和 C 两种产品？

(6) 由于市场的变化，产品 B，C 的单件利润变为 3 元和 2 元，这时应如何调整生产计划？

(7) 企业计划生产新产品 D，每件产品 D 消耗原材料甲、乙、丙分别为 2 kg、2 kg 及 1 kg，问每件产品 D 应获利多少时才有利于投产？

3.17 分析下列参数规划中当 t 发生变化时最优解的变化情况.

(1) $\max z(t) = (3-6t)x_1 + (2-2t)x_2 + (5-5t)x_3,\ t \geqslant 0,$

$$\text{s.t.}\begin{cases} x_1 + 2x_2 + x_3 \leqslant 430, \\ 3x_1 + 2x_3 \leqslant 460, \\ x_1 + 4x_2 \leqslant 420, \\ x_1,\ x_2,\ x_3,\ x_4 \geqslant 0; \end{cases}$$

(2) $\max z(t) = (7+2t)x_1 + (12+t)x_2 + (10-t)x_3,\ t \geqslant 0,$

$$\text{s.t.}\begin{cases} x_1 + x_2 + x_3 \leqslant 20, \\ 2x_1 + 2x_2 + x_3 \leqslant 30, \\ x_1,\ x_2,\ x_3,\ x_4 \geqslant 0. \end{cases}$$

4 运输问题

本章要求

◎ 掌握运输问题的数学模型.

◎ 掌握求解产销平衡运输问题的表上作业法.

◎ 能把产销不平衡问题化为产销平衡问题.

◎ 掌握运输模型的若干实际应用例子.

前面我们讨论了一般线性规划问题的求解方法. 本章讨论的运输问题是一类特殊的线性规划问题,在线性规划的一般理论和单纯形法出现以前,康托洛维奇(L. V. Kantrovich)和希奇柯克(F. L. Hitchcock)已经研究了运输问题,所以,运输问题又有"康-希问题"之称. 对于运输问题(Transportation Problem,简记为 TP),当然可用前面所讲的单纯形法求解,但由于该问题本身的特殊性,我们可以找到比单纯形法更简单有效的专门方法,从而节约计算时间和费用. 其原因主要是因为它们的约束方程组的系数矩阵具有特殊的结构和性质,使得这类问题的求解方法比常规的单纯形法要更为简便.

4.1 运输问题的建模

日常生活中,人们经常需要将某些物品由一个空间位置移动到另一个空间位置,这就产生了运输,如何判定科学的运输方案,使运输所需的总费用最少,就是本模型需要解决的问题.

4.1.1 运输问题的数学模型

运输问题的典型数学语言表述为:某种物品有 m 个产地 $A_1, A_2, \cdots, A_m$,各产地的产量分别是 $a_1, a_2, \cdots, a_m$;有 n 个销地 $B_1, B_2, \cdots, B_n$,各销地的销量分别为 $b_1, b_2, \cdots, b_n$,假定从产地 A_i, $i=1, 2, \cdots, m$ 向销地 B_j, $j=1, 2, \cdots, n$ 运输单位物品的运价是 c_{ij},问怎样调运这些物品才能使运费最少?

这是一个由多个产地供应多个销地的单品种物品运输问题. 为直观起见,可列出该问题的运输表,见表 4-1. 表中变量 x_{ij}, $i=1, 2, \cdots, m$; $j=1, 2, \cdots, n$ 为由产地 A_i 运往销地 B_j 的物品数量,c_{ij} 为 A_i 到 B_j 的单位运价. 有时,将单位运价单独列入另一表中,这就是运价表.

表 4-1

产地 \ 销地	B_1	B_2	…	B_n	产　量
A_1	x_{11}　c_{11}	x_{12}　c_{12}		x_{1n}　c_{1n}	a_1
A_2	x_{21}　c_{21}	x_{22}　c_{22}		x_{2n}　c_{2n}	a_2
⋮					…
A_m	x_{m1}　c_{m1}	x_{m2}　c_{m2}		x_{m3}　c_{m3}	a_m
销　量	b_1	b_2	…	b_n	

如果运输问题的总产量等于总销量,即有

$$\sum_{i=1}^{m} a_i = \sum_{j=1}^{n} b_j, \tag{4.1}$$

则称该运输问题为产销平衡运输问题;反之,称之为产销不平衡运输问题.

产销平衡运输问题的数学模型可表示如下:

$$\min z = \sum_{i=1}^{m}\sum_{j=1}^{n} c_{ij}x_{ij},$$

$$\text{s. t.}\begin{cases} \sum_{j=1}^{n} x_{ij} = a_i, & i = 1, 2, \cdots, m, \\ \sum_{i=1}^{m} x_{ij} = b_j, & j = 1, 2, \cdots, n, \\ x_{ij} \geqslant 0, & i = 1, 2, \cdots, m;\ j = 1, 2, \cdots, n. \end{cases} \tag{4.2}$$

其中,约束条件右侧常数 a_i 和 b_j 满足式(4.1). 读者可以验证,约束条件(4.2)中只有 $m+n-1$ 个有效.

从运输问题的典型数学模型可见,运输问题是一个线性规划问题,当然可以用第 1 章介绍的单纯形法求解. 但由于这类问题的模型结构比较特殊,本章后面将主要介绍一种较单纯形法更为简便的表上作业法求解运输问题.

运输问题是泛指一类问题,这类问题不仅在物资调运中经常遇到,且在其他工作中也会有类似情况出现,如机床加工零件时,如何分配 m 台机床和 n 种零件,使总加工费用最少,等等. 因此,表上作业法提供了一类问题的求解方法.

4.1.2 运输问题数学模型的特点

从运输问题的数学模型可见,运输问题是线性规划问题,但又有其特殊性:

(1) 约束条件系数矩阵元素等于 0 或 1;

(2) 约束条件系数矩阵的每一列有两个非零元素,这对应于每一个变量在前 m 个约束方程中只出现一次,在后 n 个约束方程中也只出现一次.

对于产销平衡运输问题,除以上两个特点之外,还有以下特点:

(1) 所有约束条件都是等式约束;

(2) 各产地产量之和等于各销地销量之和.

4.2 平衡运输问题的表上作业法

表上作业法是求解运输问题的一种简便而有效的方法,求解过程在运输表上进行.这是一种迭代求解法,迭代步骤如下:

第一步,按某种规则找出一个初始基可行解.

第二步,对现行解作最优性判断,即求各非基变量的检验数,判别是否达到最优解.如果已是最优解,则停止计算,如果不是最优解,则进行下一步骤.

第三步,在表上对初始方案进行改进,找出新的基可行解,再按第二步进行判别,直至找出最优解.

下面结合例题说明表上作业法的求解步骤.

例 4.1 某公司下设生产同类产品的加工厂 A_1, A_2, A_3,生产的产品由 4 个销售点 B_1, B_2, B_3, B_4 出售,各工厂的生产量、各销售点的销量以及各工厂到各销售点的单位运价示于表 4-2 中.

表 4-2

产地 \ 销地	B_1	B_2	B_3	B_4	产 量
A_1	4	12	4	11	16
A_2	2	10	3	9	10
A_3	8	5	11	6	22
销 量	8	14	12	14	48

由于总产量和总销量均为 48,故知这是一个产销平衡运输问题.

用 x_{ij} 表示由第 i 个产地运往第 j 个销地的产品数量,即可写出该问题的数学模型:

$$\min z = \sum_{i=1}^{3}\sum_{j=1}^{4} c_{ij}x_{ij} = 4x_{11} + 12x_{12} + 4x_{13} + 11x_{14} + 2x_{21} + 10x_{22} + 3x_{23} + 9x_{24} + 8x_{31} + 5x_{32} + 11x_{33} + 6x_{34},$$

$$\text{s.t.}\begin{cases} x_{11} + x_{12} + x_{13} + x_{14} = 16, \\ x_{21} + x_{22} + x_{23} + x_{24} = 10, \\ x_{31} + x_{32} + x_{33} + x_{34} = 22, \\ x_{11} + x_{21} + x_{31} = 8, \\ x_{12} + x_{22} + x_{32} = 14, \\ x_{13} + x_{23} + x_{33} = 12, \\ x_{14} + x_{24} + x_{34} = 14, \\ x_{ij} \geqslant 0, \quad i = 1, 2, 3;\ j = 1, 2, 3, 4. \end{cases} \tag{4.3}$$

结束方程组的系数矩阵为

$$\begin{pmatrix} 1&1&1&1&0&0&0&0&0&0&0&0\\ 0&0&0&0&1&1&1&1&0&0&0&0\\ 0&0&0&0&0&0&0&0&1&1&1&1\\ 1&0&0&0&1&0&0&0&1&0&0&0\\ 0&1&0&0&0&1&0&0&0&1&0&0\\ 0&0&1&0&0&0&1&0&0&0&1&0\\ 0&0&0&1&0&0&0&1&0&0&0&1 \end{pmatrix}_{7\times 12}$$

表上作业法共分三步:给出运输问题的初始基可行解、检验、调整方案.

4.2.1 给出初始基可行解

初始基可行解又称初始调运方案.下面给出两种常用的确定初始基可行解的方法.

1. 最小元素法

最小元素法,顾名思义就是按照运输表的最小元素,寻找初始调运方案.这个方法的基本思想就是就近供应,即从单位运价表中最小的运价开始确定供销关系,然后次小,一直到给出初始基可行解为止.

下面仍以例4.1为例说明最小元素法的步骤:

第一步,从表4-2中找出最小运价为2,故首先考虑此项业务.由于 A_2 产地的供应量大于 B_1 销地的需求量(10>8),故在表4-3的(A_2, B_1)交叉格处填上8,由于 B_1 销地的销量已满足,划去表4-2中的 B_1 列得表4-4.

第二步,在表4-4中再找出最小运价3,将 A_2 多余的单位产品供应给 B_3,故在表4-3的(A_2, B_3)交叉格处填上2,此时 A_2 产地产量已饱和,划去表4-4中的 A_2 行得表4-5.

第三步,在表4-5中再找出最小运价4,由于 A_1 的产量大于 B_3 剩余的销量(16>10),故在表4-3的(A_1, B_3)交叉格处填上10,由于 B_3 销地的销量已满足,划去表4-5中的 B_3 列.

依次进行下去,当销地销量满足时,划去相应的列,产地产量饱和后,划去相应的行.

第四步,在表4-3的(A_3, B_2)交叉格上填14,划去 B_2 列.

第五步,在表4-3的(A_3, B_4)交叉格上填上8,划去 A_3 行.

第六步,在表4-3的(A_1, B_4)交叉格上填上6,划去最后一列元素.

经过以上六步得到产销平衡的一个调运方案,见表4-3,这个方案的总费用为

$$z=\sum_{i=1}^{3}\sum_{j=1}^{4}c_{ij}x_{ij}=10\times 4+6\times 11+8\times 2+2\times 3+14\times 5+8\times 6=246.$$

表4-3

产地 \ 销地	B_1		B_2		B_3		B_4		产量
A_1		4		12	10	4	6	11	16
A_2	8	2		10	2	3		9	10
A_3		8	14	5		11	8	6	22
销量	8		14		12		14		48

表 4-4

产地 \ 销地	B_2	B_3	B_4
A_1	12	4	11
A_2	10	3	9
A_3	5	11	6

表 4-5

产地 \ 销地	B_2	B_3	B_4
A_1	12	4	11
A_3	5	11	6

这个解满足所有的约束条件,其非零变量的个数为 $6(m+n-1=3+4-1=6)$,且 6 个非零变量对应的约束条件系数的列向量线性无关,所以最小元素法给出的初始解是运输问题的基可行解.

2. 西北角法

西北角法(又称左上角法)是优先从运价表的西北角(或左上角)的变量赋值.当行或列分配完毕后,再在表中余下部分的西北角(或左上角)赋值,依此类推,直到右下角元素分配完毕.当出现同时分配完一行和一列时,在相应的行或列上选一个变量作为基变量,以保证最后的基变量等于 $m+n-1$.

下面仍以例 4.1 为例说明西北角法的步骤.

由表 4-2 知,其左上角的空格是(A_1, B_1),用西北角法时先在(A_1, B_1)格中填入 $x_{11}=\min(a_1, b_1)=\min(16, 8)=8$,因 B_1 的销量已满足,划去 B_1 列,A_1 的可供量变为 16−8=8.在运输表尚未划去的部分中,左上角各自变为(A_1, B_2),由于 $\min(a_1-8, b_2)=\min(8, 14)=8$,故在($A_1$, B_2)格中填入 8,因 A_1 的可供量已用完,划去 A_1 行,B_2 的需求量由 $b_2=14$ 变为 14−8=6.这时(A_2, B_2)是运输表剩下部分的左上角格子,因 $\min(a_2, b_2-8)=6$,在(A_2, B_2)中填入数字 6,并划去 B_2 列.如此继续,在(A_2,B_3)格中填入 4,在(A_3, B_3)格中填入 8,最后在(A_3,B_4)格中填入 14,并同时划去 A_3 行和 B_4 列.寻求初始调运方案的过程示于表 4-6 中.

表 4-6

产地 \ 销地	B_1	B_2	B_3	B_4	产量
A_1	8 [4]	8 [12]	[4]	[11]	16
A_2	[2]	6 [10]	4 [3]	[9]	10
A_3	[8]	[5]	8 [11]	14 [6]	22
销量	8	14	12	14	48

至此,令空格处的非基变量为零,得到了该运输问题的一个初始调运方案:$x_{11}=8$, $x_{12}=8$, $x_{22}=6$, $x_{23}=4$, $x_{33}=8$, $x_{34}=14$,其余 $x_{ij}=0$. 即由 A_1 运 8 个单位物品至 B_1,运 8 个单位物品至 B_2;由 A_2 运 6 个单位物品至 B_2,4 个单位物品至 B_3;由 A_3 运 8 个单位物品至 B_3,14 个单位物品至 B_4. 总运输费用为

$$Z = 8\times4+8\times12+6\times10+4\times3+8\times11+14\times6=372.$$

3. 伏格尔法(Vogel 法)

最小元素法的思想基础是就近供应,但有时按某一最小运价优先安排某地货物调运时,却可能导致别处运费增加,从而使整体费用上升. 伏格尔法正是为了有效解决这一问题而提出的. 伏格尔法的思路是:一产地的产品如不能按最小运费就近运输的话,就应考虑按次小运费的运输路线运输. 如果最小运费与次小运费的差额数值不大,那么按次小运费路线运输造成的整体运费损失不大;反之,如果这一数值很大,不按最小运费组织运输就会造成很大损失,这种情况下,应尽量按最小运价安排运输.

下面再结合例 4.1 说明这种方法的解题步骤.

第一步,计算运输表每一行和每一列的次小单位运价与最小单位运价之间的差值,并把差值分别填入行差额与列差额的第一列与第一行的相应格子中,见表 4-7.

表 4-7

产地＼销地	B_1	B_2	B_3	B_4	产量	行差额 1	2	3	4	5
A_1	(4)	(12)	12 (4)	4 (11)	16	0	0	0	⑦	0
A_2	8 (2)	(10)	(3)	2 (9)	10	1	1	1	6	0
A_3	(8)	14 (5)	(11)	8 (6)	22	1	2			
销量	8	14	12	14	48					

列差额	B_1	B_2	B_3	B_4
1	2	⑤	1	3
2	2		1	③
3	②		1	2
4			1	2
5				②

第二步,在这些差额中找出最大数值 5(在表 4-7 中用小圆圈示出),由于它位于 B_2 列,故在此列的最小元素即(A_3, B_2)交叉格中填入尽可能大的运量 14,此时 B_2 地的销量已满足,划去 B_2 列.

第三步,在未划去的各行各列中,重新计算次小运价与最小运价的差额,并把差额填入行差额与列差额的第二列与第二行相应格子中,见表 4-7.

再重复第二步,依次类推,在表 4-7 的(A_3, B_4)交叉格中填入运量 8.

在表 4-7 的(A_2, B_1)交叉格中填入运量 8.

在表 4-7 的(A_1, B_3)交叉格中填入运量 12.

在表 4-7 的(A_2, B_4)交叉格中填入运量 2.

在表 4-7 的(A_1, B_4)交叉格中填入运量 4.

用这种方法得初始基可行解为

$$x_{13}=12,\quad x_{14}=4,\quad x_{21}=8,$$

$$x_{24}=2,\quad x_{32}=14,\quad x_{34}=8,$$

其余变量值为零,这个解的目标函数值为

$$z=\sum_{i=1}^{3}\sum_{j=1}^{4}c_{ij}x_{ij}=12\times 4+4\times 11+8\times 2+2\times 9+14\times 5+8\times 6=244.$$

比较最小元素法与伏格尔法的目标函数值可知伏格尔法给出的目标函数值较小. 一般来说伏格尔法得出的初始基可行解更接近最优解.

4.2.2 解的最优性检验

根据最小元素法或伏格尔法求得运输问题的初始基可行解之后,按照表上作业法的第二步,接下来需对这个解进行最优性判别,看它是否为本运输问题的最优解,下面介绍两种判别方法.

1. 闭回路法

要判定运输问题的初始基可行解是否为最优解,可仿照一般单纯形法,检验这个解的各非基变量(对应于运输表中的空格)的检验数. 运输问题中非基变量(对应于空格)的检验数定义为给某空格增加单位运量导致总费用的增加量. 因此,如有某空格(A_i, B_j)的检验数为负,说明将 x_{ij} 变为基变量将使运输费用减少,故当前这个解不是最优解. 若所有空格的检验数全为非负,则不管怎样变换,均不能使运输费用降低,即目标函数值已无法改善,这个解就是最优解.

现结合例 4.1 由最小元素法给出的初始基可行解(表 4-8),来说明闭回路法的检验过程.

表 4-8

产地＼销地	B_1	B_2	B_3	B_4	产量
A_1	(1) 4	(2) 12	4 10	11 6	16
A_2	2 8	(1) 10	3 2	(-1) 9	10
A_3	(10) 8	5 14	(12) 11	6 8	22
销量	8	14	12	14	

闭回路是从运输表的某一空格出发,画水平或垂直直线,转弯时必转 90°,且转弯的格子必须是基变量的格子,直至最终回到初始空格而形成的一条回路. 从每一空格出发,一定可以找到一条且只存在唯一一条闭回路. 表 4-8 中的实线回路为空格(A_1, B_1)的闭回路,虚线回路为空格(A_2, B_2)的闭回路.

设想由产地 A_1 供应 1 个单位的物品给销地 B_1，为使运入销地 B_1 的物品总量不大于它的销量，就应将 A_2 运到 B_1 的物品数量减去 1 个单位，即将(A_2, B_1)交叉格中的数字由 8 改为 7，同时为使由 A_2 产地运出的物品数量正好等于它的产量，需将(A_2, B_3)交叉格中的数值由 2 增加到 3；同理(A_1, B_3)交叉格中的数值由 10 改为 9. 显然，这样的调整将影响到 x_{11}, x_{21}, x_{23}, x_{13} 这四个变量的取值，其中只有 x_{11} 为非基变量，由此引起的总运费变化是：$c_{11}-c_{21}+c_{23}-c_{13}=4-2+3-4=1$，根据检验数的定义它正是 x_{11} 的检验数.

同理(A_2, B_2)空格的检验数 $\sigma_{22}=c_{22}-c_{32}+c_{34}-c_{14}+c_{13}-c_{23}=1$. 按照同样的方法，求出表 4-8 中所有各空格(非基变量)的检验数如下：

$\sigma_{12}=c_{12}-c_{32}+c_{34}-c_{14}=2$,

$\sigma_{24}=c_{24}-c_{14}+c_{13}-c_{23}=-1$,

$\sigma_{31}=c_{31}-c_{21}+c_{23}-c_{13}+c_{14}-c_{34}=10$,

$\sigma_{33}=c_{33}-c_{34}+c_{14}-c_{13}=12$.

检验数求好后，一般用括号标于表中，见表 4-8.

由于 $\sigma_{24}=-1<0$，故知表 4-8 中所示的调运方案不是最优解.

2. 位势法

用闭回路法求检验数来判断解的最优性，需给每一空格找出闭回路，当产销点很多时，这种方法就显得很烦琐. 位势法则是一种较为简便的方法.

位势法又称对偶变量法. 该方法的思想基础是对偶理论，本书不作详述，这里只就例题给出位势法的判断步骤. 仍以例 4.1 中以最小元素法给出的解来判断其最优性.

位势法判断步骤如下：

(1) 在表 4-3 上增加一位势列 u_i 和一位势行 v_j，得表 4-9.

表 4-9

产地 \ 销地	B_1	B_2	B_3	B_4	产　量	u_i
A_1	[4]	[12]	10 [4]	6 [11]	16	$u_1(1)$
A_2	8 [2]	[10]	2 [3]	[9]	10	$u_2(0)$
A_3	[8]	14 [5]	[11]	8 [6]	22	$u_3(-4)$
销　量	8	14	12	14	48	
v_j	$v_1(2)$	$v_2(9)$	$v_3(3)$	$v_4(10)$		

(2) 计算出运输表各行和各列的位势. 对于基变量的格(A_i, B_j)，令 $u_i+v_j=c_{ij}$. 在本例中，x_{13}, x_{14}, x_{21}, x_{23}, x_{32}, x_{34} 这 6 个变量为基变量，故有

$$\begin{cases} u_1+v_3=c_{13}=4, \\ u_1+v_4=c_{14}=11, \\ u_2+v_1=c_{21}=2, \\ u_2+v_3=c_{23}=3, \\ u_3+v_2=c_{32}=5, \\ u_3+v_4=c_{34}=6. \end{cases} \tag{4.4}$$

为计算简便，常任意指定某一位势等于一个较小的整数或零. 在本例求解方程组(4.4)时，任意指定 $u_2=0$，由此可算出：

$v_1=2,\ v_3=3,\ u_1=1,\ v_4=10,\ u_3=-4,\ v_2=9.$

上述各位势的值示于表 4-9 中相应的圆括号内.

在实际计算时，不必列出方程组(4.4)，可在运输表上凭观察直接计算，并填入 u_i 和 v_j 相应的值.

(3) 计算检验数. 对于空格(A_i, B_j)，求检验数 $\sigma_{ij}=c_{ij}-(u_i+v_j)$. 本例算出的各空格的检验数示于表 4-10 中(基变量的检验数等于零，表中不再列出).

表 4-10

产地 \ 销地	B_1	B_2	B_3	B_4	u_i
A_1	(1) 4	(2) 12	4	11	1
A_2	2	(1) 10	3	(−1) 9	0
A_3	(10) 8	5	(12) 11	6	−4
v_j	2	9	3	10	

比较由位势法和闭回路法求出的检验数数值，可见结果完全相同. 因 $\sigma_{24}=-1<0$，故由最小元素法求出的解不是最优解.

4.2.3 初始基可行解的改进

如检验出初始解不是最优解，即某非基变量检验数 σ_{ij} 为负，说明将这个非基变量变为基变量时运费会下降. 根据表上作业法的第三步，需对初始方案进行改进.

解的改进步骤如下：

(1) 以 x_{ij} 为换入变量(如存在多个非基变量的检验数为负时，以最小负检验数所在空格为起点)，找出它在运输表中的闭回路；

(2) 以空格(A_i, B_j)为第一个奇数顶点，沿闭回路的顺(或逆)时针方向前进，对闭回路上的每个折点依次编号；

(3) 在闭回路的所有偶数折点中，找出运输量最小的一个折点，以该格中的变量为换出变量；

(4) 将闭回路上所有奇数折点的运输量都增加这一换出变量值，所有偶数折点处的运输量都减去这一数值，最终得出一个新的运输方案.

对得出的新方案再进行最优性检验，如不是最优解，就重复以上步骤继续进行调整，一直到得出最优解为止.

下面仍以例 4.1 说明解的改进步骤.

从表 4-10 可知，检验数中只有 $\sigma_{24}=-1<0$. 故以 x_{24} 为换入变量，其对应的闭回路示于表 4-11 中.

表 4-11

销地 / 产地	B_1	B_2	B_3	B_4	产量
A_1	[4]	[12]	(+2)10 [4]	6(−2) [11]	16
A_2	8 [2]	[10]	(−2)2 [3]	(+2) [9]	10
A_3	[8]	14 [5]	[11]	8 [6]	22
销量	8	14	12	14	48

该闭回路的偶数折点格是(A_1，B_4)和(A_2，B_3)，其中运输量较小的是格(A_2，B_3)，即

$$\min\{x_{14}, x_{23}\} = \min\{6, 2\} = 2.$$

对所有的折点进行如下调整，即

$x_{24} + 2 = 2$，$x_{14} - 2 = 4$，$x_{13} + 2 = 12$，$x_{23} - 2 =$ 空格.

得出新的运输方案，示于表 4-12 中，目标函数值为 $246 + 2 \times (-1) = 244$.

表 4-12

销地 / 产地	B_1	B_2	B_3	B_1	产量
A_1	[4]	[12]	12 [4]	4 [11]	16
A_2	8 [2]	[10]	[3]	2 [9]	10
A_3	[8]	14 [5]	[11]	8 [6]	22
销量	8	14	12	14	48

再用位势法或闭回路法，进行解的最优性判断，求出各非基变量的检验数：

$$\sigma_{11} = 0,\quad \sigma_{12} = 2,\quad \sigma_{22} = 2,\quad \sigma_{23} = 1,\quad \sigma_{31} = 9,\quad \sigma_{33} = 12,$$

由于所有检验数均大于或等于零，故这个解为最优解. 这个解同由伏格尔法求出的初始解恰好相同. 如果仍存在某检验数为负，则要用第三步对所得方案再进行改进.

因 $\sigma_{11} = 0$，如以 x_{11} 为换入变量可再得一解，目标函数值仍为 244，也是一个最优解. 所以例 4.1 的运输问题有多个最优解.

4.2.4 平衡运输问题表上作业法的运算过程

目标函数是求最小化的平衡运输问题表上作业法的运算过程，可用图 4-1 所示的框图表示.

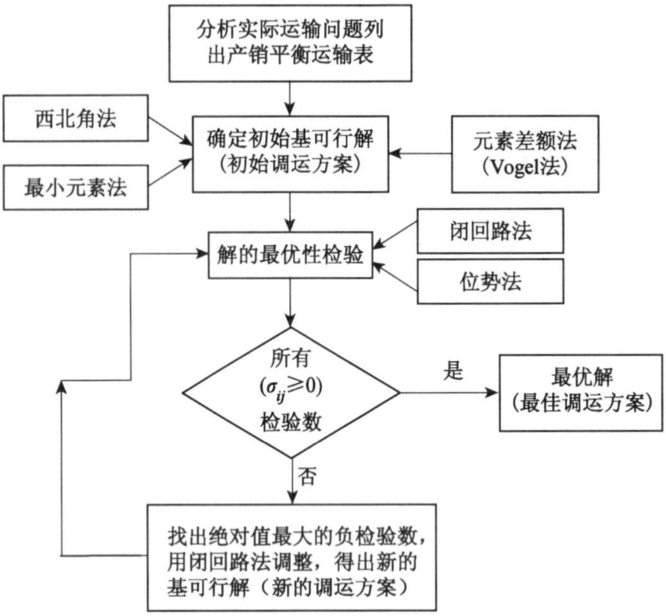

图 4-1　平衡运输问题表上作业法运算过程图

4.2.5　对运输问题需要说明的几个问题

1. 多重解

当迭代到运输问题的最优解时,如有某非基变量的检验数为零,则说明该运输问题有多重(无穷多)最优解. 如在例 4.1 中,$\sigma_{11}=0$,以 x_{11} 为换入变量,找出闭回路,见表 4-13,$\min\{x_{21},x_{14}\}=4$,将解调整为 $x_{11}=4$, $x_{21}=4$, $x_{24}=6$, $x_{14}=0$. 此方案的目标函数仍为 244.

表 4-13

产地 \ 销地	B_1	B_2	B_3	B_4	产　量
A_1	(+4) [4]	[12]	[4]	(−4)4 [11]	16
A_2	(−4)8 [2]	[10]	[3]	(+4)2 [9]	10
A_3	[8]	[5]	[11]	[6]	22
销　量	8	14	12	14	48

2. 退化问题

在迭代求解过程中,有可能在某个格子中填入一个运量时,会同时划去运输表的一列和一行,这时就出现了退化. 在运输问题中,退化是时常发生的. 为了使表上作业法能进行下去,就应当在同时划去的一列或一行的某一个位置上补"0",同时将这个"0"看成基变量,"0"一般补在单位运价较小的格子里.

3. 调整方案时，补“0”基变量

当用闭回路法进行解的调整时，如果两个偶数折点的运量相等，且正好等于调整量，建议在其中单位运价较小的偶数折点格子中补“0”，将其视为基变量，另一格子变成空格.

4. 极大化运输问题

对目标函数取极大化的运输问题，可采取如下两种方法求解：

方法 1：初始方案采取“最大元素法”，最优解的判定准则为所有的 $\sigma_{ij} \leqslant 0$.

方法 2：从单位运价表（实际上为效益型指标）中取最大值，用这一最大值减去单位运价表中每一元素，获得一新的单位运价表，针对这一单位运价表，采取“极小化”运输问题的解法进行求解.

4.3 不平衡运输问题

前面介绍的表上作业法都是产销平衡的运输问题. 但是在实际问题中，产销往往是不平衡的，如果总产量大于总销量，即

$$\sum_{i=1}^{m} a_i > \sum_{j=1}^{n} b_j ,$$

这时的数学模型是

$$\min z = \sum_{i=1}^{m} \sum_{j=1}^{n} c_{ij} x_{ij} ,$$

$$\text{s. t.} \begin{cases} \sum\limits_{j=1}^{n} x_{ij} \leqslant a_i, & i = 1, 2, \cdots, m, \\ \sum\limits_{i=1}^{m} x_{ij} = b_j, & j = 1, 2, \cdots, n, \\ x_{ij} \geqslant 0. \end{cases}$$

这时，为了使用前述的表上作业法，就需将不平衡运输问题转化为平衡运输问题. 为此，可增加一个假想的销地 B_{n+1}，而由产地 A_i，$i = 1, 2, \cdots, m$ 调运到这个假想销地的物品数量 $x_{i,n+1}$（相当于松弛变量），实际上就地存贮在产地 A_i. 因就地存贮的物品没有运输，故其单位运价 $c_{i,n+1} = 0$，$i = 1, 2, \cdots, m$.

令假想销地的销量为 b_{n+1}，则 $b_{n+1} = \sum\limits_{i=1}^{m} a_i - \sum\limits_{j=1}^{n} b_j$.

从而，数学模型为

$$\min z = \sum_{i=1}^{m} \sum_{j=1}^{n+1} c_{ij} x_{ij} ,$$

$$\text{s. t.} \begin{cases} \sum\limits_{j=1}^{n+1} x_{ij} = a_i, & i = 1, 2, \cdots, m, \\ \sum\limits_{i=1}^{m} x_{ij} = b_j, & j = 1, 2, \cdots, n+1, \\ x_{ij} \geqslant 0. \end{cases}$$

总销量大于总产量的情形可仿照上述方法处理，即增加一个假想产地 A_{m+1}，它的产量 $a_{n+1} = \sum_{j=1}^{n} b_j - \sum_{i=1}^{m} a_i$，同理，$c_{m+1,j} = 0,\ j = 1, 2, \cdots, n$.

具体的实例分析请参见 4.4 节的案例分析.

4.4 案 例 分 析

案例 4.1 化肥调拨问题.

设有三个化肥生产企业供应四个地区的农用化肥.假定等量的化肥在这些地区使用效果相同.各化肥厂年产量、各地区年需求量及从各化肥厂到各地区运送单位化肥的运价见表 4-14(运价单位为:万元/万 t).试求出总的运费最节省的化肥调拨方案.

表 4-14

化肥厂 \ 需求地区	Ⅰ	Ⅱ	Ⅲ	Ⅳ	产 量/万 t
A	16	13	22	17	50
B	14	13	19	15	60
C	19	20	23	—	50
最低需求/万 t	30	70	0	10	
最高需求/万 t	50	70	30	不限	

解 由上面的运输表可以看出，这是一个产销不平衡的运输问题，总产量为 160 万 t，四个地区的总需求量最低为 110 万 t，最高无限，根据现有生产能力，Ⅰ，Ⅱ，Ⅲ地区以最低需求量分配的话，第Ⅳ地区最多每年能分到 60 万 t，这样最高需求量就为 210 万 t，大于产量.为了求得产销平衡，需增加一个假想化肥厂 D，其产量为 50 万 t/年.对于地区Ⅰ其中 30 万 t 是其最低需求量，故不能由假想厂 D 供给，令相应运价 M 为一大正数，而另一部分 20 万 t 满足不满足均可，因此可以由假想化肥厂 D 供给，按前面的理论，令其相应运价为“0”.其余地区也按上述情况处理，这样就得到产销平衡的运输表(表 4-15).

表 4-15

产 地 \ 销 地	Ⅰ′	Ⅰ″	Ⅱ	Ⅲ	Ⅳ′	Ⅳ″	产量/万 t
A	16	16	13	22	17	17	50
B	14	14	13	19	15	15	60
C	19	19	20	23	M	M	50
D	M	0	M	0	M	0	50
销量/万 t	30	20	70	30	10	50	210

根据表上作业法，可以求得这个问题的最优方案，见表 4-16.

表 4-16

产地＼销地	Ⅰ′	Ⅰ″	Ⅱ	Ⅲ	Ⅳ′	Ⅳ″	产量/万 t
A			50				50
B			20		10	30	60
C	30	20	0				50
D				30		20	50
销量/万 t	30	20	70	30	10	50	210

案例 4.2 柴油机供销问题.

某柴油机生产企业按合同规定须于当年每个季度末分别提供 10 台，15 台，25 台，20 台同一规格的柴油机，已知该柴油机生产企业各季度的生产能力及生产每台柴油机的成本见表 4-17. 又如果生产出来的柴油机当季不交货的，每台每积压一个季度需储存、维护等费用 0.15 万元，要求在完成合同的情况下，做出使该柴油机生产企业全年生产（包括储存、维护）费用最小的决策.

表 4-17

季　度	生产能力/台	单位成本/万元
Ⅰ	25	10.8
Ⅱ	35	11.1
Ⅲ	30	11.0
Ⅳ	10	11.3

解 由于每个季度生产出来的柴油机不一定当季交货，所以设 x_{ij} 为第 i 季度生产的用于第 j 季交货的柴油机数.

根据合同要求，必须满足：

$$\begin{cases} x_{11} = 10, \\ x_{12} + x_{22} = 15, \\ x_{13} + x_{23} + x_{33} = 25, \\ x_{14} + x_{24} + x_{34} + x_{44} = 20. \end{cases}$$

同时，每季度生产的用于当季和以后各季交货的柴油机数不可超过该季度的生产能力，因此必须满足：

$$\begin{cases} x_{11} + x_{12} + x_{13} + x_{14} \leqslant 25, \\ x_{22} + x_{23} + x_{24} \leqslant 35, \\ x_{33} + x_{34} \leqslant 30, \\ x_{44} \leqslant 10. \end{cases}$$

第 i 季度生产的用于 j 季度交货的每台柴油机的实际成本 c_{ij} 应该是该季单位成本加上储

存维护等费用之和. c_{ij} 的具体数值见表 4-18 **黑框**内所示数据.

表 4-18

产地＼销地	Ⅰ	Ⅱ	Ⅲ	Ⅳ	D	产量/台
Ⅰ	10.8	10.95	11.10	11.25	0	25
Ⅱ	M	11.10	11.25	11.40	0	35
Ⅲ	M	M	11.00	11.15	0	30
Ⅳ	M	M	M	11.30	0	10
销量/台	10	15	25	20	30	100

用 a_i 表示该柴油机生产企业第 i 季度的生产能力，b_j 表示第 j 季度的合同供应量，则该运输问题的数学模型如下：

$$\min z = \sum_{i=1}^{4}\sum_{j=1}^{4} c_{ij}x_{ij},$$

$$\text{s. t.}\begin{cases}\sum\limits_{j=1}^{4} x_{ij} \leqslant a_i, & i = 1, 2, 3, 4, \\ \sum\limits_{i=1}^{4} x_{ij} = b_j, & j = 1, 2, 3, 4, \\ x_{ij} \geqslant 0.\end{cases}$$

显然，这是一个产大于销的不平衡运输问题. 为求得产销平衡，应假想一销地 D，运到 D 的运价为零，同时注意到当 $i > j$ 时 $x_{ij} = 0$，所以应令对应的运价 M 为一大正数，见表 4-18.

经用表上作业法可得多个最优方案，表 4-19 列出了其中一种最优方案，按此方案生产，该柴油机生产企业总的生产(包括储存、维护)费用为 773 万元.

表 4-19

生产季度＼销售季度	Ⅰ	Ⅱ	Ⅲ	Ⅳ	D	产量/台
Ⅰ	10	15	0			25
Ⅱ			5		30	35
Ⅲ			20	10		30
Ⅳ				10		10
销量/台	10	15	25	20	30	100

思考题 如果允许延期交货，但每台每延期交货一季度罚款 0.2 万元，则该如何处理？

案例 4.3 合理造船问题.

某造船企业根据合同要从当年起连续三年末各提供三条规格型号相同的大型客货轮. 已知该企业这三年内生产大型客货轮的能力及每艘货轮成本如表 4-20 所示.

表 4-20

年　度	正常生产时间内可完成的客货轮数	加班生产时间内可完成的客货轮数	正常生产时每艘成本/万元
1	2	3	500
2	4	2	600
3	1	3	550

已知加班生产时，每艘客货轮成本比正常生产高出 70 万元，又知造出来的客货轮如当年不交货，每艘每积压一年造成的积压损失为 40 万元. 在签订合同时，该企业已积压了两艘未交货的客货轮，而该企业希望在第三年末完成合同后还能储存一艘备用. 问该企业应如何安排每年客货轮的生产量，使在满足上述各项要求的情况下，总的生产费用为最少?

解　建立运输问题，见表 4-21.

表 4-21

产年＼销年		1	2	3	K	产量/艘
0	生　产	40	80	120	M	2
1	正常生产	500	540	580	0	2
	加班生产	570	610	650	0	3
2	正常生产	M	600	640	0	4
	加班生产	M	670	710	0	2
3	正常生产	M	M	550	0	1
	加班生产	M	M	620	0	3
销量/艘		3	3	3+1	7	

案例 4.4　船舶调度问题.

某航运公司承担六个港口城市 A, B, C, D, E, F 的四条固定航线的物资运输任务. 已知各条航线的起点、终点城市及每天航班数见表 4-22.

表 4-22

航　　线	起点城市	终点城市	每天航班数
1	E	D	3
2	B	C	2
3	A	F	1
4	D	B	1

假定各条航线使用相同型号的船只，又各城市间的航程天数见表 4-23.

表 4-23

从＼到	A	B	C	D	E	F
A	0	1	2	14	7	7
B	1	0	3	13	8	8
C	2	3	0	15	5	5
D	14	13	15	0	17	20
E	7	8	5	17	0	3
F	7	8	5	20	3	0

又知每条船只每次装卸货的时间各需 1 d，则该航运公司至少应配备多少条船，才能满足所有航线的运货需求？

解 该公司所需配备船只分为两个部分：①载货航程需要周转船只数；②各港口间调度所需船只数.

对于航线 1，在港 E 装货 1 d，E→D 航程 17 d，在 D 卸货 1 d，总计 19 d，每天 3 班，故需 57 条船周转，依此类推各航线所需船只数见表 4-24，累计共需周转船只数 91 条.

表 4-24

航线	装货天数	航程天数	卸货天数	小计天数	航班数	所需周转船数
1	1	17	1	19	3	57
2	1	3	1	5	2	10
3	1	7	1	9	1	9
4	1	13	1	15	1	15

各港口每天余缺船只数见表 4-25，港口 C，D，F 每天到达船只数多于所需船数. A，B，E 每天到达船只数则少于所需船数.

表 4-25

港口城市	每天到达船只数	每天需求船只数	余缺数	港口城市	每天到达船只数	每天需求船只数	余缺数
A	0	1	−1	D	3	1	2
B	1	2	−1	E	0	3	−3
C	2	0	2	F	1	0	1

为了使配备船只数最少，应做到在各港口间调度的船只数最少，因此建立以下运输问题，产量为每天多余船只数，销量为每天缺少船只数，单位运价为相应港口之间的船只航程天数，见表 4-26.

表 4-26

	A	B	E	每天多余船只数
C	2	3	5	2
D	14	13	17	2
F	7	8	3	1
每天缺少船只数	1	1	3	5

这是一个产销平衡运输问题，用表上作业法求出空船的最优调度方案，见表 4-27.

表 4-27

	A	B	E	每天多余船只数
C	1		1	2
D		1	1	2
F			1	1
每天缺少船只数	1	1	3	5

由表 4-27 知，最少需周转的空船数为 40 条，这样在不考虑维修、储备等情况下，该公司至少应配备 131 条船.

案例 4.5 扩大生产方案问题.

一家大型企业在 A 城、B 城和 C 城设有工厂，产品除了在地区 1, 2, 3 的市场销售以外，又在地区 4 开辟了一个大市场. 这四个地区的年需求量分别是 900 千件，1 000 千件，1 900 千件和 1 500 千件(总需求量 5 300 千件). 设在 A, B, C 的三家工厂的年生产能力分别为 1 000 千件，1 500 千件和1 750 千件(总生产能力 4 250 千件). 由于稳定的需求量已超过了各工厂总生产能力，故公司需要扩大生产. 现考虑了四种方案：

(1) 利用现有的设备加班，加班生产最大能力为正常生产能力的 50%，但加班要花费正常生产直接劳力费的 150%.

(2) 在 D 城建一新厂，年生产能力 2 000 千件，需投资 200 万元.

(3) 在 E 城建一新厂，年生产能力 2 000 千件，需投资 300 万元.

(4) 在 F 城建一新厂，年生产能力 2 000 千件，需投资 400 万元.

企业的目标是既可以在现有工厂搞加班生产，也可以在三个新址中任选一个建厂，使生产和分配产品的总费用最小.

为了评价每一方案，生产和运输部门根据要求提供了可变生产成本和运费的资料，见表 4-28 和表 4-29.

表 4-28 可变生产成本 单位：千元/千件

工　厂	原材料费	直接劳力费	可变装货费	总　计
A	1.2	2.6	0.8	4.6
B	1.0	2.2	0.8	4.0
C	1.1	2.8	0.8	4.7
D	2.0	2.2	0.9	5.1
E	2.1	2.3	0.9	5.3
F	1.9	2.2	0.9	5.0

表 4-29 预测的单位运费 单位：千元/千件

工　厂	地区 1	地区 2	地区 3	地区 4
A	0.7	0.9	1.0	1.0
B	0.9	0.7	1.0	0.9
C	1.1	0.9	0.8	1.0
D	1.3	1.1	1.0	0.7
E	1.3	1.1	1.0	0.7
F	1.2	1.0	0.9	0.6

我们必须对四个方案中的每一个进行评价，以便找出最经济的方案. 若只考虑可变成本，即可使用运输模型来评价. 为了建立各个方案的运输表，把有关可变成本的数据，正常生产与加班生产的能力以及需求量的资料汇总于表 4-30. 注意加班生产的可变生产成本等于正常生产的可变成本加 50%的直接劳力费. 以 A 城工厂为例，正常生产可变成本为 4.6 千元/千件，直接劳力费为 2.6 千元/千件，因此，加班生产的可变成本等于 $4.6+50\%\times 2.6=5.9$(千元/千件).

表 4-30　扩大生产的数据

工　厂	运费/(千元·千件$^{-1}$)				生产能力/千件	生产费用/(千元·千件$^{-1}$)
	地区 1	地区 2	地区 3	地区 4		
A(正常)	0.7	0.9	1.0	1.0	1 000	4.6
A(加班)	0.7	0.9	1.0	1.0	500	5.9
B(正常)	0.9	0.7	1.0	0.9	1 500	4.0
B(加班)	0.9	0.7	1.0	0.9	750	5.1
C(正常)	1.1	0.9	0.8	1.0	1 750	4.7
C(加班)	1.1	0.9	0.8	1.0	875	6.1
D	1.3	1.1	1.0	0.7	2 000	5.1
E	1.3	1.1	1.0	0.7	2 000	5.3
F	1.2	1.0	0.9	0.6	2 000	5.0
需求量/千件	900	1 000	1 900	1 500		

在各运输表中，产地与销地之间的复合费用是每千件产品的生产费用与运费之和. 表 4-31 是方案 1 的运输表及最优分配. 我们把方案 1 的最优分配及有关费用汇总于表 4-32.

表 4-31　方案 1 的运输表及最优分配

	地区 1	地区 2	地区 3	地区 4	未用能力	生产能力
A(正常)	750 [5.3]	[5.5]	[5.6]	250 [5.6]	[0]	1 000
B(正常)	[4.9]	1 000 [4.7]	[5.0]	500 [4.9]	[0]	1 500
C(正常)	[5.8]	[5.6]	1 750 [5.5]	[5.7]	[0]	1 750
A(加班)	150 [6.6]	[6.8]	[6.9]	[6.9]	350 [0]	500
B(加班)	[6.0]	[5.8]	[6.1]	750 [6.0]	[0]	750
C(加班)	[7.2]	[7.0]	150 [6.9]	[7.1]	725 [0]	875
需求量	900	1 000	1 900	1 500	1 075	

表 4-32　**方案 1 的最优分配和费用表**

工　厂	地　区	供应量	运　费	生产费用	总费用
A(正常)	1	750	525(0.7)	3 450(4.6)	3 975(5.3)
A(正常)	4	250	250(1.0)	1 150(4.6)	1 400(5.6)
B(正常)	2	1 000	700(0.7)	4 000(4.0)	4 700(4.7)
B(正常)	4	500	450(0.9)	2 000(4.0)	2 450(4.9)
C(正常)	3	1 750	1 400(0.8)	8 225(4.7)	9 625(5.5)
A(加班)	1	150	105(0.7)	885(5.9)	990(6.6)
B(加班)	4	750	675(0.9)	3 825(5.1)	4 500(6.0)
C(加班)	3	150	120(0.8)	915(6.1)	1 035(6.9)
总　量		5 300	4 225	24 450	28 675

方案 1 的全年总可变成本为 28 675 千元，其中包括 4 225 千元的运费和 24 450 千元的生产费用.

方案 2 的运输表与最优分配见表 4-33.

表 4-33　**方案 2 的运输表及最优分配**

	地区 1	地区 2	地区 3	地区 4	未用能力	生产能力
A(正常)	900 [5.3]	[5.5]	100 [5.6]	[5.6]	[0]	1 000
B(正常)	[4.9]	1 000 [4.7]	50 [5.5]	450 [4.9]	[0]	1 500
C(正常)	[5.8]	[5.6]	1 750 [5.5]	[5.7]	[0]	1 750
D	[6.4]	[6.2]	[6.1]	1 050 [5.8]	950 [0]	2 000
需求量	900	1 000	1 900	1 500	950	

方案 2 的最优分配及有关费用汇总于表 4-34，该方案的全年总可变成本为 28 200 千元，由 4 020 千元的运费和 24 180 千元的生产费用构成.

表 4-34　**方案 2 的最优分配和费用表**

工　厂	地　区	供应量	运　费	生产费用	总费用
A	1	900	630(0.7)	4 410(4.6)	4 770(5.3)
A	3	100	100(1.0)	460(4.6)	560(5.6)
B	2	1 000	700(0.7)	4 000(4.0)	4 700(4.7)
B	3	50	50(1.0)	200(4.0)	250(5.0)
B	4	450	405(0.9)	1 800(4.0)	2 205(4.9)
C	3	1 750	1 400(0.8)	8 225(4.7)	9 625(5.5)
D	4	1 050	735(0.7)	5 355(5.1)	6 090(5.8)
总　量		5 300	4 020	24 180	28 200

同样，可计算出方案 3 和方案 4 的有关数据. 由于篇幅所限，只列出最主要结果：方案 3 的全年总可变成本为 28 410 千元，其中包括 4 020 千元的运费和 24 390 千元的生产费用；而方

案 4 的全年总可变成本为 27 990 千元，由 3 915 千元的运费和 24 075 千元的生产费用构成.

为了确定是否建新厂和新厂建在哪里，现将上述结果有用的数据概括于表 4-35 中.

表 4-35　　各方案的费用数据　　单位：千元

方　案	运　费	生产费用	总费用
加班生产	4 225	24 450	28 675
D 城建厂	4 020	24 180	28 200
E 城建厂	4 020	24 390	28 410
F 城建厂	3 915	24 075	27 990

若只看可变成本，则在现在工厂加班的方案远远贵于其他三个方案. 但分析问题时应考虑不变成本，在 D 城、E 城、F 城建新厂相应要投资 2 000 千元，3 000 千元，4 000 千元. 在表 4-36 中一并分析了不变成本，并进行了较长期预测.

表 4-36　　各方案分析总表(加班和建新厂比较)　　单位：千元

方　案	D 城建厂	E 城建厂	F 城建厂
年可变成本	28 200	28 410	27 990
采取加班的年可变成本	28 675	28 675	28 675
年可变成本优势	475	265	685
固定投资	2 000	3 000	4 000
10 年后净节余	2 750	−350	2 850

年可变成本这一行表明 F 城工厂优于另外两个被提议的工厂. 但从不变成本看，它是投资最多的拟建厂. 如果 10 年以后需求量仍能保持相对稳定，则在 F 城建厂可净节余最多，为 2 850 千元. 但要注意，全面的分析是以现行价、现行需求量和对未来的估计为基础的. 所以，慎重的长期预测是准确进行上述分析的关键.

本章小结

运输问题是一类应用广泛的线性规划问题，由于该问题本身的特殊性，可以使用比标准单纯形法更简单有效的专门方法来求解. 本章介绍了运输问题的数学模型，并给出了求解产销平衡运输问题的表上作业法，包括求初始调运方案的最小元素法和伏格尔逼近法、检验最优性条件的位势法以及调整方案的闭回路法；还介绍了产销不平衡运输问题的处理方法. 最后，用若干具有代表性的例子说明运输模型的实际应用.

习题 4

4.1　已知运输问题的产销地、产销量及各产销地间的单位运价见表 4-37，试据此分别列出其用线性规则表示的数学模型.

表 4-37

产地 \ 销地	甲	乙	丙	产量
1	20	16	24	300
2	10	10	8	500
3	M	18	10	100
销量	200	400	300	

4.2 下列分别给出了两个运输问题的产销平衡表和单位运价表，见表 4-38 和表 4-39. 试用伏格尔（Vogel）法直接给出近似最优解.

表 4-38

产地 \ 销地	1	2	3	产量
1	5	1	8	12
2	2	4	1	14
3	3	6	7	4
销量	9	10	11	

表 4-39

产地 \ 销地	1	2	3	4	5	产量
1	10	2	3	15	9	25
2	5	10	15	2	4	30
3	15	5	14	7	15	20
4	20	15	13	M	8	30
销量	20	20	30	10	25	

4.3 判断表 4-40 和表 4-41 中给出的调运方案能否作为用表上作业法求解时的初始解？为什么？

表 4-40

产地 \ 销地	1	2	3	4	产量
1	0	15			15
2			15	10	25
3	5				5
销量	5	15	15	10	

表 4-41

产地 \ 销地	1	2	3	4	5	产量
1	150			250		400
2		200	300			500
3			250		50	300
4	90	210				300
5				80	20	100
销量	240	410	550	330	70	

4.4 表4-42—表4-45给出了各产地和销地的产量和销量,并给出了各产地至各销地的单位运价,试用表上作业法求最优调运方案(表中的数字 M 为任意大正数).

表 4-42

销地 产地	1	2	3	4	产量
Ⅰ	4	1	4	6	8
Ⅱ	1	2	5	0	8
Ⅲ	3	7	5	1	4
销量	6	5	6	3	

表 4-43

销地 产地	甲	乙	丙	丁	产量
1	3	7	6	4	5
2	2	4	3	2	2
3	4	3	8	5	3
销量	3	3	2	2	

表 4-44

销地 产地	B_1	B_2	B_3	B_4	B_5	产量
A_1	8	6	3	7	5	20
A_2	5	M	8	4	7	30
A_3	6	3	9	6	8	30
销量	25	25	20	10	20	

表 4-45

销地 产地	B_1	B_2	B_3	B_4	产量
A_1	3	7	6	4	5
A_2	2	4	3	2	2
A_3	4	3	8	5	6
销量	3	3	2	2	

4.5 某产销运输问题表,见表4-46.

表 4-46

销地 产地	B_1	B_2	B_3	产量
A_1	5	1	7	10
A_2	6	4	6	80
A_3	3	2	5	15
销量	75	20	50	

假定各销地的销量未被满足时将造成经济损失(如罚款等).设销地 B_2 和 B_3 的单位损失费各为 3 和 2,而销地 B_1 的销量一定要满足,求最优解.

4.6 某超市拟外地采购 A,B,C,D 四种规格的服装,数量分别为 A 规格 1 500 套,B 规格 2 000 套,C 规格 3 000 套,D 规格 3 500 套.有三个城市可供应上述规格服装,各城市供应数量分别为Ⅰ城市 2 500 套,Ⅱ城市 2 500 套,Ⅲ城市 5 000 套.由于这些城市的服装质量、运价和销售情况不同,预计售出后的利润(元/套)也不同,详见表 4-47.请帮助该公司确定一个预期盈利最大的采购方案.

表 4-47

城市 \ 规格	A	B	C	D
Ⅰ	10	5	6	7
Ⅱ	8	2	7	6
Ⅲ	9	3	4	8

4.7 甲、乙、丙三个城市每年需要煤炭分别为 320 t、250 t、350 t,由 A,B 两处煤矿负责供应.已知煤炭年供应量分别为 A 煤矿 400 t,B 煤矿 450 t.由煤矿至各城市的单位运价(万元/万吨)见表 4-48.由于需大于供,经研究平衡决定,甲城市供应量可减少 0～30 万吨,乙城市需要量应全部满足,丙城市供应量不少于 270 t.试求将供应量分配完又使总运费为最低的调运方案.

表 4-48

煤矿 \ 城市	甲	乙	丙
A	15	18	22
B	21	25	16

4.8 某机床厂在年初签订了生产一批同型号机床的合同.合同要求该厂分别于当年四个季度末交货.四个季度正常生产的能力与单位成本,以及按合同应当交货的台数见表 4-49.在第三与第四季度可以安排加班生产,加班生产能力为每季度 8 台,但单位成本比正常生产时高出 3 万元.另外,如果生产出来的机床当季不交货,则每台每季度需支付 0.12 万元存储保养费.若未完成交货合同允许延期交货,但每台每延期交货一季度罚款 0.1 万元,做出使该厂全年生产费用最小的生产计划.

表 4-49

季　度	正常生产能力/台	单位成本/万元	交货台数
1	30	10.55	25
2	32	10.8	30
3	20	11.0	15
4	28	11.1	45

4.9 有三个产地 A_1, A_2, A_3 和三个销地 B_1, B_2, B_3,各产地至各销地的单位运价见表 4-50,各销地的需求量分别为 10, 4, 6 个单位.由于客观条件的限制和销售需要,产地 A_1 至少要发出 6 个单位的产品,最多只能生产 11 个单位;A_2 必须发出 7 个单位;A_3 至少要发出 4 个单位.试建立用表上作业法求该运输问题最优方案的数学模型.

表 4-50

产地 \ 销地	B_1	B_2	B_3	产量
A_1	2	4	3	$6\leqslant a_1\leqslant 11$
A_2	1	5	6	$a_2=7$
A_3	3	2	4	$a_3\geqslant 4$
销量	10	4	6	

4.10 A_1，A_2，A_3 三个城市每年需分别供应水 320，250 和 350 单位，由 B_1，B_2 两个水厂供应，它们的最大供水量分别为 400 单位和 450 单位，单位费用见表 4-51. 由于需求量大于可供量，决定城市 A_1 的供应量可减少，城市 A_2 的供应量必须满足，城市 A_3 的供应量不能少于 270 单位，试求总费用最低的供应方案（水量必须全部用完）.

表 4-51

水厂 \ 城市	A_1	A_2	A_3
B_1	15	18	22
B_2	21	25	16

5 整 数 规 划

本章要求

◎ 正确理解整数规划的含义.

◎ 掌握分枝定界法的思想和方法.

◎ 掌握 0—1 变量的恰当引入和使用.

◎ 掌握指派问题的算法.

在线性规划问题中,有一类特殊的情形,称为整数规划(Integer Programming,简记为IP),这类问题的最优解必须是整数.如求解完成工作所需的最少人数,或加工一批零件所需机器的台数.由于这类问题并不是由简单的"四舍五入"法或"去零化整"法就能求得其最优解,因此有必要对它进行专门研究.

整数规划中如果所有的变量都限制为(非负)整数,就称为纯整数规划(Pure Integer Programming,简记为 PIP)或称为全整数规划(All Integer Programming, 简记为 AIP);如果仅有一部分变量限制为整数,则称为混合整数规划(Mixed Integer Programming, 简记为MIP);如果变量的取值仅限于 0 或 1,这种特殊的整数规划则称为 0—1 整数规划(0—1 Integer Programming).本章要研究的指派问题(Assignment)就是一种特殊的 0—1 整数规划问题.

5.1 整数规划的建模

整数规划问题的数学模型和线性规划基本相同,只是约束条件有所不同,下面我们以例题说明整数规划的建模.

例 5.1 某企业拟用集装箱托运甲、乙两种货物,每箱的体积、重量、可获利润以及托运所受限制见表 5-1,问两种货物各托运多少箱可获利润最大?

表 5-1

货 物	体积每箱/m^3	每箱重量/百 kg	每箱利润/百元
甲	5	2	20
乙	4	5	10
托运限制	24	13	

解 设 x_1, x_2 分别为甲、乙两种货物的托运箱数(x_1, x_2 应为大于或等于零的整数),这是一个整数规划问题,数学模型如下:

$$\max z = 20x_1 + 10x_2,$$

$$\text{s. t.} \begin{cases} 5x_1 + 4x_2 \leqslant 24, \\ 2x_1 + 5x_2 \leqslant 13, \\ x_1, x_2 \geqslant 0, \\ x_1, x_2 \text{ 取整数}. \end{cases} \tag{5.1}$$

从式(5.1)可看出,该问题和线性规划问题的区别仅在于 x_1, x_2 为整数这一条件. 如果我们暂不考虑这一条件,很容易求得相应线性规划问题的最优解为 $x_1 = 4.8$, $x_2 = 0$, $\max z = 96$. 但 $x_1 = 4.8$ 不满足整数要求,如按四舍五入取 $x_1 = 5$, $x_2 = 0$,又破坏了 $5x_1 + 4x_2 \leqslant 24$ 这一条件,如舍去尾数取 $x_1 = 4$, $x_2 = 0$,虽然满足了约束条件,但此时 $z = 80$,不是最优解,因为当 $x_1 = 4$, $x_2 = 1$ 时,既满足约束条件,且 $z = 90 > 80$. 由此可见,整数规划问题并非简单通过"化整"求其最优解.

5.2 整数规划的分枝定界法

在求解整数规划问题时,如果可行域是有界的,人们很容易联想到的方法是穷举变量的所有可行的整数组合,然后比较它们的目标函数值以定出最优解. 对于小型问题,如例 5.1,此法是切实可行的,但对于大型问题,可行的整数组合很多,穷举法显然不能胜任求解任务. 为此,在 20 世纪 60 年代初由 Land Doig 和 Dakin 等人提出了分枝定界法,有效地解决了这一问题.

分枝定界法的基本思想就是:设有最大化的整数规划问题 A,与它相应的线性规划问题为 B,从解问题 B 开始,若其最优解不符合 A 的整数条件,那么 B 的最优目标函数必是 A 的最优目标函数 z^* 的上界,记为 $\bar{z}$;而 A 的任意可行解的目标函数值将是 z^* 的一下界 $\underline{z}$,分枝定界法就是要将 B 的可行域分成子区域(这称为分枝),逐步减少 $\bar{z}$ 和增大 $\underline{z}$(这称为定界),最终求得 z^*.

分枝定界法的关键是分枝和定界,"分枝"为整数规划最优解的出现创造了条件,而"定界"则可以提高搜索的效率. 经验表明,在可能的情况下,根据对实际问题的了解,事先选择一个合理的"界限",可以提高分枝定界法的搜索效率.

分枝定界法求解整数规划(最大化)问题的步骤如下:

(1) 求解相应于整数规划 A 的线性规划问题 B, B 的结果必为下列情况之一:

① B 无可行解,则 A 也无可行解.

② B 有最优解,并符合问题 A 的整数条件,则 B 的最优解即为 A 的最优解.

③ B 有最优解,但不符合 A 的整数条件,则记它的目标函数值为 $\bar{z}$,它即为 z^* 的上界.

(2) 用观察法找出 A 的一个整数可行解,一般可取 $x_j = 0$, $j = 1, 2, \cdots, n$,试探,求得其目标函数值,记为 $\underline{z}$ 这时有 $\underline{z} \leqslant z^* \leqslant \bar{z}$.

(3) 对问题 B,任选一个不符合整数要求的变量进行分枝. 设选择 $x_j = b_j$,且设 $[b_j]$ 为不超过 b_j 的最大整数. 对问题 B 分别构造两个约束条件:

$$x_j \leqslant [b_j] \quad \text{和} \quad x_j \geqslant [b_j] + 1,$$

将这两个约束条件,分别加入问题 B,从而形成两个后继问题,然后解这两个后继问题.

(4) 以每个后继问题为一分枝标明求解结果,与其他分枝的解相比较,找出最优目标函数值最大者作为新的上界 $\bar{z}$,从已符合整数条件的各分枝中,找出目标函数值最大者作为新的下界$\underline{z}$,如还未出现符合整数条件的解,则仍取原来的下界.

(5) 继续分枝求解,各分枝的最优目标函数中若有小于$\underline{z}$ 者,则剪去这枝(用 × 表示),即以后不再考虑这枝. 若大于$\underline{z}$,但不符合整数条件,则继续分枝,直到找到 $z^* = \underline{z}$ 为止,最终求得整数规划问题 A 的最优解 x_j^*, $j = 1, 2, \cdots, n$.

下面结合例题说明分枝定界法的解题步骤.

例 5.2 求解

$$\max z = x_1 + x_2,$$

$$\text{s.t.} \begin{cases} 14x_1 + 9x_2 \leqslant 51, \\ -6x_1 + 3x_2 \leqslant 1, \\ x_1,\ x_2 \geqslant 0, \\ x_1,\ x_2 \text{ 取整数}. \end{cases} \tag{5.2}$$

解 先不考虑整数条件,求解相应于 A 的线性规划 B,得最优解为

$$x_1 = \frac{3}{2}, \quad x_2 = \frac{10}{3}, \quad z = \frac{29}{6},$$

见图 5-1,对应于图中的 A 点.

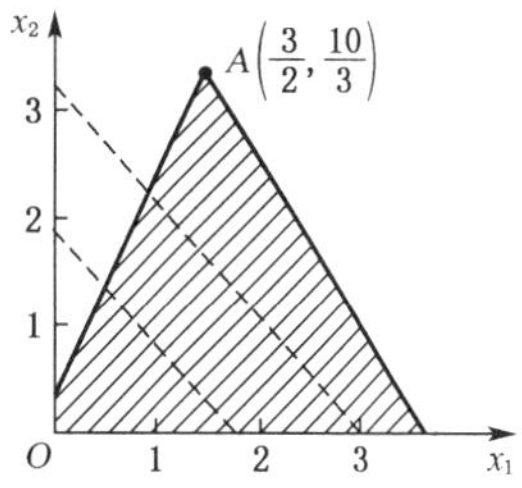

图 5-1

这个解不符合整数条件,将 $z = \frac{29}{6}$ 定为问题 A 的最优解 z^* 的上界;选择问题 A 的一个整数可行解 $x_1 = 0$, $x_2 = 0$,并将它的目标函数值 $z = 0$ 作为 z^* 的下界,即 $0 \leqslant z^* \leqslant \frac{29}{6}$.

将问题 B 分枝为两个子问题 B_1, B_2,见图 5-2,在 B_1 中加上约束条件 $x_1 \leqslant \left[\frac{3}{2}\right]$,在 B_2 中加上约束条件 $x_1 \geqslant \left[\frac{3}{2}\right] + 1$.

分别求解两个子问题,得到相应的最优解:

B_1: $x_1 = 1$, $x_2 = \frac{7}{3}$, $z = \frac{10}{3}$,对应于图 5-2 中的 C 点.

B_2: $x_1 = 2$, $x_2 = \frac{23}{9}$, $z = \frac{41}{9}$,对应于图 5-2 中的 B 点.

重新给 z^* 定界 $0 \leqslant z^* \leqslant \frac{41}{9}$.

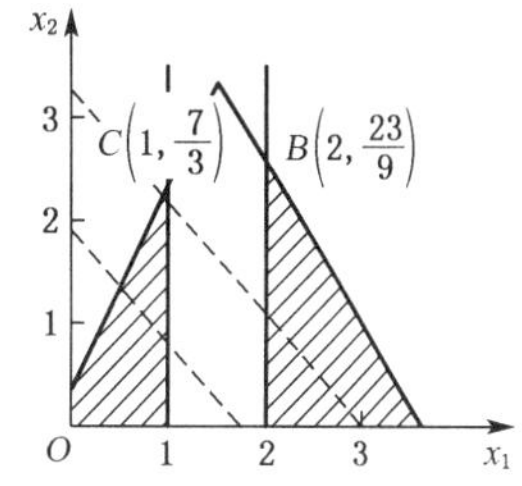

图 5-2

由于$\frac{41}{9} > \frac{10}{3}$,所以优先选择 B_2 再进行分枝. 分别加上约束条件 $x_2 \leqslant \left[\frac{23}{9}\right]$ 和 $x_2 \geqslant \left[\frac{23}{9}\right] + 1$,将 B_2 分枝为 B_{21} 和 B_{22} 两个子问题,继续求解. 按照这一方法不断分枝和定界,可行域不断缩小,上界不断减少,下界逐渐增大,当上界和下界相等时,便得到最优整数解. 如图 5-3 和图 5-4 所示.

从图可见本题有两个最优解,分别为 $x_1 = 3$, $x_2 = 1$ 和 $x_1 = 2$, $x_2 = 2$, $\max z = 4$. 上述分枝定界法的求解过程还可用图 5-5 来表示.

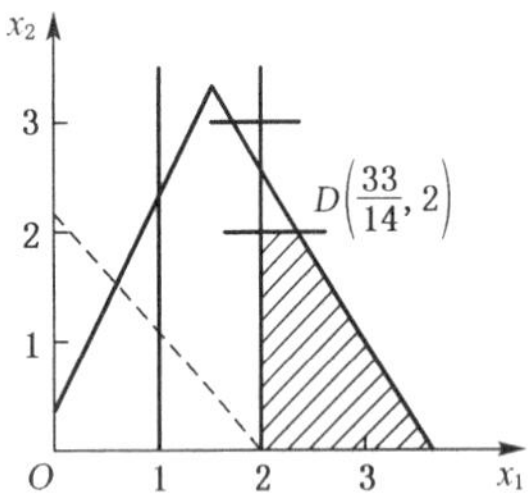

图 5-3

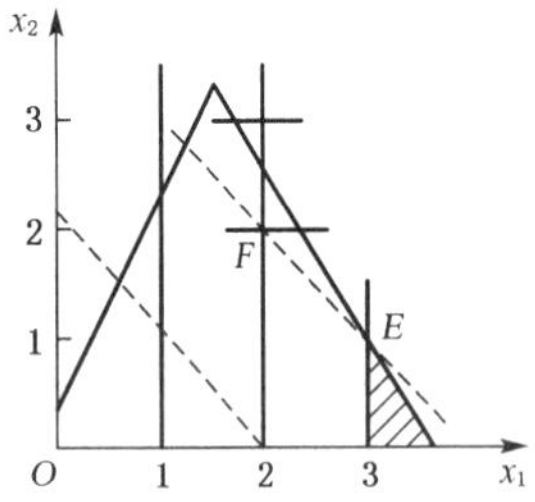

图 5-4

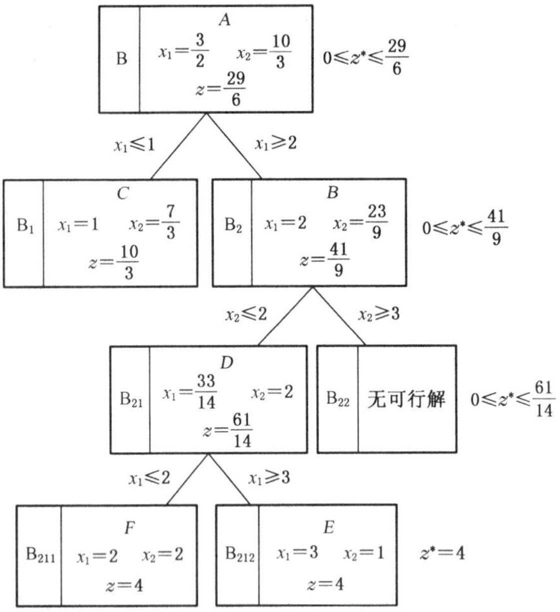

图 5-5

用分枝定界法可解纯整数规划问题(所有变量都限制为非负整数)和混合整数规划问题(一部分变量限制为整数),它比穷举法优越,由于它不断缩小可行解区域,因此计算量大大下降,但如果变量数很大,则其计算量也是相当大的.

5.3 0－1 型整数规划

在整数规划中有一类特殊的情形,它的变量 x_i 仅能取 0 或 1,这时的 x_i 称为 0－1 变量,这类问题也就称为 0－1 型整数规划.

5.3.1 0－1 型整数规划的建模

0－1 变量作为逻辑变量,常被用来表示系统是否处于某个特定状态或者决策时是否采取某个特定方案.

$$x=\begin{cases}1, & \text{采取方案 P 时},\\ 0, & \text{不采取方案 P 时(即采取 }\overline{\text{P}}\text{)}.\end{cases}$$

当问题含有多项要素,而每项要素皆有两种选择时,也可用 0－1 变量来描述. 设某问题有有限要素 $E_1, E_2, \cdots, E_n$,其中每项 E_j 有两种选择 A_j 和 $\overline{A}_j$, $j=1, 2, \cdots, n$,则

$$x_j=\begin{cases}1, & E_j \text{ 选择 } A_j \text{ 时},\\ 0, & E_j \text{ 选择 } \overline{A}_j \text{ 时},\end{cases} \quad j=1, 2, \cdots, n.$$

下面讨论 0－1 型整数规划的几种应用实例.

1. 相互排斥的计划问题

例 5.3 某超市连锁店的布点问题. 某超市连锁店在分析某城市的特征后,将该城市划分

成四个区域：东片、西片、南片、北片．在四个区域中共确定了 10 个连锁店的备选点，记作 s_1，s_2，…，s_{10}．在连锁店选择时需考虑以下限制：

(1) 东片的三个点 s_1，s_2，s_3 中，至少应选择一个；

(2) 西片的两个点 s_4，s_5 中，应恰好选择一个；

(3) 南片的四个点 s_6，s_7，s_8，s_9 中，最多只能选三个；

(4) 北片只有一个备选点 s_{10}，可选可不选．

如果选中 s_j 点，其投资为 z_j 元，每年的预期收益为 p_j 元．现要求总投资不超过 z 元，问应选择哪些备选点，既可满足限制，又可使每年的总收益最大．试建立这个问题的 0－1 型整数规划数学模型．

解　设 $x_j = \begin{cases} 1, & s_j \text{ 点被选中}, \\ 0, & s_j \text{ 点未被选中}, \end{cases}$ 则可建立如下 0－1 型整数规划数学模型：

$$\max z = \sum_{j=1}^{10} p_j x_j,$$

$$\text{s.t.} \begin{cases} x_1 + x_2 + x_3 \geqslant 1, \\ x_4 + x_5 = 1, \\ x_6 + x_7 + x_8 + x_9 \leqslant 3, \\ \sum_{j=1}^{10} z_j x_j \leqslant z, \\ x_j = 0 \text{ 或 } 1, \quad j = 1, 2, \cdots, 10. \end{cases}$$

例 5.4　某钻井队要从以下 10 个可供选择的井位中确定 5 个钻井探油，使总的钻探费用为最小．若 10 个井位的代号为 S_1，S_2，…，S_{10}，相应的钻探费用为 c_1，c_2，…，c_{10}，并且井位选择上要满足下列限制条件：

(1) 或选择 S_1 和 S_7，或选择 S_8；

(2) 选择了 S_3 或 S_4 就不能选 S_5，反之，选了 S_5，则不能选 S_3 或 S_4；

(3) 在 S_5—S_8 中最多选两个．

建立这个问题的 0—1 型整数规划模型．

$$\min z = \sum_{j=1}^{10} c_j x_j,$$

$$\text{s.t.} \begin{cases} \sum_{j=1}^{10} x_j = 5, \\ x_1 + x_8 = 1, \\ x_7 + x_8 = 1, \\ x_3 + x_5 \leqslant 1, \\ x_4 + x_5 \leqslant 1, \\ x_5 + x_6 + x_7 + x_8 \leqslant 2, \\ x_j = 0 \text{ 或 } 1, \quad j = 1, 2, \cdots, 10. \end{cases} \tag{5.3}$$

2. 相互排斥约束条件的问题

例 5.5 在例 5.1 中，关于货运的体积限制为 $5x_1 + 4x_2 \leqslant 24$. 如设货运有车运和船运两种方式，上面的体积限制条件是针对车运的，如用船运时，体积限制条件为 $7x_1 + 3x_2 \leqslant 45$，为把这两个限制条件统一在一个问题中，我们引入 $0-1$ 变量 y，令

$$y = \begin{cases} 0, & \text{当采用车运方式}, \\ 1, & \text{当采用船运方式}. \end{cases}$$

这样，数学模型的约束条件就应写为

$$\begin{cases} 5x_1 + 4x_2 \leqslant 24 + yM, \\ 7x_1 + 3x_2 \leqslant 45 + (1-y)M, \end{cases}$$

其中，M 为一充分大数，当 $y=0$ 时，上面两个约束条件实际上就是第一式在起作用，当 $y=1$ 时第一式自然满足，起作用的仅是第二式.

同理，如有 m 个互相排斥的约束条件，为保证 m 个约束条件中只有一个起作用，需引入 m 个 $0-1$ 变量 y_i, $i=1, 2, \cdots, m$ 和一个充分大的数 M，把原先独立的 m 个约束条件，统一在一个 $0-1$ 整数规划问题中.

3. 固定费用问题

例 5.6 有三种资源被用于生产三种产品，资源量、产品单件可变费用、资源单耗量、组织三种产品生产的固定费用、单件售价见表 5-2，要求制定一个生产计划，使净收益最大.

表 5-2

单耗量 \ 产品 / 资源	Ⅰ	Ⅱ	Ⅲ	资源量
A/kg	2	4	8	500
B/kg	2	3	4	300
C/kg	1	2	3	100
单件可变费用/元	4	5	6	
固定费用/元	100	150	200	
单件售价/元	8	10	12	

解 净收益等于销售收入减去生产上述产品的固定费用和可变费用之和. 建模碰到的困难主要是事先不能确切知道某种产品是否生产，因而不能确定相应的固定费用是否发生. 下面借助 $0-1$ 变量解决这个困难.

设 x_j 是第 j 种产品的产量，$j=1, 2, 3$；再设

$$y_j = \begin{cases} 1, & \text{若生产第 } j \text{ 种产品(即 } x_j > 0\text{)}, \\ 0, & \text{若不生产第 } j \text{ 种产品(即 } x_j = 0\text{)}, \end{cases} \quad j = 1, 2, 3,$$

则问题的整数规划模型是

$$\max z = 4x_1 + 5x_x + 6x_3 - 100y_1 - 150y_2 - 200y_3,$$

$$\text{s. t.} \begin{cases} 2x_1 + 4x_2 + 8x_3 \leqslant 500, \\ 2x_1 + 3x_2 + 4x_3 \leqslant 300, \\ x_1 + 2x_2 + 3x_3 \leqslant 100, \\ x_1 \leqslant M_1 y_1, \\ x_2 \leqslant M_2 y_2, \\ x_3 \leqslant M_3 y_3, \\ x_j \geqslant 0 \text{ 且为整数}, j = 1, 2, 3, \\ y_j = 0 \text{ 或 } 1, j = 1, 2, 3, \end{cases} \tag{5.4}$$

其中,M_j 为 x_j 的某个上界. 例如,根据第 3 个约束条件,可取 $M_1 = 100$, $M_2 = 50$, $M_3 = 34$.

如果生产第 j 种产品,则其产量 $x_j > 0$. 此时,由约束条件 $x_j \leqslant M_j y_j$,知 $y_j = 1$. 因此,相应的固定费用在目标函数中将被考虑. 如果不生产第 j 种产品,则其产量 $x_j = 0$. 此时,由约束条件 $x_j \leqslant M_j y_j$,可知,$y_j = 0$ 或 $y_j = 1$. 但 $y_j = 1$ 不利于目标函数 z 的最大化,因而在问题的最优解中必然是 $y_j = 0$,从而相应的固定费用在目标函数中将不被考虑.

5.3.2　0－1 型整数规划的解法

例 5.7　求解 0—1 型整数规划

$$\max z = 3x_1 + 7x_2 - x_3,$$

$$\text{s. t.} \begin{cases} 2x_1 - 2x_2 + x_3 \geqslant 0, & ① \\ x_1 - 2x_2 + 6x_3 \geqslant 0, & ② \\ 5x_1 + 3x_2 \geqslant 0, & ③ \\ x_1, x_2, x_3 = 0 \text{ 或 } 1. \end{cases} \tag{5.5}$$

解　先考虑可能的解的组合,共 $2^3 = 8$ 个,列于表 5-3 中.

先分析第一个解(0, 0, 0),经检查为可行解,而其目标函数值为"0",则考察其他的解,只有其目标函数值满足

$$3x_1 + 7x_2 - x_3 \geqslant 0 \tag{5.6}$$

时,才检查其是否可行,否则不予检查. 我们把条件(5.6)称为过滤条件.

再分析解(0, 0, 1),由于其目标函数值为-1,不满足过滤条件(5.6),故不予检查.

分析解(0, 1, 0),其目标函数值为 7,故要检查,经检查不满足约束条件,故过滤条件不予修改.

类似于上述分析,直到将所有的解均检查完毕,最后得到结论,最优解为(1, 1, 1),最优目标函数值为 9.

我们将上述求解方法称为隐枚举法.

表 5-3

可能的解	z	①	②	③	过滤条件
(0, 0, 0)	0	√	√	√	$z \geqslant 0$
(0, 0, 1)	−1				
(0, 1, 0)	7	×			
(0, 1, 1)	6	×			
(1, 0, 0)	3	√	√	√	$z \geqslant 3$
(1, 0, 1)	2				
(1, 1, 0)	10	√	×		
(1, 1, 1)	9	√	√	√	$z \geqslant 9$

5.4 指派问题

在整数规划中还有一类特殊的情形就是指派问题.指派问题在现实生活中经常遇到,例如:有若干项工作需要分配给若干人来完成,由于每个人的专长不同,所以完成工作所需的时间也不同,那么就产生了如何合理安排哪个人去完成哪项工作,才能使总效率最高,这是一类典型的指派问题.由此引申到学校如何安排班级在各教室上课以及工程选择投标者承包等.这类问题的共同要求就是在满足特定的指派要求条件下,使指派方案的总体效果最佳.

5.4.1 指派问题的标准形式及数学模型

指派问题标准形式是:有 n 个人和 n 件事,已知第 i 个人做第 j 件事的费用为 c_{ij}, $i, j=1, 2, \cdots, n$(c_{ij} 还可表示成本、时间等含义),要求确定人与事之间的一一对应的指派方案,使完成 n 件事的总费用最少.

为了建立上述指派问题的数学模型,引入 n^2 个 $0-1$ 变量:

$$x_{ij}=\begin{cases}1, & \text{若指派第 } i \text{ 个人做第 } j \text{ 件事},\\ 0, & \text{若不指派第 } i \text{ 个人做第 } j \text{ 件事}.\end{cases}$$

这样,它的数学模型为

$$\min z=\sum_{i=1}^{n}\sum_{j=1}^{n}c_{ij}x_{ij},$$

$$\text{s.t.}\begin{cases}\sum\limits_{i=1}^{n}x_{ij}=1, \quad j=1, 2, \cdots, n, & (5.7)\\ \sum\limits_{j=1}^{n}x_{ij}=1, \quad i=1, 2, \cdots, n, & (5.8)\\ x_{ij}=0 \text{ 或 } 1, \quad i, j=1, 2, \cdots, n.\end{cases}$$

模型中，约束条件(5.7)表示每件事必有且只有一个人去做，约束条件(5.8)表示每个人必做且只做一件事.

指派问题的可行解可用矩阵表示：

$$\boldsymbol{X}=(x_{ij})_{n\times n}=\begin{pmatrix} x_{11} & x_{12} & \cdots & x_{1n} \\ x_{21} & x_{22} & \cdots & x_{2n} \\ \vdots & \vdots & & \vdots \\ x_{n1} & x_{n2} & \cdots & x_{nn} \end{pmatrix}.$$

解矩阵的每行每列元素中都有且只有一个1，以满足约束条件. 指派问题有 $n!$ 个可行解. 下面以例题说明指派问题的建模.

例 5.8 某商业企业计划开办5家新商店. 为了尽早建成营业，商业企业决定由5家建筑公司分别承建. 已知建筑公司 A_i，$i=1, 2, \cdots, 5$ 对新商店 B_j，$j=1, 2, \cdots, 5$ 的建造费用的报价(万元)为 c_{ij}，$i, j=1, 2, \cdots, 5$，见表5-4. 商业企业应当对5家建筑公司怎样分配建造任务，才能使总的建造费用最少？

表 5-4

c_{ij} A_i \ B_j	B_1	B_2	B_3	B_4	B_5
A_1	4	8	7	15	12
A_2	7	9	17	14	10
A_3	6	9	12	8	7
A_4	6	7	14	6	10
A_5	6	9	12	10	6

这是一个标准的指派问题. 若设 $0-1$ 变量

$$x_{ij}=\begin{cases}1, & \text{当 } A_i \text{ 承建 } B_j \text{ 时}, \\ 0, & \text{当 } A_i \text{ 不承建 } B_j \text{ 时},\end{cases} \quad i, j=1, 2, \cdots, 5,$$

则问题的数学模型为

$$\min z=\sum_{i=1}^{5}\sum_{j=1}^{5}c_{ij}x_{ij}=4x_{11}+8x_{12}+\cdots+10x_{54}+6x_{55},$$

$$\text{s. t.}\begin{cases}\sum_{i=1}^{5}x_{ij}=1, & j=1, 2, \cdots, 5, \\ \sum_{j=1}^{5}x_{ij}=1, & i=1, 2, \cdots, 5, \\ x_{ij}=0 \text{ 或 } 1, & i, j=1, 2, \cdots, 5.\end{cases}$$

5.4.2 指派问题的匈牙利解法

从指派问题的数学模型可以看出，指派问题是 $0-1$ 整数规划的特例，也是运输问题的特例，即 $n=m$，$a_i=b_j=1$，当然更是一个整数规划问题，所以指派问题可用隐枚举法、表上作业法和分枝定界法求解．但是我们可以利用指派问题数学模型的特点，找到更加简便的方法，这就是由匈牙利数学家康尼格（D. König）提出的匈牙利解法．

匈牙利解法的思想基础是：从指派问题的系数矩阵 $(c_{ij})_{n\times n}$ 的某行（某列）各元素中分别减去一个常数 k，得到的新矩阵 $(c'_{ij})_{n\times n}$ 所代表的新指派问题与原指派问题有相同最优解．

例 5.9 有一份中文说明书，要将其翻译成三种不同的文字，三位不同人翻译三种不同的文字所花的时间见表 5-5．

表 5-5

所花时间 / 语种 / 人员	英文	日文	德文
甲	4	2	5
乙	4	6	3
丙	4	4	7

试确定翻译的最佳指派方案．

解 （1）先对时间矩阵的各行减去最小值．

$$\begin{pmatrix}4&2&5\\4&6&3\\4&4&7\end{pmatrix}\begin{matrix}-2\\-3\\-4\end{matrix}\quad\rightarrow\begin{pmatrix}2&0&3\\1&3&0\\0&0&3\end{pmatrix}.$$

（2）确定独立“0”元素，即在每行和每列中各圈出一个“0”．

当 n 较小时，可用观察法、试探法找出 n 个独立“0”元素，当 n 较大时，可按以下步骤进行：

① 从只有一个“0”元素的行（列）开始，给这个“0”元素加圈，称为独立“0”元素，记作⓪，这表示对这行所代表的“人”只翻译该列所对应的语种，然后划去⓪所在列或行的其他“0”元素，记作$\varnothing$，这表明该行的“人”得到任务后，该人则不能再翻译其他语种．

② 再在剩下的元素中，从只有一个“0”元素的行（列），给这个“0”元素加圈．

重复上述过程，直到所有“0”元素都被圈出或划掉．

如果独立“0”元素有 n 个，则表明已可确定最优指派方案．此时，令矩阵中和独立“0”元素相对应位置上的元素为 1，其余元素为“0”，即可得最优矩阵．

按此步骤，本例可得独立“0”元素如下：

$$\begin{bmatrix}2&⓪&3\\1&3&⓪\\⓪&\varnothing&3\end{bmatrix},$$

从而得指派方案：

$$\begin{pmatrix}0&1&0\\0&0&1\\1&0&0\end{pmatrix},$$

即 甲翻译日文；

乙翻译德文；

丙翻译英文.

所花总时间为 $2+3+4=9$.

是不是所有的问题都能像例 5.9 那样，方便地获得独立的“0”元素呢？现在我们再来看一则例子，以进一步说明匈牙利算法的详细解题步骤.

例 5.10 用匈牙利算法求解例 5.8 所对应的问题的最优解.

解 已知例 5.8 指派问题的系数矩阵为

$$\boldsymbol{C}=\begin{pmatrix}4 & 8 & 7 & 15 & 12\\ 7 & 9 & 17 & 14 & 10\\ 6 & 9 & 12 & 8 & 7\\ 6 & 7 & 14 & 6 & 10\\ 6 & 9 & 12 & 10 & 6\end{pmatrix}.$$

(1) 先对各行元素分别减去本行的最小元素，然后对各列也如此，即

$$\boldsymbol{C}\to\begin{pmatrix}0 & 4 & 3 & 11 & 8\\ 0 & 2 & 10 & 7 & 3\\ 0 & 3 & 6 & 2 & 1\\ 0 & 1 & 8 & 0 & 4\\ 0 & 3 & 6 & 4 & 0\end{pmatrix}\to\begin{pmatrix}0 & 3 & 0 & 11 & 8\\ 0 & 1 & 7 & 7 & 3\\ 0 & 2 & 3 & 2 & 1\\ 0 & 0 & 5 & 0 & 4\\ 0 & 2 & 3 & 4 & 0\end{pmatrix}=\boldsymbol{C}'.$$

此时，$\boldsymbol{C}'$ 中各行和各列都已出现“0”元素，且没有负数.

(2) 确定 $\boldsymbol{C}'$ 中的独立“0”元素，即

$$\boldsymbol{C}'=\begin{pmatrix}\varnothing & 3 & ⓪ & 11 & 8\\ ⓪ & 1 & 7 & 7 & 3\\ \varnothing & 2 & 3 & 2 & 1\\ \varnothing & ⓪ & 5 & \varnothing & 4\\ \varnothing & 2 & 3 & 4 & ⓪\end{pmatrix}.$$

(3) 由于本例中只有 4 个独立“0”元素，少于系数矩阵阶数 $n=5$，表示还不能确定最优指派方案. 此时，需要确定能覆盖所有“0”元素的最少直线数目的直线集合. 可按下面步骤进行：

① 对没有⓪的行打“√”；

② 在已打“√”的行中，对“0”所在列打“√”；

③ 在已打“√”的列中；对⓪所在行打“√”；

④ 重复②和③，直到再也不能找到可以打“√”的行或列为止；

⑤ 对没有打“√”的行画一横线，对打“√”的列画一垂线，这样就得到了覆盖所有零元素的最少直线数目的直线集合.

本例可得下面的矩阵：

$$
\boldsymbol{C}' = \left(\begin{array}{ccccc}
\varnothing & 3 & \textcircled{0} & 11 & 8 \\
\textcircled{0} & 1 & 7 & 7 & 3 \\
\varnothing & 2 & 3 & 2 & 1 \\
\varnothing & \textcircled{0} & 5 & \varnothing & 4 \\
\varnothing & 2 & 3 & 4 & \textcircled{0}
\end{array}\right)
\begin{array}{c}
\\ \checkmark \\ \checkmark \\ \\ \\
\end{array}
$$

$$
\begin{array}{ccccc}
\checkmark & & & &
\end{array}
$$

(4) 在未被直线覆盖的元素中找出一个最小元素，对未被覆盖元素所在行中各元素都减去这一最小元素，这样势必会出现“0”元素，但同时却又使已被直线覆盖的元素中出现负数，为了消除这些负数，只要对划了线的列的各元素都加上这一最小元素即可.

本例矩阵变换为

$$
\boldsymbol{C}' \rightarrow \begin{pmatrix}
0 & 3 & 0 & 11 & 8 \\
-1 & 0 & 6 & 6 & 2 \\
-1 & 1 & 2 & 1 & 0 \\
0 & 0 & 5 & 0 & 4 \\
0 & 2 & 3 & 4 & 0
\end{pmatrix} \rightarrow \begin{pmatrix}
1 & 3 & 0 & 11 & 8 \\
0 & 0 & 6 & 6 & 2 \\
0 & 1 & 2 & 1 & 0 \\
1 & 0 & 5 & 0 & 4 \\
1 & 2 & 3 & 4 & 0
\end{pmatrix} = \boldsymbol{C}''.
$$

(5) 返回步骤(2)，确定 $\boldsymbol{C}''$ 中的独立“0”元素.

$$
\boldsymbol{C}'' = \begin{pmatrix}
1 & 3 & \textcircled{0} & 11 & 8 \\
\varnothing & \textcircled{0} & 6 & 6 & 2 \\
\textcircled{0} & 1 & 2 & 1 & \varnothing \\
1 & \varnothing & 5 & \textcircled{0} & 4 \\
1 & 2 & 3 & 4 & \textcircled{0}
\end{pmatrix}.
$$

$\boldsymbol{C}''$ 中已有 5 个独立“0”元素，故可确定指派问题的最优指派方案. 本例的最优解为

$$
\boldsymbol{X}^* = \begin{pmatrix}
0 & 0 & 1 & 0 & 0 \\
0 & 1 & 0 & 0 & 0 \\
1 & 0 & 0 & 0 & 0 \\
0 & 0 & 0 & 1 & 0 \\
0 & 0 & 0 & 0 & 1
\end{pmatrix}.
$$

也就是说，最优指派方案是：让 A_1 承建 B_3，A_2 承建 B_2，A_3 承建 B_1，A_4 承建 B_4，A_5 承建 B_5，这样安排能使总的建造费用最少，为 $7+9+6+6+6=34$(万元).

5.4.3 非标准形式的指派问题

在实际应用中，常会遇到各种非标准形式的指派问题. 通常的处理原则是先将它们化为标

准形式,再按匈牙利解法求解.

1. 最大化指派问题

设最大化指派问题的系数矩阵 $\boldsymbol{C}=(c_{ij})_{n\times n}$ 中最大元素为 m,令矩阵 $\boldsymbol{B}=(b_{ij})_{n\times n}=(m-c_{ij})_{n\times n}$. 则以 $\boldsymbol{B}$ 为系数矩阵的最小化指派问题和以 $\boldsymbol{C}$ 为系数矩阵的最大化指派问题具有相同最优解.

2. 人数和工作件数不等的指派问题

若人少事多,则添上一些虚拟“人”,这些虚拟“人”的费用系数可取“0”;若人多事少,则添上一些虚拟“事”,完成这些虚拟“事”所需耗费各人的费用同样也取“0”.

3. 一个人可做若干件事的指派问题

如果某个人可做几件事,则可将该人“复制”成相同的几个“人”来接受指派,这几个人做同一件事的费用系数完全相同.

4. 某事一定不能由某人做的指派问题

若某事一定不能由某人完成,则可将相应的费用系数取作足够大的数 M.

总之,要把这些非标准的指派问题转化成人与事一一对应,且寻求费用极小化的标准形式来处理.

5.5 案例分析

案例 5.1 选拔跑步队员问题.

学校举行 10×100 m 接力赛,规定每队至少包括两名女性,某班现有 30 人,某中 10 名女生,记作 S_1, S_2, …, S_{10}, 20 名男生记作 S_{11}, S_{12}, …, S_{30}, S_i 同学跑 100 m 的成绩为 g_i s,问该班应选择哪些同学参加比赛,给出数学模型.

解 设第 j 名同学为 E_j, $j=1, 2, \cdots, n$,这里 $n=30$,E_j 参加比赛为 A_j,不参加比赛为 $\overline{A}_j$,则 E_j 能否参加比赛的变量 x_j 为

$$x_j=\begin{cases}1, & E_j \text{ 选择 } A_j \text{ 时}, \\ 0, & E_j \text{ 选择 } \overline{A}_j \text{ 时},\end{cases} \quad j=1, 2, \cdots, n,$$

得该问题的模型为

$$\min z=\sum_{i=1}^{30} x_i g_i,$$

$$\text{s.t.}\begin{cases}\displaystyle\sum_{i=1}^{30} x_i \geqslant 2, \\ \displaystyle\sum_{i=1}^{30} x_i=10, \\ x_i=0 \text{ 或 } 1, \quad i=1, 2, \cdots, 30.\end{cases}$$

案例 5.2 招聘问题.

某公司欲招聘科长、秘书、会计共 5 名,现有 10 人通过初试,初试中评委给 10 人分别打了

能力评分,有关资料见表 5-6.

表 5-6

<table>
<tr><th>号码</th><th>应聘职位</th><th>性别</th><th>年龄</th><th>学历</th><th>工龄</th><th>要求年薪/万元</th><th>能力评分</th></tr>
<tr><td>1</td><td>科长</td><td rowspan="6">男</td><td>40</td><td>本</td><td>16</td><td>2.0</td><td>10</td></tr>
<tr><td>2</td><td>科长或会计</td><td>37</td><td>专</td><td>15</td><td>1.5 或 1.0</td><td>8</td></tr>
<tr><td>3</td><td>科长</td><td>25</td><td>研究生</td><td>0</td><td>2.5</td><td>9</td></tr>
<tr><td>4</td><td>秘书</td><td>20</td><td>高中</td><td>0</td><td>0.6</td><td>5</td></tr>
<tr><td>5</td><td>秘书</td><td>33</td><td>专</td><td>10</td><td>1.0</td><td>9</td></tr>
<tr><td>6</td><td>会计</td><td>30</td><td>专</td><td>7</td><td>0.9</td><td>8</td></tr>
<tr><td>7</td><td>秘书</td><td rowspan="4">女</td><td>25</td><td>本</td><td>2</td><td>0.9</td><td>9</td></tr>
<tr><td>8</td><td>会计或秘书</td><td>23</td><td>专</td><td>0</td><td>0.7</td><td>7</td></tr>
<tr><td>9</td><td>科长</td><td>31</td><td>本</td><td>8</td><td>1.8</td><td>10</td></tr>
<tr><td>10</td><td>会计</td><td>35</td><td>高中</td><td>15</td><td>0.9</td><td>9</td></tr>
</table>

现要求:

(1) 秘书至少招聘 2 人;

(2) 会计不超过 2 人;

(3) 科长恰招聘 1 人;

(4) 专科及专科以上学历不低于 80%;

(5) 女性比例不低于 40%;

(6) 平均年龄不超过 33 岁;

(7) 平均工龄在 5 年以上;

(8) 应聘人员年薪总额不超过 6 万元;

(9) 每人最多只能占据一个职位.

问:应聘请哪些人,既能满足要求,又使整体能力最强?

解 假设变量见表 5-7.

表 5-7

变量	取值	表征意义	取值	表征意义
x_1	1	第 1 人被录用	0	第 1 人不被录用
x_2	1	第 2 人被录用做科长	0	第 2 人不被录用做科长
x_3	1	第 2 人被录用做会计	0	第 2 人不被录用做会计
x_4—x_8	1	第 3—7 人被录用	0	第 3—7 人不被录用
x_9	1	第 8 人被录用做会计	0	第 8 人不被录用做会计
x_{10}	1	第 8 人被录用做秘书	0	第 8 人不被录用做秘书
x_{11}	1	第 9 人被录用	0	第 9 人不被录用
x_{12}	1	第 10 人被录用	0	第 10 人不被录用

可建立如下模型:

$$\max z = 10x_1 + 8x_2 + 8x_3 + 9x_4 + 5x_5 + 9x_6 + 8x_7 + 9x_8 + 7x_9 + 7x_{10} + 10x_{11} + 9x_{12},$$

$$\text{s.t.} \begin{cases} \sum_{j=1}^{12} x_j = 5, \\ x_5 + x_6 + x_8 + x_{10} \geqslant 2, \\ x_3 + x_7 + x_9 + x_{12} \leqslant 2, \\ x_1 + x_2 + x_4 + x_{11} = 1, \\ x_1 + x_2 + x_3 + x_4 + x_6 + x_7 + x_8 + x_9 + x_{10} + x_{11} \geqslant 5 \times 80\%, \\ \sum_{j=8}^{12} x_j \geqslant 5 \times 40\%, \\ (40x_1 + 37x_2 + 37x_3 + 25x_4 + 20x_5 + 33x_6 + 30x_7 + 25x_8 + 23x_9 + \\ \quad 23x_{10} + 31x_{11} + 35x_{12})/5 \leqslant 33, \\ (16x_1 + 15x_2 + 15x_3 + 0x_4 + 0x_5 + 10x_6 + 7x_7 + 2x_8 + 0x_9 + 0x_{10} + \\ \quad 8x_{11} + 15x_{12})/5 \geqslant 5, \\ 2.0x_1 + 1.5x_2 + 1.0x_3 + 2.5x_4 + 0.6x_5 + 1.0x_6 + 0.9x_7 + 0.9x_8 + \\ \quad 0.7x_9 + 0.7x_{10} + 1.8x_{11} + 0.9x_{12} \leqslant 6, \\ x_2 + x_3 \leqslant 1, \\ x_9 + x_{10} \leqslant 1, \\ x_j = 0 \text{ 或 } 1,\ j = 1, 2, \cdots, 12. \end{cases}$$

案例 5.3 队员选拔问题.

已知下列五名运动员各种泳姿的游泳成绩(各为 50 m)见表 5-8,试问如何从中选拔一个参加 200 m 混合泳的接力队,使预期成绩为最好?

表 5-8 单位:s

	赵	钱	张	王	周
仰　泳	37.7	32.9	33.8	37.0	35.4
蛙　泳	43.4	33.1	42.2	34.7	41.8
蝶　泳	33.3	28.5	38.9	30.4	33.6
自由泳	29.2	26.4	29.6	28.5	31.1

解 先假想一种泳姿,所有人游这种泳姿所花的时间均为零,构造如下指派问题矩阵:

$$\begin{pmatrix} 37.7 & 32.9 & 33.8 & 37.0 & 35.4 \\ 43.4 & 33.1 & 42.2 & 34.7 & 41.8 \\ 33.3 & 28.5 & 38.9 & 30.4 & 33.6 \\ 29.2 & 26.4 & 29.6 & 28.5 & 31.1 \\ 0 & 0 & 0 & 0 & 0 \end{pmatrix}.$$

用匈牙利算法求解,如果有谁被指派游假想的泳姿,则此人实际上最终是一名落选队员.

案例 5.4 消防站选点问题.

某城市的消防总部将全市划分为 11 个防火区,设有四个消防站,图 5-6 显示各防火区域与消防站的位置,其中①,②,③,④表示消防站,1,2,…,11表示防火区.根据历史资料证实,各消防站可在事先规定的允许时间内对所负责的地区的火灾予以消灭,图中虚线表示各地区由哪个消防站负责.现在总部提出,可否减少消防站的数目,仍能同样负责各地区的防火任务?如果可以,应当关闭哪个?

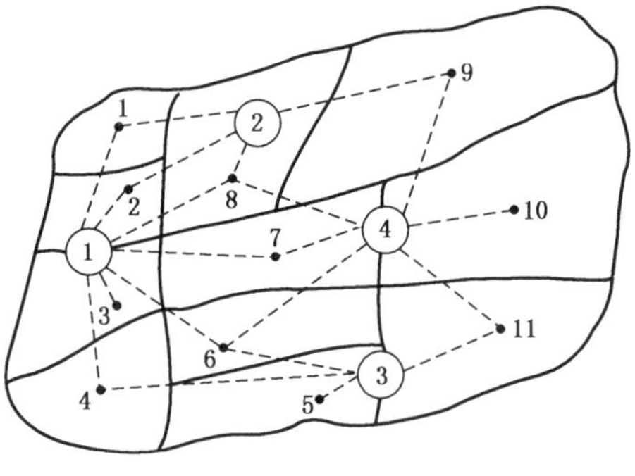

图 5-6

解 定 x_i 为 0－1 变量:

$$x_i = \begin{cases} 1, & \text{第}ⓘ\text{消防站保留}, \\ 0, & \text{第}ⓘ\text{消防站取消}, \end{cases} \quad i = 1, 2, 3, 4.$$

则得模型:

$$\min z = x_1 + x_2 + x_3 + x_4,$$

$$\text{s. t.} \begin{cases} x_1 + x_2 \geqslant 1, \\ x_1 \geqslant 1, \\ x_1 + x_3 \geqslant 1, \\ x_3 \geqslant 1, \\ x_1 + x_3 + x_4 \geqslant 1, \\ x_1 + x_4 \geqslant 1, \\ x_1 + x_2 + x_4 \geqslant 1, \\ x_2 + x_4 \geqslant 1, \\ x_4 \geqslant 1, \\ x_3 + x_4 \geqslant 1, \\ x_1, x_2, x_3, x_4 = 0 \text{ 或 } 1. \end{cases}$$

由约束条件可知 x_1, x_3, x_4 必为1,应予保留.由于 $x_2 = 0$ 满足约束条件,故可以取消②消防站.从而,$z = x_1 + x_2 + x_3 + x_4 = 3$.

案例 5.5 航空公司飞行方案的选择问题.

某航空公司经营 A, B, C 三个城市之间的航线,这些航线每天班机起飞和到达时间见表 5-9.

表 5-9

航班号	起飞城市	起飞时间	到达城市	到达时间	航班号	起飞城市	起飞时间	到达城市	到达时间
101	A	9:00	B	12:00	108	B	15:00	A	18:00
102	A	10:00	B	13:00	109	C	7:00	A	11:00
103	A	15:00	B	18:00	110	C	15:00	A	19:00
104	A	20:00	C	24:00	111	B	13:00	C	18:00
105	A	22:00	C	2:00(次日)	112	B	18:00	C	23:00
106	B	4:00	A	7:00	113	C	15:00	B	20:00
107	B	11:00	A	14:00	114	C	7:00	B	12:00

设飞机在机场停留的损失费用大致与停留时间的平方成正比,又每架飞机从降落到下一班起飞至少需 2 h 准备时间,试决定一个使停留费用损失为最小的飞行方案.

解 把从某市起飞的飞机当作要完成的任务,到达的飞机看作分配去完成任务的人,只要飞机到达后 2 h,即可以分配去完成起飞任务.这样可以分别对城市 A, B, C 各列出一个指派问题,各指派问题效率矩阵的数字为飞机停留的损失费用.设飞机在机场停留 1 h 损失为 a 元,则停留 2 h 损失为 $4a$ 元,3 h 为 $9a$ 元,依次类推.

对 A, B, C 三个城市建立指派问题的费用矩阵,见表 5-10.

表 5-10

城市 A

起飞 / 到达	101	102	103	104	105
106	$4a$	$9a$	$64a$	$169a$	$225a$
107	$361a$	$400a$	$625a$	$36a$	$64a$
108	$225a$	$256a$	$441a$	$4a$	$16a$
109	$484a$	$529a$	$16a$	$81a$	$121a$
110	$196a$	$225a$	$400a$	$625a$	$9a$

城市 B

起飞 / 到达	106	107	108	111	112
101	$256a$	$529a$	$9a$	$625a$	$36a$
102	$225a$	$484a$	$4a$	$576a$	$25a$
103	$100a$	$289a$	$441a$	$361a$	$576a$
113	$64a$	$225a$	$361a$	$289a$	$484a$
114	$256a$	$529a$	$9a$	$625a$	$36a$

城市 C

起飞 / 到达	109	110	113	114
104	$49a$	$225a$	$225a$	$49a$
105	$25a$	$169a$	$169a$	$25a$
111	$169a$	$441a$	$441a$	$169a$
112	$64a$	$256a$	$256a$	$64a$

对上述三个城市分别求解指派问题,即可得到相应的最佳安排方案.

案例 5.6 背包问题.

一位旅行者出发前准备在自己的背包里携带必需的物品,已知可供选择的物品有 n 种,第

j 种物品的重量为 a_j kg，其价值（或效益）为 c_j，如果旅行者的背包所带物品的总重量不得超过 b kg，问旅行者应如何选择所带物品，以使总价值（总效益）最大？

解 设 $x_j = \begin{cases} 0, & \text{不携带第 } j \text{ 种物品}, \\ 1, & \text{携带第 } j \text{ 种物品}, \end{cases} \quad j = 1, 2, \cdots, n,$

则背包问题的数学模型为

$$\max s = \sum_{j=1}^{n} c_j x_j,$$

$$\text{s. t.} \begin{cases} \sum_{j=1}^{n} a_j x_j \leqslant b, \\ x_j = 0 \text{ 或 } 1, \quad j = 1, 2, \cdots, n. \end{cases}$$

背包问题是经济与管理活动中一种常见的数学模型，人造卫星内物品装载问题，等等，同时，在管理科学领域也很受重视.

案例 5.6 背包模型的应用.

某投资公司拥有资金 1 亿元，有五个项目可投资，每个项目的投资成本及纯利润见表 5-11，对这五个项目如何进行投资决策，使该投资公司总利润实现最大？

表 5-11

项目	纯利润/百万元	成本/百万元
1	3	10
2	18	50
3	10	40
4	23	60
5	16	50

令 $x_j = 1$ 表示项目被采纳，$x_j = 0$ 表示项目不被采纳，$j = 1, 2, \cdots, 5$，则得投资决策模型为

$$\max Z = 3x_1 + 18x_2 + 10x_3 + 23x_4 + 16x_5,$$

$$\text{s. t.} \begin{cases} 10x_1 + 50x_2 + 40x_3 + 60x_4 + 50x_5 \leqslant 100, \\ x_j \in \{0, 1\}, \quad j = 1, 2, 3, 4, 5. \end{cases}$$

最优解为 $x_1 = x_3 = x_4 = 0$，$x_2 = x_5 = 1$，最大总利润 $Z = 34$（百万元）.

在原背包模型基础上可建立许多变化模型，例如在上述投资决策问题中，假定投资政策要求项目 1 和项目 3 至少有一个采纳，则，此时增加限制 $x_1 + x_3 \geqslant 1$. 或者，项目 2 尽可能在项目 1 采纳后再考虑是否采纳，而项目 1 本身不受限制，这时附加条件就变为 $x_2 \leqslant x_1$.

本 章 小 结

整数规划模型是一类特殊的规划模型，其特点是决策变量部分或全部需要是整数. 如果部

分要求是整数，该问题就是混合整数规划；如果全部要求是整数，则该问题是纯整数规划. 本章主要介绍了一般整数线性规划模型及其算法，并重点介绍了分枝定界法的思想和方法. 在此基础上，介绍了特殊的 0—1 整数规划模型及其枚举算法及 0—1 规划问题的具体应用，包括 0—1 变量的正确引入、指派问题模型及匈牙利算法以及背包模型及其应用. 最后，用若干具有代表性的例子分析了整数规划模型的实际应用.

习 题 5

5.1 对下列整数规划问题，问用先解相应的线性规划，然后凑整的办法能否求到最优整数解？

(1) $\max z = 3x_1 + 2x_2$,

$$\text{s.t.}\begin{cases}2x_1 + 3x_2 \leqslant 14.5,\\ 4x_1 + x_2 \leqslant 16.5,\\ x_1,\ x_2 \geqslant 0,\\ x_1,\ x_2 \text{ 为整数；}\end{cases}$$

(2) $\max z = 3x_1 + 2x_2$,

$$\text{s.t.}\begin{cases}2x_1 + 3x_2 \leqslant 14,\\ 2x_1 + x_2 \leqslant 9,\\ x_1,\ x_2 \geqslant 0,\\ x_1,\ x_2 \text{ 为整数.}\end{cases}$$

5.2 某航运公司承担由大连运 750 辆汽车到上海的任务，现有甲、乙两类船可资选用，船的有关情况见表 5-12，目前公司仅有汽油 5.5 t，船员 90 名，问应选用这两种船各几艘来运送这批汽车，才能使公司的收益最大？试建立此问题的整数规划模型.

表 5-12

船的种类	甲	乙
每船可装载的汽车数	200	100
每船耗用的汽油量/t	1.2	0.7
每船所需船员人数	25	10
每船每次收益/元	2 000	1 000

5.3 因合同需要制造 2 000 件某种产品，这种产品可利用 A, B, C 设备的任意一种加工. 已知每种设备的生产准备、结束费用，生产该产品时的单件成本，以及每种设备的最大加工数量见表 5-13，为使总费用最省，试建立此问题的整数规划模型.

表 5-13

设备	准备、结束费/元	生产成本/(元·件$^{-1}$)	最大加工数/件
A	100	10	600
B	300	2	800
C	200	5	1 200

5.4 用分枝定界法求解.

(1) $\max z = x_1 + x_2$,

$$\text{s.t.}\begin{cases}x_1 + \dfrac{9}{14}x_2 \leqslant \dfrac{51}{14},\\ -2x_1 + x_2 \leqslant \dfrac{1}{3},\\ x_1,\ x_2 \geqslant 0\text{，且为整数；}\end{cases}$$

(2) $\max z = 3x_1 + 2x_2$,

$$\text{s.t.}\begin{cases}2x_1 + 3x_2 \leqslant 14,\\ x_1 + 0.5x_2 \leqslant 4.5,\\ x_1,\ x_2 \geqslant 0\text{，且为整数.}\end{cases}$$

5.5 解下列 0－1 规划.

(1) $\min z = 4x_1 + 3x_2 + 2x_3$,

$$\text{s.t.}\begin{cases}2x_1 - 5x_2 + 3x_3 \leqslant 4, \\ 4x_1 + x_2 + 3x_3 \geqslant 3, \\ x_2 + x_3 \geqslant 1, \\ x_1, x_2, x_3 = 0 \text{ 或 } 1;\end{cases}$$

(2) $\min z = 2x_1 + 5x_2 + 3x_3 + 4x_4$,

$$\text{s.t.}\begin{cases}-4x_1 + x_2 + x_3 + x_4 \geqslant 0, \\ -2x_1 + 4x_2 + 2x_3 + 4x_4 \geqslant 4, \\ x_1 + x_2 - x_3 + x_4 \geqslant 1, \\ x_1, x_2, x_3, x_4 = 0 \text{ 或 } 1.\end{cases}$$

5.6 有五项设计任务可供选择.各项设计任务预期完成时间分别为 3，8，5，4，10(周)，设计报酬分别为 7，17，11，9，21(万元).设计任务只能一项一项地进行，总的期限是 20 周.选择设计任务时必须满足下面的要求：

(1) 至少完成 3 项设计任务.

(2) 若选择任务 1，必须同时选择任务 2.

(3) 任务 3 和任务 4 不能同时选择.

问：应当选择哪些设计任务，才能使总的设计报酬最大？

5.7 公司有 4 项业务，选定 4 位员工去完成.由于业务能力、工作经验及其他条件的不同，4 位员工完成 4 项业务的费用(单位：元)各不相同，见表 5-14.

表 5-14

员工 \ 业务	A	B	C	D
甲	15	18	21	24
乙	19	23	22	18
丙	26	17	16	19
丁	19	21	23	17

问：应指派哪个人去完成哪项业务，可使总费用最省？

5.8 设有 4 名运动员 A_1，A_2，A_3，A_4 组成的一个游泳队准备参加 4×100 m 的混合接力赛(由爬泳、蝶泳、仰泳、蛙泳各 100 m 组成).这 4 名的 100 m 爬泳、蝶泳、仰泳、蛙泳成绩见表 5-15.现决定每人各游什么姿势，才能使总成绩最好？

表 5-15

运动员 \ 项目	B_1 爬泳	B_2 蝶泳	B_3 仰泳	B_4 蛙泳
A_1	57″3	63″	64″	77″
A_2	56″	60″2	62″	63″5
A_3	56″4	61″	63″	71″
A_4	58″	64″	65″	68″7

5.9 某市为方便学生上学，拟在新建居民小区增设若干所小学.已知备选校址代号及其能覆盖的居民小区编号见表 5-16，问为覆盖所有小区至少应建多少所小学？

表 5-16

备选校址代号	覆盖小区编号	备选校址代号	覆盖小区编号
A	1，5，7	D	2，4，5
B	1，2，5	E	3，6
C	1，3，5	F	4，6

5.10 某采购员准备采购 100 万元的货物，拟在 5 种畅销的货物中进行选择，已知采购各种货物所需的金额和购进后所能获得的利润见表 5-17. 问应采购哪几种货物才能总获利最大？

表 5-17

货　物	P_1	P_2	P_3	P_4	P_5
采购所需金额/万元	56	20	54	42	15
利润/万元	7	5	9	6	3

6 目 标 规 划

本章要求

◎ 理解目标规划的基本概念.
◎ 掌握目标规划的建模方法.
◎ 了解目标规划的图解法和单纯形法.
◎ 掌握目标规划的一些应用实例.

目标规划(Goal Programming,简记为 GP)是在线性规划的基础上,为适应经济管理中多个目标决策的需要而逐步发展起来的一个运筹学分支。1961 年,美国学者查恩斯(A. Charnes)和库柏(W. W. Coopor)在《管理模型及线性规划的工业应用》一书中,首次提出了目标规划的有关概念,并建立了相应的数学模型。1965 年,尤吉·艾吉里(Yuji Ijiri)引入了优先因子和权系数等概念,进一步完善了目标规划模型及理论. 1976 年,伊格尼齐奥(J. P. Ignizio)出版了《目标规划及其扩展》一书,系统研究了目标规划理论与方法. 目前,研究较多的有线性目标规划、非线性目标规划算法及其应用等方面,都取得了重要成果.

6.1 目标规划问题及其数学模型

6.1.1 目标规划问题的提出

前面学习的线性规划方法可以解决许多线性的最优化问题,应用很广泛. 但是线性规划模型有其局限性,它只能处理单一目标的最优化问题,如实现利润的最大化或成本的最小化等. 因此,对于多目标最优化问题,线性规划显得无能为力. 而目标规划则能很好地解决多目标决策问题.

例 6.1 某企业生产两种产品,生产受到原材料和设备工时的限制. 生产产品Ⅰ,Ⅱ单件需耗费的原材料、设备工时及获得的单件利润的数据见表 6-1,要求制定获利最大的生产方案.

表 6-1

产　品	Ⅰ	Ⅱ	限　量
原材料/(kg·件$^{-1}$)	5	10	80
设备工时/(h·件$^{-1}$)	4	2	32
利润/(元·件$^{-1}$)	4	12	

解 建立线性规划模型，设生产Ⅰ，Ⅱ两种产品，分别生产 x_1，x_2 件，则

$$\max z = 4x_1 + 12x_2,$$
$$\text{s. t.} \begin{cases} 5x_1 + 10x_2 \leqslant 80, \\ 4x_1 + \ \ 2x_2 \leqslant 32, \\ x_1,\ x_2 \geqslant 0. \end{cases} \tag{6.1}$$

解得最优生产方案为 $x_1 = 0$，$x_2 = 8$，$\max z = 96$ 元.

如果企业仅仅考虑获利最大这一单一目标，则问题求解到此结束. 但实际上企业进行决策时，往往还需考虑一系列的其他条件. 如企业的财务部门可能希望有尽可能大的利润，以实现其年度利润目标；销售部门可能希望多生产销路好的产品；物资部门则希望尽量减少紧缺物资、高价物资的消耗，以节省采购资金. 因此，生产计划问题实质上是一个多目标决策问题. 用线性规划方法求解无非是在众多的目标中，企业选择了一个企业认为最重要的目标作为线性规划的目标函数. 这样决策的结果可能会严重影响某些部门的愿望，使生产计划的实施受到影响.

目标规划数学模型则综合考虑了各级目标，使各级目标依重要性的程度逐步实现. 因此，目标规划数学模型能很好地解决多目标决策问题.

下面介绍目标规划问题的基本概念和建模方法.

6.1.2 目标规划问题的基本概念及其建模

1. 正、负偏差变量

正偏差变量表示决策值超过目标值的部分，用 d^+ 表示. 负偏差变量表示决策值未达到目标值的部分. d^+，d^- 应满足 $d^+ \geqslant 0$，$d^- \geqslant 0$，$d^+ \cdot d^- = 0$.

如在例 6.1 的数学模型中，利润函数为 $z = 4x_1 + 12x_2$，因此对每一确定的决策 x_1，x_2，都有相应的决策值 $z = 4x_1 + 12x_2$. 现在假定企业希望能实现的利润目标值 80 元. 当企业的决策为 $x_1 = 1$，$x_2 = 7$ 时，相应的利润值为 88 元，存在正偏差 $d^+ = 8$，$d^- = 0$；当企业的决策为 $x_1 = 3$，$x_2 = 5$ 时，利润值为 72 元，存在负偏差 $d^- = 8$，$d^+ = 0$；当企业的决策为 $x_1 = 2$，$x_2 = 6$ 时，利润值为 80 元，$d^+ = d^- = 0$.

2. 绝对约束和目标约束

绝对约束是指必须严格满足的等式约束和不等式约束，如线性规划中的约束条件都是绝对约束，不满足这些约束条件则不存在可行解，因此绝对约束也称为硬约束. 目标约束是目标规划特有的，是一种软约束. 目标约束中决策值和目标值之间的差异用偏差变量表示，因此目标约束条件中左端是由决策变量和正、负偏差变量组成，右端可看为要追求的目标值. 如

$$6x_1 + 8x_2 + d_1^- - d_1^+ = 48.$$

3. 优先因子(优先等级)和权系数

对一个决策问题的多个目标，决策者在要求达到这些目标时，往往不是一视同仁，而是根据决策意愿把各目标分成多个不同的优先等级. 要求第一位达到的目标赋予优先等级 P_1，第二位达到的目标赋予优先等级 P_2，……，第 k 位达到的目标赋予优先等级 P_k，……，并且规定 $P_k \gg P_{k+1}$，表示前一个优先等级比后一优先等级有更大的优先权. 即在求解目标规划问题时，首先保证 P_1 级目标的实现，在此基础上再考虑 P_2 级目标的实现，以此类推.

对同一优先等级的多个目标约束，为了区别它们的重要程度的差别，则可引进权系数，权系数用 W_j 表示.

4. 目标规划的目标函数

线性规划的目标函数由决策变量的线性函数构成，而目标规划的目标函数由各目标约束的偏差变量及相应的优先因子和权系数构成. 当每一目标确定后，决策者的要求是尽可能接近各既定目标值，也就是使各偏差变量尽可能地小，所以目标规划的目标函数只能取极小形式，即 $\min z = f(d^+, d^-)$ 形式，根据具体情况，其基本形式有如下三种：

(1) 要求恰好等于目标值. 即希望决策值超过和不足目标值的部分都尽可能小，因此有

$$\min z = f(d^+ + d^-).$$

(2) 要求不超过目标值，允许达不到目标值. 即希望决策值不超过目标值，也即希望 d^+ 越小越好，因此有

$$\min z = f(d^+).$$

(3) 要求不低于目标值，允许超过目标值. 即希望决策值不低于目标值，也即希望 d^- 越小越好，因此有

$$\min z = f(d^-).$$

对一个具体的目标规划问题，应根据决策者对各目标的要求采取相应的基本形式.

例 6.2 假设例 6.1 的决策者在原材料严格受限的基础上，还需依次考虑如下条件：

(1) 由于产品Ⅱ市场接近饱和，销售疲软，故希望产品Ⅱ的产量不超过产品Ⅰ的一半；

(2) 充分利用设备有效台时，但不加班；

(3) 计划利润额不少于 48 元.

试求企业的决策方案.

解 设企业安排生产产品Ⅰ，Ⅱ分别为 x_1, x_2 件，赋予三个目标的优先因子为 P_1, P_2, P_3. 则此问题的目标规划数学模型为

$$\min z = P_1 d_1^+ + P_2(d_2^- + d_2^+) + P_3 d_3^-,$$

$$\text{s.t.} \begin{cases} 5x_1 + 10x_2 \leqslant 80, & (6.2\text{a}) \\ -x_1 + 2x_2 + d_1^- - d_1^+ = 0, & (6.2\text{b}) \\ 4x_1 + 2x_2 + d_2^- - d_2^+ = 32, & (6.2\text{c}) \\ 4x_1 + 12x_2 + d_3^- - d_3^+ = 48, & (6.2\text{d}) \\ x_1, x_2, d_i^-, d_i^+ \geqslant 0, \quad i = 1, 2, 3. \end{cases}$$

6.2 目标规划的图解法

对于只有两个决策变量的目标规划问题，可以用图解法来求解.

在用图解法来求解目标规划问题时，首先必须满足所有的绝对约束条件，在此基础上再按照优先等级从高到低的顺序，逐个考虑各个目标约束. 一般地，若满足优先因子 P_j 后对应的解空间为 R_j，则满足优先因子 P_{j+1} 后对应的解空间 R_{j+1} 只能在 R_j 中考虑，即有 $R_{j+1} \subseteq R_j$. 若 $R_j \neq \varnothing$，而 $R_{j+1} = \varnothing$，则目标规划问题的解只能在 R_j 中，即 R_j 中使得 P_{j+1} 优先等级的目标取到极小值的解. 此即为目标规划的满意解.

例 6.3 用图解法求解例 6.2 的目标规划模型.

解 先在平面直角坐标系的第一象限内,作各约束条件.绝对约束条件的作法与线性规划相同,作目标约束条件时,先去掉 d_i^-, d_i^+,作出相应的直线,再在直线的两边标上 d_i^-, d_i^+,标 d^- 的一边表示该区域 $d_i^->0$.标 d^+ 的区域表示该区域 $d_i^+>0$,而直线上的点,$d_i^-=d_i^+=0$.直线可沿 d_i^-, d_i^+ 方向移动,相应便有不同的 d_i^-, d_i^+ 的值.作出各约束条件所对应的图形,如图 6-1 所示.

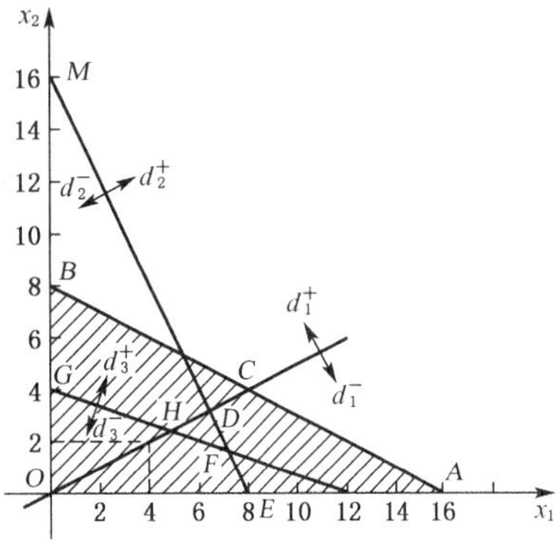

图 6-1

下面根据目标函数中的优先等级来分析求解.首先必须满足绝对约束条件(6.2a)和非负约束条件,得到解空间为 $\triangle OAB$ 区域.其次考虑具有优先因子 P_1 的目标的实现,即 $\min d_1^+$,从图中可以看出直线 OC 的下方包括 OC 使 $d_1^+=0$,结合考虑绝对约束条件,得到满足条件(6.2a)、条件(6.2b)的解空间为 $\triangle OAC$ 区域.接着考虑 P_2 的实现,即 $\min\{d_2^-+d_2^+\}$,当 $d_2^-=d_2^+=0$ 时,$\min\{d_2^-+d_2^+\}=0$,解空间变为线段 DE.再考虑实现 P_3,即 $\min d_3^-$,线段 DF 上的点使 $d_3^-=0$,因此线段 DF 上的点即为目标规划问题的解.可求得 D 的坐标是 $\left(\frac{32}{5}, \frac{16}{5}\right)$,$F$ 的坐标是 $\left(\frac{36}{5}, \frac{8}{5}\right)$,故问题的解为 $\alpha_1\left(\frac{32}{5}, \frac{16}{5}\right)+\alpha_2\left(\frac{36}{5}, \frac{8}{5}\right)$,其中 $\alpha_1, \alpha_2 \geqslant 0, \alpha_1+\alpha_2=1$.

本题求解能满足所有各级目标的要求,即 $d_1^+=0$, $d_2^-+d_2^+=0$, $d_3^-=0$,因而 $\min z=0$,但是对大多数问题并非如此,很多目标规划问题只能满足前面 P_j 级的目标,因此一般将目标规划问题的解称为满意解.

例 6.4 某电视机厂装配彩色和黑白两种电视机,每装配一台需占用装配线 1 h,装配线计划每周开动 40 h.预计市场每周彩色电视机销量 35 台,每台可获利 300 元;黑白电视机销量 35 台,每台获利 100 元.该厂制定的目标为

P_1:充分利用装配线,每周计划开动 40 h;

P_2:允许装配线加班;但加班时间每周尽量不超过 20 h;

P_3:装配电视机的数量尽量满足市场需要.因彩电利润高,取其权系数为 3;

P_4:因黑白电视机市场销售潜力不大,超产尽量小于 10 台.

试建立问题的目标规划模型,并求解.

解 设 x_1, x_2 分别表示装配彩电和黑白电视机的台数.此问题的目标规划模型为

$$\min z=P_1 d_1^-+P_2 d_2^++P_3(3 d_3^-+d_4^-)+P_4 d_5^+,$$

$$\text{s.t.}\begin{cases}x_1+x_2+d_1^--d_1^+=40, \\ x_1+x_2+d_2^--d_2^+=60, \\ x_1+\qquad d_3^--d_3^+=35, \\ \qquad x_2+d_4^--d_4^+=35, \\ \qquad x_2+d_5^--d_5^+=45, \\ x_1, x_2, d_i^-, d_i^+\geqslant 0, \quad i=1,2,3,4,5.\end{cases}$$

用图解法求解,如图 6-2 所示.P_1, P_2 目标实现后,x_1, x_2 的取值范围为四边形 $ABDC$.考

虑 P_3 的目标时，因 d_3^- 的权系数 3 大于 d_4^- 的权系数 1，故先考虑 d_3^- 取极小，即 $\min d_3^- = 0$；这时 x_1，x_2 的取值范围变成四边形 $ACFG$. 然后考虑 $\min d_4^-$，但在四边形 $ACFG$ 区域内无法满足 $d_4^- = 0$，所以只能在四边形 $ACFG$ 中找一点，使 d_4^- 尽可能小，这一点为 F 点，$\min d_4^- = 10$，F 点的坐标为(35, 25). 所以问题的满意解为 $x_1 = 35$，$x_2 = 25$. 该厂在作决策时每周应装配彩电 35 台，黑白电视机 25 台.

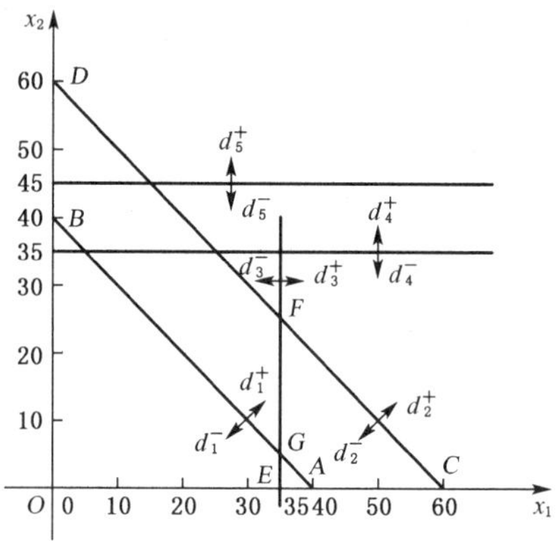

图 6-2

在求解目标规划问题时，有时所求得的满意解能使所有的目标都得到满足，如例 6.3，并且满意解可能为唯一或无穷多. 有时求得的满意解却只能满足较高优先级的目标，如例 6.4，它满足了 P_1，P_2 后，对 P_3 却只能满足 $d_3^- = 0$，而 d_4^- 不等于 0，$d_4^- = 10$，到达这一步求解就结束了，更低的优先级无须再去考虑，使 d_4^- 取极小的解即为问题的满意解.

6.3 目标规划的单纯形法

从目标规划的数学模型结构可以看出，它与线性规划的数学模型结构没有本质的区别，可以用单纯形法求解.

在用单纯形法解目标规划时，检验数是各优先因子的线性组合，在算检验数时，根据优先等级的高低，算出各变量在相应优先因子下的检验数. 在根据检验数判别解的情况时，必须依据优先等级 $P_1 \gg P_2 \gg P_3 \gg \cdots$ 依次考虑.

解目标规划问题的单纯形法的计算步骤：

(1) 建立初始单纯形表，若有 k 个优先因子，则在表中将检验数行按优先因子数分别列成 k 行，置 $k = 1$；

(2) 检查第 k 行中是否存在负数，且对应的前 $k-1$ 行的系数是零. 若有取其中最小者对应的变量为换入变量，转步骤(3). 若无负数，则转步骤(5)；

(3) 按最小比值规则确定换出变量，当存在两个和两个以上相同的最小比值时，选取具有较高优先级别的变量为换出变量；

(4) 按单纯形法进行基变换运算，建立新的计算表，返回步骤(2)；

(5) 当 $k = k$ 时，计算结束. 表中的解即为满意解，否则置 $k = k + 1$，返回到步骤(2).

例 6.5 试用单纯形法求解例 6.2.

解 将例 6.2 化为标准型得

$$\min z = P_1 d_1^+ + P_2(d_2^- + d_2^+) + P_3 d_3^-,$$

$$\text{s.t.} \begin{cases} 5x_1 + 10x_2 + x_3 = 80, \\ -x_1 + 2x_2 + d_1^- - d_1^+ = 0, \\ 4x_1 + 2x_2 + d_2^- - d_2^+ = 32, \\ 4x_1 + 12x_2 + d_3^- - d_3^+ = 48, \\ x_i,\ d_i^-,\ d_i^+ \geqslant 0,\ i = 1, 2, 3. \end{cases}$$

取 x_3, d_1^-, d_2^-, d_3^- 为初始基变量,列出初始单纯形表,见表 6-2.

表 6-2

c_j			0	0	0	0	P_1	P_2	P_2	P_3	0	θ
c_B	x_B	b	x_1	x_2	x_3	d_1^-	d_1^+	d_2^-	d_2^+	d_3^-	d_3^+	
0	x_3	80	5	10	1	0	0	0	0	0	0	16
0	d_1^-	0	−1	2	0	1	−1	0	0	0	0	—
P_2	d_2^-	32	[4]	2	0	0	0	1	−1	0	0	8
P_3	d_3^-	48	4	12	0	0	0	0	0	1	−1	12
$c_j - z_j$		P_1	0	0	0	0	1	0	0	0	0	
		P_2	−4	−2	0	0	0	0	2	0	0	
		P_3	−4	−12	0	0	0	0	0	0	1	

取 $k=1$ 检查 P_1 行,因该行无负检验数,故转步骤(5);

因 $k=1<k=3$,置 $k=k+1=2$,返回步骤(2);

检查 P_2 行,有负检验数 −4, −2; $\min\{-4, -2\}=-4$, −4 对应的变量 x_1 为换入变量,转步骤(3);

在表 6-2 中计算最小比值 $\theta=\min\left\{\frac{80}{5}, -, \frac{32}{4}, \frac{48}{4}\right\}=8$,它对应的变量 d_2^- 为换出变量,转步骤(4);

进行基变换,得表 6-3;返回步骤(2). 以此类推,得到最终表 6-4.

表 6-3

c_j			0	0	0	0	P_1	P_2	P_2	P_3	0	θ
c_B	x_B	b	x_1	x_2	x_3	d_1^-	d_1^+	d_2^-	d_2^+	d_3^-	d_3^+	
0	x_3	40	0	$\frac{15}{2}$	1	0	0	$-\frac{5}{4}$	$\frac{5}{4}$	0	0	$\frac{16}{3}$
0	d_1^-	8	0	$\frac{5}{2}$	0	1	−1	$\frac{1}{4}$	$-\frac{1}{4}$	0	0	$\frac{16}{5}$
0	x_1	8	1	$\frac{1}{2}$	0	0	0	$\frac{1}{4}$	$-\frac{1}{4}$	0	0	16
P_3	d_3^-	16	0	[10]	0	0	0	−1	1	1	−1	$\frac{8}{5}$
$c_j - z_j$		P_1	0	0	0	0	1	0	0	0	0	
		P_2	0	0	0	0	0	1	1	0	0	
		P_3	0	−10	0	0	0	1	−1	0	1	

从表 6-4 可以看出所有非基变量的检验数均大于或等于零,已求出问题的解. $x_1=\frac{36}{5}$, $x_2=\frac{8}{5}$ 即为问题的满意解. 此解相当于图解法中的 F 点.

表 6-4

c_j			0	0	0	0	P_1	P_2	P_3	P_3	0	θ
c_B	x_B	b	x_1	x_2	x_3	d_1^-	d_1^+	d_2^-	d_2^+	d_3^-	d_3^+	
0	x_3	28	0	0	1	0	0	$-\frac{1}{2}$	$\frac{1}{2}$	$-\frac{3}{4}$	$\frac{3}{4}$	$\frac{112}{3}$
0	d_1^-	4	0	0	0	1	-1	$\frac{1}{2}$	$-\frac{1}{2}$	$-\frac{1}{4}$	$\left[\frac{1}{4}\right]$	16
0	x_1	$\frac{36}{5}$	1	0	0	0	0	$\frac{3}{10}$	$-\frac{3}{10}$	$-\frac{1}{20}$	$\frac{1}{20}$	144
0	x_2	$\frac{8}{5}$	0	1	0	0	0	$-\frac{1}{10}$	$\frac{1}{10}$	$\frac{1}{10}$	$-\frac{1}{10}$	—
c_j-z_j		P_1	0	0	0	0	1	0	0	0	0	
		P_2	0	0	0	0	0	1	1	0	0	
		P_3	0	0	0	0	0	0	0	1	0	

从表 6-4 可以看出，非基变量 d_3^+ 的检验数为零，这表明存在多重解. 以 d_3^+ 为换入变量，d_1^- 为换出变量，经迭代得到表 6-5. 由表 6-5 得解 $x_1=\frac{32}{5}$，$x_2=\frac{16}{5}$，此解相当于图解法中的 D 点. 因此 D，F 两点的凸线性组合都是例 6.2 的满意解. 这与图解法结论一致.

表 6-5

c_j			0	0	0	0	P_1	P_2	P_2	P_3	0	θ
c_B	x_B	b	x_1	x_2	x_3	d_1^-	d_1^+	d_2^-	d_2^+	d_3^-	d_3^+	
0	x_3	16	0	0	1	-3	3	-2	2	0	0	
0	d_3^+	16	0	0	0	4	-4	2	-2	-1	1	
0	x_1	$\frac{32}{5}$	1	0	0	$-\frac{1}{5}$	$\frac{1}{5}$	$\frac{1}{5}$	$-\frac{1}{5}$	0	0	
0	x_2	$\frac{16}{5}$	0	1	0	$\frac{2}{5}$	$-\frac{2}{5}$	$\frac{1}{10}$	$-\frac{1}{10}$	0	0	
c_j-z_j		P_1	0	0	0	0	1	0	0	0	0	
		P_2	0	0	0	0	0	1	1	0	0	
		P_3	0	0	0	0	0	0	0	1	0	

6.4 案 例 分 析

案例 6.1 升级调资问题.

某高校领导在考虑本单位员工的升级调资方案时，依次考虑如下的目标：

(1) 年工资总额不超过 900 万元；

(2) 每级的人数不超过定编规定的人数；

(3) 副教授、讲师、助教级的升级面尽可能达到现有人数的 20%；

助教级不足编制的人数可直接聘用应届毕业研究生. 教授级人员中有 10%要退休. 有关资料见表 6-6,请为该领导拟定满意的方案.

表 6-6

	工资额/(元・年$^{-1}$)	现有人数	编制人数
教　授	30 000	30	40
副教授	20 000	100	120
讲　师	15 000	200	220
助　教	12 000	200	200

解　设 x_1, x_2, x_3, x_4 分别表示提升到教授、副教授、讲师和录用研究生的人数,则升级调资后,各类人员的人数分别为:教授:$27+x_1$,副教授:$100-x_1+x_2$,讲师:$200-x_2+x_3$,助教:$200-x_3+x_4$,下面分别建立各目标约束.

考虑 P_1:年工资总额不超过 900 万元,则

$$3(27+x_1)+2(100-x_1+x_2)+1.5(200-x_2+x_3)+1.2(200-x_3+x_4)+d_1^- - d_1^+ = 900.$$

考虑 P_2:每级的人数不超过定编规定的人数,则

教授级:$27+x_1+d_2^- - d_2^+ = 40$;

副教授级:$100-x_1+x_2+d_3^- - d_3^+ = 120$;

讲师级:$200-x_2+x_3+d_4^- - d_4^+ = 220$;

助教级:$200-x_3+x_4+d_5^- - d_5^+ = 200$.

考虑 P_3:副教授、讲师、助教的升级面尽可能达到现有人数的 20%,则

副教授级:$x_1+d_6^- - d_6^+ = 100\times 20\%$;

讲师级:$x_2+d_7^- - d_7^+ = 200\times 20\%$;

助教级:$x_3+d_8^- - d_8^+ = 200\times 20\%$.

目标函数为

$$\min z = P_1 d_1^+ + P_2(d_2^+ + d_3^+ + d_4^+ + d_5^+) + P_3(d_6^- + d_7^- + d_8^-).$$

案例 6.2　农场生产计划问题.

友谊农场有 3 万亩(1 亩=666.6 m^2)农田,欲种植玉米、大豆和小麦三种农作物. 各种作物每亩需施化肥分别为 0.12t, 0.20 t, 0.15 t. 预计秋后玉米每亩可收获 500 kg,售价为 0.24 元/kg,大豆每亩可收获 200 kg,售价为 1.20 元/kg,小麦每亩可收获 300 kg,售价为 0.70 元/kg. 农场年初规划时考虑如下几个方面:

P_1:销售收入不低于 350 万元;

P_2:总产量不低于 1.25 万 t;

P_3:小麦产量以 0.5 万 t 为宜;

P_4:大豆产量不少于 0.2 万 t;

P_5:玉米产量不超过 0.6 万 t;

P_6:农场现能提供 5 000 t 化肥;若不够,可在市场高价购买,但希望高价采购量愈少愈好.

试就该农场生产计划建立数学模型.

解 设农场种植玉米、大豆、小麦分别为 x_1, x_2, x_3 亩,则该问题的数学模型为

绝对约束:$x_1 + x_2 + x_3 \leqslant 3 \times 10^4$.

P_1: $500 \times 0.24x_1 + 200 \times 1.20x_2 + 300 \times 0.70x_3 + d_1^- - d_1^+ = 350 \times 10^4$;

P_2: $500x_1 + 200x_2 + 300x_3 + d_2^- - d_2^+ = 1\,250 \times 10^4$;

P_3: $300x_3 + d_3^- - d_3^+ = 500 \times 10^4$;

P_4: $200x_2 + d_4^- - d_4^+ = 200 \times 10^4$;

P_5: $500x_1 + d_5^- - d_5^+ = 600 \times 10^4$;

P_6: $0.12x_1 + 0.20x_2 + 0.15x_3 + d_6^- - d_6^+ = 5\,000$.

目标函数为

$$\min z = P_1 d_1^- + P_2 d_2^+ + P_3(d_3^- + d_3^+) + P_4 d_4^- + P_5 d_5^+ + P_6 d_6^+.$$

案例 6.3 多目标运输问题.

已知有三个产地给四个销地供应某种产品,产销地之间的供需量和单位运价见表 6-7. 有关部门在研究调运方案时依次考虑以下七项目标,并规定其相应的优先等级:

P_1: B_4 是重点保证单位,必须全部满足其需要;

P_2: A_3 向 B_1 提供的产量不少于 120;

P_3: 每个销地的供应量不小于其需要量的 80%;

P_4: 所订调运方案的总运费不超过最小运费调运方案的 20%;

P_5: 因路段的问题,尽量避免安排将 A_2 的产品运往 B_4;

P_6: 给 B_1 和 B_3 的供应率要相同;

P_7: 力求总运费最省.

试求满意的调运方案.

表 6-7

产地 \ 销地	B_1	B_2	B_3	B_4	产 量
A_1	6	3	3	8	400
A_2	3	5	4	6	200
A_3	5	4	9	7	500
销 量	300	100	400	500	

解 先不考虑目标约束,把问题看为产销不平衡的运输问题,用表上作业法可求得最小运费为 4 800 元,求解过程略.

下面建立问题的目标规划模型.

设 x_{ij} 表示从 A_i 产地运往 B_j 销地的运量,$i=1, 2, 3$; $j=1, 2, 3, 4$.

供应绝对约束条件为

$$x_{11} + x_{12} + x_{13} + x_{14} \leqslant 400,$$
$$x_{21} + x_{22} + x_{23} + x_{24} \leqslant 200,$$
$$x_{31} + x_{32} + x_{33} + x_{34} \leqslant 500.$$

P_1：B_4 需求约束为

$$x_{14}+x_{24}+x_{34}+d_1^- - d_1^+ = 500.$$

P_2：A_3 向 B_1 提供的产品量不少于 120，则

$$x_{31}+d_2^- - d_2^+ = 120.$$

P_3：每个销地的销量不小于其需要量的 80%，则

$$\begin{aligned}
&x_{11}+x_{21}+x_{31}+d_3^- - d_3^+ = 300\times 80\%,\\
&x_{12}+x_{22}+x_{32}+d_4^- - d_4^+ = 100\times 80\%,\\
&x_{13}+x_{23}+x_{33}+d_5^- - d_5^+ = 400\times 80\%,\\
&x_{14}+x_{24}+x_{34}+d_6^- - d_6^+ = 500\times 80\%.
\end{aligned}$$

P_4：调运方案的总运费不超过最小运费调运方案的 20%，则

$$\sum_{i=1}^{3}\sum_{j=1}^{4} c_{ij}x_{ij}+d_7^- - d_7^+ = 4\,800(1+20\%).$$

P_5：因路段问题，尽量避免安排将 A_2 的产品运往 B_4，故

$$x_{24}+d_8^- - d_8^+ = 0.$$

P_6：B_1 和 B_3 的供应率要相同，所以

$$\frac{x_{11}+x_{21}+x_{31}}{300}+d_9^- - d_9^+ = \frac{x_{13}+x_{23}+x_{33}}{400}\Rightarrow$$

$$(x_{11}+x_{21}+x_{31})-\frac{300}{400}(x_{13}+x_{23}+x_{33})+d_9^- - d_9^+ = 0.$$

P_7：力求总运费最省，则

$$\sum_{i=1}^{3}\sum_{j=1}^{4} c_{ij}x_{ij}+d_{10}^- - d_{10}^+ = 4\,800.$$

因此，目标函数为

$$\begin{aligned}
\min z = {}& P_1d_1^- + P_2d_2^- + P_3(d_3^- + d_4^- + d_5^- + d_6^-) + P_4d_7^+ + P_5d_8^+ +\\
& P_6(d_9^- + d_9^+) + P_7d_{10}^+.
\end{aligned}$$

案例 6.4 电台节目安排问题.

一个小型的无线电广播台考虑如何最好地来安排音乐、新闻和商业节目时间. 据有关规定，该台每天允许广播 12 h，其中商业节目用以盈利，每分钟可收入 250 美元，新闻节目每分钟需支出 40 美元，音乐节目每播 1 min 费用为 17.50 美元. 根据规定，正常情况下商业节目只能占广播时间的 20%，每小时至少安排 5 min 新闻节目. 问每天的广播节目该如何安排？优先级如下：

P_1：满足规定要求；

P_2：每天的纯收入最大.

试建立该问题的目标规划模型.

解 设广播台每天安排商业节目、新闻、音乐节目的广播时间分别为 x_1，x_2，x_3 h，则目标规划模型如下：

P_1:满足规定要求:

每天允许广播 12 h: $x_1 + x_2 + x_3 + d_1^- - d_1^+ = 12$;

商业节目只能占广播时间的 20%: $x_1 + d_2^- - d_2^+ = 12 \times 0.2$;

每小时至少安排 5 min 新闻节目: $x_2 + d_3^- - d_3^+ = 1$.

P_2:每天纯收入最大:

商业节目每天的盈利为 $12 \times 0.2 \times 60 \times 250 = 36\,000$ 美元,把 36 000 美元作为相应的赢利目标,可得如下的目标约束条件:

$$250 \times 60x_1 - 40 \times 60x_2 - 17.5 \times 60\, x_3 + d_4^- - d_4^+ = 36\,000.$$

从而,目标函数为

$$\min z = P_1(d_1^+ + d_2^+ + d_3^-) + P_2 d_4^-.$$

案例 6.5 混合配方问题.

某制酒企业用三种等级的原料酒Ⅰ,Ⅱ,Ⅲ兑制成三种混合酒(A, B, C 牌).这些原料酒的供应量受到严格限制,它们每日的供应量分别为 1 500 kg, 2 000 kg 和 1 000 kg,供应价格分别为 18 元/kg, 13.5 元/kg 和 9 元/kg.三种混合酒的配方及售价见表 6-8.

表 6-8

混合酒	兑制要求	售价/(元·kg^{-1})
A	Ⅲ不多于 10%,Ⅰ不少于 50%	16.5
B	Ⅲ不多于 70%,Ⅰ不少于 20%	15.0
C	Ⅲ不多于 50%,Ⅰ不少于 10%	14.4

厂长确定:首先必须按规定比例兑制混合酒;其次是获利最大;再次是混合酒 A 每天至少生产 2 000 kg.试建立该问题的数学模型.

解 把混合酒 A, B, C 记为混合酒 1, 2, 3.设 x_{ij} 为第 i 级原料酒在混合酒 j 中的千克数.下面先计算有关式子.

兑制比例要求:由"混合酒 A 中Ⅲ级原料酒不多于 10%"的要求可得

$$x_{31} \leqslant 0.1(x_{11} + x_{21} + x_{31}),$$

或

$$-0.1x_{11} - 0.1x_{21} + 0.9x_{31} \leqslant 0.$$

类似地,可得到各式:

$$\begin{aligned} 0.5x_{11} - 0.5x_{21} - 0.5x_{31} &\geqslant 0, \\ -0.7x_{12} - 0.7x_{22} + 0.3x_{32} &\leqslant 0, \\ 0.8x_{12} - 0.2x_{22} - 0.2x_{32} &\geqslant 0, \\ -0.5x_{13} - 0.5x_{23} + 0.5x_{33} &\leqslant 0, \\ 0.9x_{13} - 0.1x_{23} - 0.1x_{33} &\geqslant 0. \end{aligned}$$

利润要求:每天的总利润为

$$16.5(x_{11}+x_{21}+x_{31})+15(x_{12}+x_{22}+x_{32})+14.4(x_{13}+x_{23}+x_{33})-18(x_{11}+x_{12}+x_{13})-13.5(x_{21}+x_{22}+x_{23})-9(x_{31}+x_{32}+x_{33})=-1.5x_{11}-3x_{12}-3.6x_{12}+3x_{21}+1.5x_{22}+0.9x_{23}+7.5x_{31}+6x_{32}+5.4x_{33}.$$

为使利润最大,我们可取利润的上界(本例取为 100 000 元)作为目标值,并极小化该目标的负偏差变量.

混合酒 A 的产量要求为

$$(x_{11}+x_{21}+x_{31})\geqslant 2\,000.$$

把各有关约束转化为目标约束,最后得到下列目标规划模型:

$$\min z=P_1(d_1^++d_2^-+d_3^++d_4^-+d_5^++d_6^-)+P_2d_7^-+P_3d_8^-,$$

$$\text{s.t.}\begin{cases}\begin{cases}x_{11}+x_{12}+x_{13}\leqslant 1\,500,\\ x_{21}+x_{22}+x_{23}\leqslant 2\,000,\\ x_{31}+x_{32}+x_{33}\leqslant 1\,000,\end{cases}\\ -0.1x_{11}-0.1x_{21}+0.9x_{31}+d_1^--d_1^+=0,\\ 0.5x_{11}-0.5x_{21}-0.5x_{31}+d_2^--d_2^+=0,\\ -0.7x_{12}-0.7x_{22}+0.3x_{32}+d_3^--d_3^+=0,\\ 0.8x_{12}-0.2x_{22}-0.2x_{32}+d_4^--d_4^+=0,\\ -0.5x_{13}-0.5x_{23}+0.5x_{33}+d_5^--d_5^+=0,\\ 0.9x_{13}-0.1x_{23}-0.1x_{33}+d_6^--d_6^+=0,\\ -1.5x_{11}-3x_{12}-3.6x_{13}+3x_{21}+1.5x_{22}+0.9x_{23}+\\ \quad 7.5x_{31}+6x_{32}+5.4x_{33}+d_7^--d_7^+=100\,000,\\ x_{11}+x_{21}+x_{31}+d_8^--d_8^+=2\,000,\\ x_{ij}\geqslant 0,\quad i=1,2,3;\ j=1,2,3,\\ d_k^-,\ d_k^+\geqslant 0,\quad k=1,\cdots,8.\end{cases}$$

本 章 小 结

目标规划方法是解决多目标决策问题的有效工具. 在目标规划中,决策者的所有目标都可以按其重要性的顺序在模型中加以考虑. 目标规划的解一般称为满意解,它是对每一个决策变量,根据各个目标与预定目标值的偏差量为最小的方式来赋予数值. 目标规划还能处理有相互矛盾约束条件的规划问题. 本章详细介绍了目标规划的基本概念和数学模型;介绍了目标规划的图解法和单纯形法;章末还提供了几个典型的应用实例.

习 题 6

6.1 若用下列表达式作为目标规划的目标函数,试述其逻辑是否正确.

(1) $\max z = d^- + d^+$;　　(2) $\max z = d^- - d^+$;

(3) $\min z = d^- + d^+$;　　(4) $\min z = d^- - d^+$.

6.2 用图解法找出下列目标规划问题的满意解.

(1) $\max z = P_1(d_1^- + d_1^+) + P_2(2d_2^+ + d_3^+)$,

$$\text{s.t.}\begin{cases} x_1 - 10x_2 + d_1^- - d_1^+ = 50, \\ 3x_1 + 5x_2 + d_2^- - d_2^+ = 20, \\ 8x_1 + 6x_2 + d_3^- - d_3^+ = 100, \\ x_1,\ x_2,\ d_i^-,\ d_i^+ \geqslant 0,\ i = 1,\ 2,\ 3; \end{cases}$$

(2) $\max z = P_1(d_3^+ + d_4^+) + P_2 d_1^+ + P_3 d_2^- + P_4(d_3^- + 1.5d_4^-)$,

$$\text{s.t.}\begin{cases} x_1 + x_2 + d_1^- - d_1^+ = 40, \\ x_1 + x_2 + d_2^- - d_2^+ = 100, \\ x_1 + d_3^- - d_3^+ = 30, \\ x_2 + d_4^- - d_4^+ = 15, \\ x_1,\ x_2,\ d_i^-,\ d_i^+ \geqslant 0,\ i = 1,\ 2,\ 3,\ 4; \end{cases}$$

(3) $\max z = P_1(d_1^- + d_1^+) + P_2 d_2^- + P_3 d_3^+$,

$$\text{s.t.}\begin{cases} x_1 + x_2 + d_1^- - d_1^+ = 10, \\ 3x_1 + 4x_2 + d_2^- - d_2^+ = 50, \\ 8x_1 + 10x_2 + d_3^- - d_3^+ = 300, \\ x_1,\ x_2,\ d_i^-,\ d_i^+ \geqslant 0,\ i = 1,\ 2,\ 3. \end{cases}$$

6.3 用单纯形法求解以下目标规划问题的满意解.

(1) $\max z = P_1 d_2^+ + P_1 d_2^- + P_2 d_1^-$,

$$\text{s.t.}\begin{cases} x_1 + 2x_2 + d_1^- - d_1^+ = 10, \\ 10x_1 + 12x_2 + d_2^- - d_2^+ = 62.4, \\ 2x_1 + x_2 \leqslant 8, \\ x_1,\ x_2,\ d_i^-,\ d_i^+ \geqslant 0,\ i = 1,\ 2; \end{cases}$$

(2) $\max z = P_1 d_1^- + P_2 d_2^+ + P_3(5d_3^- + 3d_4^-) + P_4 d_1^+$,

$$\text{s.t.}\begin{cases} x_1 + x_2 + d_1^- - d_1^+ = 80, \\ x_1 + x_2 + d_2^- - d_2^+ = 90, \\ x_1 + d_3^- - d_3^+ = 70, \\ x_2 + d_4^- - d_4^+ = 45, \\ x_1,\ x_2,\ d_i^-,\ d_i^+ \geqslant 0,\ i = 1,\ 2,\ 3,\ 4. \end{cases}$$

6.4 公司决定使用 100 万元新产品开发基金开发 A, B, C 三种新产品. 经预测估计,开发 A, B, C 三种新产品的投资利润率分别为 5%, 6%, 8%. 由于新产品开发有一定风险,公司研究后确定了如下优先顺序目标:

第一,A 产品至少投资 30 万元;

第二,为分散投资风险,任何一种新产品的开发投资不超过开发基金总额的 35%;

第三,应至少留有 10%的开发基金,以备急用;

第四,使总的投资利润最大.

试建立投资方案的目标规划模型.

6.5 某电子制造公司生产两种立体声耳机,一种为普及型,装配一个需 1 h,另一种为豪华型,每个装配时间为 2 h. 正常的装配作业每周限定为 40 h. 市场调查表明,每周生产量普及型不超过 30 件,豪华型不超过

15 件. 净利润普及型为每件 40 元，豪华型每件 60 元. 已知公司经理对优先级的排序如下：

P_1：总利润最大；

P_2：装配线尽可能少加班；

P_3：销售耳机尽可能多.

试建立此问题的目标规划模型.

6.6 某企业生产甲、乙两种产品，单位甲产品可获利 6 元，单位乙产品可获得 4 元. 生产过程中每单位甲、乙产品所需机器台时数分别为 2 个单位和 3 个单位，需劳动工时数分别为 4 个单位和 2 个单位. 该厂在计划期内可提供 100 个单位的机器台时数和 120 个劳动工时数，如果劳动力不足尚可组织工人加班. 该厂制定了如下目标：

第一目标：计划期内利润达 180 元；

第二目标：机器台时数充分利用；

第三目标：尽量减少加班的工时数；

第四目标：甲产品产量达 22 件，乙产品产量达 18 件.

上述四个目标分别为四个不同的优先等级. 请列出该目标规划问题的数学模型，并用图解法、单纯形法（表格形式）分别求解之.

6.7 已知单位牛奶、牛肉、鸡蛋中的维生素及胆固醇含量等有关数据见表 6-9，如果只考虑三种食物，并且设立了下列三个目标：

第一，满足三种维生素的每日最小需要量；

第二，使每日摄入的胆固醇最少；

第三，使每日购买食品的费用最少.

表 6-9

	牛奶/500 g	牛肉/500 g	鸡蛋/500 g	每日最少需要量
维生素 A/mg	1	1	10	1
维生素 C/mg	100	10	10	30
维生素 D/mg	10	100	10	10
胆固醇/单位	70	50	120	
费用/元	1.5	8	4	

要求建立问题的目标规划模型.

6.8 某企业生产白布、花布两种产品，其生产率皆为 1 000 m/h；其利润分别为 1.5 元/m 和 2.5 元/m；每周正常生产时间为 80 h(加班时间不算在内).

第一目标：充分利用正常生产时间进行生产；

第二目标：每周加班时数不超过 10 h；

第三目标：销售花布要求达到 70 000 m，白布达 45 000 m；

第四目标：每周利润达 15 万元.

试建立上述问题的数学模型.

6.9 某企业生产唱机和录音机两种产品，每种产品均需经 A，B 两个车间的加工才能完成. 表 6-10 中给出了全部已知条件，要求尽可能实现的目标有以下六个：

第一目标：仓库费用每月不超过 4 600 元；

第二目标：唱机每月售出 50 台；

第三目标：勿使 A，B 车间停工（权系数由两车间的生产费用决定）；

第四目标：车间 A 加班不超过 20 h；

第五目标：录音机每月售出 80 台；

第六目标：车间 A，B 加班时数的总和要限制（权系数由两车间的生产费用决定）.

试列出该问题的目标规划数学模型.

表 6-10

工时 \ 产品 / 车间	唱 机	录音机	所能提供的工时	生产费用
车间 A	2 h/台	1 h/台	120 h/月	80 元/h
车间 B	1 h/台	3 h/台	150 h/月	40 元/h
仓库费用	50 元/(月·台)	30 元/(月·台)		

6.10 某公司下设三个工厂，生产同一种产品，现在要把三个工厂生产的产品运送给四个订户. 工厂的供应量、订户的需求量以及从三个工厂到四个订户的单位运费见表 6-11（表格中方格内数字为单位运费）.

表 6-11

工厂	订户				供应量
	1	2	3	4	
A	5	2	6	7	30
B	3	5	4	10	20
C	4	3	2	13	30
需求量	20	10	45	25	80 \ 100

现在要做出一个产品调运计划，依次满足下列各项要求：

P_1：订户 4 的订货量首先要保证全部予以满足；

P_2：其余订户的订货量满足程度应不低于 80%；

P_3：工厂 C 调运给订户 1 的产品量应不少于 15 个单位；

P_4：因线路限制，工厂 B 应尽可能不分配给订户 4；

P_5：订户 1 和订户 3 的需求满足程度应尽可能平衡；

P_6：力求使总运费最小.

试建立上述问题的目标规划模型.

7 动 态 规 划

本章要求

◎ 掌握动态规划的基本概念和基本方法.
◎ 正确建立动态规划模型.
◎ 掌握动态规划的逆序算法.
◎ 掌握动态规划多阶段决策过程的算法.
◎ 掌握一维资源分配问题的建模及解法.
◎ 掌握生产与存储问题的建模及解法.

动态规划(Dynamic Programming,简称 DP)是管理运筹学的一个重要分支,它是解决多阶段决策过程最优化问题的一种数学方法,产生于 20 世纪 50 年代 . 1951 年美国数学家贝尔曼(R. Bellman)根据一类多阶段决策问题的特点,把多阶段决策问题变换为一系列互相联系的单阶段问题,然后逐个加以解决. 与此同时,他提出了解决这类问题的"最优性原理",研究了许多管理实践问题,从而创建了解决最优化问题的一种新方法——动态规划. 他的名著《动态规划》于 1957 年出版,该书是动态规划的开山之作.

动态规划的方法在工程技术、企业管理、工农业生产及军事部门等领域都有着广泛的应用,成效显著. 如,在企业管理方面,动态规划可以用来解决最优路径问题、生产过程最优控制问题、库存问题、装载问题、排序问题、设备更新问题和资源分配问题等,所以它是现代企业管理中的一种重要的决策方法. 许多问题用动态规划的方法处理,常常比线性规划或非线性规划更有效. 特别是对于离散型问题,由于解析数学难以表述,而动态规划方法就成为非常有效的工具. 应当指出,动态规划是求解某一类问题的一种方法,是考察问题的一种途径. 因而,它不像线性规划那样有一个标准的数学表达式,而是必须对个体的问题进行具体分析和处理. 因此,在学习动态规划时,除了要对动态规划的基本概念和方法正确理解外,还应该以丰富的想象力去建立模型,用创造性的技巧去求解.

动态规划模型的分类,根据多阶段决策过程的时间参量是离散的还是连续的,过程分为离散决策过程和连续决策过程. 根据决策过程的演变是确定型的还是随机型的,过程又可分为确定型决策过程和随机型决策过程,组合起来就有离散确定型、离散随机型、连续确定型、连续随机型四种决策过程模型.

本章主要研究离散型决策过程,介绍动态规划的基本概念、理论和方法,并通过几个具有一定代表性的问题来说明其应用,这些都是动态规划的基本内容.

7.1 多阶段决策问题

在经营管理中，有一些经营活动的过程，可划分为若干个相互联系的阶段. 在每个阶段都要做出决策，而一个阶段的决策不仅影响本阶段的活动，还会影响下一阶段的活动及其决策，从而影响整个决策过程. 各阶段的决策构成一个决策序列，称为一个策略，由于各阶段可采取诸多不同的决策，因此一个多阶段决策问题相应地便有很多策略可供选择，那么在诸多可供选择的策略中，选择哪一策略才能取得最佳效果呢？这类问题就称为多阶段决策问题.

很多多阶段决策问题，各个阶段采取的决策一般来说与时间有关，随着时间的推移而决定各阶段的决策，产生一个决策序列，因此这类决策过程有“动态”的含义. 对一些与时间无关的静态问题，只要在问题中人为地引入“时间因素”，即可将问题看成多阶段决策问题.

为了具体了解这类问题的特点，下面举几个例子.

例 7.1 最短路线问题. 设某企业要把一批货物从 A 点运到 E 点出售，交通网络如图 7-1 所示，两点之间连线上的数字表示两点间的距离，问应选择什么路线，可使总距离最短？

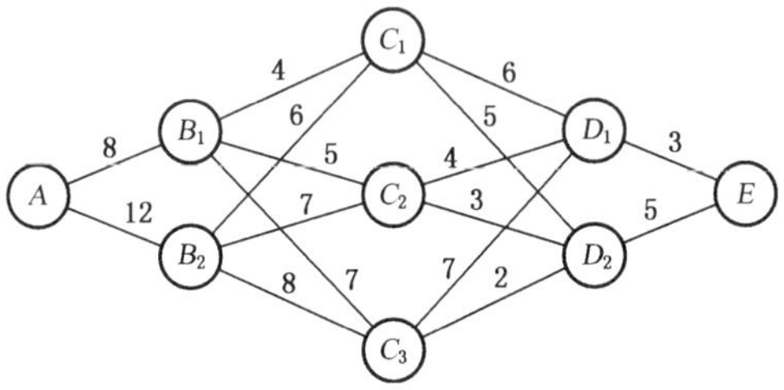

图 7-1

例 7.2 设备平行分配问题. 某公司现有 Q 台设备，要分配给 4 个不同的车间，不同车间分配到不同数量的设备后，可以取得不同的利润. 问如何分配设备，可使该公司取得的利润最大？

这是一个 4 阶段决策问题.

例 7.3 机器负荷分配问题. 某种机器可以在高低两种不同的负荷下进行生产.

在高负荷下进行生产时，产品的年产量 g 和投入生产的机器数量 μ_1 的关系为 $g = g(\mu_1)$，这时，机器的年完好率为 a，即如果年初完好机器的数量为 k，到年终时完好的机器为 ak，$0 < a < 1$. 在低负荷下生产时，产品的年产量 h 和投入生产的机器数量 μ_2 的关系为 $h = h(\mu_2)$，相应的机器年完好率为 b，$0 < b < 1$.

假定开始生产时完好的机器数量为 S_1. 要求制定一个 5 年计划，在每年开始时决定如何重新分配完好的机器在两种不同负荷下生产的数量，使在 5 年内产品的总产量最高？

这是一个 5 阶段决策问题，每年年初要做出如何分配机器在高、低负荷下生产的决策.

还有诸如各种资源的分配问题、生产与存储问题、设备更新问题、排序问题等都具有多阶段决策问题的特点，均可转化为动态规划方法求解.

7.2 动态规划的基本概念和基本方程

7.2.1 动态规划的基本概念

使用动态规划方法解决多阶段决策问题时，首先要把实际问题转化成动态规划模型，再求解,下面结合例 7.1 来介绍用动态规划方法建模时要用到的基本概念:阶段、状态、决策和策略、状态转移方程、指标函数及最优指标函数.

1. 阶段

为能应用动态规划方法,首先必须根据实际问题所处的时间、空间或其他条件,把所研究的问题恰当地划分成若干个相互联系的阶段,以便能按一定的次序去求解. 常用字母 K 表示阶段变量.

如在例 7.1 中,从 A 到 E 可划分为 4 个阶段,用 $K=1, 2, 3, 4$ 来表示. 第一阶段从 A 到 B_1, B_2,有 2 条交通线(A, B_1) 和(A, B_2);第二阶段从 B_1, B_2 到 C_1, C_2, C_3,有 6 条交通线(B_1, C_1),(B_1, C_2),(B_1, C_3) 和(B_2, C_1),(B_2, C_2),(B_2, C_3),依次类推.

2. 状态

状态表示每个阶段开始时所处的自然状况或客观条件. 描述各阶段状态的变量称为状态变量,常用 S_K 表示第 K 阶段的状态变量.

在一个阶段中,可以有若干个状态. 如例 7.1 中,在第一阶段只有一个状态,即 A 点,S_1 只能取一个值,即 $S_1=A$;第二阶段有两种状态即 B_1, B_2,则 S_2 可取两个值,即 $S_2=B_1$ 或 $S_2=B_2$;等等.

状态变量 S_K 的所有可能取值所组成的集合,称为状态集合,用 S_K 表示. 如 $S_1=\{A\}$, $S_2=\{B_1, B_2\}$,$S_3=\{C_1, C_2, C_3\}$.

动态规划中状态应具有如下性质:当某阶段状态给定以后,在这阶段以后过程的发展不受这段以前各段状态的影响,也就是说,当前状态是过去历史的一个完整总结,过程的过去历史只能通过当前状态去影响它未来的发展,这称为无后效性. 如所选定的状态变量不具备无后效性,就不能作为状态变量来构造动态规划模型.

3. 决策和策略

当各阶段的状态取定以后,就可以做出不同的决定(或选择),从而确定下一阶段的状态,这种决定称为决策. 表示决策的变量称为决策变量,常用 $x_K(S_K)$ 表示第 K 阶段当状态为 S_K 时的决策变量.

在实际问题中,决策变量的取值往往限制在一定范围内,称此范围为允许决策集合,常用 $D_K(S_K)$ 表示第 K 阶段从状态 S_K 出发的允许决策集合,显然,$x_K(S_K)\in D_K(S_K)$.

如例 7.1 中从状态 B_2 出发,可作三种不同的决策,即 $x_2(B_2)=C_1$, $x_2(B_2)=C_2$, $x_2(B_2)=C_3$,故 B_2 的允许决策集合 $D_2(B_2)=\{C_1, C_2, C_3\}$,显然 $x_2(B_2)\in D_2(B_2)$.

由各阶段决策 x_K, $K=1, 2, \cdots, n$ 构成的决策序列,称为策略,又称为全过程策略. 记为 $p_1(S_1)$,有

$$p_1(S_1)=\{x_1(S_1), x_2(S_2), \cdots, x_n(S_n)\},$$

或简记为

$$p_1=\{x_1, x_2, \cdots, x_n\}.$$

由第 K 阶段到最终阶段内各段决策所构成的决策序列,称为第 K 子过程策略,简称子策略,记为 $p_K(S_K)$,有

$$p_K(S_K)=\{x_K(S_K), x_{K+1}(S_{K+1}), \cdots, x_n(S_n)\},$$

或简记为

$$p_K = \{x_K,\ x_{K+1},\ \cdots,\ x_n\}.$$

一般可供选择的策略都有一定的范围，此范围称为允许策略集合，用 P 表示. 如例 7.1 中从 A 到 E 共有 $2\times3\times2=12$ 条路线，因此有 12 个策略，允许决策集合有 12 个元素.

从允许决策集合中使整个问题达到最优效果的策略称为最优策略.

4. 状态转移方程

动态规划中本阶段的状态往往是上一阶段状态和上一阶段决策的结果. 如果给定了第 K 阶段的状态 S_K 以及决策 $x_K(S_K)$，则第 $K+1$ 阶段的状态 S_{K+1} 也就完全确定. 也就是说 S_{K+1} 与 S_K，x_K 之间存在一种明确的数量对应关系，记为 $T_K(S_K,\ x_K)$，即有

$$S_{K+1} = T_K(S_K,\ x_K).$$

这种用函数表示前后阶段关系的方程，称为状态转移方程.

在例 7.1 中状态转移方程为

$$S_{K+1} = x_K(S_K).$$

对不同的问题，状态转移方程可能会有不同的形式.

5. 指标函数

用来衡量策略或子过程策略的效果的某种数量指标，称为指标函数. 对不同问题，指标函数可以表示诸如运费、成本、利润、产量、时间、距离等. 例 7.1 中指标即为距离. 指标函数可分为两类，一类是阶段指标函数，另一类是过程指标函数.

(1) 阶段指标函数. 用 $V_K(S_K,\ x_K)$ 表示第 K 阶段处于状态 S_K 且所作的决策为 x_K 时的阶段指标. 如例 7.1 中，$V_2(B_1,\ C_1)=4$，$V_2(B_1,\ C_2)=5$.

(2) 过程指标函数. 用 $V_{K,n}(S_K,\ p_K)$ 表示从第 K 阶段到最后阶段(n 阶段) 从状态 S_K 出发，采用子策略 p_K 所形成的子过程指标. $V_{1,n}(S_1,\ p_1)$ 表示全过程指标.

常见的指标函数有两种形式：

(1) 和形式. 全过程和它的任一子过程的指标是它所包含的各阶段的指标的和. 即

$$V_{K,n}(S_K,\ p_K) = \sum_{j=K}^{n} V_j(S_j,\ x_j),$$

且有

$$\begin{aligned} V_{K,n}(S_K,\ p_k) &= V_K(S_K,\ x_K) + \sum_{j=K+1}^{n} V_j(S_j,\ x_j) \\ &= V_K(S_K,\ x_K) + V_{K+1,n}(S_{K+1},\ p_{K+1}). \end{aligned}$$

对全过程有

$$V_{1,n}(S_1,\ p_1) = \sum_{j=1}^{n} V_j(S_j,\ x_j).$$

(2) 积形式. 全过程和它的任一子过程的指标是它所包含的各阶段指标的乘积. 即

$$V_{K,n}(S_K,\ p_K) = \prod_{j=K}^{n} V_j(S_j,\ x_j),$$

且有

$$V_{K,n}(S_K, p_k) = V_K(S_K, x_K) \cdot \prod_{j=K+1}^{n} V_j(S_j, x_j)$$
$$= V_K(S_K, x_K) \cdot V_{K+1,n}(S_{K+1}, p_{K+1}).$$

对全过程有

$$V_{1,n}(S_1, p_1) = \prod_{j=1}^{n}(S_j, x_j).$$

6. **最优指标函数**

用 $f_K(S_K)$表示,它表示从第 K 阶段的状态 S_K 出发到达第 n 阶段结束为止,采取最优子策略所得到的指标函数值. 最优指标函数也称为最优值函数. 即

$$f_K(S_K) = \underset{p_K}{\text{opt}} V_{K,n}(S_K, p_K),$$

式中,"opt"是最优化(optimization)的缩写,可根据具体问题取 max 或 min.

与 $f_K(S_K)$ 相应的 p_K 称为最优子策略.

当 $K = 1$ 时,$f_1(S_1)$ 就是从初始状态出发到全过程结束的最优值函数.

7.2.2 动态规划的基本思想与基本方程

现在结合例 7.1 最短路线问题来介绍动态规划的基本思想,并通过求解例 7.1,归纳出动态规划模型的基本方程.

为了求出从 A 点到 E 点的最短路线,我们可以采用穷举法,即求出所有从 A 点到 E 点的路线长,取最小的即为从 A 点到 E 点的最短路线. 但是当问题的阶段数很多,且每阶段的状态数很多时,穷举法的计算量会很大. 下面介绍的动态规划方法则可大大减少计算量,且可求出任一中间点到达 E 点的最短线路.

动态规划算法基于如下一个基本特性:假设现在已求出从 A 点到 E 点的一条最短路线,中间经过 B 点和 C 点,则由 B 点出发经 C 点到 E 点的这条子路线,一定是从 B 点出发到达 E 点的所有可能的路线中最短的. 否则,假设从 B 点出发到达 E 点还有一条线路从 B 点经 G 点到 E 点更短,则显然 A 点经 B 点和 G 点到 E 点这条路线比 A 点经 B 点和 C 点到 E 点路线更短,与假设 A 点经 B 点和 C 点到 E 点最短矛盾.

根据最短路线的这一特点,为了寻求最短路,可以从最后一段开始,由后向前逐段递推,最终可求出从起点到终点的最短路.

动态规划方法即基于这种思想,这种从终点逐段向始点方向寻找最短路线的方法,称为逆序算法.

7.1 节中我们已经规定了例 7.1 的阶段数、状态变量、决策变量,绘出了状态转移方程、指标函数等. 下面按动态规划的方法求解例 7.1. 即从 E 点开始由后向前依次求出各中间点到 E 点的最短路,最后求得 A 点到 E 点的最短路.

当 $K = 5$ 时,状态变量 S_5 只能取 $S_5 = E$, E 点到 E 点的距离为零. 故

$$f_5(E) = 0.$$

当 $K = 4$ 时,状态变量 S_4 可取两种状态 D_1, D_2,它们到终点 E 都只有一条路. 故

$$f_4(D_1) = V_4(D_1, E) + f_5(E) = 3,$$

$$f_4(D_2) = V_4(D_2, E) + f_5(E) = 5.$$

当 $K = 3$ 时，S_3 可取 C_1，C_2，C_3，从每一状态出发均可作两种决策到达下一阶段的状态，再从下一阶段的状态经最优路线到达终点 E，故这两种决策需进行比较，选距离小的作为决策. 即

$$f_3(C_1) = \min\begin{Bmatrix} V_3(C_1, D_1) + f_4(D_1) \\ V_3(C_1, D_2) + f_4(D_2) \end{Bmatrix} = \min\begin{Bmatrix} 6+3 \\ 5+5 \end{Bmatrix} = 9.$$

这说明从 C_1 点到终点 E 的最短距离为 9，路线为 $C_1 \to D_1 \to E$，相应的决策为 $x_3(C_1) = D_1$.

$$f_3(C_2) = \min\begin{Bmatrix} V_3(C_2, D_1) + f_4(D_1) \\ V_3(C_2, D_2) + f_4(D_2) \end{Bmatrix} = \min\begin{Bmatrix} 4+3 \\ 3+5 \end{Bmatrix} = 7,$$

即 C_2 点到 E 点的最短距离为 7，路线为 $C_2 \to D_1 \to E$，相应的决策为 $x_3(C_2) = D_1$.

$$f_3(C_3) = \min\begin{Bmatrix} V_3(C_3, D_1) + f_4(D_1) \\ V_3(C_3, D_2) + f_4(D_2) \end{Bmatrix} = \min\begin{Bmatrix} 7+3 \\ 2+5 \end{Bmatrix} = 7,$$

即 C_3 点到 E 点的最短距离为 7. 路线为 $C_3 \to D_2 \to E$，相应的决策为 $x_3(C_3) = D_2$.

当 $K = 2$ 时，S_2 可取 B_1，B_2 两种状态，每种状态相应有 3 种决策，故

$$f_2(B_1) = \min\begin{Bmatrix} V_2(B_1, C_1) + f_3(C_1) \\ V_2(B_1, C_2) + f_3(C_2) \\ V_2(B_1, C_3) + f_3(C_3) \end{Bmatrix} = \min\begin{Bmatrix} 4+9 \\ 5+7 \\ 7+7 \end{Bmatrix} = 12,$$

即 B_1 点到 E 点的最短距离为 12. 路线为 $B_1 \to C_2 \to D_1 \to E$，相应决策为 $x_2(B_1) = C_2$.

$$f_2(B_2) = \min\begin{Bmatrix} V_2(B_2, C_1) + f_3(C_1) \\ V_2(B_2, C_2) + f_3(C_2) \\ V_2(B_2, C_3) + f_3(C_3) \end{Bmatrix} = \min\begin{Bmatrix} 6+9 \\ 7+7 \\ 8+7 \end{Bmatrix} = 14.$$

即 B_2 到 E 的最短距离为 14. 路线为 $B_2 \to C_2 \to D_1 \to E$，相应决策为 $x_2(B_2) = C_2$.

当 $K = 1$ 时，S_1 只有一个状态 A，则

$$f_1(A) = \min\begin{Bmatrix} V_1(A, B_1) + f_2(B_1) \\ V_1(A, B_2) + f_2(B_2) \end{Bmatrix} = \min\begin{Bmatrix} 8+12 \\ 12+14 \end{Bmatrix} = 20,$$

即从 A 到终点 E 的最短距离为 20 单位，相应决策为 $x_1(A) = B_1$.

为了找出最短路线，可用顺序方法查找，由于 $x_1(A) = B_1$，$x_2(B_1) = C_2$，$x_3(C_2) = D_1$，$x_4(D_1) = E$，所以最优路线为

$$A \to B_1 \to C_2 \to D_1 \to E.$$

从上面的计算过程可以看出，在求解的各个阶段，都利用了第 K 阶段和第 $K+1$ 阶段的递推关系：

$$\begin{cases} f_K(S_K) = \min\limits_{x_K}\{V_K(S_K, x_K(S_K)) + f_{K+1}(S_{K+1})\}, \quad K = 4, 3, 2, 1, & (7.1\text{a}) \\ f_5(S_5) = 0. & (7.1\text{ b}) \end{cases}$$

这种递推关系称为动态规划的基本方程，式(7.1b)称为边界条件.

上述最短路线的计算过程也可用图直观表示出来，如图 7-2 所示. 每个结点上方的方格内的数，表示该点到终点 E 的最短距离. 连接各点到 E 点的线表示最短路径. 这种在图上直接计算的方法叫标号法. 动态规划标号法较之穷举法既减少了计算量，而且也算出了任一点到终点 E 的最短距离和最短路径，这对于很多实际问题是很有意义的.

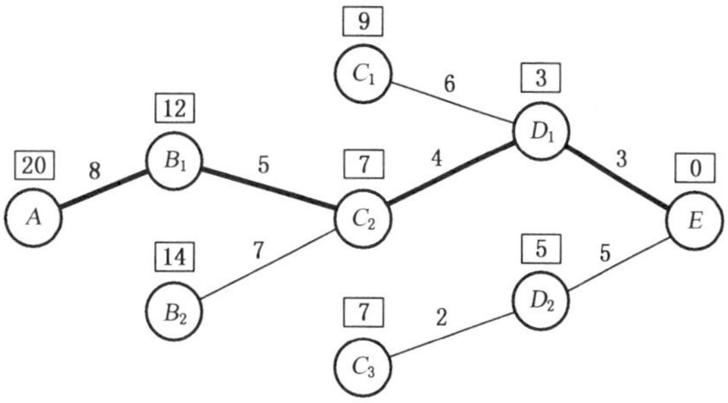

图 7-2

在明确了动态规划的基本概念和基本思想以后，可以看出，对一个实际问题建立动态规划模型时，一般分为下面几个步骤：

(1) 将问题恰当地划分阶段；

(2) 正确选择状态变量 S_K，使它既能描述过程的演变，又满足无后效性；

(3) 确定决策变量 x_K 及每阶段的允许决策集合 $D_K(S_K)$；

(4) 正确写出状态转移方程；

(5) 正确写出递推关系式.

一般情况下，K 阶段与 $K+1$ 阶段的递推关系式为

$$\begin{cases} f_K(S_K) = \underset{x_K \in D_K(S_K)}{\mathrm{opt}} \{V_K[S_K,\ x_K(S_K)] + f_{K+1}(S_{K+1})\}, \quad K = n,\ n-1,\ \cdots,\ 1, & (7.2a) \\ f_{n+1}(S_{n+1}) = 0. & (7.2b) \end{cases}$$

式(7.2a)、式(7.2b)满足的递推关系，称为动态规划的基本方程. 式(7.2b)称为边界条件.

求解过程为：根据边界条件，从 $K=n$ 开始，由后向前递推，从而逐步求得各阶段的最优决策和相应的最优值，最后求出 $f_1(S_1)$ 时，求得了整个问题的最优解.

在前面例 7.1 的求解中，我们求出了以 A 点为始端，E 点为终端，从 A 点到 E 点的最短距离，但求解过程是从 E 点逆向递推到 A 点，这种解法称为逆序解法.

由于线路网络的两端都是固定的，因此从 A 点到 E 点和从 E 点到 A 点的最短路线是相同的，因此采用标号法时也可以从 A 点开始从前向后标. 这时视 E 点为起点，A 点为终点；这种以 E 点为始端，A 点为终端，从 A 点到 E 点的解法称为顺序解法. 顺序解法标号过程如图 7-3 所示.

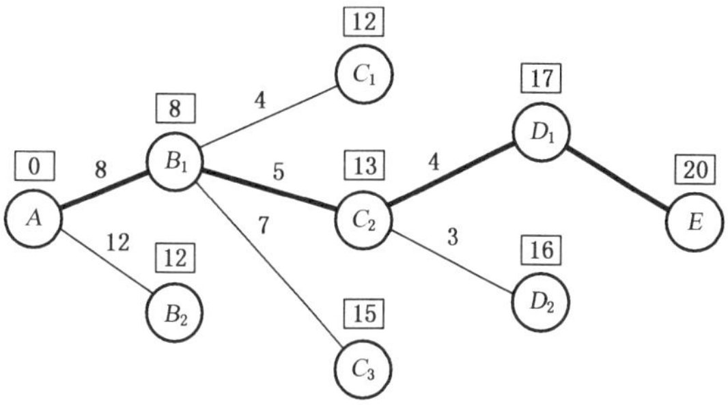

图 7-3

下面我们考虑如何给出动态规划顺序解法的基本方程. 假定阶段变量和状态变量 S_K 的定义不变，由顺序解法的标号过程可知(如例 7.1)，状态转移方程是由 S_{K+1}，x_K 去确定 S_K，在例 7.1 中取 $x_K(S_{K+1}) = S_K$，因此顺序解法的状态转移方程一般形式为

$$S_K = T_K(S_{K+1}, x_K).$$

于是,动态规划顺序解法的基本方程为

$$\begin{cases} f_K(S_{K+1}) = \underset{x_K \in D_K(S_{K+1})}{\text{opt}} \{V_K[S_{K+1}, x_K(S_{K+1})] + f_{K-1}(S_K)\}, \quad K = 1, 2, \cdots, n, \\ f_0(S_1) = 0. \end{cases}$$

其求解过程为:根据边界条件,从 $K = 1$ 开始,由前向后递推,逐步求得各阶段的最优决策和相应的最优值,最后求得 $f_n(S_{n+1})$ 时,求得了整个问题的最优解.

7.3 动态规划应用举例

7.3.1 资源分配问题

所谓资源分配问题,即将数量一定的一种或若干种资源恰当地分配给若干个使用者,而使目标函数取得最优值.根据可分配的资源的种数,资源分配问题可划分为一维资源分配问题和多维资源分配问题.根据资源是否可回收使用,资源分配问题可划分为资源平行分配问题和资源连续分配问题.

本部分内容主要讨论一维资源平行分配问题和一维资源连续分配问题.

1. 一维资源平行分配问题

设有某种资源,总数量为 a,用于生产 n 种产品.若分配 X_i 用于生产第 i 种产品,其收益为 $V_i(X_i)$.问应如何分配,才能使生产 n 种产品的总收入最大?

阶段变量:可把每生产一种产品看为一个阶段,因此生产 n 种产品可看为 n 个阶段,即阶段变量 $K = 1, 2, \cdots, n$.

状态变量 S_K 表示分配用于生产第 K 种产品至第 n 种产品的资源数量.

决策变量 x_K 表示分配给生产第 K 种产品的资源数.允许决策集合:$D_K(S_K) = \{x_K \mid 0 \leqslant x_K \leqslant S_K\}$.

状态转移方程:$S_{K+1} = S_K - x_K$.

最优值函数 $f_K(S_K)$ 表示以数量为 S_K 的资源分配给第 K 种产品至第 n 种产品所得的最大总收入.

因此,动态规划的递推关系式为

$$\begin{cases} f_K(S_K) = \max\{V_K(x_K) + f_{K+1}(S_{K+1})\}, \quad K = n, n-1, \cdots, 1, \\ f_{n+1}(S_{n+1}) = 0. \end{cases}$$

利用这个关系式由后向前逐段递推计算,最后求得 $f_1(a)$ 即为所求问题的最大总收入.

例 7.4 某公司拟将某种高效设备 5 台分配给所属甲、乙、丙 3 家企业.各企业获此设备后可产生的效益见表 7-1.问应如何分配,可使所产生的总效益最大?

表 7-1

设备数/台 \ 效益 \ 企业	甲	乙	丙
0	0	0	0
1	3	5	4
2	7	10	6
3	9	11	11
4	12	11	12
5	13	11	12

解 阶段 $k=1, 2, 3$ 依次表示把设备分配给甲、乙、丙企业的过程；
状态 S_k 表示在第 k 阶段初还剩有的可分配设备数量；
决策 x_k 表示第 k 阶段分配的设备数量；
状态转移 $S_{k+1}=S_k-x_k$；
阶段指标 V_k 表示第 k 阶段分配后产生的效益；
指标函数 $V_{k3}=\sum_{i=k}^{3}V_i(x_i)$；
基本方程 $\begin{cases}f_k=\max\{V_k+f_{k+1}\},\\ f_4=0, k=3, 2, 1.\end{cases}$
问题：本问题是属于离散型还是属于连续型？怎样解？
解 离散型，用表格的方式求解（表 7-2）.

表 7-2

k	S_k	x_k	V_k	$V_{kn}=V_k+f_{k+1}$	f_k	P_{kn}^*
3	0	0	0	0+0	0	0
	1	1	4	4+0	4	1
	2	2	6	6+0	6	2
	3	3	11	11+0	11	3
	4	4	12	12+0	12	4
	5	5	12	12+0	12	5
2	0	0	0	0+0	0	0-0
	1	0	0	0+4	5	1-0
		1	5	5+0		
	2	0	0	0+6	10	2-0
		1	5	5+4		
		2	10	10+0		

续 表

k	S_k	x_k	V_k	$V_{kn}=V_k+f_{k+1}$	f_k	P_{kn}^*
2	3	0	0	0+11	14	2-1
		1	5	5+6		
		2	10	10+4		
		3	11	11+0		
	4	0	0	0+12	16	1-3 2-2
		1	5	5+11		
		2	10	10+6		
		3	11	11+4		
		4	11	11+0		
	5	0	0	0+12	21	2-3
		1	5	5+12		
		2	10	10+11		
		3	11	11+6		
		4	11	11+4		
		5	11	11+0		
1	5	0	0	0+21	21	0-2-3 2-2-1
		1	3	3+16		
		2	7	7+14		
		3	9	9+10		
		4	12	12+5		
		5	13	13+0		

最优策略：P_{13}^* 为 0-2-3 或 2-2-1，即分给甲企业零台、分给乙企业 2 台、分给丙企业 3 台；或分给甲企业 2 台、分给乙企业 2 台、分给丙企业 1 台.

最优值：$f_1=21$.

可见，最优解可以是不唯一的，但最优值是唯一的.

2. 一维资源连续分配问题

设有数量为 S_1 的某种资源，可从事 A_1 与 A_2 两种类型的生产. 第一年若以数量 x_1 投入生产 A_1，剩下的量 S_1-x_1 投入生产 A_2，可得的收入为 $g(x_1)+h(S_1-x_1)$，其中 $g(x)$，$h(x)$ 为已知函数，且有 $g(0)=h(0)=0$. 这种资源投入 A_1，A_2 生产后，年终还可以回收再利用. 设投入 A_1 和 A_2 生产后年回收率分别为 $0<a<1$，$0<b<1$，则在第一年生产后，回收的资源量合计为 $S_2=ax_1+b(S_1-x_1)$. 第二年再将资源数量为 S_2 中的 x_2 和 S_2-x_2 分别再投入 A_1，A_2 两种生产，则第 2 年又可得收入为 $g(x_2)+h(S_2-x_2)$. 如此继续进行 n 年，问：应当如何决定每年投入 A_1 生产的资源数量 x_1，x_2，…，x_n，才能使 n 年的总收入最大？

分析 考虑用动态规划的方法来建模.

阶段变量：每一年看为一个阶段，问题可分为 n 个阶段，$K=1, 2, \cdots, n$；

状态变量 S_K 表示第 K 阶段即第 K 年初可投 A_1，A_2 两种生产的资源数量；

决策变量 x_K 表示第 K 阶段用于 A_1 生产的资源数量，则 $S_K - x_K$ 表示用于 A_2 生产的资源数量；允许决策集合：$D_K(S_K) = \{x_K \mid 0 \leqslant x_K \leqslant S_K\}$；

状态转移方程：$S_{K+1} = ax_K + b(S_K - x_K)$；

最优值函数 $f_K(S_K)$ 嵌示第 K 阶段有 S_K 的资源，从第 K 阶段至第 n 阶段采取最优决策进行生产后所得到的最大总收入.

动态规划的递推关系式为

$$\begin{cases} f_K(S_K) = \max\limits_{0 \leqslant x_k \leqslant S_K} \{g(x_K) + h(S_K - x_K) + f_{K+1}(S_{K+1})\}, \quad K = n, n-1, \cdots, 1, \\ f_{n+1}(S_{n+1}) = 0. \end{cases}$$

例 7.5 机器负荷分配问题. 设企业开始时拥有完好的机床数量 $S_1 = 1\,000$ 台. 这种机床可在高、低两种负荷下进行生产，设机床在高负荷下生产的产量函数为 $g = 8x_1$，其中 x_1 为投入生产的机床数量，年完好率为 $a = 0.8$；机床在低负荷下生产的产量函数为 $h = 6x_2$，其中 x_2 为投入生产的机床数量，年完好率 $b = 0.9$；问：企业每年如何安排机器在高、低负荷下的生产，使在五年内生产的产品总产量最高？

解 （1）建立动态规划模型.

① 阶段变量：按年度分为 5 个阶段，$K = 1, 2, 3, 4, 5$.

② 状态变量 S_K 表示第 K 年年初拥有的完好的机床数，也即第 $K-1$ 年年末完好的机床数.

③ 决策变量 x_K 表示第 K 年分配高负荷下生产的机床数量，$S_K - x_K$ 为该年度中分配在低负荷下生产的机床数量；设 S_K, x_K 均可取连续值. K 阶段允许决策集合 $D_K(S_K) = \{x_K \mid 0 \leqslant x_K \leqslant S_K\}$.

④ 状态转移方程为

$$S_{K+1} = ax_K + b(S_K - x_K) = 0.8x_K + 0.9(S_K - x_K).$$

⑤ 递推关系式为

$$\begin{cases} f_K(S_K) = \max\limits_{0 \leqslant x_K \leqslant S_K} \{8(x_K) + 6(S_K - x_K) + f_{K+1}[0.8x_K + 0.9(S_K - x_K)]\}, \\ \qquad K = 5, 4, 3, 2, 1, \\ f_6(S_6) = 0. \end{cases}$$

（2）用逆序解法求解

当 $K=5$ 时，有

$$\begin{aligned} f_5(S_5) &= \max_{0 \leqslant x_5 \leqslant S_5} \{8(x_5) + 6(S_5 - x_5) + f_6(S_6)\} = \max_{0 \leqslant x_5 \leqslant S_5} \{8(x_5) + 6(S_5 - x_5)\} \\ &= \max_{0 \leqslant x_5 \leqslant S_5} \{2x_5 + 6S_5\}. \end{aligned}$$

因 f_5 是 x_5 的线性单调增函数，故得最优决策

$$x_5^* = S_5, \quad f_5(S_5) = 8S_5.$$

当 $K = 4$ 时，有

$$f_4(S_4) = \max_{0 \leqslant x_4 \leqslant S_4} \{8(x_4) + 6(S_4 - x_4) + f_5[0.8x_4 + 0.9(S_4 - x_4)]\}$$
$$= \max_{0 \leqslant x_4 \leqslant S_4} \{1.2(x_4) + 13.2S_4\}.$$

故取得最优决策

$$x_4^* = S_4, \quad f_4(S_4) = 14.4S_4.$$

同理可求得

$$x_3^* = S_3, \quad f_3(S_3) = 19.52S_3;$$
$$x_2^* = S_2, \quad f_2(S_2) = 23.616S_2;$$
$$x_1^* = 0, \quad f_1(S_1) = 27.254S_1.$$

因为 $S_1 = 1\,000$,所以 $f_1(S_1) = 27.254 \times 1\,000 = 27\,254$.

从上述计算可得最优策略为

$$x_1^* = 0, \quad x_2^* = S_2, \quad x_3^* = S_3, \quad x_4^* = S_4, \quad x_5^* = S_5.$$

即第一年机床全部投入低负荷生产,后四年机床全部投入高负荷生产,5 年的最高总产量为 27 254.

为求出五年内每年投入两种负荷下工作的机床数,可按状态转移方程顺序递推,结果如下:

$$S_2 = 0.8x_1^* + 0.9(S_1 - x_1^*) = 900;$$
$$S_3 = 0.8x_2^* + 0.9(S_2 - x_2^*) = 720;$$
$$S_4 = 0.8x_3^* + 0.9(S_3 - x_3^*) = 576;$$
$$S_5 = 0.8x_4^* + 0.9(S_4 - x_4^*) = 461;$$
$$S_6 = 0.8x_5^* + 0.9(S_5 - x_5^*) = 368.$$

上面讨论的最优策略,始端状态 S_1 是固定的 $S_1 = 1\,000$,终端状态 S_6 是自由的,由此所求得的最优策略称为始端固定、终端自由的最优决策.

如果在终端也附加一定的约束条件,如规定第五年末,要求完好的机床数量为 500 台,则应该如何做出决策?这种情况只要另外再考虑约束条件 $S_6 = 0.8x_5 + 0.9(S_5 - x_5) = 500$ 即可,求解过程从略.

7.3.2 生产与存储问题

生产与存储问题是实际生产中经常遇到的问题,批量生产可以降低成本,但当超过市场需求时,就会造成积压,增加库存费用;完全按市场需求安排生产虽然没有库存费用,但由于开工不足或加班加点造成生产成本的增加. 因此,合理利用库存调节产量,满足需求是十分有意义的. 所谓生产与存储问题,就是一个生产部门如何在已知生产成本、库存费用和各阶段市场需求条件下,决定各阶段产量,使计划期内的费用总和为最小的问题. 原材料采购部门也会遇到同样问题,在那里需要确定各时期的采购量,使得计划期内总费用最小.

这类问题通常是一个多阶段决策问题,可以用动态规划方法求解. 在动态规划模型中,以时期为阶段;取各时期初的库存量为状态变量;选各阶段的产量(或采购量)为决策变量,在确定决策变量时一般要考虑需求量、生产能力、库存限制等因素;指标函数取生产(或采购)费用.

下面举例说明该类问题的求解方法.

例 7.6 某企业生产某种产品,1—6 月份生产成本和产品需求量的变化情况见表 7-3.

表 7-3

月份 k	1	2	3	4	5	6
需求量 d_k	20	30	35	40	25	45
单位产品成本 c_k	15	12	16	19	18	16

如果没有生产准备成本,单位产品一个月的存储费为 $h_k = 0.6$ 元,月底交货. 分别求下列两种情形 6 个月总成本最小的生产方案.

(1) 1 月初与 6 月底存储量为零,不允许缺货,仓库容量为 $S = 50$ 件,生产能力无限制;

(2) 其他条件不变,1 月初存量为 10.

解 动态规划求解过程如下.

阶段 k:月份,$k = 1, 2, \cdots, 7$.

状态变量 S_k:第 k 个月初(发货以前)的库存量.

决策变量 x_k:第 k 个月的生产量.

状态转移方程:$S_{k+1} = S_k + x_k - d_k$.

决策允许集合:$D_k(S_k) = \{x_k \mid x_k \geqslant 0,\ 0 \leqslant S_k + x_k - d_k \leqslant 50\}$.

阶段指标:$V_k(S_k, x_k) = c_k x_k + h_k S_k = c_k x_k + 0.6 S_k$.

终端条件:$f_7(S_7) = 0,\ S_7 = 0$.

递推方程:
$$f_k(x_k) = \min_{x_k \in D_k(S_k)} \{V_k(S_k, x_k) + f_{k+1}(S_{k+1})\}$$
$$= \min_{x_k \in D_k(S_k)} \{V_k(S_k, x_k) + f_{k+1}(S_k + x_k - d_k)\}.$$

当 $k = 6$ 时,因为 $S_7 = 0$,有

$$S_7 = S_6 + x_6 - d_6 = S_6 + x_6 - 45 = 0,\quad x_6 = 45 - S_6,\quad S_6 \leqslant 45,$$

$$f_6(S_6) = \min_{x_6 = 45 - S_6} \{16x_6 + 0.6S_6 + f_7(S_7)\} = \min_{x_6 = 45 - S_6} \{16x_6 + 0.6S_6\}$$
$$= -15.4S_6 + 720,$$

$$x_6^* = 45 - S_6.$$

当 $k = 5$ 时,由 $0 \leqslant S_6 \leqslant 45$, $0 \leqslant S_5 + x_5 - d_5 = S_5 + x_5 - 25 \leqslant 45$,得 $25 - S_5 \leqslant x_5 \leqslant 70 - S_5$.

由于 $S_5 \leqslant 50$,则当 $25 - S_5 < 0$ 时 x_5 的值取“0”,决策允许集合为

$$D_5(S_5) = \{x_5 \mid \max\{0, 25 - S_5\} \leqslant x_5 \leqslant 70 - S_5\},$$

$$f_5(S_5) = \min_{x_5 \in D_5(S_5)} \{18x_5 + 0.6S_5 + f_6(S_6)\} = \min_{x_5 \in D_5(S_5)} \{18x_5 + 0.6S_5 - 15.4S_6 + 720\}$$
$$= \min_{x_5 \in D_5(S_5)} \{2.6x_5 - 14.8S_5 + 1\,105\} \qquad (\text{其中 } S_6 = S_5 + x_5 - 25)$$
$$= \begin{cases} -17.4S_5 + 1\,170,\ S_5 \leqslant 25 \text{ 时,取下界:} x_5^* = 25 - S_5, \\ -14.8S_5 + 1\,105,\ S_5 > 25 \text{ 时,取下界:} x_5^* = 0. \end{cases}$$

当 $k=4$ 时，$0 \leqslant S_5 \leqslant 25$，$0 \leqslant S_4+x_4-40 \leqslant 25$，有 $40-S_4 \leqslant x_4 \leqslant 65-S_4$，决策允许集合为

$$D_4(S_4)=\{x_4 \mid \max\{0,\ 40-S_4\} \leqslant x_4 \leqslant 65-S_4\},$$

$$\begin{aligned}
f_4(S_4) &= \min_{x_4 \in D_4(S_4)} \{19x_4+0.6S_4+f_5(S_5)\} \\
&= \min_{x_4 \in D_4(S_4)} \{19x_4+0.6S_4-17.4S_5+1\,170\} \\
&= \min_{x_4 \in D_4(S_4)} \{1.6x_4-16.8S_4+1\,866\} \\
&= \begin{cases} -18.4S_4+1\,930,\ S_4 \leqslant 40,\ x_4^*=40-S_4, \\ -16.8S_4+1\,866,\ 40 \leqslant S_4 \leqslant 50,\ x_4^*=0. \end{cases}
\end{aligned}$$

当 $25<S_5 \leqslant 50$，$x_5=0$，$25 \leqslant S_4+x_4-40 \leqslant 50$，有

$$D_4(S_4)=\{x_4 \mid 65-S_4 \leqslant x_4 \leqslant 90-S_4\},$$

$$\begin{aligned}
f_4^{(1)}(S_4) &= \min_{x_4 \in D_4(S_4)} \{19x_4+0.6S_4+f_5(S_5)\} \\
&= \min_{x_4 \in D_4(S_4)} \{19x_4+0.6S_4-14.8S_5+1\,105\} \\
&= \min_{x_4 \in D_4(S_4)} \{4.2x_4-14.2S_4+1\,697\} \\
&= -18.4S_4+1\,970,
\end{aligned}$$

取下界：$x_4^*=65-S_4$.

显然，该决策不可行，$x_5=0$，$S_4+x_4=65=d_4+d_5$，$S_5=S_4+x_4-d_4=25$，与 $S_5>25$ 矛盾. 因此有

$$f_4(S_4)=\begin{cases} -18.4S_4+1\,930,\ 0 \leqslant S_4 \leqslant 40,\ x_4^*=40-S_4, \\ \quad \text{并且 } 0 \leqslant S_5 \leqslant 25,\ x_5=25-S_5, \\ -16.8S_4+1\,866,\ 40<S_4 \leqslant 50,\ x_4^*=0, \\ \quad \text{并且 } 0 \leqslant S_5 \leqslant 25,\ x_5=25-S_5. \end{cases}$$

当 $k=3$ 时，当 $0 \leqslant S_4 \leqslant 40$ 时，$0 \leqslant S_3+x_3-35 \leqslant 40$，有

$$D_3(S_3)=\{x_3 \mid \max\{0,\ 35-S_3\} \leqslant x_3 \leqslant 75-S_3\},$$

$$\begin{aligned}
f_3(S_3) &= \min_{x_3 \in D_3(S_3)} \{16x_3+0.6S_3+f_4(S_4)\} \\
&= \min_{x_3 \in D_3(S_3)} \{16x_3+0.6S_3-18.4S_4+1\,930\} \\
&= \min_{x_3 \in D_3(S_3)} \{-2.4x_3-17.8S_3+2\,574\} \\
&= -15.4S_3+2\,394,
\end{aligned}$$

取上界：$x_3^*=75-S_3$.

当 $40 \leqslant S_4 \leqslant 50$ 时，$40 \leqslant S_3+x_3-35 \leqslant 50$，有

$$D_3(S_3)=\{x_3 \mid 75-S_3 \leqslant x_3 \leqslant 85-S_3\},$$

$$\begin{aligned} f_3(S_3) &= \min_{x_3 \in D_3(S_3)} \{16x_3+0.6S_3+f_4(S_4)\} \\ &= \min_{x_3 \in D_3(S_3)} \{16x_3+0.6S_3-16.8S_4+1\,866\} \\ &= \min_{x_3 \in D_3(S_3)} \{-0.8x_3-16.2S_3+2\,454\} \\ &= -15.4S_3+2\,386, \end{aligned}$$

取上界：$x_3^*=85-S_3$.

取决策 $x_3^*=85-S_3$，从而，$f_3(S_3)=-15.4S_3+2\,386$.

当 $k=2$ 时，由 $40 \leqslant S_4 \leqslant 50$，$0 \leqslant S_3 \leqslant 50$，$0 \leqslant S_2+x_2-30 \leqslant 50$，有 $30-S_2 \leqslant x_2 \leqslant 80-S_2$.

x_2 的决策允许集合为

$$D_2(S_2)=\{x_2 \mid \max\{0,\ 30-S_2\} \leqslant x_2 \leqslant 80-S_2\},$$

$$\begin{aligned} f_2(S_2) &= \min_{30-S_2 \leqslant x_2 \leqslant 65-S_2} \{12x_2+0.6S_2+f_3(S_3)\} \\ &= \min_{30-S_2 \leqslant x_2 \leqslant 65-S_2} \{12x_2+0.6S_2-15.4S_3+2\,386\} \\ &= \min_{30-S_2 \leqslant x_2 \leqslant 65-S_2} \{-3.4x_2-14.8S_2+2\,848\} \\ &= -11.4S_2+2\,576, \end{aligned}$$

取上界：$x_2^*=80-S_2$.

当 $k=1$ 时，由 $0 \leqslant S_2 \leqslant 50$，$0 \leqslant S_1+x_1-20 \leqslant 50$，$20-S_1 \leqslant x_1 \leqslant 70-S_1$，只要期初存量 $S_1 \leqslant 20$，则 x_1 的决策允许集合为

$$D_1(S_1)=\{x_1 \mid 20-S_1 \leqslant x_1 \leqslant 70-S_1\},$$

$$\begin{aligned} f_1(S_1) &= \min_{x_1 \in D_1(S_1)} \{15x_1+0.6S_1+f_2(S_2)\} \\ &= \min_{x_1 \in D_1(S_1)} \{15x_1+0.6S_1-11.4S_2+2\,584\} \\ &= \min_{x_1 \in D_1(S_1)} \{3.6x_1-10.8S_1+2\,804\} \\ &= -14.4S_1+2\,876, \end{aligned}$$

取下界：$x_1^*=20-S_1$.

(1) 期初存储量 $S_1=0$，由各阶段的最优决策 x_j^* 及状态转移方程，回溯可求出最优策略.

$x_1=20$，$S_2=S_1+x_1-d_1=0+20-20=0$，

$x_2=80$，$S_3=S_2+x_2-d_2=0+80-30=50$，

$x_3=85-50=35$，$S_4=S_3+x_3-d_3=50+35-35=50>40$，

$x_4=0$，$S_5=50-0-40=10<25$，

$x_5=25-S_5=15$，$S_6=10+15-25=0$，$x_6=45$. 总成本为 2 876. 1—6 月份生产、存储详细计划见表 7-4.

表 7-4

月份 k	1	2	3	4	5	6	合计
需求量 d_k	20	30	35	40	25	45	195
单位产品成本 c_k	15	12	16	19	18	16	
单位存储费 h_k	0.6	0.6	0.6	0.6	0.6	0.6	
产量 x_k	20	80	35	0	15	45	195
期初存量 S_k	0	0	50	50	10	0	110
生产成本 $C_K(x_k)$	300	960	560	0	270	720	2 810
存储成本 $H_k(S_k)$	0	0	30	30	6	0	66
合　计							2 876

(2) 期初存储量 $S_1 = 10$，与前面计算类似，得到 $x_1 = 10$，$x_2 = 80$，$x_3 = 35$，$x_4 = 0$，$x_5 = 15$，$x_6 = 45$.

7.3.3 设备更新问题

设一台设备已使用了 T 年(役龄)，对一台使用寿命为 n 年的设备，怎样制定在 n 年中每年是更新(Replace)还是继续使用(Keep)策略，使 n 年的总收益最大或总成本最低，这就是设备更新问题. 下面以总成本最低为标准讨论设备更新的动态规划求解方法.

$P(t)$：第 t 年新设备的购置成本，$t = 0, 1, 2, \cdots, n$.

$C(t)$ 是设备第 t 年的维修费用. 这里的 t 从 T 年后开始计算，$t = 0, 1, 2, \cdots, n$，新设备的役龄为 $t = 0$. 如设备已使用了两年($T = 2$)，继续使用时第 1 年 t 等于 0，不是等于 1.

$S(t)$ 为旧设备第 t 年出售的价格；

$R(t)$ 为在 n 年末，役龄为 t 的设备残值；

阶段变量 k：设备运行年份；

状态变量 S_k：设备的役龄 t；

决策变量 x_k：

$$x_k = \begin{cases} R, & \text{更新}, \\ K, & \text{继续使用}; \end{cases}$$

状态转移方程：

$$S_{k+1} = \begin{cases} 1, & x_k = R, \\ x_k + 1, & x_k = K; \end{cases}$$

阶段指标是更新或继续使用的总成本：

$$v_k = \begin{cases} P(S_k) + C(0) - S(S_k), & d_k = R, \\ C(S_k), & d_k = K \end{cases} = \begin{cases} P(t) + C(0) - S(t), & x_k = R, \\ C(t), & x_k = K; \end{cases}$$

递推方程为

$$f_k(S_k)=\min\begin{cases}P(S_k)+C(0)-S(S_k)+f_{k+1}(S_{k+1}), & x_k=R,\\ C(S_k)+f_{k+1}(S_{k+1}), & x_k=K\end{cases}$$

$$=\min\begin{cases}P(t)+C(0)-S(t)+f_{k+1}(t+1), & x_k=R,\\ C(t)+f_{k+1}(t+1), & x_k=K;\end{cases}$$

边界条件为 $f_n(t)=-R(t)$.

本 章 小 结

动态规划是 1951 年美国数学家贝尔曼等人创建的解决最优化问题的一种新方法. 动态规划不像线性规划那样有一个标准的数学表达式和确定的一组规则,而必须对基本概念和方法正确理解,并应以丰富的想象力去建立模型,用创造性的技巧去求解. 在建立动态规划模型时,要根据具体问题,将问题恰当地分成若干个相互联系的阶段,以便按一定的次序求解. 然后定义恰当的状态变量、决策变量、策略;正确给出状态转移方程、指标函数和最优值函数以及递推方程;最后根据贝尔曼原理求解. 动态规划可以解决最优路径问题、资源分配问题、生产调度问题、库存问题、设备更新问题和生产过程最优控制问题等. 本章重点介绍了动态规划在多阶段决策、一维资源分配、高低负荷分配、生产与存储和设备更新问题等方面的应用.

习 题 7

7.1 设某工厂自国外进口一部精密机器,由机器制造厂至出口港有三个港口可供选择,而进口港又有三个可供选择,进口后可经由两个城市到达目的地,其间的运输成本如图 7-4 中所标的数字,试求运费最低的路线?

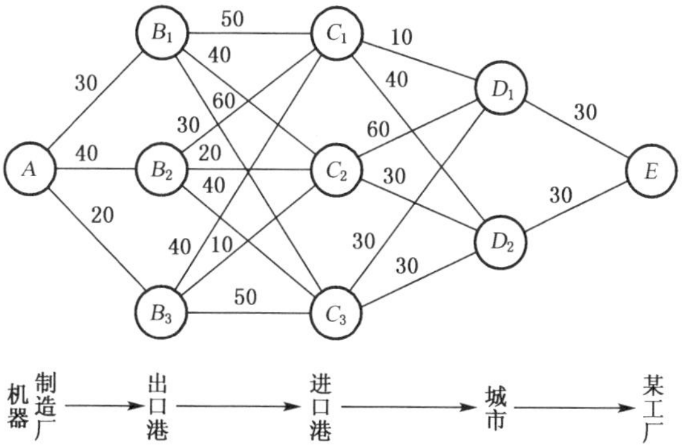

图 7-4

7.2 计算从 A 点到 B 点, C 点和 D 点的最短路线. 已知各段路线的长度如图 7-5 所示.

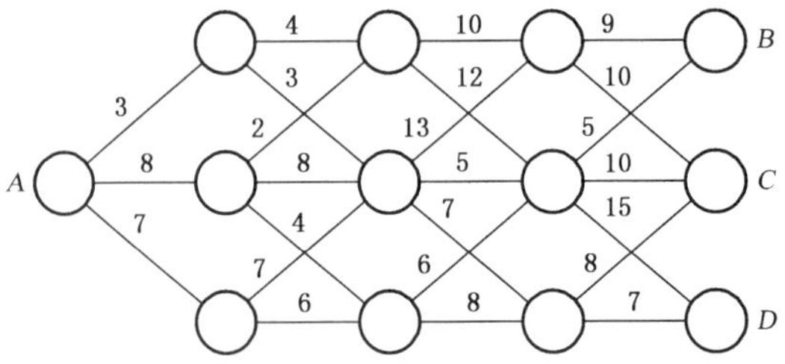

图 7-5

7.3 有一部货车每天沿着公路给三个零售店卸下 3 箱货物，如果各零售店出售该货物所得利润见表 7-5，试求在各零售店卸下几箱货物，能使获得总利润最大？其值是多少？

表 7-5

零售店 利润 箱数	1	2	3
0	0	0	0
1	4	2	3
2	6	4	5
3	7	6	7

7.4 某公司打算向它的三个营业区增设六个销售店，每个营业区至少增设一个. 从各区赚取的利润与增设的销售店个数有关，其数据见表 7-6.

表 7-6 单位：万元

销售店增加数	A 区利润	B 区利润	C 区利润
0	10	20	15
1	20	21	16
2	28	22	17
3	33	22	18
4	34	23	20

试求各区应分配几个增设的销售店，才能使总利润最大？其值是多少？

7.5 某警卫部门有 12 支巡逻队负责 4 个仓库的巡逻. 按规定对每个仓库可分别派 2～4 支队伍巡逻. 由于所派队伍数量上的差别，各仓库一年内预期发生事故的次数见表 7-7. 试应用动态规划的方法确定派往各仓库的巡逻队数，使预期事故的总次数为最少.

表 7-7

仓库 预期事故次数 巡逻队数	1	2	3	4
2	18	38	14	34
3	16	36	12	31
4	12	30	11	25

7.6 某工厂有 100 台机器，拟分四个周期使用，在每一周期有两种生产任务. 据经验，把机器 x_1 台投入第一种生产任务，则在一个生产周期中将有 $\frac{1}{6}x_1$ 台机器作废；余下的机器全部投入第二种生产任务，则有 $\frac{1}{10}$

机器作废.如果干第一种生产任务每台机器可收益10,干第二种生产任务每台机器可收益8.问怎样分配机器,使总收益最大?

7.7 某一印刷厂有六项加工任务.对印刷车间和装订车间所需时间(单位:d)见表7-8,试求最优的加工顺序和总加工天数.

表7-8

车间＼任务	J_1	J_2	J_3	J_4	J_5	J_6
印刷车间	3	10	5	2	9	11
装订车间	8	12	9	6	5	2

7.8 试制订三年中的一台机器更新策略,使总收入达到最大.设 $\alpha=1$, $T=2$,有关数据见表7-9.

表7-9

项目＼役龄＼年份	第3年					第2年				第1年		
	0	1	2	3	4	0	1	2	3	0	1	2
收入	20	19	18	16	14	25	23	22	20	27	24	22
运行费用	4	4	6	6	8	3	4	6	7	3	3	4
更新费用	25	27	30	32	35	27	29	32	34	29	30	31

7.9 求解五个城市旅行推销员问题.其距离矩阵见表7-10.设推销员从1城出发,经过每个城市一次且仅一次,最后回到1城.问按怎样的路线走,使总的行程最短.

表7-10

j＼距离＼i	1	2	3	4	5
1	0	10	20	30	40
2	12	0	18	30	25
3	23	9	0	5	10
4	34	32	4	0	8
5	45	27	11	10	0

7.10 某电气设备由三个部件串联组成.为提高该种设备在指定工作条件下正常工作的可靠性,需在每个部件上安装一个、两个或三个主要元件的相同备用件.假设对部件 i, $i=1, 2, 3$ 配备 j 个备用件后的可靠性 R_{ij} 和所需费用 c_{ij} 均已知,见表7-11.问在用于安装备用元件的总费用限额为1 000元的条件下,如何配备各部件的备用元件数,方能使该种设备在指定工作条件下的可靠性最大.

表7-11

部件 i＼费用及可靠性＼备用元件个数	$j=1$		$j=2$		$j=3$	
	c_{i1}/百元	R_{i1}	c_{i2}/百元	R_{i2}	c_{i3}/百元	R_{i3}
1	2	0.92	4	0.94	5	0.96
2	3	0.75	5	0.94	6	0.98
3	1	0.80	2	0.95	3	0.99

8　图论及其应用

本章要求

◎ 正确掌握图论的一些基本概念.

◎ 掌握树的概念和最小支撑树问题的求解算法.

◎ 正确掌握网络最短路问题的算法.

◎ 掌握网络最大流问题的算法.

◎ 了解网络最小费用最大流的算法.

◎ 了解中国邮递员问题的算法.

图论是广泛应用于管理科学、计算机科学、控制论、信息论、物理、化学、生物学及心理学等领域的运筹学分支,在实际生活、生产和科学研究中,很多问题都可以用图论的理论和方法来解决.

图的理论研究已有 200 多年的历史了,早期图论与"数学游戏"有着密切关系,所谓"哥尼斯堡七桥问题"就是其中之一. 200 多年前的东普鲁士有一座哥尼斯堡城,城中有一条河叫普雷格尔河,河的中央有两个岛屿,河上有七座桥,如图 8-1(a)所示,平时城中居民大都喜欢来这里散步,并热衷于这样的一个问题:一个散步者能否走过七座桥,且每座桥只走过一次,最后回到出发点. 当时有许多人都探讨了这个问题,但不得其解. 1736 年,著名的数学家欧拉解决了这个问题,他将图问题中的陆地和岛屿抽象成点,桥抽象成边,从而得到图 8-1(b),同时将问题转化为**一笔画问题**,即能否从某一点开始一笔画出这个图形,最后回到原点,而不重复. 欧拉否定了这种可能性. 原因是图中的每个点都只与奇数条线相关联,为此他写下了被公认为世界第一篇图论方面的论文. 随着科学技术的发展,图论在数学、计算机科学、工程技术以及经济管理等众多领域有着极其广泛的应用,已发展成为管理运筹学的一个重要分支.

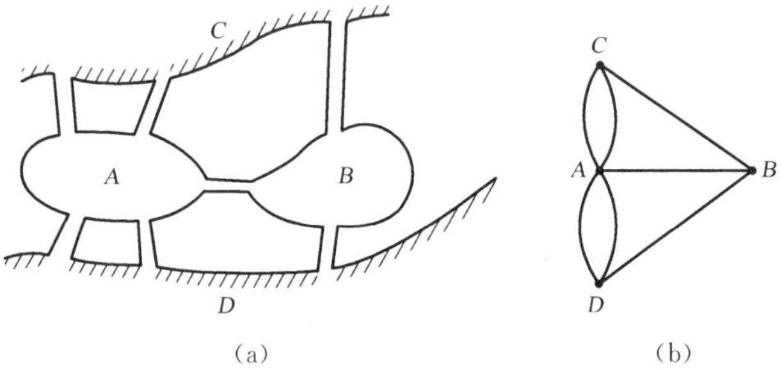

图 8-1

8.1　图 论 导 引

我们接触过各种各样的图,如三角形、四边形、多面体、函数的图形、土木建筑图、机械图、电气图等，而运筹学中研究的图与以上图形都不同.运筹学中专门研究图的一个大的分支称为图论，它所研究的是哪些个“点”以及其中哪些点之间有“连线”.这是对大量实际问题的抽象和概括.譬如，我们在生产和生活中，常见到的公路或铁路交通图、管网图、通讯联络图等，它们都表明着有哪些研究对象(车站、自来水厂、通讯台、用户等)以及对象之间的相互关系.

若用点表示研究对象，用边表示这些对象之间的联系，则可定义图 G 是一个点集和另一个边集的二元集合，记作 $G=\{V, E\}$，其中 V 是点的集合，E 是边的集合.

若给图中的点和边赋以具体的含义和权数，如距离、费用、容量等，则称为**网络图**，记作 $N=\{V, E, W\}$.其中 W 是对边赋予权数的集合.下面就是一些关于图与网络的基本概念和基本定理.

1. 点、边、弧

连接点与点之间的不带箭头的线称为边，记作 $e=[v_i, v_j]$，其中 v_i 和 v_j 称为边 e 的端点(也称节点)，边 e 为点 v_i 或 v_j 的关联边.若两个端点与同一条边关联，称点 v_i 和 v_j 相邻；若边 e_i 和 e_j 具有公共的端点，称边 e_i 和 e_j 相邻.如图 8-2 中，$e_1=[v_1, v_2]$, $e_2=[v_1, v_3]$，或记作 $e_1=[v_2, v_1]$, $e_2=[v_3, v_1]$.连接两端点 v_i 和 v_j 之间带箭头的边称为弧，记作 $a=(v_i, v_j)$.如图 8-3 中，$a_1=(v_1, v_2)$, $a_2=(v_1, v_3)$，但不能记作 $a_1=(v_2, v_1)$.

2. 无向图与有向图

由点和边构成的图称为无向图，记作 $G=(V, E)$，其中 V 是点的集合，E 是边的集合，如图 8-2 所示.由点和弧构成的图称为有向图，记作 $D=(V, A)$，其中 V 是点的集合，A 是弧的集合，如图 8-3 所示.

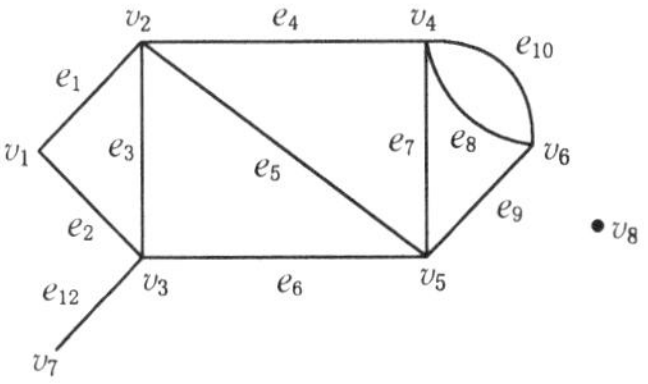

图 8-2

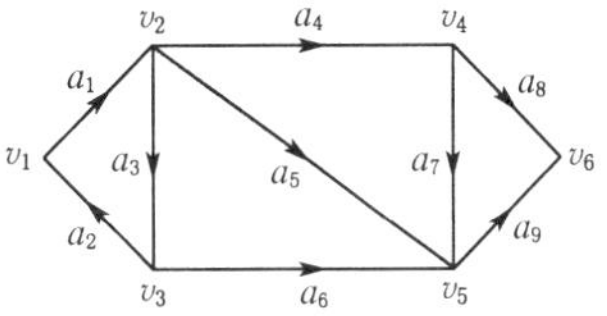

图 8-3

3. 链、圈和路、回路

对无向图中一些点和边交替出现构成的点边序列 $\mu=\{v_1, e_1, v_2, e_2, \cdots, e_{n-1}, v_n\}$，如果满足 $e_i=[v_i, v_{i+1}]$, $i=1, 2, \cdots, n-1$，则称这个点边序列 μ 为无向图中由 v_1 至 v_n 的一条链；如果链中的始点和终点相同，则称此链为圈.例如，在图 8-2 中，$\mu_1=\{v_1, e_1, v_2, e_5, v_5, e_9, v_6\}$ 称为由 v_1 至 v_6 的一条链，而 $\mu_2=\{v_1, e_1, v_2, e_3, v_3, e_2, v_1\}$ 称为由 v_1 至 v_1 的一个圈.

对有向图中点和弧交替出现构成的点弧序列 $\mu=\{v_1, a_1, v_2, a_2, \cdots, a_{n-1}, v_n\}$，如果满足 $a_i=(v_i, v_{i+1})$, $i=1, 2, \cdots, n-1$，则称这个点弧序列 μ 为有向图中由 v_1 至 v_n 的一条路；如果路中的始点和终点相同，则称此路为回路.例如，在图 8-3 中，$\mu_3=\{v_1, a_1, v_2, a_5, v_5, a_9, v_6\}$ 称为由 v_1 至 v_6 的一条路，而 $\mu_4=\{v_1, a_1, v_2, a_3, v_3, a_2, v_1\}$ 称为由 v_1 至 v_1 的一个回路.

4. 连通图和不连通图

如果一个图中任意两点之间均存在链，则称该图为连通图，否则为不连通图.

5. 次、奇点、偶点、孤立点

与点 v_i 相关联的边的数目称为点 v_i 的次(也称为度),记作 $d(v_i)$. 比如在图 8-2 中,$d(v_1)=2$, $d(v_2)=4$. 次为奇数的点称为奇点,次为偶数的点称为偶点,次为零的点称为孤立点.

6. 赋权图

在一个连通图 $G=\{V, E\}$ 中,对任意一条边 $e\in E$,如果相应都有一个权值 $w(e)$,则称 $G=\{V, E\}$ 为赋权图,$w(e)$ 称为边 e 的权(图 8-4).

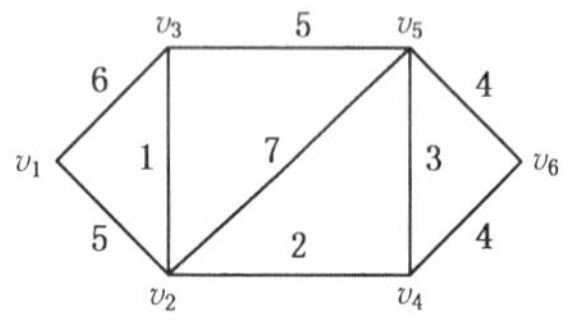

图 8-4

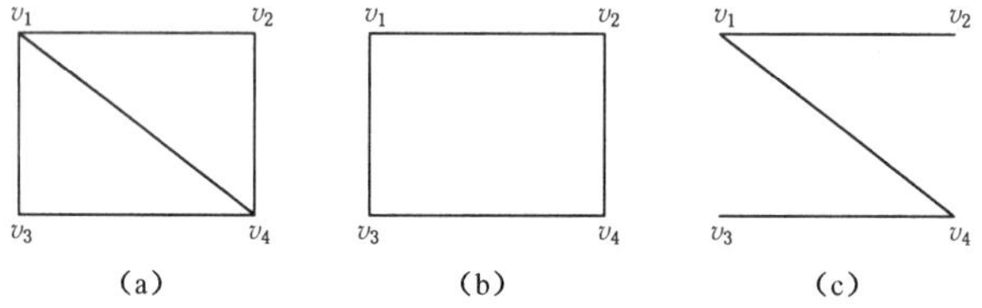

图 8-5

7. 子图、支撑子图

对于图 $G_1=(V_1, E_1)$ 和图 $G_2=(V_2, E_2)$,若有 $V_1\subseteq V_2$ 和 $E_1\subseteq E_2$,则称 G_1 是 G_2 的一个子图. 若有 $V_1=V_2$, $E_1\subseteq E_2$,则称 G_1 是 G_2 的一个支撑子图. 显然,支撑子图必定是子图,而子图不一定是支撑子图. 例如,在图 8-5 中,(b) 就是(a) 的一个支撑子图.

8. 前向弧、后向弧

设 μ 是网络 N 中的一条从 v_s 到 v_t 的链,则链 μ 上与链的方向一致的弧称为前向弧,记这些弧为 μ^+;链 μ 上与链的方向相反的弧称为后向弧,记这些弧为 μ^-. 比如在图 8-3 所示,$\mu=\{v_1, a_2, v_3, a_3, v_2, a_5, v_5, a_7, v_4, a_8, v_6\}$ 称为从 v_1 到 v_6 的一条链,其中 $\mu^+=\{a_5, a_8\}$, $\mu^-=\{a_2, a_3, a_7\}$.

图的两个基本定理:

定理 8.1 任何图中,顶点次数之和等于边数的 2 倍.

证明 由于每条边必与两个顶点关联,在计算点的次时,每条边均被计算了两次,所以顶点次数之和等于边数的 2 倍.

定理 8.2 任何图中,奇点的个数必为偶数.

证明 设 V_1 和 V_2 分别为图 G 中奇点与偶点的集合($V_1\cup V_2=V$),由定理 8.1 知

$$\sum_{v\in V_1}d(v)+\sum_{v\in V_2}d(v)=\sum_{v\in V}d(v)=2m.$$

由于 $2m$ 为偶数,而 $\sum\limits_{v\in V_2}d(v)$ 是若干个偶数之和,也是偶数,所以 $\sum\limits_{v\in V_1}d(v)$ 必为偶数,即 V_1 的个数必为偶数.

8.2 树及最小支撑树问题

树是图论中的一个重要概念,由于树的模型简单而实用,它在企业管理、线路设计等方面都有很重要的作用.

8.2.1　树与树的基本性质

例 8.1　某企业的组织机构如下所示：

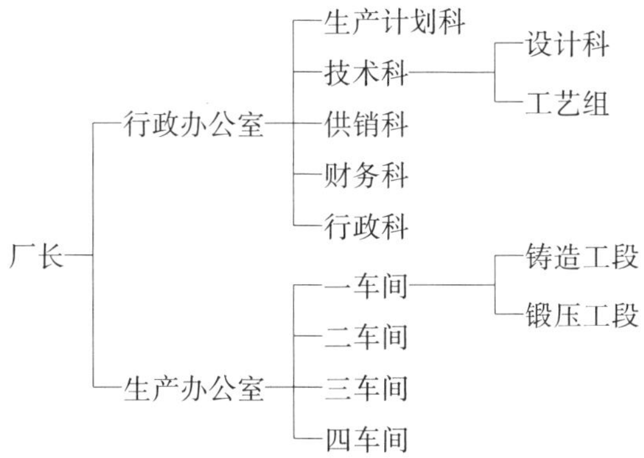

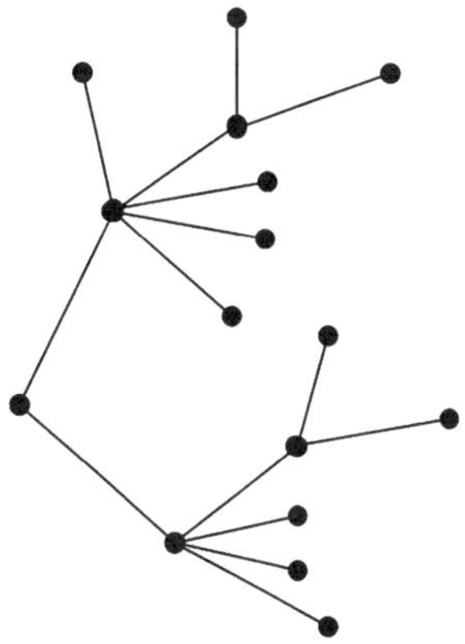

图 8-6

该组织机构如果用图表示，可得图 8-6. 它是一个呈树枝形状的图，“树”的名称由此而来. 在图论中，这种无回路(圈)的连通无向图称为树，记作 $T(V, E)$.

树的性质有

性质 1　任何树中必有次为 1 的点.

证明　用反证法. 若树中任何点的次都不是 1，又连通图中不存在孤立点，故树中所有节点的次均大于 1. 不妨设节点 v_1 的次为 2，即 v_1 有两条关联边. 设关联边的其他两个端点为 v_2, v_3；同样，v_2 和 v_3 的次也都大于 1，于是可知 v_2, v_3 必各有其他相邻的点 v_4 与 v_5；同样，v_4, v_5 的次也大于 1，于是它们又各有其他相邻点. 如此继续下去，可找到一个点的序列 v_1, v_2, v_4, …. 但图的点是有限的，因此到某一时刻，此序列中必然重新出现序列前面已有的点，由此在图中出现圈，与树的定义矛盾.

称次为 1 的点为悬挂点，与其关联的边为悬挂边. 如果从树图中拿掉悬挂点及其相关联的悬挂边，余下的点和边构成的图仍连通且无圈，还是一个树图.

性质 2　具有 n 个顶点的树的边数是 $n-1$.

证明　用归纳法. 当 $n=2, 3$ 时，结论显然成立. 设 $n=k-1$ 时结论仍成立. 则当 $n=k$ 时，因树中至少有一个悬挂点，故可将它和相关联的悬挂边从树中拿掉，则剩下的图仍为树，而这时的图有 $k-1$ 个点，由归纳法的假设便知它有 $k-2$ 条边. 再把拿掉的悬挂点、悬挂边放回去，即表明 $n=k$ 时结论也成立.

性质 3　任何具有 n 个点、$n-1$ 条边的连通图是树图.

证明　用反证法. 假定这个图中有圈，则从圈中拿掉任意一条边，图仍连通. 若仍有圈，就从该圈中也拿掉任意一条边. 这样继续下去，直到图中没有圈为止. 由于剩下的图仍连通但无圈，故仍为树图. 但这时图中的点有 n 个，而边数却少于 $n-1$ 条，这与性质 2 矛盾.

由以上性质可见：

(1) 树是边数最多的无圈的连通图，在树中只要任意加上一条边而不增添顶点的话，必定出现圈.

（2）树的任意两点之间有且只有一条链. 因此，树图是最脆弱的连通图. 只要从树中取走一条边而顶点保留不变，树就被割离开来. 因此，一些重要的网络不能按树的结构设计.

8.2.2 支撑树和最小支撑树

如果 G_1 是 G_2 的一个支撑子图，G_1 是一个树，则称 G_1 是 G_2 的**支撑树**. 树的各条边称为树枝. 例如，图 8-5(b)是图 8-5(a)的支撑子图，图 8-5(c)是图 8-5(a)支撑树. 一个图中，不仅可以有多个支撑图，也可以有多个支撑树.

求一个连通图的支撑树有两种方法：

（1）“破圈法”. 即任取一个圈，从圈中去掉一边，对余下的图重复这个步骤，直到不含圈时为止，这样就得到一个支撑树.

（2）“避圈法”. 即任取一条边，找一条与其不构成圈的边，对余下的图重复这个步骤，直到不能进行为止，则由所有取出的边所构成的图就是一个支撑树.

在赋权图中，总权数最小的支撑树称为该图的**最小支撑树**，简称**最小树**. 一个图的最小树也不一定唯一. 显然，只有连通图才有支撑树、最小树.

求最小支撑树方法有如下两种：

（1）“破圈法”. 任取一个圈，从圈中去掉一条权数最大的边（若有两条或两条以上的边都有最大权，则任意去掉其中一条），在余下的圈中，重复这个步骤，直到得到一个不含圈的图为止，此时即得最小树.

（2）“避圈法”. 首先选一条最小权的边，以后每一步中，总是从未被选取的边中选一条权数最小的边，并使之与已选取的边不构成圈（若每一步中，有两条或两条以上的边都是权数最小的边，则从中任选一条）.

避圈法是从最短边开始往支撑图中添加，见圈回避，直到连通，所以又称“加边法”.

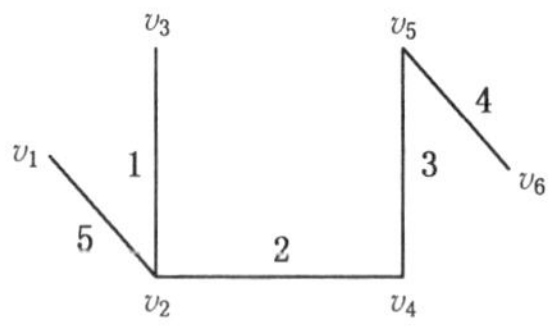

图 8-7

例如，图 8-4 的一个最小支撑树为图 8-7.

8.3 最短路问题

从给定的图中找出任意两点间的最短路线，这就是最短路问题. 最短路问题不仅可以解决生产实际的许多问题，如管道铺设、线路选择、厂区布置、设备更新、投资等，而且经常被作为一个基本工具，用于解决其他优化问题.

下面，我们来介绍求最短路的两种算法：第一种是无负权数的 Dijkstra 算法；第二种是允许有负权数的 Floyd 算法.

8.3.1 Dijkstra 算法

本算法由 Dijkstra 于 1959 年提出的，可用于求解赋权有向图 $G=(V, A)$ 中，指定两点 v_s，

v_t 之间的最短路，或从指定点 v_s 到其余各点的最短路，目前被认为是求无负权网络最短路问题的最好方法. 算法的基本思路基于以下原理：

若序列 $\{v_s, v_1, \cdots, v_{n-1}, v_n\}$ 是从 v_s 到 v_n 的最短路，则序列 $\{v_s, v_1, \cdots, v_{n-1}\}$ 必为从 v_s 到 v_{n-1} 的最短路.

下面给出 Dijkstra 算法的基本步骤.

事实上，Dijkstra 算法也是一种标号法. 从 v_s 出发，逐步地向外探寻最短路. 执行过程中，与每一个点对应，记录下一个数(称为这个点的标号)，它表示从 v_s 到该点的最短路的权(P 标号——Permanent label 即永久性标号)，或者表示从 v_s 到该点的最短路的权的上界(T 标号——Tentative label 即试探性标号). 方法的每一步是去修改 T 标号，并把某一个具 T 标号的点改变为具 P 标号的点. 这样，至多经过 $n-1$ 步(n 为图中点的个数)，就可以求出从 v_s 到各点的最短路.

基本步骤如下：

(1) 给起点 v_s 以 P 标号，$P(v_s)=0$，其余各点均给 T 标号，$T(v_i)=+\infty$；

(2) 若 v_i 点为刚得到 P 标号的点，考察这样的 v_j：如果 $(v_i, v_j)\in A$，且 v_j 是 T 标号的点，则对 v_j 的 T 标号修改为 $T(v_j)=\min\{T(v_j), P(v_j)+w_{ij}\}$；

(3) 比较所有具有 T 标号的点，令 $\min\{T(v_j)\}=T(v_k)$，把最小者改为 P 标号，即 $P(v_k)=T(v_k)$.

当存在两个以上最小者时，可同时改为 P 标号. 若全部点均为 P 标号则停止修改. 否则，用 v_k 代替 v_i，转回(2).

例 8.2 用 Dijkstra 算法求图 8-8 中 v_1 至其余各点的最短路.

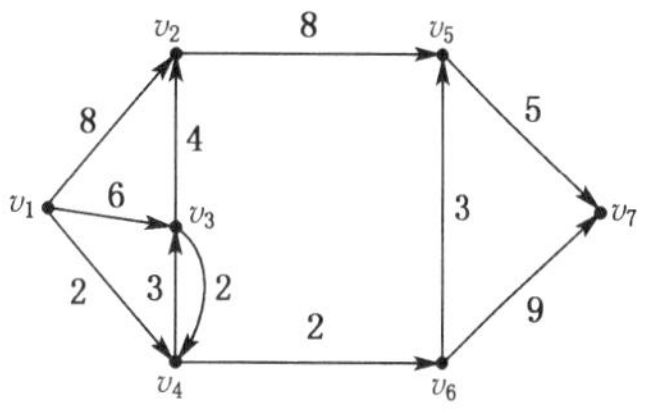

图 8-8

解 第一轮：(1) 给 v_1 以 P 标号，$P(v_1)=0$，其余各点 T 标号，$T(v_i)=+\infty$, $i=2, 3, \cdots, 7$.

(2) 由于 $(v_1, v_2)\in A$, $(v_1, v_3)\in A$, $(v_1, v_4)\in A$，且 v_2, v_3, v_4 为 T 标号，所以修改 T 标号：

$$T(v_2)=\min\{T(v_2), P(v_1)+w_{12}\}=\min\{+\infty, 0+8\}=8,$$
$$T(v_3)=\min\{T(v_3), P(v_1)+w_{13}\}=\min\{+\infty, 0+6\}=6,$$
$$T(v_4)=\min\{T(v_4), P(v_1)+w_{14}\}=\min\{+\infty, 0+2\}=2.$$

(3) 比较所有 T 标号，$\min\{T(v_2), T(v_3), T(v_4), T(v_5), T(v_6), T(v_7)\}=T(v_4)=2$，令 $P(v_4)=T(v_4)=2$，并记录路径 (v_1, v_4).

第二轮：(2) 由于 $(v_4, v_3)\in A$, $(v_4, v_6)\in A$，且 v_3, v_6 为 T 标号，所以修改 T 标号：

$$T(v_3)=\min\{T(v_3), P(v_4)+w_{43}\}=\min\{6, 2+3\}=5,$$
$$T(v_6)=\min\{T(v_6), P(v_4)+w_{46}\}=\min\{+\infty, 2+2\}=4.$$

(3) 比较所有 T 标号，$\min\{T(v_2), T(v_3), T(v_5), T(v_6), T(v_7)\}=T(v_6)=4$，令 $P(v_6)=T(v_6)=4$，并记录路径 (v_4, v_6).

第三轮：(2) 由于 $(v_6, v_5)\in A$, $(v_6, v_7)\in A$，且 v_5, v_7 为 T 标号，所以修改 T 标号：

$$T(v_5)=\min\{T(v_5), P(v_6)+w_{65}\}=\min\{+\infty, 4+3\}=7,$$

$$T(v_7) = \min\{T(v_7),\ P(v_6) + w_{67}\} = \min\{+\infty,\ 4+9\} = 13.$$

(3) 比较所有 T 标号，$\min\{T(v_2),\ T(v_3),\ T(v_5),\ T(v_7)\} = T(v_3) = 5$，令 $P(v_3) = T(v_3) = 5$，并记录路径$(v_4,\ v_3)$.

第四轮：(2) 由于$(v_3,\ v_2) \in A$，且 v_2 为 T 标号，所以修改 T 标号：

$$T(v_2) = \min\{T(v_2),\ P(v_3) + w_{32}\} = \min\{8,\ 5+4\} = 8.$$

(3) 比较所有 T 标号，$\min\{T(v_2),\ T(v_5),\ T(v_7)\} = T(v_5) = 7$，令 $P(v_5) = 7$，并记录路径$(v_6,\ v_5)$.

第五轮：(2) 由于$(v_5,\ v_7) \in A$，且 v_7 为 T 标号，所以修改 T 标号：

$$T(v_7) = \min\{T(v_7),\ P(v_5) + w_{57}\} = \min\{13,\ 7+5\} = 12.$$

(3) 比较所有 T 标号，$\min\{T(v_2),\ T(v_7)\} = T(v_2) = 8$，令 $P(v_2) = T(v_2) = 8$，并记录路径$(v_1,\ v_2)$.

第六轮：(3) 令 $P(v_7) = T(v_7) = 12$，并记录路径$(v_5,\ v_7)$.

于是，得到 v_1 到 v_i 点的最短路以及相应的路径：

$$
\begin{aligned}
&P(v_1) = 0;\\
&P(v_2) = 8,\ v_1 \to v_2;\\
&P(v_3) = 5,\ v_1 \to v_4 \to v_3;\\
&P(v_4) = 2,\ v_1 \to v_4;\\
&P(v_5) = 7,\ v_1 \to v_4 \to v_6 \to v_5;\\
&P(v_6) = 4,\ v_1 \to v_4 \to v_6;\\
&P(v_7) = 12,\ v_1 \to v_4 \to v_6 \to v_5 \to v_7.
\end{aligned}
$$

注 为了简化计算，还可以采用每次只记录从起点 v_s 到各点的最短距离或上界的方法. 为此，我们引入记号

$$L_i = (L_1^i,\ L_2^i,\ \cdots,\ L_n^i),$$

表示在第 i 次标号中起点到各点的距离或上界. 例如在上例中，我们可以按照如下方式进行：

$L_0 = (\underset{*}{0}, \infty, \infty, \cdots, \infty)$； ——有“ * ”号的点表示 P 标号点(起点到该点的最短距离)

$$
\begin{aligned}
&L_1 = (\underset{*}{0},\ 8,\ 6,\ \underset{*}{2},\ \infty,\ \infty,\ \infty),\ v_1 \to v_4;\\
&L_2 = (\underset{*}{0},\ 8,\ 5,\ \underset{*}{2},\ \infty,\ \underset{*}{4},\ \infty),\ v_4 \to v_6;\\
&L_3 = (\underset{*}{0},\ 8,\ \underset{*}{5},\ \underset{*}{2},\ 7,\ \underset{*}{4},\ 13),\ v_1 \to v_3;\\
&L_4 = (\underset{*}{0},\ 8,\ \underset{*}{5},\ \underset{*}{2},\ \underset{*}{7},\ \underset{*}{4},\ 13),\ v_6 \to v_5;\\
&L_5 = (\underset{*}{0},\ \underset{*}{8},\ \underset{*}{5},\ \underset{*}{2},\ \underset{*}{7},\ \underset{*}{4},\ 12),\ v_1 \to v_2;\\
&L_6 = (\underset{*}{0},\ \underset{*}{8},\ \underset{*}{5},\ \underset{*}{2},\ \underset{*}{7},\ \underset{*}{4},\ \underset{*}{12}),\ v_5 \to v_7.
\end{aligned}
$$

最后按后面的轨迹记录反向追踪，即可求得从起点 v_1 到各点 v_i 的最短路，且最后一轮标号 L_6 中所表示的就是从起点到各点 v_i 的最短距离.

8.3.2 最短路的 Floyd 算法

Floyd(弗洛伊德)算法又称距离矩阵幂乘算法，是通过定义一个网络权矩阵后进行类似于矩阵计算来求两点之间最短路的一种算法. 该算法是一种矩阵(表格)迭代方法，对于任意两点最短路、混合图的最短路、有负权图的最短路等一般网络问题来说比较有效.

Floyd 算法基本步骤如下：

(1) 写出 v_i 一步到达 v_j 的距离矩阵 $\boldsymbol{L}_1 = (L_{ij}^{(1)})$，$\boldsymbol{L}_1$ 也是一步到达的最短距离矩阵. 如果 v_i 与 v_j 之间没有边关联，则令 $w_{ij} = \infty$.

(2) 计算两步最短距离矩阵. 设 v_i 到 v_j 经过一个中间点 v_r 两步到达 v_j，则 v_i 到 v_j 的最短距离为

$$L_{ij}^{(2)} = \min_r \{L_{ir}^{(1)} + w_{rj}\}.$$

最短距离矩阵记为 $\boldsymbol{L}_2 = (L_{ij}^{(2)})$.

(3) 计算 k 步最短距离矩阵. 设 v_i 经过中间点 v_r 到达 v_j，v_i 经过 $k-1$ 步到达 v_r 的最短距离为 $L_{ir}^{(k-1)}$，则 v_i 经 k 步到达 v_j 的最短距离为

$$L_{ij}^{(k)} = \min_r \{L_{ir}^{(k-1)} + L_{rj}^{(k-1)}\}.$$

最短距离矩阵记为 $\boldsymbol{L}_k = (L_{ij}^{(k)})$.

(4) 比较矩阵 $\boldsymbol{L}_k$ 与 $\boldsymbol{L}_{k-1}$，当 $\boldsymbol{L}_k = \boldsymbol{L}_{k-1}$ 时得到任意两点间的最短距离矩阵 $\boldsymbol{L}_k$.

设图的顶点数为 n 并且 $w_{ij} \geqslant 0$，迭代次数 k 可由下式估计得到：

$$2^{k-1} - 1 < n - 2 \leqslant 2^k - 1,$$

$$k - 1 < \frac{\ln(n-1)}{\ln 2} \leqslant k. \tag{*}$$

应当注意，这里的 k 是迭代次数，不一定等于 v_i 到 v_j 最短路中间所经过的顶点数，中间点最多等于 $2^{k-1}-1$，经过一条边看成是一步，则最多走 2^{k-1} 步，区分公式中的“步”与实际经过的“步”之间的关系，就不难理解 $L_{ij}^{(k)}$ 表达式的含义.

例 8.3 图 8-9 表示一张 8 个城市的铁路交通图，铁路部门要制作一张两两城市间的距离表. 这个问题实际上就是求任意两点间的最短路问题.

解 (1) 依据图 8-9，写出任意两点间一步到达距离表 $\boldsymbol{L}_1$，见表 8-1. 本例中 $n = 8$，$\dfrac{\ln 7}{\ln 2} = 2.807$，因此计算到 $\boldsymbol{L}_3$.

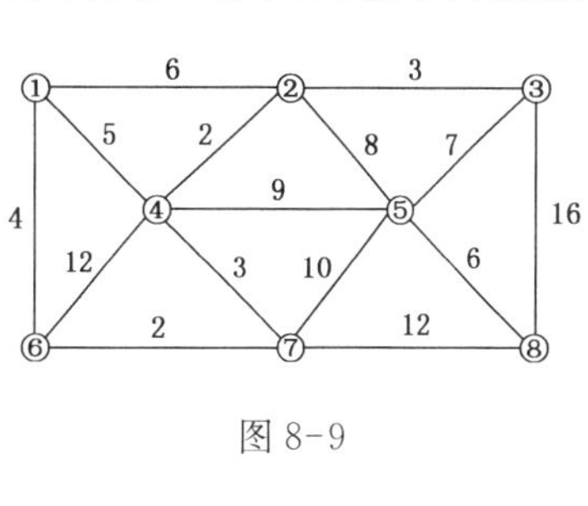

图 8-9

(2) 由式 $L_{ij}^{(2)} = \min\{L_{ir}^{(1)} + w_{rj}\}$ 得到矩阵 $\boldsymbol{L}_2$，见表 8-2. 计算示例：$L_{ij}^{(2)}$ 等于表 8-1 中第 i 行与第 j 列对应元素相加取最小值. 例如，v_4 经过两步(最多一个中间点) 到达 v_3 的最短距离是

$$L_{43}^{(2)} = \min\{w_{41}+w_{13},\ w_{42}+w_{23},\ w_{43}+w_{33},\ w_{44}+w_{43},\ w_{45}+w_{53},\ w_{46}+w_{63},\ w_{47}+w_{73},\ w_{48}+w_{83}\}$$
$$= \min\{5+\infty,\ 2+3,\ \infty+0,\ 0+\infty,\ 9+7,\ 12+\infty,\ 3+\infty,\ \infty+16\}$$
$$= 5.$$

表 8-1　　最短距离表 L_1

	v_1	v_2	v_3	v_4	v_5	v_6	v_7	v_8
v_1	0	6	∞	5	∞	4	∞	∞
v_2	6	0	3	2	8	∞	∞	∞
v_3	∞	3	0	∞	7	∞	∞	16
v_4	5	2	∞	0	9	12	3	∞
v_5	∞	8	7	9	0	∞	10	6
v_6	4	∞	∞	12	∞	0	2	∞
v_7	∞	∞	∞	3	10	2	0	12
v_8	∞	∞	16	∞	6	∞	12	0

表 8-2　　最短距离表 L_2

	v_1	v_2	v_3	v_4	v_5	v_6	v_7	v_8
v_1	0	6	9	5	14	4	6	∞
v_2	6	0	3	2	8	10	5	14
v_3	9	3	0	5	7	∞	17	13
v_4	5	2	5	0	9	5	3	15
v_5	14	8	7	9	0	12	10	6
v_6	4	10	∞	5	12	0	2	14
v_7	6	5	17	3	10	2	0	12
v_8	∞	14	13	15	6	14	12	0

(3) 由式 $L_{ij}^{(k)} = \min\{L_{ir}^{(k-1)} + w_{rj}\}$ 得到矩阵 $\boldsymbol{L}_3$，见表 8-3. 计算示例：$L_{ij}^{(3)}$ 等于表 8-2 中第 i 行与第 j 列对应元素相加取最小值. 例如，v_3 经过三步(最多三个中间点 4 条边)到达 v_6 的最短距离是

$$L_{36}^{(3)} = \min\{L_{31}^{(2)}+L_{16}^{(2)},\ L_{32}^{(2)}+L_{26}^{(2)},\ L_{33}^{(2)}+L_{36}^{(2)},\ L_{34}^{(2)}+L_{46}^{(2)},\ L_{35}^{(2)}+L_{56}^{(2)},\ L_{36}^{(2)}+L_{66}^{(2)},\ L_{37}^{(2)}+L_{76}^{(2)},\ L_{38}^{(2)}+L_{86}^{(2)}\}$$
$$= \min\{9+4,\ 3+10,\ 0+\infty,\ 5+5,\ 7+12,\ \infty+0,\ 17+2,\ 13+14\} = 10.$$

表 8-3　　最短距离表 L_3

	v_1	v_2	v_3	v_4	v_5	v_6	v_7	v_8
v_1	0	6	9	5	14	4	6	18
v_2	6	0	3	2	8	7	5	14
v_3	9	3	0	5	7	10	8	13
v_4	5	2	5	0	9	5	3	15
v_5	14	8	7	9	0	12	10	6
v_6	4	7	10	5	12	0	2	14
v_7	6	5	8	3	10	2	0	12
v_8	18	14	13	15	6	14	12	0

由表 8-2 及表 8-1 可知，最短距离由 4 条边长之和构成：

$$L_{34}^{(2)} + L_{46}^{(2)} = (L_{32}^{(1)} + L_{24}^{(1)}) + (L_{47}^{(1)} + L_{76}^{(1)}) = w_{32} + w_{24} + w_{47} + w_{76}$$
$$= 3+2+3+2 = 10,$$

则 v_3 到 v_6 的最短路线是 $v_3 \to v_2 \to v_4 \to v_7 \to v_6$.

表 8-3 就是最优表，即任意两点间的最短距离. 取表中下三角便得到 8 个城市之间的铁路交通距离表.

例 8.4　在赋权图 8-10 中，有 3 条边的权是负数，有两条无方向的边表明可以互达. 用 Floyd 算法求任意两点之间的最短距离.

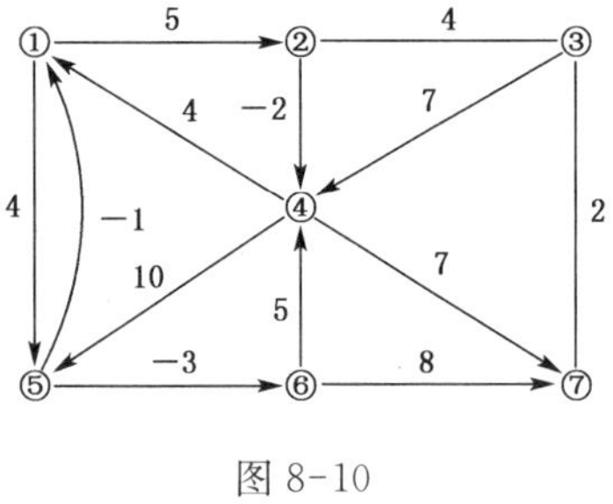

图 8-10

解　图 8-10 是一个混合图，写出任意两点间一步到达距离表 $\boldsymbol{L}_1$，表中第一列的点表示弧的起点，第一行的点表示弧的终点，见表 8-4 所示. 计算过程见表 8-5—表 8-7.

表 8-4　　最短距离表 L_1

	v_1	v_2	v_3	v_4	v_5	v_6	v_7
v_1	0	5	∞	∞	4	∞	∞
v_2	∞	0	4	-2	∞	∞	∞
v_3	∞	4	0	7	∞	∞	2
v_4	4	∞	∞	0	10	∞	7
v_5	-1	∞	∞	∞	0	-3	∞
v_6	∞	∞	∞	5	∞	0	8
v_7	∞	∞	2	∞	∞	∞	0

表 8-5　　最短距离表 L_2

	v_1	v_2	v_3	v_4	v_5	v_6	v_7
v_1	0	5	9	3	4	1	∞
v_2	2	0	4	-2	8	∞	5
v_3	11	4	0	2	17	∞	2
v_4	4	9	9	0	8	7	7
v_5	-1	4	∞	2	0	-3	5
v_6	9	∞	10	5	15	0	8
v_7	∞	6	2	9	∞	∞	0

表 8-6　　最短距离表 L_3

	v_1	v_2	v_3	v_4	v_5	v_6	v_7
v_1	0	5	9	3	4	1	9
v_2	2	0	4	-2	6	3	5
v_3	6	4	0	2	10	9	2
v_4	4	9	9	0	8	5	7
v_5	-1	4	7	2	0	-3	5
v_6	9	14	10	5	13	0	8
v_7	8	6	2	4	14	16	0

表 8-7　　最短距离表 L_4

	v_1	v_2	v_3	v_4	v_5	v_6	v_7
v_1	0	5	9	3	4	1	9
v_2	2	0	4	-2	6	3	5
v_3	6	4	0	2	10	7	2
v_4	4	9	9	0	8	5	7
v_5	-1	4	7	2	0	-3	5
v_6	9	14	10	5	13	0	8
v_7	8	6	2	4	12	9	0

经计算 $\boldsymbol{L}_4 = \boldsymbol{L}_5$，$\boldsymbol{L}_4$ 是最优表. 表 8-7 不是对称表，v_i 到 v_j 与 v_j 到 v_i 的最短距离不一定相等. 对于有负权图情形，式(*)失效.

8.4　最大流问题

许多系统都包含了流量问题. 例如，公路系统中的车辆流，控制系统中的信息流，供水系统中水流，金融系统中的现金流，等等. 最大流问题主要就是确定这类系统网络所能承受的最大流量以及如何达到这个最大流通量.

8.4.1　基本概念和基本定理

1. 网络和流

在一个发点为 v_s，收点为 v_t 的有向图 $D = (V, A)$ 中，对应每一条弧 $(v_i, v_j) \in A$ 有一个数 $c(v_i, v_j) \geqslant 0$（简记为 c_{ij}），它表示该弧的最大通过能力（即弧的容量），通常我们把这样的图称为网络，记为 $D = (V, A, C)$，如图 8-11 所示.

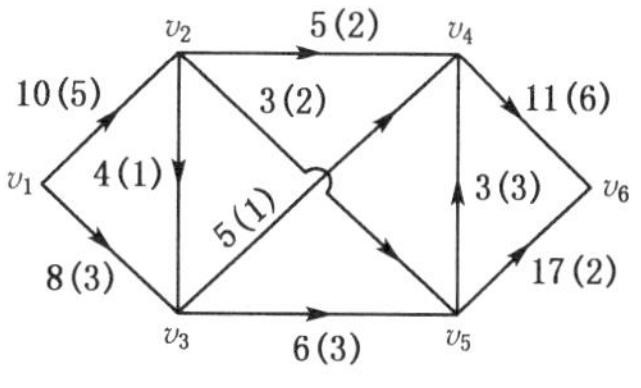

图 8-11

定义在弧集 A 上的一个非负函数 $f = \{f(v_i, v_j)\}$，$f(v_i, v_j)$ 是通过弧 (v_i, v_j) 的实际流量，简记为 f_{ij}，称 f 为网络上的流

函数，简称网络流或流，并称 $v(f)$ 为网络流的流量.

在运输网络的实际问题中，我们可以看出，对于流有两条基本要求：一是每条弧上的流量必须是非负的且不能超过该弧的最大通过能力（即该弧的容量）；二是发点发出的流的总和（称为流量），必须等于收点接受的流的总和，且各中间点流入的流量之和必须等于从该点流出的流量之和，即流入的流量之和与流出的流量之和的差为零，也就是说各中间点只起转运作用而无储存作用，即它不产生出新的物资，也不得截留过境的物资. 因此得出可行流的概念.

2. 可行流和最大流

满足下述条件的流 f 称为可行流：

容量限制条件：$0 \leqslant f_{ij} \leqslant c_{ij}, \quad (v_i, v_j) \in A$；

平衡条件：$\sum\limits_{(v_i, v_j) \in A} f_{ij} - \sum\limits_{(v_k, v_i) \in A} f_{ki} = \begin{cases} v(f), & i = s, \\ 0, & i \neq s, t, \\ -v(f), & i = t. \end{cases}$

式中，$v(f)$ 称为这个可行流的流量，它等于发点 v_s 流出的总流量，也等于收点 v_t 流入的总流量.

这样的可行流总是存在的. 例如，令所有弧上的流 $f_{ij} = 0$，就得到一个可行流（称为零流），其流量 $v(f) = 0$.

最大流问题就是求一个流 $\{f_{ij}\}$ 使其流量 $v(f)$ 达到最大，且满足上述两个条件，即

$$\max v(f),$$

$$\text{s. t.} \quad \begin{cases} \sum\limits_{(v_i, v_j) \in A} f_{ij} - \sum\limits_{(v_k, v_i) \in A} f_{ki} = \begin{cases} v(f), & i = s, \\ 0, & i \neq s, t, \\ -v(f), & i = t. \end{cases} \\ 0 \leqslant f_{ij} \leqslant c_{ij}, \quad (v_i, v_j) \in A. \end{cases}$$

这实际上是一个特殊的线性规划问题，但若用单纯形法求解就很麻烦. 我们将会发现，利用图的特点来解决这个问题比线性规划的一般方法要方便和直观得多，这就是后面要讲的标号法（Ford-Fulkerson 算法）.

3. 增广链

在网络 $D = (V, A, C)$ 中，若给定一个可行流 $f = \{f_{ij}\}$，我们把网络中使 $f_{ij} = c_{ij}$ 的弧称为饱和弧，使 $0 \leqslant f_{ij} < c_{ij}$ 的弧称为非饱和弧，把 $0 < f_{ij} \leqslant c_{ij}$ 的弧称为非零流弧.

设 $f = \{f_{ij}\}$ 是网络 $D = (V, A, C)$ 上的一个可行流，μ 是一条从 v_s 到 v_t 的一条链，若 μ 满足下列条件：

(1) 在弧 $(v_i, v_j) \in \mu^+$ 上，$0 \leqslant f_{ij} < c_{ij}$，即 μ^+ 中的每一条弧都是非饱和弧；

(2) 在弧 $(v_i, v_j) \in \mu^-$ 上，$0 < f_{ij} \leqslant c_{ij}$，即 μ^- 中的每一条弧都是非零流弧，

则称 μ 是关于可行流 f 的一条增广链.

例如，在图 8-11 中，链 $\mu = \{v_1, v_3, v_2, v_4, v_5, v_6\}$ 就是一条增广链.

4. 截集与截量

给定网络 $D = (V, A, C)$，若点集 V 被割分为两个非空集合 V_1 和 $\overline{V}_1$，使得 $V = V_1 + \overline{V}_1$，$V_1 \cap \overline{V}_1 = \varnothing$，且 $v_s \in V_1$，$v_t \in \overline{V}_1$，则把始点在 V_1，终点在 $\overline{V}_1$ 的弧的集合称为分离 v_s 和 v_t 的

一个**截集**，记为$(V_1, \overline{V}_1)$.

显然，若把某一截集的弧从网络中丢去，则从 v_s 到 v_t 便不存在路. 所以直观上说，截集是从 v_s 到 v_t 的必经之路.

给定一截集$(V_1, \overline{V}_1)$，把截集中所有弧的容量之和称为这个截集的容量，简称为截量，记为 $c(V_1, \overline{V}_1)$，即

$$c(V_1, \overline{V}_1) = \sum_{\substack{(v_i, v_j) \in A \\ v_i \in V_1, v_j \in \overline{V}_1}} c_{ij}.$$

显然，截集不同，其截量也不同. 由于截集的个数是有限的，故其中必有一个截集的容量是最小的，称为最小截量，也就是通常所说的"瓶颈".

5. **基本定理**

定理 8.3 可行流 $f^* = \{f_{ij}^*\}$是最大流的充分必要条件是：D 中不存在关于 f^* 的增广链.

定理 8.4(最大流量-最小截量定理) 任一网络中，从 v_s 到 v_t 的最大流的流量等于分离 v_s，v_t 的最小截集的容量.

以上定理给我们提供了寻求最大流的方法依据，若给定一个可行流，只需不断改进，使其没有增广链，则可求得最大流，同时也得到了一个最小截集.

在上述概念和定理的基础上，Ford-Fulkerson 于 1965 年提出了一种标号算法，称为 Ford-Fulkerson 标号法. 下面，我们就来介绍如何求最大流的(Ford-Fulkerson)标号法.

8.4.2 寻找最大流的标号法(Ford-Fulkerson 算法)

从一个可行流 $f=\{f_{ij}\}$出发(若网络中没有给定 f，则可以设 f 是零流)，标号算法经过标号过程和调整过程. 具体步骤如下：

1. **标号过程**

第一步，找出第一个可行流，例如所有弧的流量 $f_{ij} = 0$.

第二步，对点进行标号，找一条增广链. 每个标号点的标号包含两部分：第一个标号表明它是从哪一点得到的，以便找出增广链；第二个标号表示到此点为止，可以调整的流量，是为确定增广链的调整量 θ 用的.

(1) 给初始点(发点)v_s 标号$(0, +\infty)$；

(2) 检查已标号的点 v_i，判断未标号点 v_j：

① 若在前向弧(v_i, v_j) 上，$f_{ij} < c_{ij}$，则给 v_j 标号$(v_i, l(v_j))$. 这里

$$l(v_j) = \min\{l(v_i), (c_{ij} - f_{ij})\};$$

② 若在后向弧(v_j, v_i) 上，$f_{ji} > 0$，则给 v_j 标号$(-v_i, l(v_j))$. 这里

$$l(v_j) = \min\{l(v_i), f_{ji}\}.$$

重复上述步骤(2)，当收点 v_t 已得到标号时，说明已找到增广链，依据 v_t 的标号反向跟踪

可以找到一条从 v_s 到 v_t 的增广链 μ，转入调整过程；当收点不能得到标号时，说明不存在增广链，计算结束.

2. 调整过程

当得到一条从 v_s 到 v_t 的增广链 μ 时，令调整量 $\theta=l(v_t)$，即收点 v_t 的第二个标号. 调整流量为

$$f'_{ij}=\begin{cases}f_{ij}+\theta, & (v_i,\ v_j)\in\mu^+,\\ f_{ij}-\theta, & (v_i,\ v_j)\in\mu^-,\\ f_{ij}, & (v_i,\ v_j)\notin\mu.\end{cases}$$

这样，可得到新的可行流 f'，去掉所有标号，返回第二步从发点重新标号寻找增广链，直到收点不能标号为止.

例 8.5 用标号法求图 8-12 所示网络的最大流，弧旁的数是 $(c_{ij},\ f_{ij})$.

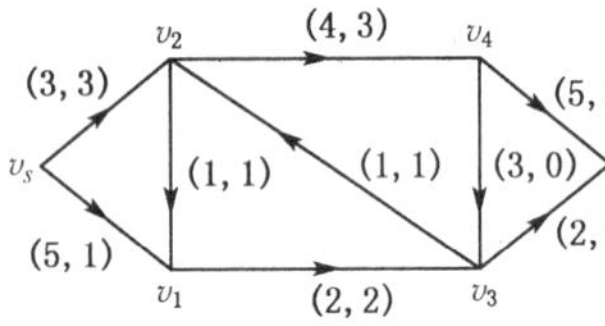

图 8-12

解 (1) 标号过程

① 首先给 v_s 标上 $(0,\ +\infty)$.

② 检查 v_s，在弧 $(v_s,\ v_2)$ 上，$f_{s2}=c_{s2}=3$，不满足标号条件. 在弧 $(v_s,\ v_1)$ 上，$f_{s1}=1$，$c_{s1}=5$，$f_{s1}<c_{s1}$，则 v_1 的标号为 $(v_s,\ l(v_1))$. 其中，$l(v_1)=\min\{l(v_s),\ (c_{s1}-f_{s1})\}=\min\{+\infty,\ (5-1)\}=4$.

③ 检查 v_1，在弧 $(v_1,\ v_3)$ 上，$f_{13}=2$，$c_{13}=2$，$f_{13}=c_{13}$，不满足标号条件. 在弧 $(v_2,\ v_1)$ 上，$f_{21}=1>0$，则给 v_2 的标号为 $(-v_1,\ l(v_2))$. 这里，$l(v_2)=\min\{l(v_1),\ f_{21}\}=\min\{4,\ 1\}=1$.

④ 检查 v_2，在弧 $(v_2,\ v_4)$ 上，$f_{24}=3$，$c_{24}=4$，$f_{24}<c_{24}$，则给 v_4 的标号为 $(v_2,\ l(v_4))$. 这里，$l(v_4)=\min\{l(v_2),\ (c_{24}-f_{24})\}=\min\{1,\ 1\}=1$；在弧 $(v_3,\ v_2)$ 上，$f_{32}=1>0$，则给 v_3 的标号为 $(-v_2,\ l(v_3))$. 这里，$l(v_3)=\min\{l(v_2),\ f_{32}\}=\min\{1,\ 1\}=1$.

⑤ 在点 v_3，v_4 中任选一个进行检查. 例如，检查 v_3. 在弧 $(v_3,\ v_t)$ 上，$f_{3t}=1$，$c_{3t}=2$，$f_{3t}<c_{3t}$，则给 v_t 的标号为 $(v_3,\ l(v_t))$. 这里，$l(v_t)=\min\{l(v_3),\ (c_{3t}-f_{3t})\}=\min\{1,\ 1\}=1$.（若是检查 v_4，在弧 $(v_4,\ v_t)$ 上，$f_{4t}=3$，$c_{4t}=5$，$f_{4t}<c_{4t}$，则给 v_t 的标号为 $(v_4,\ l(v_t))$. 这里，$l(v_t)=\min\{l(v_3),\ (c_{4t}-f_{4t})\}=\min\{1,\ 2\}=1$.）

因 v_t 有了标号，故转入调整过程.

(2) 调整过程

按各标号点的第一个标号找到一条增广链 μ：$\{v_s\to v_1\to v_2\to v_3\to v_t\}$，在图 8-13 中用双箭头线表示.

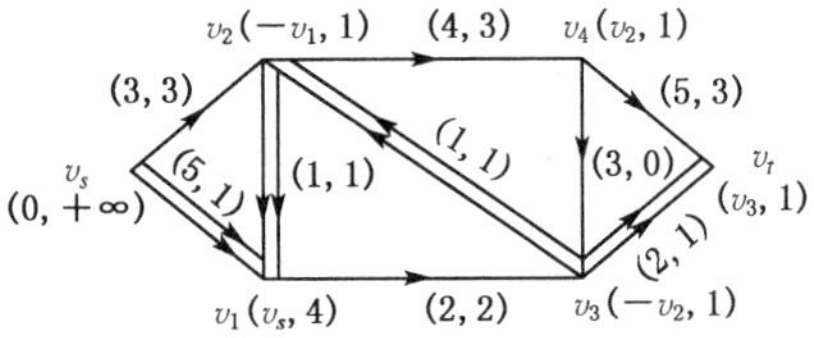

图 8-13

易见，

$$\begin{cases}\mu^+=\{(v_s,\ v_1),\ (v_3,\ v_t)\},\\ \mu^-=\{(v_2,\ v_1),\ (v_3,\ v_2)\}.\end{cases}$$

按 $\theta=1$ 在 μ 上调整 f.

在 μ^+ 上：$f_{s1}+\theta=1+1=2$，　$f_{3t}+\theta=1+1=2$；
在 μ^- 上：$f_{21}-\theta=1-1=0$，　$f_{32}-\theta=1-1=0$；
其余的 f_{ij} 不变.

调整后得新的可行流如图 8-14 所示. 去掉所有标号，对这个可行流重新进入标号过程，寻找增广链.

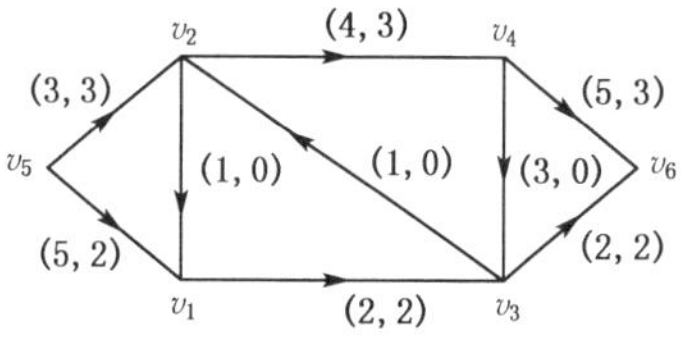

图 8-14

开始给 v_s 标以 $(0, +\infty)$，于是检查 v_s，给 v_1 标以 $(v_s, 3)$，检查 v_1：在弧 (v_1, v_3) 上，$f_{13}=c_{13}$，在弧 (v_2, v_1) 上，$f_{21}=0$，均不符合条件，标号过程无法继续下去，算法结束.

这时的可行流即为所求最大流，最大流量为

$$v(f)=f_{s1}+f_{s2}=f_{4t}+f_{3t}=5.$$

与此同时，可找到最小截集 $(V_1, \overline{V}_1)$，其中 V_1 为最后一轮标号点集合 $\{v_s, v_1\}$，$\overline{V}_1$ 为最后一轮未标号点集合 $\{v_2, v_3, v_4, v_t\}$，弧集合 $(V_1, \overline{V}_1)=\{(v_s, v_2), (v_1, v_3)\}$ 即为最小截集，它的容量（即最小截量）一定也等于这个可行流的最大流量 5.

注　(1) 用标号法找增广链求最大流的结果，同时也得到一个最小截集，最小截集的容量的大小影响总的运输量的提高. 故为了提高运输量，必须首先考虑增大最小截集中各弧的容量，提高它们的通过能力，反之，一旦最小截集中弧的通过能力降低，必然会使运输量减少.

(2) 对于多个发点和收点的情形，可以采取虚设一个总发点 v_s 和总收点 v_t，从总发点 v_s 到各发点 v_{si} 均以弧相连，并且令这些弧的容量均为∞或某一具体值（据情形而定），同样对各点亦采取相同方法，从而将问题转化为一个发点和收点的网络图.

8.5　最小费用最大流问题

8.4 节讨论的最大流量问题，只是考虑如何充分发挥一个网络流的效用问题. 在实际问题中，例如对于一个运输网络，人们关心的不只是流量问题，还要考虑费用问题，即希望找到一条运输费用最小的最大流. 这就是本节要讨论的问题.

设在网络 $D=(V, A, C)$ 上，其每一条弧除给定容量 c_{ij} 外，还给定了单位流量的费用 $b_{ij}\,(b_{ij}\geqslant 0)$，对于一个给定可行流 f，其相应的运输费用记为 $b(f)$，即

$$b(f)=\sum_{(v_i, v_j)\in A} b_{ij}f_{ij}.$$

最小费用最大流问题就是求一个最大流 f^*，使得费用 $b(f)$ 达到最小，即

$$b(f^*)=\min_{f\in\{f_{\max}\}}\{b(f)\},$$

其中，$\{f_{\max}\}$ 表示网络中所有最大流的集合.

求解最小费用最大流问题的方法也很多. 下面我们介绍一种常用的求解方法——对偶法.

对偶法的基本思路是：给定一个初始流量 $v(f^{(0)})$，找出其最小费用流 $f^{(0)}$，如初始流量为零的流 $f^{(0)}=\{0\}$ 是最小费用流. 然后，利用 Ford-Fulkerson 标号算法寻找一条从发点到收点

的最小费用增广链μ，沿着μ去调整流量，调整量为θ，调整后的流量为$v^{(0)}+\theta$. 这样，不断寻找最小费用增广链和调整流量，直到所求最小费用流的流量就是最大流的流量为止.

可以证明，流量为$v(f^{(k-1)})$的可行流$f^{(k-1)}$，其最小费用增广链的调整量为θ，则调整后的可行流$f^{(k)}$是流量为$v(f^{(k)})=v(f^{(k-1)})+\theta$的最小费用流.

最小费用最大流的标号算法步骤如下：

第一步，取初始流量$v(f^{(0)})=0$的可行流$f^{(0)}=\{0\}$，令网络中所有弧的权等于费用b_{ij}得到一个有向赋权图D，用Dijkstra算法求出最短路，这条最短路就是初始最小费用增广链μ.

第二步，在最小费用增广链μ上调整流量. 一般若在第$k-1$步得到最小费用流$f^{(k-1)}$，且在有向赋权图D上得到最小费用增广链μ，则在前向弧μ^+上令$\theta_j=c_{ij}-f_{ij}^{(k-1)}$，后向弧$\mu^-$上令$\theta_j=f_{ij}^{(k-1)}$，调整量为$\theta=\min\{\theta_j\}$，令

$$f_{ij}^{(k)}=\begin{cases}f_{ij}^{(k-1)}+\theta, & (v_i,\ v_j)\in\mu^+,\\ f_{ij}^{(k-1)}-\theta, & (v_i,\ v_j)\in\mu^-,\\ f_{ij}^{(k-1)}, & (v_i,\ v_j)\notin\mu.\end{cases}$$

调整后得到最小费用流$f^{(k)}$，流量为$v(f^{(k)})=v(f^{(k-1)})+\theta$，当$v(f^{(k)})$为最大流时计算结束，否则转第三步继续计算.

第三步，作有向赋权图D并寻找最小费用增广链.

(1) 最小费用流$f^{(k-1)}$的流量$v(f^{(k-1)})$不是最大流时，将网络的费用转化为权w_{ij}，其含义等价于最短路中的距离. 对可行流$f^{(k-1)}$的最小费用增广链上的弧$(v_i,\ v_j)$作如下变动：

$$w_{ij}=\begin{cases}b_{ij}, & f_{ij}<c_{ij},\\ +\infty, & f_{ij}=c_{ij};\end{cases}\qquad w_{ji}=\begin{cases}-b_{ij}, & f_{ij}>0,\\ +\infty, & f_{ij}=0.\end{cases}\tag{8.8}$$

式(8.8)的使用方法如下：

第一种情形，当弧$(v_i,\ v_j)$上的流量满足$f_{ij}=0$时，在最小费用增广链μ上的边不变，即$v_i\xrightarrow{(c_{ij},\ b_{ij})}v_j$.

第二种情形，当弧$(v_i,\ v_j)$上的流量满足$0<f_{ij}<c_{ij}$时，在点v_i与v_j之间添加一条方向相反的弧$(v_j,\ v_i)$，权为$-b_{ij}$，原方向中$c'_{ij}=c_{ij}-f_{ij}$(图 8-15).

第三种情形，当弧$(v_i,\ v_j)$上的流量满足$f_{ij}=c_{ij}$时，将弧$(v_i,\ v_j)$反向变为$(v_j,\ v_i)$，权为$-b_{ij}$(图 8-16).

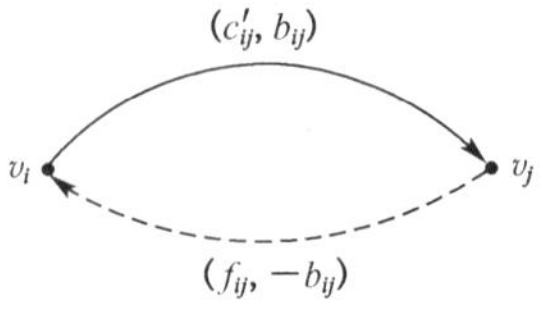

图 8-15

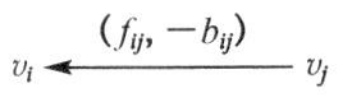

图 8-16

不在最小费用增广链μ上的弧不作任何变动，得到一个有向赋权网络图D.

(2) 求有向赋权图D从发点到收点的最短路，如果最短路存在，则这条最短路就是最小费用增广链，转第二步；

有向赋权图D的所有权非负时，可用 Dijkstra 算法求最短路，存在负权时用 Floyd 算法；

(3) 如果有向赋权图 D 不存在从发点到收点的最短路，说明已是最大流，计算结束.

例 8.6 求图 8-17 所示网络的最小费用最大流. 图中数字代表 (c_{ij}, b_{ij}).

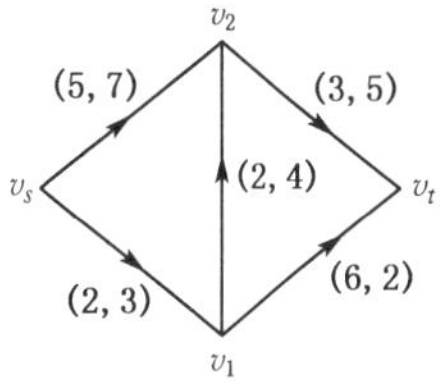

图 8-17

解 (1) 取 $f^{(0)}=0$ 为初始可行流；

(2) 构造赋权有向图 $W(f^{(0)})$，并用Dijkstra算法求出由 v_s 到 v_t 的最短路，如图 8-18(a) 所示（双箭头表示），即为初始最小费用增广链 $\mu_0=\{v_s, v_1, v_2, v_t\}$；

(3) 由调整量 $\theta=\min\left\{\min\limits_{\mu_0^+}\{3-0,\ 4-0,\ 5-0\},\ \min\limits_{\mu_0^-}\{-\}\right\}=3$，在 μ_0 上进行调整，得可行流 $f^{(1)}=3$，见图 8-18(b). 在 μ_0^+ 上，$f_{s1}=3=c_{s1}$，将原弧方向改为相反方向，且 $b_{1s}=-2$；$f_{12}=3<c_{12}=4$，$f_{2t}=3<c_{2t}=5$，保留原费用方向弧，并添加一反向费用弧，且 $b_{21}=-2$，$b_{t2}=-3$. 构造了赋权有向图 $W(f^{(1)})$，如图 8-18(c) 所示.

按照上述算法依次得 $f^{(2)}=5$，$f^{(3)}=7$，构造的赋权有向图为 $W(f^{(2)})$，$W(f^{(3)})$，见图 8-18(d)，(e)，(f)，(g). 在图 8-18(g) 中，已不存在由 v_s 到 v_t 的最短路，故 $f^{(3)}=7$，此即为最小费用最大流.

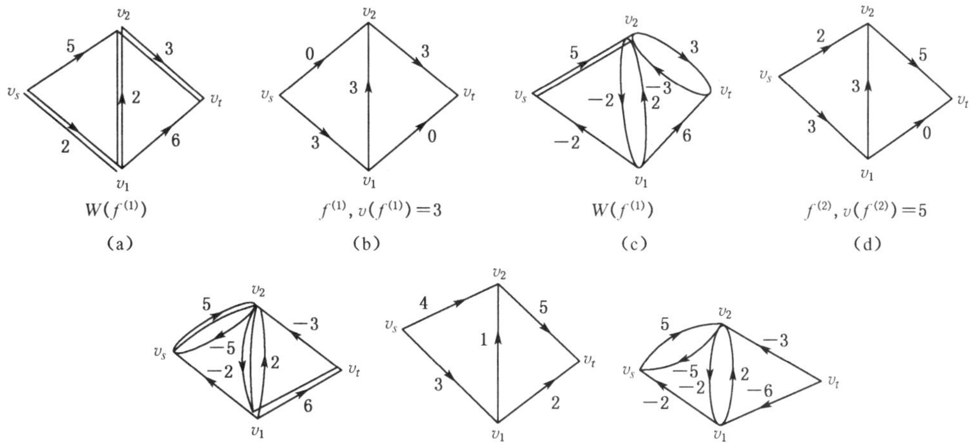

$W(f^{(1)})$ (a)　$f^{(1)}, v(f^{(1)})=3$ (b)　$W(f^{(1)})$ (c)　$f^{(2)}, v(f^{(2)})=5$ (d)

$W(f^{(2)})$ (e)　$f^{(3)}, v(f^{(3)})=7$ (f)　$W(f^{(3)})$ (g)

图 8-18

8.6 中国邮递员问题

一个邮递员从邮局出发，将邮件投递到他管辖的所有街道最后回到邮局，如何安排他的行驶路线使总路线最短，这个问题是由我国数学家管梅谷教授于 1962 年首先提出的，因此在国际上通称为中国邮递员问题. 解决这个问题之前，我们先来了解一笔画问题.

给定一个连通图 G，若存在一条链，过每边一次，且仅一次，则称这条链为欧拉链. 若存在一个简单圈，过每边一次，称这样的圈为欧拉圈. 一个图若有欧拉圈，则称为欧拉图. 显然，一个图若能一笔画出，这个图必是欧拉圈或含有欧拉链.

定理 8.5 连通多重图 G 是欧拉图，当且仅当 G 无奇点.

推论 8.1 连通多重图 G 是欧拉链，当且仅当 G 恰有两个奇点.

上述定理和推论为我们提供了识别一个图是否能一笔画出的较为简单的方法.

例如，本章开始提到的著名"哥尼斯堡七桥问题"，它简化成的连通多重图图 8-1(b)既不是欧拉圈，又不是欧拉链. 且图中的每个点都是奇点，奇点的个数为 4 个. 所以它不可能一笔画出.

而在图 8-19 中，恰有两个奇点，所以可以一笔画出，从奇点 v_2 开始，一笔画到奇点 v_5.

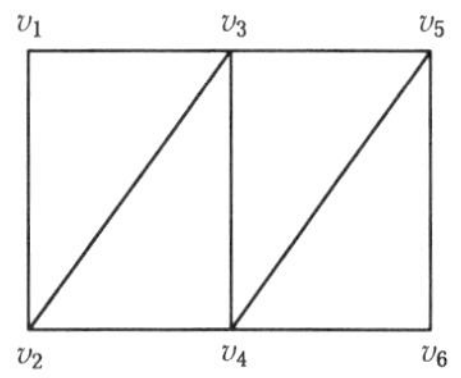

图 8-19

中国邮递员问题变为在一个具有奇点的图中，如何将奇点连接起来变为偶点成为欧拉图，使各边长之和最短.

判别中国邮递员问题最优解的两个准则：

准则 1 最优方案中，图的每一边上最多有一条重复边.

准则 2 最优方案中，图的每个圈上的重复边的总权数不大于该圈总权的一半.

例 8.7 求解图 8-20(a)的街道图中，邮递员的最佳路线.

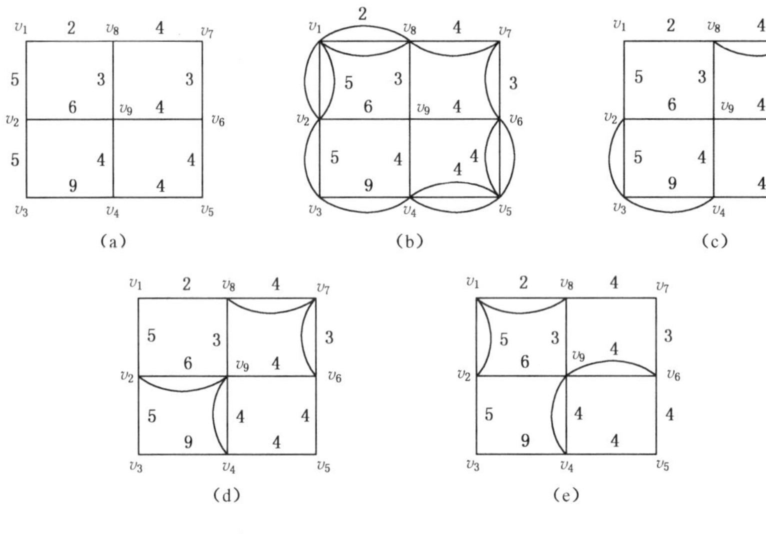

图 8-20

解 (1)虚拟边将所有奇点变为偶点，添加重复边，形成欧拉圈，确定初始可行方案，如图 8-20(b)所示；

(2) 调整可行方案，使重复边总长度下降，最后得到最优方案.

依据准则 1、准则 2 不断调整方案，依次得图 8-20(c)、图 8-20 (d)，直到得到最优方案，如图 8-20(e)所示. 在最优方案中，重复边有$[v_1, v_2]$，$[v_1, v_8]$，$[v_6, v_9]$，$[v_9, v_4]$，重复边总长度下降为 15.

以上介绍的求中国邮递员问题的方法，通常称为奇偶点图上作业法.

解决中国邮路问题的方法可用来处理与此性质上类似的问题，比如最佳旅游线路问题，最佳巡逻线路问题,等等.

8.7 案例分析

案例 8.1 考试安排问题.

10 名研究生参加 6 门课程考试. 由于选修内容不同,考试门数也不一样. 表 8-8 给出了每位研究生应参加考试的课程(打※的).

表 8-8

研究生 \ 考试课程	A	B	C	D	E	F
1	※	※		※		
2	※		※			
3	※					※
4		※			※	※
5	※		※	※		
6			※		※	
7			※		※	※
8		※		※		
9	※	※				※
10	※		※			※

规定考试在三天内结束,每天上午下午各安排一门. 研究生提出希望每人每天最多考一门,又课程 A 必须安排在第一天上午考,课程 F 安排在最后一门,课程 B 只能安排在下午考,试列出一张满足各方面要求的考试日程表.

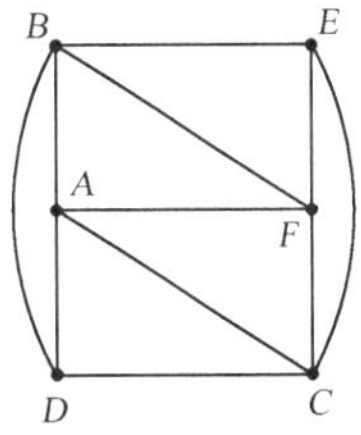

图 8-21

解 将各门课程用结点表示,把同一研究生参加的考试课程用边连接,得到图 8-21.

由图看出,课程 A 只能同 E 排在一天,B 同 C 安排在一天,D 同 F 在一天. 再根据题意要求,满足各方面要求的考试日程表只能是表 8-9.

表 8-9

	上 午	下 午
第一天	A	E
第二天	C	B
第三天	D	F

案例 8.2 放水灌溉问题.

图 8-22(a)表示某一生产队的水稻田,用堤埂分隔成很多小块. 为了用水灌溉,需要开挖一些堤埂,问工程队应至少开挖多少堤埂,才能使水浇灌到每一块稻田?

解 将每小块稻田用一个点表示,如果某两块田之间有一个公共堤埂,则我们将这一条堤埂用一条边表示，得图 8-22(b). 本题的要求可转化成求图 8-22(b)的一棵支撑树，支撑树中保留的边即对应于要开挖的堤埂.

思考题 如果每道堤埂还有一个挖堤费用，如何才能获得总挖堤费用最小的方案？

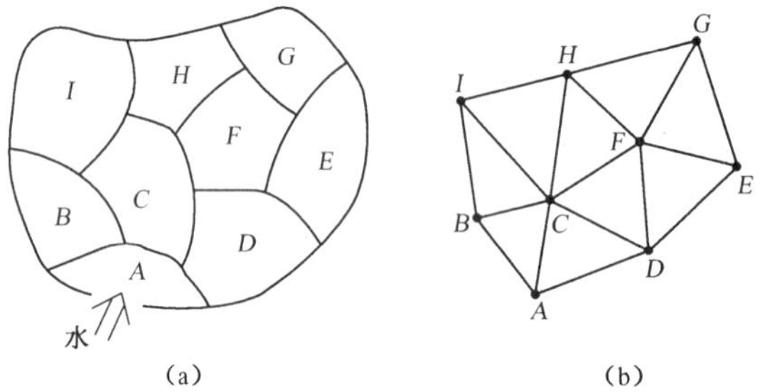

图 8-22

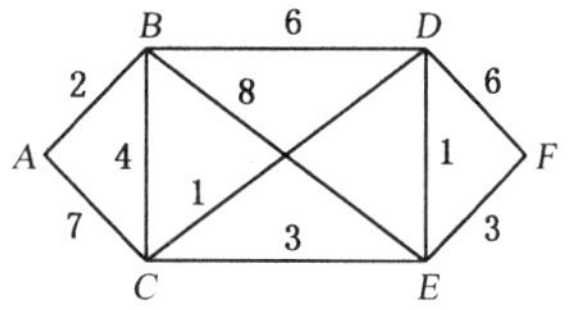

图 8-23

案例 8.3 小学选址问题.

已知有 6 个村子，相互间道路的距离如图 8-23 所示，拟建一所小学，已知 A 处有小学生 50 人，B 处有 40 人，C 处有 60 人，D 处有 20 人，E 处有 70 人，F 处有 90 人，问小学应建在哪一个村子，使学生上学最方便(走的总路程最短)？

解 先求出任意两点间的最短路程见表 8-10，将表中每一行数字分别乘上各村小学生数得表 8-11，按列相加，其总和最小的列为 D，即小学校应建在 D 村.

表 8-10

从 \ 到	A	B	C	D	E	F
A	0	2	6	7	8	11
B	2	0	4	5	6	9
C	6	4	0	1	2	5
D	7	5	1	0	1	4
E	8	6	2	1	0	3
F	11	9	5	4	3	0

表 8-11

从 \ 到	A	B	C	D	E	F
A	0	100	300	350	400	550
B	80	0	160	200	240	360
C	360	240	0	60	120	300
D	140	100	20	0	20	80
E	560	420	140	70	0	210
F	990	810	450	360	270	0
总和	2 130	1 670	1 070	1 040	1 050	1 500

案例 8.4 炸桥阻敌问题.

图 8-24 中的 A, B, C, D, E, F 分别表示陆地和岛屿,①,②,…,⑭ 表示桥梁及其编号. 若河两岸分别为敌对的双方部队占领,问至少要切断几座桥梁(具体指出编号)才能达到阻止对方部队过河的目的? 试用图论方法进行分析.

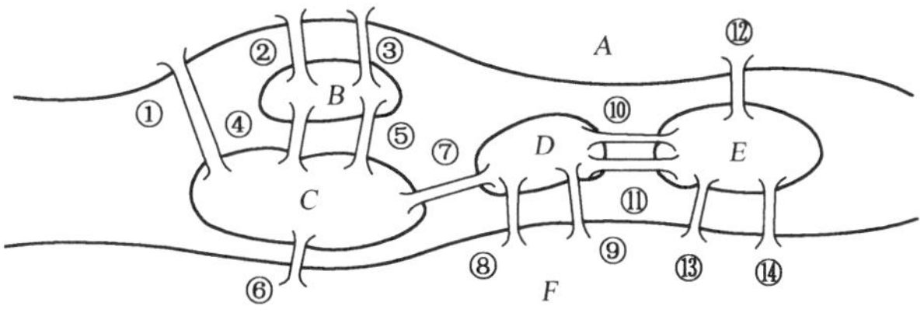

图 8-24

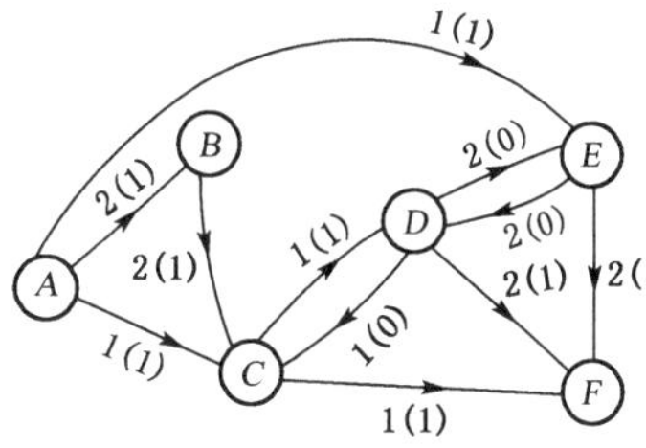

图 8-25

解 将 A, B, C, D, E, F 分别用一个点表示,相互之间有桥梁相连的连一条弧,弧的容量就是两点间的桥梁数(图 8-25),根据最大流量最小截集原理,用标号法找出图 8-25 所表示网络的最小截集,截集所包含的弧 AE, CD, CF,即⑥,⑦,⑫号桥为切断 A, F 之间联系的最少要破坏的桥梁.

本 章 小 结

图论是应用十分广泛的管理运筹学分支,它已广泛应用在控制论、信息论、科学管理、物流管理系统和电子计算机等各个领域. 本章主要介绍了图的一些基本概念,包括点、边、弧、有向图、无向图、链、圈、连通图和不连通图等. 介绍了树及最小支撑树问题及其算法;介绍了网络最短路问题及其算法;介绍了网络最大流问题及其算法. 在此基础上,简要介绍了网络最小费用最大流问题的算法;最后简要介绍了一笔画问题及中国邮递员问题.

习 题 8

8.1 通常用 $G=\{V, E\}$ 来表示一个图,试述符号 V, E 及这个表达式的含义.

8.2 判断下列说法是否正确.

(1) 图论中的图不仅反映了研究对象之间的关系,而且是真实图形的写照,因而对图中点与点的相对位置、边的长短曲直等都要严格注意.

(2) 当图的点集确定后,树图是所有图中边数最少的简单图.

(3) 在连通图 G 中,其权数最大的边必不包含在其最小支撑树内.

(4) 若图中从 v_1 至各点均有唯一的最短路,则连接 v_1 至其他各点的最短路在去掉重复部分后,恰好构成该图的最小支撑树.

(5) 求网络最大流问题可用线性规划数学模型加以描述.

8.3 某企业办公室拟在三天内举行六项活动,每项活动各需半天时间. 企业办公室拟请 10 名厂级干部参加这些活动,见表 8-12 中√号. 已知活动 A 须安排在第一天上午,活动 F 须安排在第三天下午,活动 B 只能安排在下午，而每位企业领导都希望每天最多参加一项活动. 企业办公室应如何安排这六项活动的日程?

表 8-12

干部 / 活动	1	2	3	4	5	6	7	8	9	10
A	√	√	√		√				√	√
B	√			√				√	√	
C		√			√	√	√			√
D	√				√			√		
E				√		√	√			
F			√	√			√		√	√

8.4 求图 8-26 的最小支撑树. 图 8-26(a)用破圈法，图 8-26(b)用避圈法.

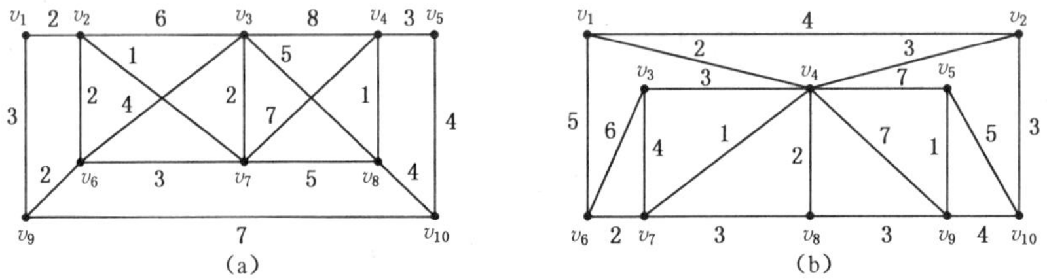

图 8-26

8.5 某乡政府计划未来 3 年内，对所管辖的 10 个村要达到村与村之间都有水泥公路相通的目标. 根据勘测，10 个村之间修建公路的费用见表 8-13. 乡镇府应如何选择修建公路的路线使总成本最低?

表 8-13

	两村庄之间修建公路的费用/万元									
	1	2	3	4	5	6	7	8	9	10
1		12.8	10.5	8.5	12.7	13.9	14.8	13.2	12.7	8.9
2			9.6	7.7	13.1	11.2	15.7	12.4	13.6	10.5
3				13.8	12.6	8.6	8.5	10.5	15.8	13.4
4					11.4	7.5	9.6	9.3	9.8	14.6
5						8.3	8.9	8.8	8.2	9.1
6							8.0	12.7	11.7	10.5
7								14.8	13.6	12.6
8									9.7	8.9
9										8.8
10										

8.6 在图 8-27 中，求 A 点到 H 点，I 点的最短路及最短路长，并对图(a)和(b)的结果进行比较.

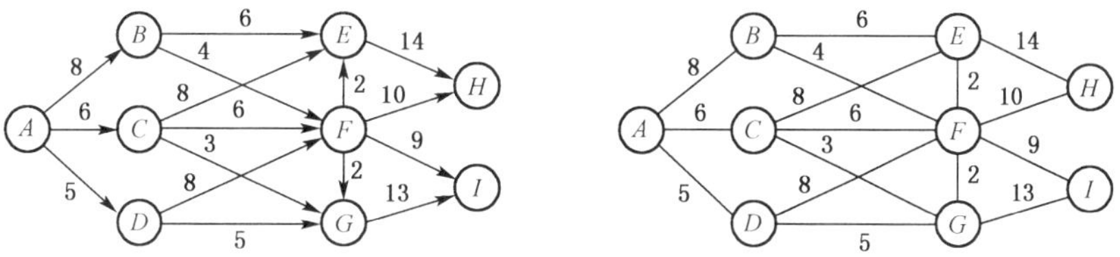

(a)　　　　　　　　　　(b)

图 8-27

8.7　已知某设备可继续使用 5 年，也可以在每年年末卖掉重新购置新设备. 已知 5 年年初购置新设备的价格分别为 3.5 万元，3.8 万元，4.0 万元，4.2 万元和 4.5 万元. 使用时间在 1—5 年内的维护费用分别为 0.4 万元，0.9 万元，1.4 万元，2.3 万元，3 万元. 试确定一个设备更新策略，使 5 年的设备购置和维护总费用最小.

8.8　图 8-28 是世界某 6 大城市之间的航线，边上的数字为票价(百美元)，用 Floyd 算法设计任意两城市之间票价最便宜的路线表.

8.9　设图 8-28 是某汽车公司的 6 个零配件加工厂，边上的数字为两点间的距离(km). 现要在 6 个工厂中选一个建装配车间.

(1) 应选哪个工厂使零配件的运输最方便?

(2) 装配一辆汽车 6 个零配件加工厂所提供零件重量分别是 0.5，0.6，0.8，1.3，1.6，1.7 t，运价为 2 元/(t·km). 应选哪个工厂使总运费最小?

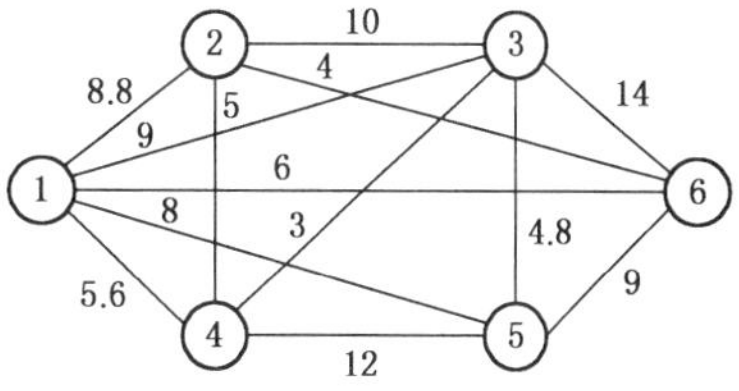

图 8-28

8.10　某公司正在研制一种有极好销售潜力的新产品. 当研究工作接近完成时，公司获悉一家竞争者正计划生产这种产品. 要突击赶制出这种产品以参与竞争，还有四个互不重叠的阶段. 为了加快进度，每个阶段都可采取“优先”或“应急”的措施. 不同的措施下每段工作所需要的时间(月)和费用(百万元)见表 8-14. 现有 1 000 万元资金供这四个阶段使用，则每段应采取什么措施能使这种产品尽早上市. 试将此问题化成最短路问题并求解.

表 8-14

阶段 / 措施	剩余研究		试制		工艺设计		生产与调拨	
	时间/月	费用/百万元	时间/月	费用/百万元	时间/月	费用/百万元	时间/月	费用/百万元
正常	5	1						
优先	4	2	3	2	5	3	2	1
应急	2	3	2	3	3	4	1	2

8.11　如图 8-29 所示，求：(1) v_1 到 v_{10} 的最大流及最大流量；(2) 最小截集和最小截量.

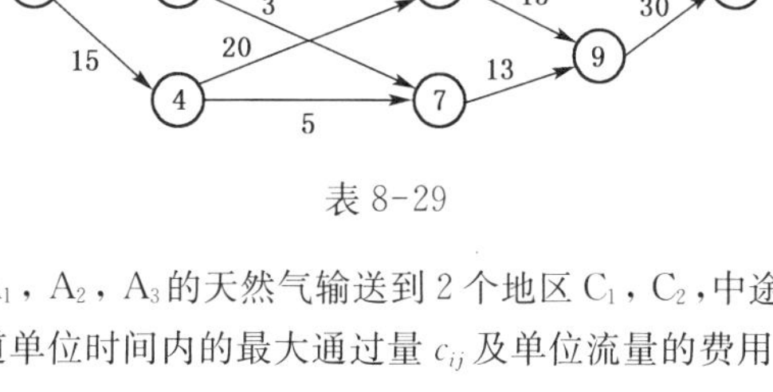

表 8-29

8.12　将 3 个天然气田 A_1，A_2，A_3 的天然气输送到 2 个地区 C_1，C_2，中途有 2 个加压站 B_1，B_2，天然气管线如图 8-30 所示. 输气管道单位时间内的最大通过量 c_{ij} 及单位流量的费用 b_{ij} 标在弧上，即(c_{ij}，b_{ij}). 求：

(1)流量为 22 的最小费用流;(2)最小费用最大流.

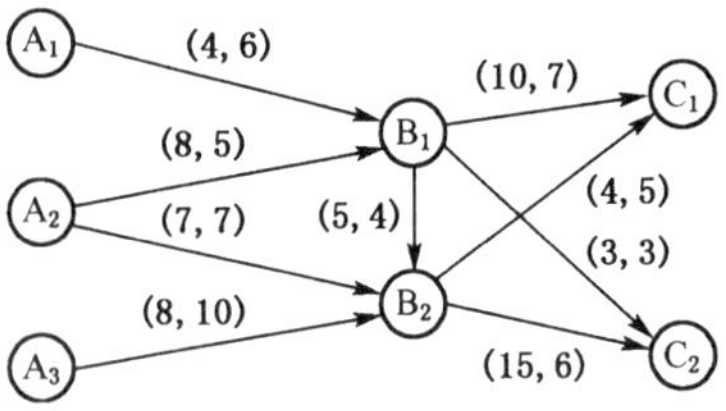

图 8-30

8.13 邮递员投递区域的街道分布如图 8-31 所示,图中数字为街道长度(单位为 km).画"○"处为邮局所在地,试为邮递员设计一条最佳的投递路线,使其每天完成投递任务并返回邮局所经历的路线最短.

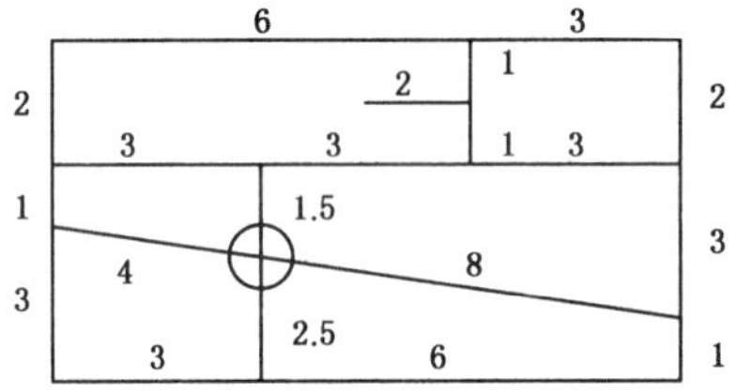

图 8-31

9 网络计划

本章要求

◎ 正确掌握网络计划模型的建立.
◎ 正确计算网络计划的各种时间参数.
◎ 掌握关键路线(Critical Path Method,简记为 CPM)问题的求解方法.
◎ 掌握计划评审技术(Program Evaluation Review Technical,简记为 PERT)的时间估计方法.
◎ 掌握网络计划问题的时间优化、时间-资源优化、时间-费用优化方法.

用网络分析的方法编制的计划称为网络计划(Network Programming, 简记为 NP). 它起源于美国,它是从 20 世纪 50 年代末逐步发展起来的一种编制大型工程进度的有效方法. 1956 年美国杜邦公司在制定企业业务部门的系统规划时,制订了第一套网络计划. 这种方法被称为关键路线法. 1958 年,美国海军武器部在制定研制"北极星"导弹计划时,也应用了网络分析和网络计划,使北极星导弹的研制缩短了一年半时间,但它偏重于对各项工作安排的评价和审查,这种方法称为计划评审方法. CPM 以经验数据确定工作时间,看作是确定的数值,主要研究项目的费用与工期的相互关系. PERT 主要针对完成工作的时间不能确定而是一个随机变量时的计划编制方法,活动的完成时间通常用三点估计法,注重计划的评价和审查. 通常将这两种方法融为一体,统称为网络计划、网络计划技术(PERT/CPM).

网络计划主要应用于新产品研制与开发、大型工程项目的计划编制与计划的优化,是项目管理和项目安排领域目前比较科学的一种计划编制方法. 网络计划有利于对计划进行控制、管理、调整和优化,更清晰地了解工作之间的相互联系和相互制约的逻辑关系,掌握关键工作和计划的全盘情况.

9.1 计划网络图的绘制

网络计划的重要标志是网络图. 网络图是工程计划的"模型",绘制计划网络图就是为工程计划建模.

9.1.1 网络图的基本概念

1. 网络图

网络图又叫统筹图,它是由结点(点)、弧和权所构成的有向图,即有向赋权图. 它是进行网络分析和网络计算的基础.

结点表示一个事项(或)事件,它是一个或若干个工序的开始或结束,是相邻工序在时间上的分界点,用圈码①,②,③,…表示.

弧表示一个工序,工序是指为了完成工程项目,在工程技术和组织管理上相对独立的活动、任务或作业,用→表示.

权表示为完成某个工序所需要的时间或资源等数据,通常标注在箭头下面或其他合适的位置上.

图 9-1 就是一项研制新产品工程的网络图.

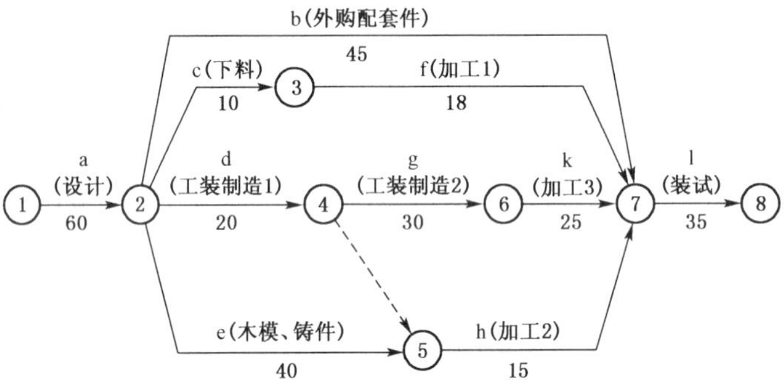

图 9-1

2. 紧前工序、紧后工序

如果工序 a 完成以后,紧接着可以开始 b 工序,则称 a 是 b 的紧前工序,b 是 a 的紧后工序. 在图 9-1 中,a 的紧后工序是 b, c, d, e,而 b, c, d, e 的紧前工序是 a.

3. 箭头事项、箭尾事项

工序的箭头所指的事项称为箭头事项,工序的箭尾所指的事项称为箭尾事项. 在图 9-1 中,工序 b 的箭尾事项是②,箭头事项是⑦.

4. 虚工序

虚工序是用来表达相邻工序之间的衔接关系,但实际上并不存在虚设的工序,它不需要人力、物力等资源和时间,用虚箭线ⓘ--→ⓙ表示. 如图 9-1 中,虚工序④--→⑤可反映在 d 工序结束后,h 工序才能开始.

9.1.2 网络图的绘图规则与步骤

在绘制网络图时,应遵循以下规则:

(1) 方向、编号.

方向:整个图的方向遵守由左向右的原则.

编号:同一工序箭尾事项的编号小于箭头事项的编号.

(2) 任意的两个结点之间直接连接它们的工序最多只有一条.

(3) 网络图中不允许有缺口或回路.

(4) 网络图的关键线路应尽量布置在重心的位置上.

例 9.1 根据表 9-1 所列工序间的关系绘制网络图.

表 9-1

工序	A	B	C	D	E	F	G	H
紧前工序	/	/	B	A	A	A	B, D	E, F, G

在绘制网络图时，必须按照作业之间的逻辑关系，遵循绘图的基本规则，采用从前往后或从后往前逐步推进、逐步调整的方法完成.

绘制错误的网络图如图 9-2 所示.

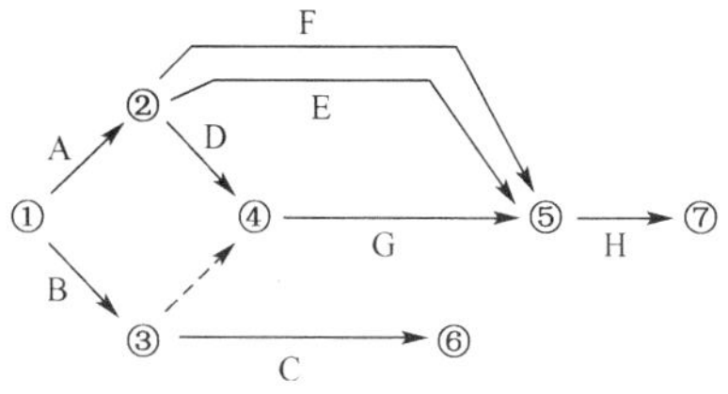

图 9-2

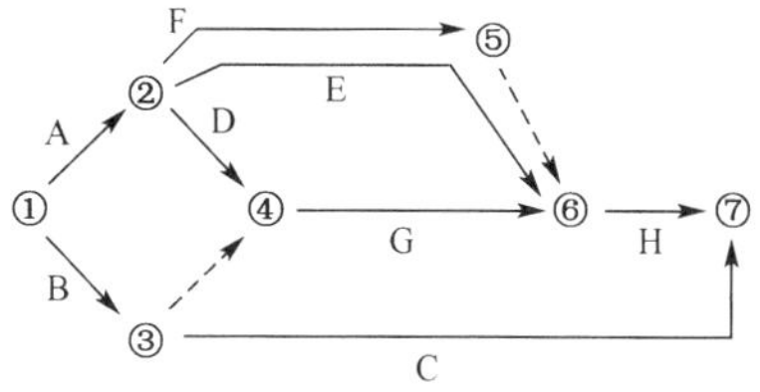

图 9-3

其中的错误有二：其一，结点②和⑤之间直接连接它们的工序有两条，为 E 和 F；其二，结点⑥出现缺口. 正确的网络图如图 9-3 所示.

编制网络图大致分为四个步骤：

第一步，编织工序明细表. 收集和整理资料，将项目分解成若干道工序，确定工序的紧前和紧后关系，估计完成工序所需的时间、劳动力、费用等资源，编制出工序明细表.

第二步，绘制项目网络图. 依据工序明细表的关系，从项目的开工工序开始，由左向右画图到项目所有工序完工为止. 也可以从右向左画图，或从任意一道工序开始，只要不违背工序的逻辑关系即可.

第三步，计算时间参数. 计算各工序和事件的有关时间，如工序的最早、最迟开工时间.

第四步，计划的优化和调整. 对计划的时间和资源进一步优化，尽可能达到以最少的资源完成计划，或在现有的资源条件下以最短的时间、最小的费用完成计划. 在计划的实施过程中，有必要进行监督、控制、调整和修改.

例 9.2 某项目由 8 道工序组成，工序明细表见表 9-2. 请绘制该项目的网络图.

表 9-2 **工序明细表**

序号	代号	工序名称	紧前工序	时间/d	序号	代号	工序名称	紧前工序	时间/d
1	A	基础工程		40	5	E	装修工程	C	25
2	B	构件安装	A	50	6	F	地面工程	D	20
3	C	屋面工程	B	30	7	G	设备安装	B	50
4	D	专业工程	B	20	8	H	试运转	E, F, G	20

解 该项目的网络图如图 9-4 所示.

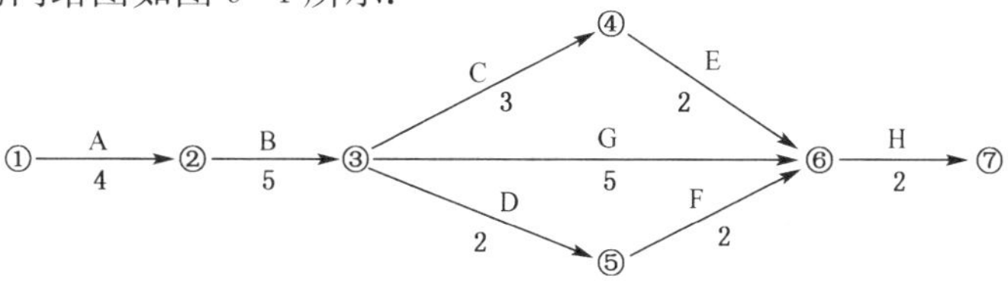

图 9-4

9.2 网络计划的关键路线

9.2.1 时间参数的计算

1. 作业时间 t_{ij}

为完成某一工序所需要的时间称为该工序的作业时间，结点 i 到结点 j 的工序的作业时间用 t_{ij} 表示.

2. 事项时间

（1）事项最早时间 $T_E(j)$.

事项最早时间为以该事项为箭尾事项的各工序的最早可能开始时间. 通常按箭头事项计算事项最早时间，用 $T_E(j)$ 表示，它等于从始点事项起到本事项最长路线的时间长度. 有

$$T_E(1) = 0,$$
$$T_E(j) = \max\{T_E(i) + t_{ij}\}, \quad j = 2, 3, \cdots, n. \tag{9.1}$$

式中，$T_E(j)$ 为箭头事项的最早时间，$T_E(i)$ 为箭尾事项的最早时间.

（2）事项最迟时间 $T_L(i)$.

即以该事项为箭头事项的各工序的最迟结束时间，用 $T_L(i)$ 表示. 事项最迟时间通常按箭尾事项的最迟时间计算. 有

$$\begin{aligned} &T_L(n) = T_E(n), \quad n \text{ 为终点时事件}, \\ &T_L(i) = \min\{T_L(j) - t_{ij}\}, \quad i = n-1, \cdots, 2, 1. \end{aligned} \tag{9.2}$$

式中，$T_L(i)$ 为箭尾事项的最迟时间，$T_L(j)$ 为箭头事项的最迟时间.

3. 工序时间

（1）工序最早开始时间 $t_{ES}(i, j)$.

紧前工序最早结束时间即为工序最早开始时间，用 $t_{ES}(i, j)$ 表示，它等于该工序箭尾事项的最早时间，即

$$t_{ES}(i, j) = T_E(i).$$

（2）工序最早结束时间 $t_{EF}(i, j)$.

用 $t_{EF}(i, j)$ 表示，它等于工序最早开始时间加上该工序的作业时间，即

$$t_{EF}(i, j) = t_{ES}(i, j) + t_{ij}. \tag{9.3}$$

（3）工序最迟结束时间 $t_{LF}(i, j)$.

用 $t_{LF}(i, j)$ 表示，是在不影响工程最早结束时间的条件下，工序最迟必须结束的时间，它等于工序的箭头事项的最迟时间，即

$$t_{LF}(i, j) = T_L(j).$$

(4) 工序最迟开始时间 $t_{LS}(i, j)$.

用 $t_{LS}(i, j)$表示，是在不影响工程最早结束时间的条件下，工序最迟必须开始的时间. 它等于工序最迟结束时间减去工序的作业时间，即

$$t_{LS}(i, j)=t_{LF}(i, j)-t_{ij}. \tag{9.4}$$

(5) 工序总时差 $TF(i, j)$.

用 $TF(i, j)$表示. 在不影响工程最早结束时间的条件下，工序最早开始(或结束)时间可以推迟的时间，称为该工序的总时差. 有

$$TF(i, j)=T_{LS}(i, j)-T_{ES}(i, j)=T_{LF}(i, j)-T_{EF}(i, j). \tag{9.5}$$

工序总时差越大，表明该工序在整个网络中的机动时间越大，可以在一定范围内将该工序的人力、物力资源利用到关键工序上去，以达到缩短工程结束时间的目的.

(6) 工序单时差 $FF(i, j)$.

用 $FF(i, j)$表示. 在不影响紧后工序最早开始时间的条件下，工序最早结束时间可以推迟的时间，称为该工序的单时差. 有

$$FF(i, j)=t_{ES}(j, k)-t_{EF}(i, j), \tag{9.6}$$

式中，$t_{ES}(j, k)$为工序 ⓘ→ⓙ 的紧后工序的最早开始时间.

9.2.2 关键路线

总时差为零的工序称为关键工序，由关键工序组成的路线就是网络中的关键路线. 关键路线实际上就是由始点到终点的最长的路线. 如果能缩短关键工序所需的时间，就可以缩短工程的完工时间. 所以，编制网络计划的基本思想就是在一个庞大的网络图中找出关键路线，对各关键工序优先安排资源，采取相应措施，尽量压缩所需时间；而对非关键路线上的工序，只要在不影响完工时间的条件下，抽出适当人力、物力等资源，用到关键工序上，最终达到缩短工程工期的目的.

下面，我们采用计算工序总时差的方法确定网络中的关键工序和关键路线.

例 9.3 求图 9-1 网络的关键路线.

解 (1) 先求各事项的最早时间和最迟时间，分别用□、△表示，标于图 9-5 中；

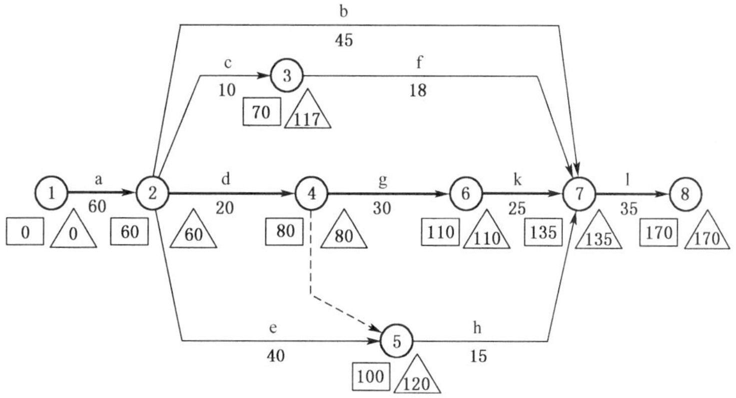

图 9-5

（2）再求各工序的时间，列于表 9-3 中.

表 9-3

工序	t_{ij}	t_{ES}	t_{EF}	t_{LF}	t_{LS}	TF	FF	附注
a	60	0	60	60	0	0*	0	关键
b	45	60	105	135	90	30	30	非关键
c	10	60	70	117	107	47	0	非关键
d	20	60	80	80	60	0*	0	关键
e	40	60	100	120	80	20	0	非关键
f	18	70	88	135	117	47	47	非关键
g	30	80	110	110	80	0*		关键
h	15	100	115	135	120	20	20	非关键
k	25	110	135	135	110	0*	0	关键
l	35	135	170	170	135	0*	0	关键

（3）总时差为零的工序为关键工序，由关键工序组成的路线即为关键路线，故关键路线为

$$①\xrightarrow{a}②\xrightarrow{d}④\xrightarrow{g}⑥\xrightarrow{k}⑦\xrightarrow{l}⑧.$$

将关键路线用重线标于图中，如图 9-5 所示.

9.3 网络优化与调整

经过绘制网络图、计算网络时间参数和确定关键路线，我们得到一个初始的计划方案. 但网络计划技术的核心却在综合评价它的技术经济指标，从工期、成本、资源等方面对这个初始方案作进一步的改善和调整，以求得到最佳效果，这一过程就是网络计划的优化. 但是，目前还没有一个能全面反映这些指标的综合数学模型，也没有哪种综合数学模型可用以作为评价最优计划方案的依据. 因此，只能根据不同的既定条件，按照某一希望实现的指标，来衡量是否属于最优的计划方案. 所以面对不同的优化目标，就会有各种各样的优化理论和方法.

9.3.1 时间优化

基本思路是采取技术措施，缩短关键工序的工序时间；或采取组织措施，充分利用非关键工序的总时差，合理调配技术力量及人、财、物力等资源，缩短非关键工序的工序时间.

当计算工期短于规定工期时，意味着所有工序都具有正时差，进行网络计划优化时，这些机动时间可以用来增加某些工序的持续时间，从而减少单位时间物资需要的数量. 当计划工期大于规定工期时，出现负时差，这时，就必须缩短组成关键路线的各个工序的时间. 此外，还可采取改变网络逻辑关系的方法缩短计划工期.

下面介绍时间优化的线性规划求解方法. 设工程网络的各结点为 i, $i=1, 2, \cdots, n$，其中起点结点为 1，终点结点为 n. 记结点的最早时间 $t_E(i)$ 为 y_i，工序 (i, j) 的时间为 t_{ij}，则模型为

$$\min T,$$

$$\text{s. t.}\begin{cases} t_{ij} \geqslant d_{ij}, \\ t_{ij} \leqslant D_{ij}, \\ y_i + t_{ij} - y_j \leqslant 0, \\ y_1 = 0, \ y_n \leqslant T, \ y_i \geqslant 0, \\ 1 \leqslant i < j \leqslant n, \quad i = 1, 2, \cdots, n. \end{cases}$$

式中,D_{ij}为工序(i, j)所需的正常工时,d_{ij}为工序(i, j)所需的特急工时.

若是为了求出优化后的关键路线,则可把约束条件中事项之间的关系约束 $y_i+t_{ij}-y_j\leqslant 0$ 变成含单时差 $y_i+t_{ij}+FF(i, j)-y_j=0$ 的等式约束条件,则在求的单时差 $FF(i, j)=0$ 的工序的基础之上,也可依次连接从开工事项至完工事项之间的这些关键工序直接得到优化后的关键路线.

9.3.2 时间-费用优化

在编制网络计划过程中,研究如何使得工程完工时间短、费用少,求得成本最低的日程安排就是时间-费用优化所需要解决的问题.

在进行时间-费用优化时,需要工序时间确定和时间与成本同等重要两个前提,通常以直接费用变动率 g 作为一个重要考察指标,它表示缩短一天工期所增加的直接费用. 有

$$g=\frac{\text{极限时间的工序直接费用}-\text{正常时间的工序直接费用}}{\text{正常时间}-\text{极限时间}}.$$

下面,通过例题说明进行时间-费用优化的一种方法.

例 9.4 对图 9-5 所示的工程进行费用优化. 已知工程项目每天的间接费用为 400 元,表 9-4 中列出了各工序的相关时间和直接费用.

表 9-4

工序	正常情况下		采取各种措施后		费用变动率/(元/d)
	正常时间/d	工序的直接费用/元	极限时间/d	工序的直接费用/元	
a	60	10 000	60	10 000	—
b	45	4 500	30	6 300	120
c	10	2 800	5	4 300	300
d	20	7 000	10	11 000	400
e	40	10 000	35	12 500	500
f	18	3 600	10	5 440	230
g	30	9 000	20	12 500	350
h	15	3 750	10	5 750	400
k	25	6 250	15	9 150	290
l	35	12 000	35	12 000	—

解 选择关键线路上费用变动率最小的工序后，其赶工长度的计算公式如下：
① 当工序仅处于关键线路上，但不处于次关键线路上时，有

$$\theta = \min\{关键线路长 - 次关键线路长，该工序的现有时间 - 极限时间\};$$

② 当工序既处于关键线路上，又处于次关键线路上时，有

$$\theta = \min\{该工序的现有时间 - 极限时间\}.$$

(1) 正常进度方案时关键线路为 ①→②→④→⑥→⑦→⑧，长度为 170.
总间接费用：$170 \times 400 = 68\,000$(元)；
总直接费用：68 900(元)；
合计：136 900 元.
(2) 求出次关键线路：①→②→⑤→⑦→⑧，长度为 150.
选择赶工工序 k，赶工长度为

$$\theta = \min\{170 - 150,\ 25 - 15\} = 10.$$

重新求出关键线路：①→②→④→⑥→⑦→⑧，长度为 160.
总间接费用：$160 \times 400 = 64\,000$(元)；
总直接费用：$68\,900 + 10 \times 290 = 71\,800$(元)；
合计：135 800 元，赶工有利.
(3) 求次关键线路：①→②→⑤→⑦→⑧，长度为 150.
选择赶工工序 g，赶工长度为

$$\theta = \min\{160 - 150,\ 30 - 20\} = 10.$$

重新求出关键线路，有两条：
第一条：①→②→④→⑥→⑦→⑧，长度为 150.
第二条：①→②→⑤→⑦→⑧，长度为 150.
总间接费用：$150 \times 400 = 60\,000$(元)；
总直接费用：$71\,800 + 10 \times 350 = 75\,300$(元)；
合计：135 300 元，赶工有利.
(4) 求次关键线路：①→②→⑦→⑧，长度为 140.
选择赶工工序 d，h，赶工长度为

$$\theta = \min\{150 - 140,\ 20 - 10,\ 15 - 10\} = 5.$$

重新求出关键线路，有两条：
第一条：①→②→④→⑥→⑦→⑧，长度为 145.
第二条：①→②→⑤→⑦→⑧，长度为 145.
总间接费用：$145 \times 400 = 58\,000$(元)；
总直接费用：$75\,300 + 400 \times 5 + 400 \times 5 = 79\,300$(元)；
合计：137 300 元，赶工不利.
结论：整个工程应赶工序 k 10 d，工序 g 10 d，工程工期为 150 d，总费用为 135 300 元.

9.3.3 时间-资源优化

时间-资源优化即指尽量合理地利用现有资源，并缩短工程周期. 具体要求和做法如下：

(1) 优先安排关键工序所需的资源；

(2) 利用非关键工序的总时差，错开各工序的开始时间，拉平资源需要量的高峰；

(3) 在确实受到资源限制，或考虑综合经济效益的条件下，可适当地推迟工期.

例 9.5 在表 9-5 所示的工程问题中，现有人力数 10 人，试确定工程完工时间最短的各工序的进度安排.

表 9-5

工序代号	紧前工序	工序时间	需要人员数	工序代号	紧前工序	工序时间	需要人员数
a	—	4	9	e	b	3	8
b	—	2	3	f	c	2	7
c	—	2	6	g	f，d	3	2
d	—	2	4	h	c，g	4	1

首先，绘制网络计划图如图 9-6 所示.

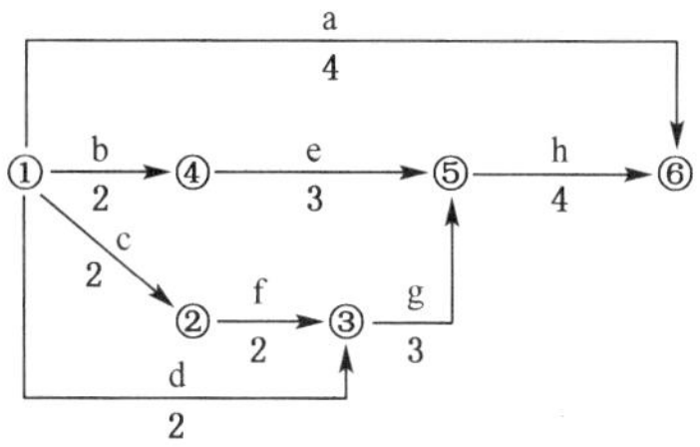

图 9-6

然后，计算各工序的时间参数表，结果见表 9-6.

表 9-6

工序	人员	时间	t_{ES}	t_{EF}	t_{LF}	t_{LS}	TF	附注
a	9	4	0	4	11	7	7	非关键
b	3	2	0	2	4	2	2	非关键
c	6	2	0	2	2	0	0*	关键
d	4	2	0	2	4	2	2	非关键
e	8	3	2	5	7	4	2	非关键
f	7	2	2	4	4	2	0*	关键
g	2	3	4	7	7	4	0*	关键
h	1	4	7	11	11	7	0*	关键

根据表 9-6，求出关键线路为

$$① \xrightarrow{c} ② \xrightarrow{f} ③ \xrightarrow{g} ⑤ \xrightarrow{h} ⑥.$$

各道工序均按最早开工时间开工时的资源负荷情况如图 9-7 所示.

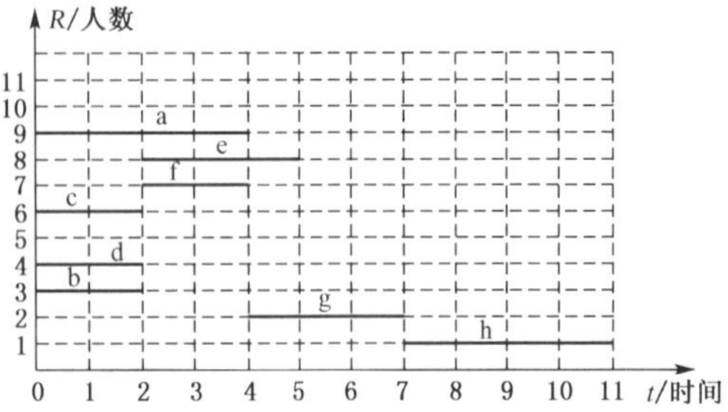

图 9-7

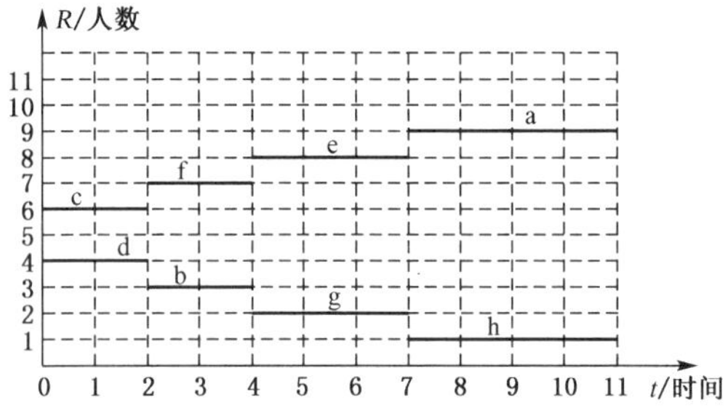

图 9-8

在图 9-7 中，$t=0$—2 阶段，$t=2$—4 阶段都出现了用人高峰，分别达到 22 人，24 人，而现有人力资源不能满足需求，故需进行调整.

调整后，资源负荷情况如图 9-8 所示.

在图 9-8 中，资源负荷是均匀的，并保证了工程的顺利进行和最短工期的实现，最短工期为 11.

本 章 小 结

网络计划是 20 世纪 50 年代发展起来的一种编制大型工程进度计划的有效方法. CPM 主要应用于以往在类似工程中已经取得一定经验的承包工程；PERT 更多地应用于研究与开发项目. 本章主要介绍了网络图的构成，包括结点、弧和权以及网络计划建模的原则、方法. 介绍了网络计划时间参数的计算方法，包括最早完工时间、最迟完工时间、最早开工时间、最迟开工时间. 在此基础上，介绍了 CPM 问题的主关键路线的求解方法，网络计划的时间优化方法、时间-资源的合理调配和优化、在赶工情况下的网络计划时间-费用的优化. 单代号网络和有搭接情况下的网络图. 介绍了 PERT 问题的时间估计原理和方法以及 PERT 问题的求解方法.

习 题 9

9.1 (1) 绘制表 9-7 的项目网络图，并填写表中的紧前工序.

表 9-7

工序	A	B	C	D	E	F	G
紧前工序							
紧后工序	D, E	G	E	G	G	G	—

(2) 用箭线法绘制表 9-8 的项目网络图，并填写表中的紧后工序.

表 9-8

工序	A	B	C	D	E	F	G	H	I	J	K	L	M
紧前工序 紧后工序	—	—	—	B	B	A, B	B	D, G	C, E, F, H	D, G	C, E	I	J, K, L

9.2 根据项目工序明细表 9-9,

表 9-9

工序	A	B	C	D	E	F	G
紧前工序	—	A	A	B, C	C	D, E	D, E
工序时间/周	9	6	12	19	6	7	8

(1) 画出网络图;

(2) 计算工序的最早开始、最迟开始时间和总时差;

(3) 找出关键路线和关键工序.

9.3 表 9-10 给出了项目的工序明细表.

表 9-10

工序	A	B	C	D	E	F	G	H	I	J	K	L	M	N
紧前工序	—	—	—	A, B	B	B, C	E	D, G	E	E	H	F, J	I, K, L	F, J, L
工序时间/d	8	5	7	12	8	17	16	8	14	5	10	23	15	12

(1) 绘制项目网络图.

(2) 在网络图上求工序的最早开始、最迟开始时间.

(3) 用表格表示工序的最早最迟开始和完成时间、总时差和自由时差.

(4) 找出所有关键路线及对应的关键工序.

(5) 求项目的完工期.

9.4 已知项目各工序的三种估计时间见表 9-11.

表 9-11

工　序	紧前工序	工序的三种时间/h		
		a	m	b
A	—	9	10	12
B	A	6	8	10
C	A	13	15	16
D	B	8	9	11
E	B, C	15	17	20
F	D, E	9	12	14

求:

(1) 绘制网络图并计算各工序的期望时间和方差.

(2) 关键工序和关键路线.

(3) 项目完工时间的期望值.

(4) 假设完工期服从正态分布,项目在 56 h 内完工的概率是多少?

(5) 使完工的概率为 0.98,最少需要多长时间?

9.5 表 9-12 给出了工序的正常、应急的时间和成本.

表 9-12

工序	紧前工序	时间/d		成本		时间的最大缩量/d	应急增加成本/(万元·d^{-1})
		正常	应急	正常	应急		
A		15	12	50	65	3	5
B	A	12	10	100	120	2	10
C	A	7	4	80	89	3	3
D	B, C	13	11	60	90	2	15
E	D	14	10	40	52	4	3
F	C	16	13	45	60	3	5
G	E, F	10	8	60	84	2	12

(1) 绘制项目网络图,按正常时间计算完成项目的总成本和工期.

(2) 按应急时间计算完成项目的总成本和工期.

(3) 按应急时间的项目完工期,调整计划使总成本最低.

(4) 已知项目缩短 1 d 额外获得奖金 4 万元,减少间接费用 2.5 万元,求总成本最低的项目完工期.

9.6 继续讨论表 9-12.假设各工序在正常时间条件下需要的人员数分别为 9 人,12 人,12 人,6 人,8 人,17 人,14 人.

(1) 画出时间坐标网络图.

(2) 按正常时间计算项目完工期,按期完工需要多少人?

(3) 保证按期完工,怎样采取应急措施,使总成本最小又使得总人数最少?对计划进行系统优化分析.

10 决策分析

本章要求

◎ 掌握基于不同决策准则下的不确定性决策问题的决策方法.

◎ 掌握风险型决策的决策树方法.

◎ 理解效用理论的基本概念.

◎ 理解和掌握基于效用曲线的决策方法.

◎ 理解和掌握层次分析法(Analytic Hierarchy Process,简记为 AHP)的原理及其计算方法.

◎ 掌握马尔科夫决策过程(Markov Decision Processes,简记为 MDP)的基本原理及其应用.

决策是人们在政治、经济、技术和日常生活中普遍存在的一种选择方案的行动. 决策是管理中经常发生的一种活动. 决策是决定的意思. 在人们的日常生活中,在企业的经营活动中,在国家和政府的政治活动中作决定的情况是常有的. 决策的正确与否会给人民、企业或国家带来收益或损失. 若一个企业在生产中发生执行错误,造成产品报废可能是几百或几千元的损失,而新产品试制中的决策,一个错误可能造成的损失是几万或几百万甚至更多. 在国际市场的竞争活动中,一个错误的决策可能造成几亿甚至几十亿的损失,甚至可能导致企业破产. 在一切事物中,决策的失误是最大的失误,一着不慎,损失重大.

所谓决策,就是人们为了达到一定的目标,从若干个可能的策略(例如行动、方案等)中选取效果最好的策略过程. 关于决策的重要性,诺贝尔奖获得者西蒙有一句名言——"管理就是决策". 这就是说管理的核心是决策. 决策是一种选择行为,最简单的选择是回答"是"与"否". 较为复杂的决策是从多种方案中选一. 研究决策的学问,并将现代科学技术成就应用于决策,称之为决策科学. 决策科学包含的内容十分广泛,如决策心理学、决策的数量化方法、决策的评价、决策支持系统(Decision Support System,简记为 DSS)以及决策自动化等. 本章主要内容是从运筹学中定量分析方法的角度对决策科学给予介绍. 决策问题包括确定型、非确定型、风险型(概率型)三种. 本书前面的几章讨论的是确定型的问题,本章将进一步研究如何在非确定情况下做出正确的决策.

10.1 概　　述

10.1.1 决策问题举例

例 10.1 已知条件见表 10-1,请选择所用策略.

表 10-1

损失值/元 \ 自然状态 / 策略	下雨	不下雨
带雨衣	0	2
不带雨衣	5	0

例 10.2 已知条件见表 10-2,请选择所用策略.

表 10-2

效益值 a_{ij}/万元 \ 自然状态 S_j 及概率 $P(S_j)$ / 策略 d_i	S_1(产品销路好) $P(S_1)=0.3$	S_2(产品销路一般) $P(S_2)=0.5$	S_3(产品销路差) $P(S_3)=0.2$
d_1(按甲方案生产)	40	26	15
d_2(按乙方案生产)	35	30	20
d_3(按丙方案生产)	30	24	20

10.1.2 决策模型

从上面的例子可以看出,一般的决策模型都包含三个基本的因素:自然状态、策略和益损值。

1. 自然状态

例 10.1 中的"下雨"、"不下雨",例 10.2 中的"产品销路好"、"产品销路一般"、"产品销路差"等,都是自然状态,这是决策者无法控制的因素.假定共有 n 种可能的状态:S_1, S_2, …, S_n,则状态集合 S(也称状态空间)为

$$S=\{S_1, S_2, \cdots, S_n\}.$$

2. 策略

策略即决策者可以采取的行动方案.采用哪一个行动方案,完全由决策者决定.若所有可能的策略为 d_1, d_2, …, d_m,则策略集合(也称策略空间)为

$$D=\{d_1, d_2, \cdots, d_m\}.$$

3. 益损值

益损值即不同策略在不同自然状态下的收益值或损失值,它是策略和自然状态的函数.

决策者根据上述三个基本因素,按照一定的决策准则,即可进行决策.需要注意的是:决策不仅需要对各行动方案进行定量分析,而且与决策者的主观条件——诸如经济地位、价值观、心理素质、个人气质、对风险的态度等密切相关.

10.1.3 决策问题的分类

从不同角度出发,可以对决策进行不同的分类.例如,根据决策者地位的高低,可将决策分为高层决策、中层决策和基层决策;根据所需做出的决策的次数,可分为一次决策和多阶段决

策;根据决策的内容可分为战略决策和战术决策;根据决策目标的个数可分为单目标决策和多目标决策等,下面我们着重说明另一种分类方法.

决策就是决定未来的行动方案,未来必将出现什么状态,或可能出现什么状态,这对决策分析的方法和结果有着重大的影响.根据对未来状态的把握程度的不同,决策问题可分为确定型、不确定型及风险型三类.

1. 确定型决策

若未来的自然状态是确定的,则这种问题的决策就称为确定型决策.当可供选择的方案不多时,对这种问题很容易做出决策.但是,实际问题中,可供选择的方案往往很多,就需要根据问题的性质选用线性规划、动态规划或其他有效的方法来解决.

2. 不确定型决策

在具有多个自然状态的决策问题中,如果对各自然状态在未来发生的可能性一无所知,也就是在进行决策时,决策者不知道哪个状态会发生,哪个状态不会发生,哪个状态发生的可能性大,哪个状态发生的可能性小,那么,对这种问题的决策,就是不确定型决策,我们将简要介绍几种有关的决策方法.

3. 风险型决策

在具有多个自然状态的决策问题中,决策者虽然不知道未来哪一个状态一定发生,但知道(或可估计)每个状态发生的可能性有多大,即知道(或可估计)各自然状态发生的概率.这时,决策者即可根据概率论和统计学的知识,做出统计意义下的决策.由于这时决策者总要冒一定的风险,故称为风险型决策(或概率型决策、统计决策).一般情况下,决策者总要设法获得关于状态发生的一些信息,因此,这种决策问题在实际中大量存在.

10.2 不确定型决策

下面介绍几种不确定型问题的决策准则.在不同的情况下,对具有不同观点、不同心理、不同冒险精神的人,可以选用不同的准则.

10.2.1 等可能性准则

等可能性准则是19世纪法国数学家拉普拉斯(Laplace)提出的.他认为:当一个人面对着n种自然状态可能发生时,如果没有确切理由说明这一自然状态比那一自然状态有更多的发生机会,那么只能认为它们发生的机会是均等的,即每一种自然状态发生的概率都是$\frac{1}{n}$.

当各种自然状态的概率知道以后,问题已经由不确定型转化为风险型.

10.2.2 乐观准则

按乐观准则决策时,对客观状态的估计总是最乐观的,决策者不放弃任何一个可能获得最好结果的机会,充满着乐观、冒险的精神.

例 10.3 已知数据见表 10-3,试决策.

表 10-3

效益阵 a_{ij} 状态 S_j 策略 d_i	S_1	S_2	S_3	S_4
d_1	4	4	6	7
d_2	2	4	6	9
d_3	5	7	3	5
d_4	3	5	6	8
d_5	3	5	5	5

决策方法如下:

首先从每个方案中选择出一个最大的效益值,再从各个方案的最大效益值中,选择出一个最大值.其相应方案即为所选方案,因此,乐观准则又称“max-max”准则.

$$\max\{4, 4, 6, 7\} = 7;$$

$$\max\{2, 4, 6, 9\} = 9;$$

$$\max\{5, 7, 3, 5\} = 7;$$

$$\max\{3, 5, 6, 8\} = 8;$$

$$\max\{3, 5, 5, 5\} = 5.$$

而 $\max\{7, 9, 7, 8, 5\} = 9$,故选方案 d_2.

按乐观准则决策,实际上是瞄准整个效益矩阵中的最大者,这当然不会丧失获得最好结果的机会,但有时也不能避免落到最坏的结局.比如本例中,选择了方案 d_2,若自然状态 S_4 发生,则获得最好结果,而若自然状态 S_1 发生,则将落到最坏结局.

10.2.3 悲观准则

按悲观准则决策时,决策者是非常谨慎保守的.他总是从每个方案的最坏情况出发,从各种可能的最坏结果中选择一个相对最好的结果.因此,悲观准则又称“max-min”准则.例 10.3 中,

$$\min\{4, 4, 6, 7\} = 4;$$

$$\min\{2, 4, 6, 9\} = 2;$$

$$\min\{5, 7, 3, 5\} = 3;$$

$$\min\{3, 5, 6, 8\} = 3;$$

$$\min\{3, 5, 5, 5\} = 3.$$

而 $\max\{4, 2, 3, 3, 3\}=4$,故选择方案 d_1.

按悲观准则决策,可能丧失掉获得最好结果的机会,但不管最终哪个自然状态发生,决策者得到的效益值不会少于各方案最小效益值中的最大者,且一般而言,它能避免最坏的结局.比如例 10.3 中,选择了方案 d_1,则不管哪个状态发生,决策者真正得到的效益值至少是 4,还可能是 6 或 7,虽然整个效益矩阵中的最大值 9 已不可能达到,但也不会落到效益值为 2 的最坏结局.

10.2.4 折衷准则

所谓折衷，即指在乐观准则与悲观准则之间的折衷. 在折衷准则中，用乐观系数 α 表示乐观的程度，有 $0\leqslant\alpha\leqslant1$，而$(1-\alpha)$就是悲观系数，它表示悲观的程度.

在例 10.3 中，假设 $\alpha=0.45$，则$(1-\alpha)=0.55$.

先求出每个方案 d_i 的折衷效益值 c_i，根据

$$c_i=\alpha\max_j\{a_{ij}\}+(1-\alpha)\min_j\{a_{ij}\},\quad i=1,2,\cdots,5,$$

可得

$$c_1=0.45\times7+0.55\times4=5.35,$$

$$c_2=0.45\times9+0.55\times2=5.15,$$

$$c_3=0.45\times7+0.55\times3=4.8,$$

$$c_4=0.45\times8+0.55\times3=5.25,$$

$$c_5=0.45\times5+0.55\times3=3.9.$$

再从各个方案的折衷效益中选择一个最大值，其相应方案即为所选方案，即有

$$\max_{1\leqslant i\leqslant5}\{c_i\}=\max\{5.35,5.15,4.8,5.25,3.9\}=5.35,$$

故选择方案 d_1.

当乐观系数 α 取不同值时，选择的方案可能不同. 当 α 为 1 时，折衷准则即成为乐观准则，而当 α 为 0 时，折衷准则成为悲观准则.

10.2.5 后悔值准则

决策者做出决策之后，若不够理想，必有后悔之感. 后悔值准则就是把每一自然状态对应的最大效益视为理想目标，把它与该状态下的其他效益值之差作为未达到理想目标的后悔值，这样可得一个后悔矩阵. 再把后悔矩阵中每行的最大值求出来，这些最大值中的最小者对应的方案，即为所求. 这个准则也叫最小后悔值准则或 Savage 准则. 和悲观准则类似，按后悔值准则决策时，决策者也是非常谨慎保守的.

例 10.3 中，表 10-3 中的效益矩阵相应的后悔矩阵见表 10-4.

表 10-4

状态 S_j / 效益阵 a_{ij} / 策略 d_i	S_1	S_2	S_3	S_4	最大后悔值
d_1	1	3	0	2	3
d_2	3	3	0	0	3
d_3	0	0	3	4	4
d_4	2	2	0	1	2
d_5	2	2	1	4	4

因为各个方案的最大后悔值中的最小者为 2，故选择方案 d_4.

对于不确定型问题，采用不同的决策准则做出的决策往往是不同的. 为了使决策更准确可靠，最好设法了解各自然状态发生的概率，以便将不确定型问题转化为风险型问题.

10.3 风险型决策

10.3.1 最优期望益损值决策准则

对于风险型决策，因为已知各自然状态 S_j 发生的概率 P_j，故当采取某一策略 d_i 时，可算出相应于这一策略的期望益损值如下：

$$E(d_i) = \sum_{j=1}^{n} a_{ij} P_j, \quad i = 1, 2, \cdots, m,$$

式中，a_{ij} 是策略 d_i 在自然状态 S_j 发生情况下的益损值.

比较各策略的期望益损值 $E(d_i)$，以最大期望收益值或最小期望损失值相应的策略为选定策略，这一决策准则即最优期望益损值决策准则.

如例 10.2，首先计算出各个策略（行动方案）的效益值的期望值，然后选择其中期望效益值大的策略，即有

$$E(d_1) = 40 \times 0.3 + 26 \times 0.5 + 15 \times 0.2 = 28,$$

$$E(d_2) = 35 \times 0.3 + 30 \times 0.5 + 20 \times 0.2 = 29.5,$$

$$E(d_3) = 30 \times 0.3 + 24 \times 0.5 + 20 \times 0.2 = 25.$$

因此，应选择 d_2 方案.

显然，最优期望益损值决策准则是建立在统计基础上的，它可使大量的重复类型的决策问题得到最优平均益损效果.

10.3.2 决策方法

决策树是一种树状图，它是决策分析中最常使用的方法之一.

1. 决策树的构成

决策树一般由四种元素构成：

(1) 决策节点. 在决策树中，决策节点用图符□表示，决策者需要在决策节点处进行策略（方案）的决策. 从它引出的每一分枝，都是策略分枝，都代表决策者可能选取的一个策略，总的分枝数即可能的策略数.

最后选中的策略的期望益损值要写在决策节点上方，未被选上的方案要“剪枝”（在相应的策略分枝上标上╫）.

(2) 策略节点. 在决策树中，策略节点位于策略分枝的末端，用图符○表示. 其上方的数字

为该策略的期望益损值.从策略节点引出的分枝叫概率分枝,每个分枝上面都写明它代表的自然状态及其出现的概率.总的分枝数即为可能的自然状态数.

(3) 结果节点.在决策树中,结果节点用图符△表示,它是概率分枝的末梢.它旁边的数字是相应策略在该状态下的益损值.

(4) 分枝.分枝包含策略分枝和概率分枝,最终决策结果求出之后,应对未选上的策略分枝进行剪枝.

2. 单级决策

单级决策问题中只包含一级决策.下面,我们用决策树法求解例 10.2.

首先画出该问题的决策树(图 10-1),并把原始数据标在上面.决策树是由左→右即由疏→密逐步画出的.画出决策树后,再由右→左,计算各策略节点的期望效益值,并标在相应的策略节点上.最后,根据最大期望效益值准则,对决策节点上的各个方案进行比较、选择,并把决策结果标在图上.图 10-1 中益损值的单位为万元.

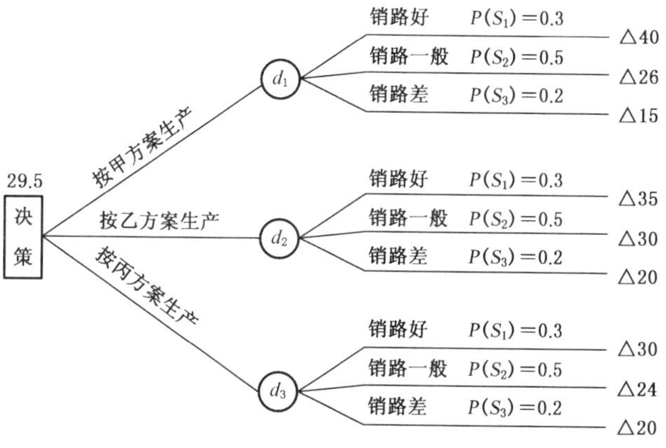

图 10-1

我们再来看一道例题.

例 10.4 为了适应市场的需要,某市提出了扩大某种电器生产的两个方案.一个方案是建设大厂,另一个方案是建设小厂,两者的使用期都是 10 年.建设大厂需要投资 600 万元,建设小厂需投资 280 万元,两个方案的每年损益值及自然状态的概率,见表 10-5.试用决策树评选出合理的决策方案.

表 10-5 **年度损益值计算表** 单位:万元/a

自然状态	概率	方案	
		建大厂	建小厂
销路好	0.7	200	80
销路差	0.3	−40	60

解 (1)画出决策树,如图 10-2 所示.

(2) 计算各点的期望损益值.

点②:$[0.7\times200+0.3\times(-40)]\times10-600=680$(万元);

点③:$(0.7\times80+0.3\times60)\times10-280=460$(万元).

(3) 进行决策.

把点②与点③的期望损益值进行比较,可知合理的决策方案是建设大厂.

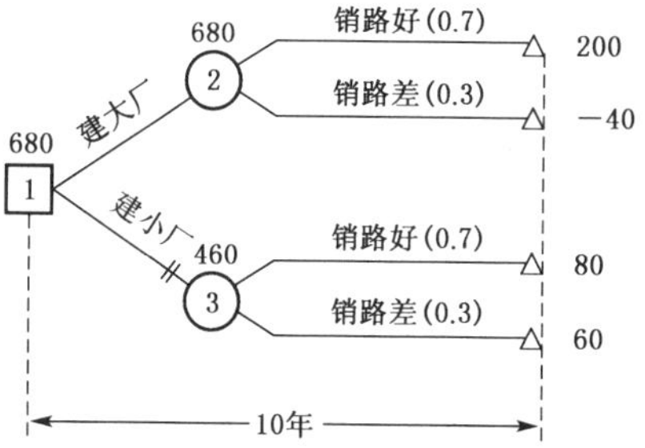

图 10-2 一级决策树图

例 10.5 在例 10.4 中，如果把 10 年分为前 3 年和后 7 年两期考虑. 根据市场预测：前 3 年销路好的概率为 0.7，若前 3 年销路好，则后 7 年销路好的概率为 0.8；前 3 年销路差的概率为 0.3，若前 3 年销路差，则后 7 年销路差的概率为 0.9. 在这种情况下，建大厂和建小厂两个方案哪个为好？

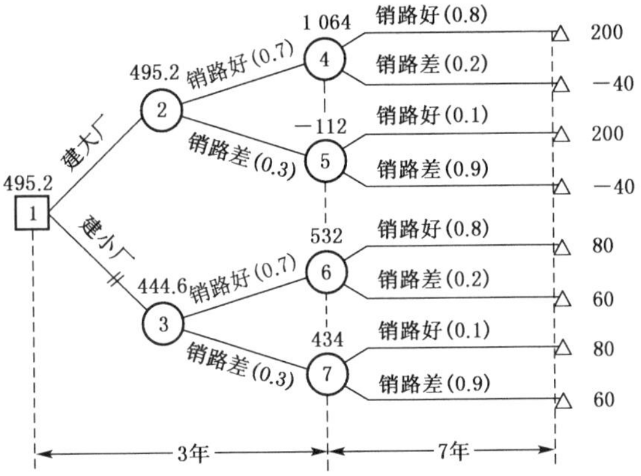

图 10-3 一级决策树图

解 (1) 画出决策树，如图 10-3 所示.

(2) 计算各点的期望损益值.

点 ④：$[0.8\times200+0.2\times(-40)]\times7=1\,064$(万元)；

点 ⑤：$[0.1\times200+0.9\times(-40)]\times7=-112$(万元)；

点 ②：$0.7\times200\times3+0.7\times1\,064+0.3\times(-40)\times3+0.3\times(-112)-600=495.2$(万元).

这是建大厂的期望收益值.

点 ⑥：$[0.8\times80+0.2\times60]\times7=532$(万元)；

点 ⑦：$(0.1\times80+0.9\times60)\times7=434$(万元)；

点 ③：$0.7\times80\times3+0.7\times532+0.3\times60\times3+0.3\times434-280=444.6$(万元).

这是建设小厂的期望收益值.

(3) 进行决策.

建大厂的期望收益值 495.2 万元，大于建小厂的 444.6 万元.

因此，建大厂仍是最优方案.

在实际工作中，还需要把不同时期的投资额和损益值等按照复利原则折算为现值，才能进行对比研究. 这些问题已属于投资决策范围了.

10.3.3 多级决策

一个决策问题，如果要进行两次或两次以上的决策，才能选出最优方案，达到决策目的，这种决策称为多级决策.

例 10.6 假定在例 10.5 中又提出第三方案，即先建设小厂，如果销路好，则 3 年后再进行扩建. 扩建投资需要 400 万元，扩建后，也可使用 7 年，每年的损益值与大厂相同. 这个方案与建大厂方案比较，哪个方案较好？

解 (1) 画出决策树，如图 10-4 所示.

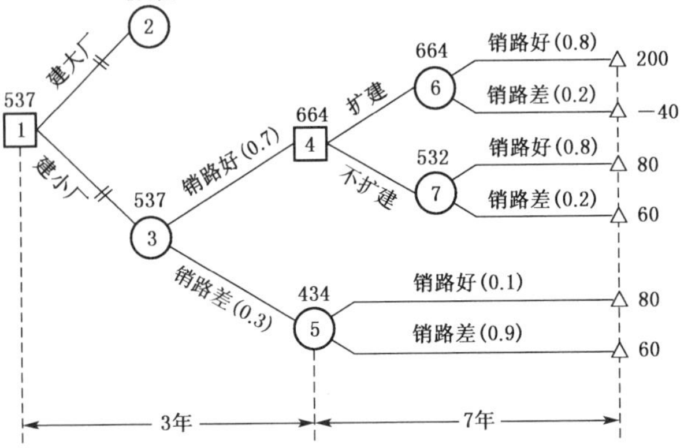

图 10-4 二级决策树图

(2) 计算各节点的期望损益值.

点 ②:495.2(万元)(计算见例 10.5);

点 ⑥:$[0.8\times200+0.2\times(-40)]\times7-400=664$(万元);

点 ⑦:$(0.8\times80+0.2\times60)\times7=532$(万元).

把点 ⑥ 和点 ⑦ 的期望值相比较,前者的期望收益值较大,所以应当选择扩建方案,对不扩建方案进行修枝.把点 ⑥ 的 664 万元移到点 ④ 上来,这是第一次决策.

点 ⑤:$(0.1\times80+0.9\times60)\times7=434$(万元);

点 ③:$0.7\times80\times3+0.7\times664+0.3\times60\times3+0.3\times434-280=537$(万元).

(3) 进行决策.

点③的期望收益值为 537 万元,大于点②的 495.2 万元.因此,最优方案是前 3 年建小厂,如果销路好,后 7 年进行扩建的方案.而不是建大厂的方案了.本例进行了两次决策,才选出最优方案,所以是二级决策问题.

例 10.7 某化工企业考虑是否要投资 15 000 元开发一种处理工业废料的新工序.如开发,可望有 60%的机会成功,如获成功,可申请专利,专利申请费为 5 000 元,获批准的机会是 50%.如试验成功,不管专利是否被批准,企业都有自用还是出售这种专利的选择.在使用中,这种新工序可望在 4 年内有利可图,获利大小,受到能否取得专利权的影响;受该工序本身的性能(能产生多少利润)的影响;还受政府的补贴(用减税或津贴等方式)的影响.政府补贴可分大量、中等及少量 3 种.各种情况下的条件利润如下:

(1) 出售专利的收益.批准专利权时,可得 40 000 元;未批准专利权时,可得 25 000 元;不申请专利权时,可得 30 000 元.

(2) 自己使用的每年收益.自己使用新工序的年收益,视政府补贴大小和专利情况不同而异,见表 10-6.

表 10-6 **使用新工序利润表** 单位:元

政府补贴	概率	批准	未批准专利	不申请专利
大量	0.3	15 000	7 000	11 000
中等	0.4	10 000	5 500	8 000
小量	0.3	6 000	3 000	5 000

试用决策树评选出合理的决策方案.

解 (1) 画出决策树,如图 10-5 所示.

(2) 计算各节点期望利润值.

点 ⑫:40 000(元);

点 ⑬:$(0.3\times15\,000+0.4\times10\,000+0.3\times6\,000)\times4=41\,200$(元).

把点⑫的期望值与点⑬的期望值相比较,后者的期望收益值为大,所以应当选择自用方案,对出售方案进行修枝.把点⑬的期望收益值 41 200 元移到点[8]上来,这是申请专利权被批准后进行的第一次决策.

点 ⑭:25 000(元);

点 ⑮:$(0.3\times7\,000+0.4\times5\,500+0.3\times3\,000)\times4=20\,800$(元).

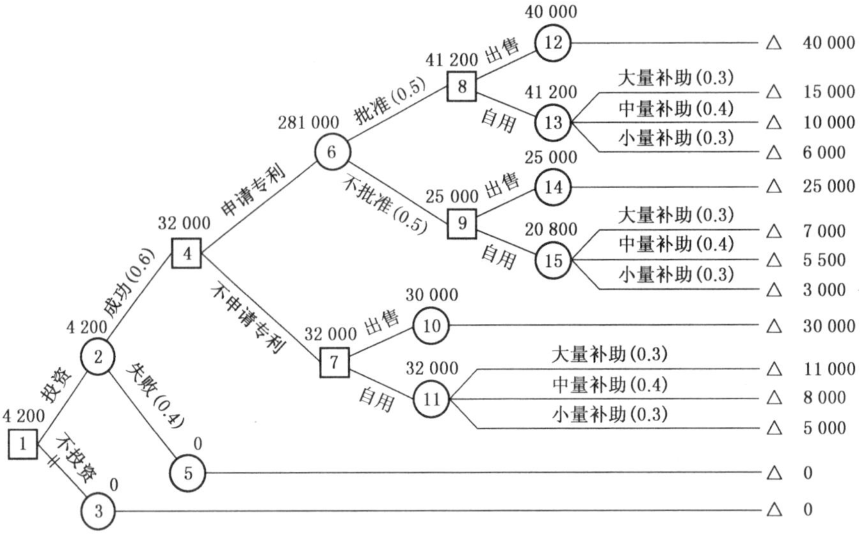

图 10-5　三级决策树图

把点 ⑭ 的期望值与点 ⑮ 的期望值相比较，前者的期望收益值较大，所以应当选择出售方案，对自用方案进行修枝. 把点 ⑭ 的期望值 25 000 元移到点 [9] 上来. 这是申请专利权未被批准后进行的第一次决策.

点 ⑩：30 000(元).

点 ⑪：$(0.3\times 11\,000+0.4\times 8\,000+0.3\times 5\,000)\times 4=32\,000$(元).

点 ⑪ 的期望收益值大于点 ⑩ 的期望收益值，所以应当选择自用方案，对出售方案进行修枝. 把点 ⑪ 的期望收益值 32 000 元移到点 [7] 上来. 这是不申请专利权的第一次决策.

点 ⑥：$0.5\times 41\,200+0.5\times 25\,000-5\,000=28\,100$(元).

点 [7]：32 000(元).

点 [7] 的期望收益值大于点 ⑥ 的期望收益值，所以应当选择不申请专利权方案. 对申请专利权方案进行修枝. 把点 [7] 的期望收益值 32 000 元移到点 [4] 上来. 这是第二次决策.

点 ②：$0.6\times 32\,000+0.4\times 0-15\,000=4\,200$(元).

点 ③：0.

显然，应选择投资方案. 因为投资方案可期望获利 4 200 元，而不投资则无收益.

(3) 进行决策.

综合以上的决策分析，最优方案是投资发展新工序，如获成功，不申请专利权，自己使用而不出售的方案.

10.3.4　完全情报及其价值

正确的决策来源于可靠的情报或信息. 情报、信息越全面、可靠，对自然状态发生的概率的估计就越准确，据此做出的决策也就越合理. 能完全肯定某一状态发生的情报称为完全情报，否则，称为不完全情报. 有了完全情报，决策者在决策时即可准确预测将出现什么状态，从而把风险型决策转化为确定型决策.

实际上,获得完全情报是十分困难的,大多数情报属于不完全情报.

为了得到情报,需要进行必要的调查、试验、统计等,或直接从别人手中购买,总之,要花费一定的代价.若决策者支付的费用过低,则难于得到所要求的情报,若需支付的费用过高,则决策者可能难以承受且可能不合算.另外,在得到完全情报之前,并不知道哪个状态将会出现,因此也无法准确算出这一情报会给决策者带来多大利益,但为了决定是否值得去采集这项情报,必须先估计出该情报的价值.完全情报的价值,等于因获得了这项情报而使决策者的期望收益增加的数值.如果它大于采集该情报所花费用,则采集这一情报是值得的,否则就不值得了.因此,完全情报的价值给出了支付情报费用的上限.

例 10.8 如例 10.2,假定花费 0.7 万元可以买到关于产品销路好坏的完全情报,请问是否购买之?

解 假如完全情报指出产品销路好,就选取策略 d_1,可获得 40 万元效益.假如完全情报指出产品销路一般,就选取策略 d_2,可获得 30 万元效益.假如完全情报指出产品销路差,就选取策略 d_2 或 d_3,可获得 20 万元效益.因为在决定是否购买这一完全情报时还不知道它的内容,故决策时无法计算出确切的效益,只能根据各自然状态出现的概率求出期望效益值:

$$0.3\times 40+0.5\times 30+0.2\times 20=31.$$

该问题的决策树如图 10-6 所示,图中效益值的单位为万元.

对照图 10-1 可知,由于得到了完全情报,使期望效益增加了 1.5 万元,即该完全情报的价值为 1.5 万元.因此,花费 0.7 万元购买该完全情报,还是合算的.

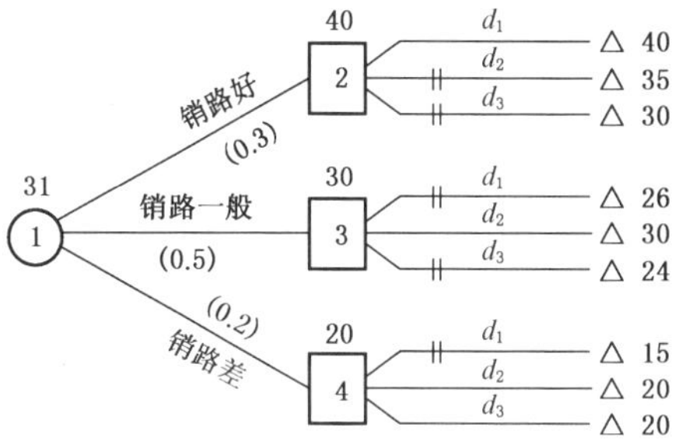

图 10-6

10.3.5 贝叶斯(Bayes)决策

1. 先验概率和后验概率

在风险型决策中,有时不可能得到完全情报,有时为了得到完全情报花费的代价太大而无法承受.这种情况下,如果需要改进原来的决策结果,可以采用抽样检验、请专家估计等方法,采集不完全情报作为补充情报,以此来修正原来的概率估计.通常,把根据补充情报进行修正之前的各自然状态的概率估计称为先验概率,而把根据补充情报进行修正之后的各自然状态的概率估计称为后验概率.一般来说,后验概率要比先验概率更加准确可靠.与完全情报相类似,获取不完全情报也要付出一定代价,也有一个是否值得的问题.

2. 贝叶斯公式

贝叶斯公式是概率论中的一个公式,该公式为

$$P(B_i\mid A)=\frac{P(B_i)P(A\mid B_i)}{\sum_{j=1}^{n}P(B_j)P(A\mid B_j)},\quad i=1,2,\cdots,n. \tag{10.1}$$

在式(10.1)中,事件 B_i 可表示自然状态,$B_1, B_2, \cdots, B_n$ 是所有可能出现的自然状态,且其中任意两个自然状态不可能同时发生,即 $\{B_1, B_2, \cdots, B_n\}$ 是两两互斥的完备事件组.

$P(B_i)$ 是自然状态 B_i 出现的概率,即先验概率.

$P(A \mid B_i)$ 是自然状态 B_i 出现的情况下,事件 A 发生的条件概率.

$P(B_i \mid A)$ 是事件 A 发生的情况下,自然状态 B_i 出现的条件概率,即后验概率.

"发生了一次事件 A",作为补充情报,据此对先验概率加以修正,以得到后验概率.

显然,贝叶斯公式就是根据补充情报,由先验概率计算后验概率的公式. 在风险型决策中,利用贝叶斯公式进行概率修正的决策方法,通常称为贝叶斯决策.

3. 应用举例

例 10.9 有朋自远方来. 他可能乘火车、乘船、乘汽车或乘飞机来,已知概率见表 10-7.

表 10-7

自然状态 / 概率	B_1 (乘火车)	B_2 (乘船)	B_3 (乘汽车)	B_4 (乘飞机)
$P(B_i)$	$\frac{3}{10}$	$\frac{1}{5}$	$\frac{1}{10}$	$\frac{2}{5}$
$P(A \mid B_i)$	$\frac{1}{4}$	$\frac{1}{3}$	$\frac{1}{12}$	0

事情的结果是:他迟到了. 试问:这种情况下,他乘火车、乘船、乘汽车、乘飞机来的概率各是多少?

解 以事情 A 表示"迟到",则根据贝叶斯公式得

$$P(B_1 \mid A) = \frac{P(B_1)P(A \mid B_1)}{\sum_{j=1}^{4} P(B_j)P(A \mid B_j)} = \frac{\frac{3}{10} \times \frac{1}{4}}{\frac{3}{10} \times \frac{1}{4} + \frac{1}{5} \times \frac{1}{3} + \frac{1}{10} \times \frac{1}{12} + \frac{2}{5} \times 0} = \frac{1}{2}.$$

上述 $P(B_1)$是乘火车来的概率,$P(A|B_1)$是乘火车来的情况下迟到的概率,而 $P(B_1|A)$是"迟到"发生的情况下,乘火车来的概率.

类似地,可求出:

$$P(B_2 \mid A) = \frac{4}{9},$$

$$P(B_3 \mid A) = \frac{1}{18},$$

$$P(B_4 \mid A) = 0.$$

因此,在"迟到"发生的情况下,他乘火车、乘船、乘汽车、乘飞机来的概率各是 $\frac{1}{2}, \frac{4}{9}, \frac{1}{18}$ 和 0.

例 10.10 某公司有 50 000 元多余资金,如用于某项开发事业,估计成功率为 96%,成功时可获利 12%,若一旦失败,将丧失全部资金. 如果把资金存到银行中,则可稳得利息 6%. 为获取更多情报,该公司可求助于咨询服务,咨询费用为 500 元,但咨询意见只能提供参考. 该咨询公司过去类似的 200 例咨询意见实施结果见表 10-8.

表 10-8

实施结果 / 咨询意见	投资成功	投资失败	合　计
可以投资	154 次	2 次	156 次
不宜投资	38 次	6 次	44 次
合　计	192 次	8 次	200 次

试用决策树法决定：该公司是否值得求助于咨询服务？该公司的多余资金应如何使用？

解　根据已知条件，有

$$50\,000\times 12\% = 6\,000,$$

$$50\,000\times 6\% = 3\,000,$$

即多余资金用于开发事业成功时可获利 6 000 元，如果存入银行可获得 3 000 元. 设

T_1：咨询公司意见为可以投资；

T_2：咨询公司意见为不宜投资；

E_1：投资成功；

E_2：投资失败.

由题意可知，

$$P(E_1)=0.96,$$

$$P(E_2)=0.04,$$

$$P(T_1)=\frac{156}{200}=0.78,$$

$$P(T_2)=\frac{44}{200}=0.22.$$

又根据概率中"积"的定义可知，T, E 两者的积的概率是 T 与 E 同时发生的概率. 由表 10-8 提供的数据可以算出：

$$P(T_1E_1)=\frac{154}{200}=0.77,\quad P(T_1E_2)=\frac{2}{200}=0.01,$$

$$P(T_2E_1)=\frac{38}{200}=0.19,\quad P(T_2E_2)=\frac{6}{200}=0.03.$$

因为有乘法定理 $P(TE)=P(T)P(E\mid T)$，故

$$P(E\mid T)=\frac{P(TE)}{P(T)}. \tag{10.2}$$

利用式(10.2)可以计算出：

$$P(E_1\mid T_1)=0.987,$$
$$P(E_2\mid T_1)=0.013,$$
$$P(E_1\mid T_2)=0.864,$$
$$P(E_2\mid T_2)=0.136.$$

上述 $P(E_1)$，$P(E_2)$为先验概率,$P(E_1|T_1)$，$P(E_2|T_1)$，$P(E_1|T_2)$，$P(E_2|T_2)$为后验概率. 这里,求后验概率时没有用到贝叶斯公式. 当然,也可以先根据乘法定理求出条件概率 $P(T|E)$,再利用贝叶斯公式求后验概率,但那样计算显得更麻烦.

该问题的决策树见图 10-7.

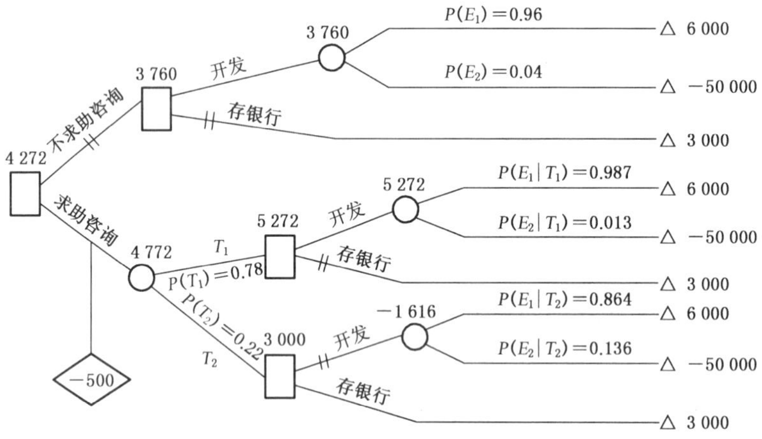

图 10-7

图 10-7 中,菱形框中的"−500"表示为获取更多情报需支付 500 元.

本问题的结论是,该公司应求助于咨询服务. 如果咨询意见是可投资开发,则投资于开发事业,如果咨询意见是不宜投资开发,则将多余资金存入银行.

10.4 效用理论

在前面所讲的决策方法中,我们是以期望益损值作为决策准则的,即认为期望益损值相同的各种随机事件是等价的,且认为同一期望益损值对不同决策的吸引力都一样. 实际上,期望益损值相同的各种随机事件的风险程度可能相差甚远,而不同的决策者对风险的态度也可能大不相同. 因此,如果是大量、重复地进行同样的决策,期望益损值可代表其平均益损效果,这种情况下,用最优期望益损值准则进行决策是合理的. 而另外一些情况下,用这个准则进行决策就显得不合理了. 下面举一个简单的例子加以说明.

例 10.11 某单位空运一件价值 100 万元的精密仪器,如果发生事故,仪器就要损坏,单位需自己承担全部损失. 而如果该单位花 0.2 万元参加保险,则一旦发生事故,保险公司会赔偿全部损失. 已知飞机发生事故的概率为 0.001,问这种情况下,是否参加保险?

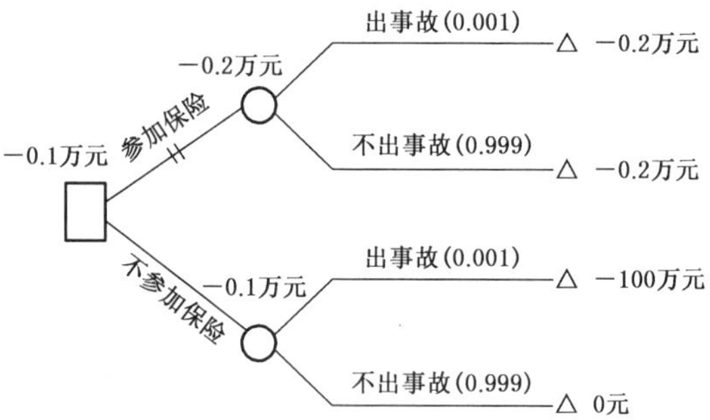

图 10-8

解 我们用最小期望损失值准则进行决策,其决策树如图 10-8 所示.

从图 10-8 可知,如果按最小期望损失值准则进行决策,应选择不参加保险的策略. 但事实上绝大多数人会选择参加保险的策略. 尽管出事故的可能性很小,也很小有人愿意为节省 0.2 万元而冒损失 100 万元的风险. 除非该单位在不同时间或不同地点,还要许多次地重复同样的运输.

从这个例题可以看出,如果决策仅仅进行一次或很少几次,而涉及的益损值又很大时,便不宜使用最优期望益损值准则进行决策. 这种情况下,应该根据效用理论进行决策分析. 下面就来介绍效用理论.

10.4.1　效用及效用曲线

1. 效用的概论

效用的这一概念首先是由贝努利(D. Berneulli)提出的,他认为人们对其钱财的真实价值的考虑与他的钱财拥有量之间有对数关系,如图 10-9 所示,这就是贝努利的货币效用函数,即边际效用递减函数. 用效用作为指标来衡量人们对某些事物的主观价值、态度、偏爱和倾向等. 例如在风险的情况下进行决策,决策者对风险的态度是不同的. 用效用这个指标来量化决策者对待风险的态度,可以给每个决策者测定他对待风险态度的效用曲线(函数). 效用值是一个相对的指标值,一般可以规定:凡是对决策者最爱好、最倾向、最愿意的事物(事件)的效用值赋予 1;而最不爱好的事物(事件)的效用值赋予零,当然也可以用其他范围的数字,如(100—0),但效用量纲为一. 通过效用指标可以将某些难以量化,而又有质的差别的事物(事件)给予量化. 如某人面临多种方案选择工作时,要考虑地点、工作性质、单位福利等. 可将要考虑的因素折合为效用值,得到各方案的综合效用值,然后选择效用值最大的方案,这就是最大效用值决策准则.

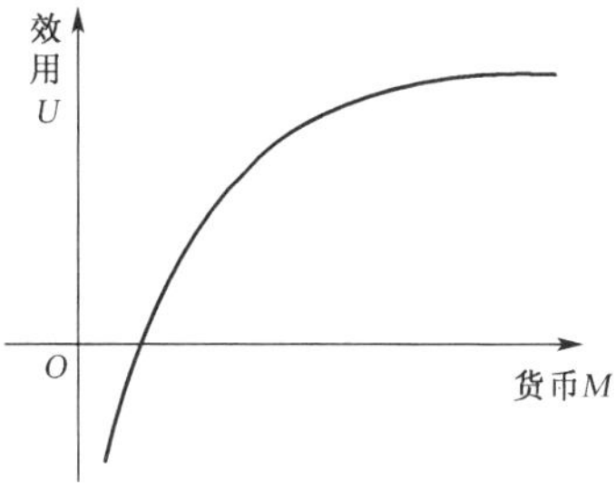

图 10-9

例 10.12　下面有两种方案供甲选择:

方案 d_1:直接发给某甲 500 元;

方案 d_2:采取抽签方式,共有“中”与“不中”两张签. 抽到“中”者,发给 2 000 元,抽到“不中”者,罚 1 000 元.

试问:某甲愿意采取哪种方式?

虽然 d_1 与 d_2 的期望益损值者是 500 元,但多数人还是会认为它们的“得失效果”或“价值”不同. 到底选择哪种呢? 这就需要决策者比较 d_1 与 d_2 的“价值”. d_1 是确定性事件,其“价值”已十分明确;d_2 是随机事件,其得失效果如何估计呢? 我们的办法是:让决策者自己把这个随机事件的“价值”等效为一个确定性事件的“价值”. 即询问某甲:你认为 d_2 的“价值”与肯定地得到多少元是等效的? 若回答为 300 元,则可以用这确定性的 300 元来反映随机事件 d_2 的效用. 显然某甲愿意选择方案 d_1.

同一随机事件,对于不同的决策者,有着不同的效用,这与各个决策者的经济地位、冒险精神、个人气质等因素有关. 因此,“效用”是决策者的一种“主观价值”.

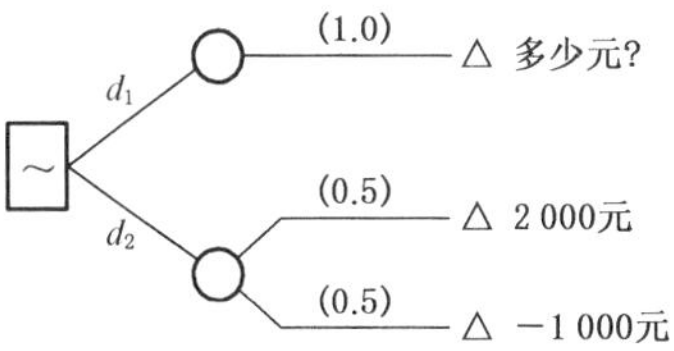

图 10-10

上述“效用”的概念可以用图 10-10 加以说明,图中节点□

表示其右面的各方案分枝都是等效的.

2. 效用值

我们用效用值(U)表示效用的相对大小.

在一个决策问题中,通常将决策者可能得到的最大收益值相应的效用值指定为 1(或 100),而把可能得到的最小收益值(或最大损失值)相应的效用值指定为 0.

在上面的例子中,决策者可能得到的最大收益值为 2 000 元,最大损失值为 1 000 元,故可得两个点的效用值为

$$U(2\,000\text{ 元}) = 1.0,\quad U(-1\,000\text{ 元}) = 0.0.$$

为求$-1\,000$ 元到 2 000 元之间第三点的效用值,可利用这两个已知点的效用值,并借助于确定性事件和随机事件的等效关系.我们可以按照图 10-10 所示询问决策者:当 d_1 的收益值为多少元时,你认为选取 d_2 与 d_1 等效?如果回答是 300 元,则可计算出收益值 300 元相应的效用值为

$$U(300\text{ 元}) = U(2\,000\text{ 元})\times 0.5 + U(-1\,000\text{ 元})\times 0.5 = 0.5.$$

如果把图 10-10 中的"$-1\,000$ 元"换成"300 元",采用与上面类似的做法,可得又一个点的效用值.以此类推,可求出任意点的效用值.

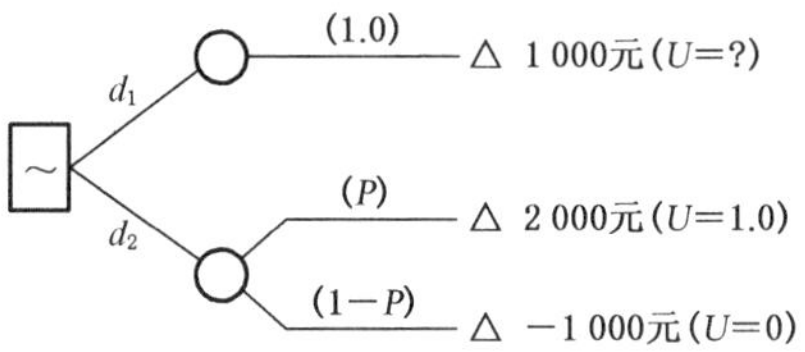

图 10-11

还有一种常用的求效用值的方法,该方法如图 10-11 所示.图中欲求收益值 1 000 元的效用值.

询问决策者:当概率 P 等于多少时,你认为方案 d_1 与 d_2 是等效的?若决策者考虑后回答 $P=0.7$,则可计算出收益值 1 000 元的效用值为

$$\begin{aligned} U(1\,000\text{ 元}) &= U(2\,000\text{ 元})\times P + U(-1\,000\text{ 元})\times(1-P) \\ &= 1.0\times P + 0\times(1-P) = 0.7. \end{aligned}$$

如果把图 10-11 中的"1 000 元($U=?$)"换成"1 500 元($U=?$)",把"$-1\,000$ 元($U=0$)"换成"1 000 元($U=0.7$)",采用类似的做法,可得 1 500 元的效用值.则可计算出收益值 1 500 元的效用值为

$$\begin{aligned} U(1\,500\text{ 元}) &= U(2\,000\text{ 元})\times P + U(1\,000\text{ 元})\times(1-P) = 1.0\times P + 0.7\times(1-P) \\ &= 1.0\times 0.7 + 0.7\times 0.3 = 0.91. \end{aligned}$$

以此类推,可求出任意点的效用值.

3. 效用曲线及其类型

若以 x 代表益损值,以 U 代表 x 相应的效用值,则函数 $U(x)$ 即称为效用函数;若以 x 为横坐标,U 为纵坐标,画出效用函数 $U(x)$ 的图像,就得到了效用曲线(对某决策者而言).实际中,也常常通过询问决策者得到若干个点的效用值,据此描绘出效用曲线,或进一步拟合出效用函数.

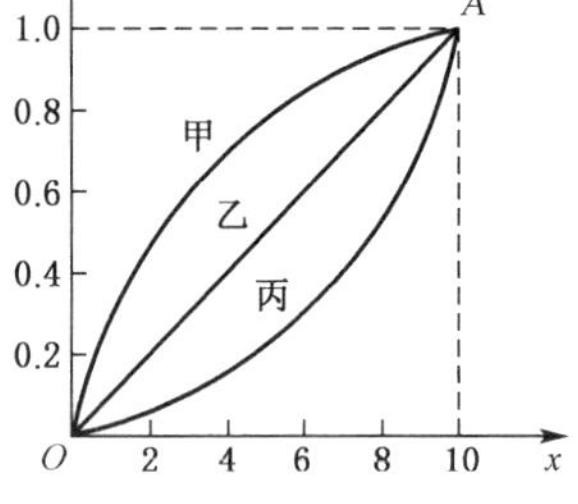

图 10-12

图 10-12 示出了甲、乙、丙三种不同类型的决策者的效用曲线.

图中的三条曲线有两个共同的交点，这是为了便于比较.

曲线甲代表的是一种谨慎小心、不求大利、避免风险的保守型决策. 其效用曲线开始时的切线斜率较大，以后逐渐减小. 这表明每增加单位收益时效用的增加量递减. 这种决策者对损失比较敏感，而对收益的反应比较迟钝. 从数学上说，这种效用函数属于凹函数.

曲线丙代表的决策者的特点恰与上述决策者相反. 该决策者对收益反应敏感，是一种不怕风险、谋求大利的冒险型决策者. 从数学上说，这种效用的函数属于凸函数.

曲线乙代表的是一种中间型决策者. 对他们来说，不管是确定性事件还是随机事件，只要期望益损值一样，效用就一样，他们完全根据期望益损值的大小来选择自己的行动方案. 从数学上说，这种效用函数属于线性函数.

不同的决策者对待风险的态度不同，某一个决策者可能主要属于某一个类型，但在不同的时间和条件下，他对风险的态度也可能发生变化.

10.4.2 最大期望效用值决策准则及其应用

最大期望效用值决策准则，就是根据效用理论，借助于效用函数或效用曲线，算出各个策略的期望效用值，以期望效用值最大的策略为选定策略.

下面应用最大期望效用值决策准则来分析两个例子.

例 10.13 某企业正在考虑两种可能的改革方案 d_1 与 d_2，有关数据见表 10-9.

表 10-9

益损值/万元 \ 产品销路及其概率 P \ 策略	产品销路好	产品销路一般	产品销路差
	$P=0.2$	$P=0.5$	$P=0.3$
改革方案 d_1	10	8	−1
改革方案 d_2	8	6	1

已知反映该企业决策者的效用观念的资料如下：

(1) 肯定地得到 8 万元等效于：以 0.9 的概率得到 10 万元和以 0.1 的概率损失 1 万元.

(2) 肯定地得到 6 万元等效于：以 0.8 的概率得到 10 万元和以 0.2 的概率损失 1 万元.

(3) 肯定地得到 1 万元等效于：以 0.25 的概率得到 10 万元和以 0.75 的概率损失 1 万元.

试用最大期望效用值准则进行决策.

解 令 $U(10\text{ 万元}) = 100, U(-1\text{ 万元}) = 0$，

则

$$U(8\text{ 万元}) = U(10\text{ 万元}) \times 0.9 + U(-1\text{ 万元}) \times 0.1 = 90,$$

$$U(6\text{ 万元}) = U(10\text{ 万元}) \times 0.8 + U(-1\text{ 万元}) \times 0.2 = 80,$$

$$U(1\text{ 万元}) = U(10\text{ 万元}) \times 0.25 + U(-1\text{ 万元}) \times 0.75 = 25.$$

因此，方案 d_1 的期望效用值为

$$\begin{aligned} U(d_1) &= U(10\text{ 万元}) \times 0.2 + U(8\text{ 万元}) \times 0.5 + U(-1\text{ 万元}) \times 0.3 \\ &= 100 \times 0.2 + 90 \times 0.5 + 0 \times 0.3 = 65. \end{aligned}$$

方案 d_2 的期望效用值为

$$U(d_2) = U(8\text{ 万元}) \times 0.2 + U(6\text{ 万元}) \times 0.5 + U(1\text{ 万元}) \times 0.3$$
$$= 90 \times 0.2 + 80 \times 0.5 + 25 \times 0.3 = 65.5.$$

由上述分析可知,按最大期望效用值准则决策的结果是:选择改革方案 d_2.

例 10.14 某公司欲购置一批汽车,现考查两项指标:功率和价格.决策者认为最合适的功率为 70 kW,若低于 60 kW 则不宜使用;而最满意的价格为 3.9 万元,若超过 5.5 万元则不能接受.目前,能满足上述基本要求的汽车型号有两种:S 牌和 B 牌,其数据见表 10-10,问:购买哪一种为好?

表 10-10

型号 \ 指标	功率/kW	价格/万元
S 牌	65	4.2
B 牌	70	5.2

解 这是一个简化的多目标决策问题.功率和价格这两个目标彼此矛盾,已知的两个型号中没有功率大、价格又低的,且功率和价格的量纲不同,难以比较.

在这种情况下,可以应用效用理论,把每个方案的各项指标分别折算成效用值,然后相加,得出每个方案的总的效用值,便可以进行方案比较.

(1) 绘出决策者的功率效用曲线 $U_1(x_1)$(图 10-13)和价格效用曲线 $U_2(x_2)$(图 10-14).

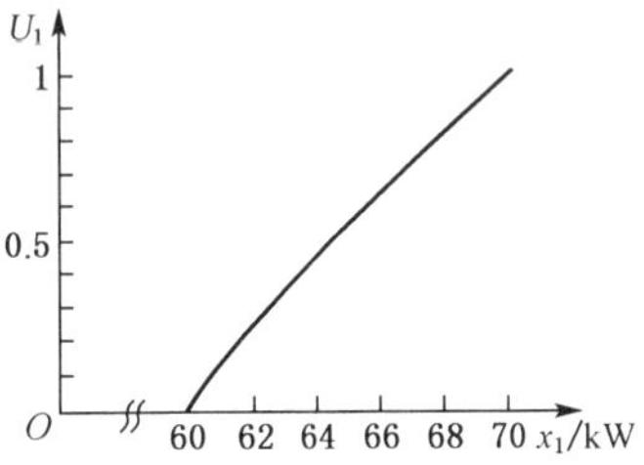

图 10-13

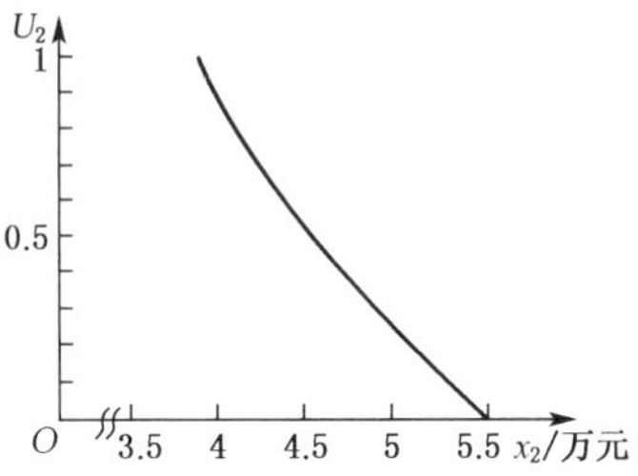

图 10-14

在图 10-13 中,

$$U_1(60\text{ kW}) = 0,\quad U_1(70\text{ kW}) = 1,\quad U_1(65\text{ kW}) = 0.55.$$

在图 10-14 中,

$$U_2(5.5\text{ 万元}) = 0,\quad U_2(3.9\text{ 万元}) = 1,$$
$$U_2(4.2\text{ 万元}) = 0.7,\quad U_2(5.2\text{ 万元}) = 0.15.$$

(2) 计算每个方案的多目标综合效用值.因为是两个目标的效用值进行综合,故决策者要赋予每个目标一个权系数.这两个权系数 w_1, w_2 要满足:

$$0 < w_1 < 1,\quad 0 < w_2 < 1,\quad w_1 + w_2 = 1.$$

假设给定功率权系数 $w_1 = 0.6$，价格权系数 $w_2 = 0.4$. 下面分别计算S牌汽车和B牌汽车的综合效用值：

$$U_S = U_1(65\ \mathrm{kW}) \cdot w_1 + U_2(4.2\text{万元}) \cdot w_2 = 0.55 \times 0.6 + 0.7 \times 0.4 = 0.61,$$

$$U_B = U_1(70\ \mathrm{kW}) \cdot w_1 + U_2(5.2\text{万元}) \cdot w_2 = 1 \times 0.6 + 0.15 \times 0.4 = 0.66.$$

因为，$U_B > U_S$，所以，结论是：购买 B 牌汽车为好.

10.5 层次分析法

当我们要选购一套住房的时候，总是那么不容易. 道理很简单，因为我们要考虑许多的方方面面，即一果多因的问题.

10.5.1 层次分析法概述

层次分析法(Analytic Hierarchy Process，简称为 AHP)是美国运筹学家萨提(T. L. Satty)于 20 世纪 70 年代提出的，是一种定性与定量相结合的决策分析方法. 这种方法适用于结构较为复杂，决策准则较多而且不易量化的决策问题，可以紧密地和决策者的主观判断及推理联系起来，对决策者的推理过程进行量化的描述，可以避免决策者在结构复杂和方案较多时的逻辑推理上产生失误，这种方法近年来在国内外得到了广泛的应用.

人们在进行社会、经济以及科学领域问题的系统分析中，面临的常常是一个由相互关联、相互制约的众多因素构成的复杂系统. 数学模型是处理这些复杂系统的有力工具. 但是，由于某些因素，特别是那些对人们的主观判断起重要作用的因素，一般很难在数学模型中反映出来. 因此，许多专家、学者试图寻求具有较强功能，容易反映人们主观判断的一种模型，便于用在系统的决策分析的过程中. 另一方面，从系统的观点来分析，任何系统都具有层次性这一特性，并且，各种同一层次的复杂因素对问题的分析都有着不同的重要性. 如何将这些因素之间的关系条理化，并按其重要性排列，对系统分析来说，是十分重要的. 首先，让我们看看以下几个例子.

例 10.15 旅游地点的选择.

由若干人组成的旅游小组，设有三个地点可供选择. 旅游小组为实现“最愉快”的旅游目标，就得从这一目标的诸多因素来权衡，这些因素包括费用、景色、居住条件、饮食条件和旅游条件等，进而确定出去旅游观光的地点.

例 10.16 方案选择.

某企业在扩大主权后，有一笔企业留成利润可由其自行决定如何使用. 可供选择方案有：作为奖金发给员工；扩建员工食堂、托儿所等福利设施；开办员工业余学校和短训班；建立图书馆和业余文工队；引进新技术设备，进行企业技术改造等. 从调动员工劳动积极性，提高员工文化技术水平，增强企业竞争能力等方面来看，这些方案各有其合理之处. 于是，怎样对这五个方案进行优劣次序排列，以便从中选择一种方案将企业留成利润合理使用，达到企业发展的目的呢？

例 10.17 县级财政支出的分配问题.

对于一个县来说,财政支出项目中主要包括:用于工业、农业的扩大再生产,城市维护,文教科卫,优抚救济和价格补贴及其他公共消费,以及以上各项目的行政管理支出等. 假如某县 2000 年的财政支出费用 5 亿元,那么以上所列的各财政支出项目应被分配多少才算比较科学、合理的?

从以上 3 个例子可以看出,许多系统分析问题都可以看成某种意义下的排序问题. 为了寻找一种简单、合理、实用的排序方法. 美国运筹学家 Saaty 在 20 世纪 70 年代初提出一种层次分析法,所谓 AHP 就是把系统的复杂问题中的各种因素,通过划分为相互联系的有序层次,使之条理化,根据对一定客观现实的判断就每一层次相对重要性给予定量表示,利用数学方法确定表达每一层次的全部元素的相对重要次序的权值,并通过排序的结果分析和解决问题的一种决策分析方法.

事实上,如果说分析和综合是大脑分析问题的一种基本思考,那么 AHP 对于这种思考过程提供了一种数学表达及数学处理方法. 因此有人称 AHP 是一种思维工具. 由于 AHP 具有高度的逻辑性、系统性、灵活性、简洁性等特点,十分适用于实际应用问题,许多社会、经济、科学以至数学问题都可以纳入这种分析过程. 对这种方法已进行了大量的应用研究,所解决的问题有优先排序、方案生成、选择最优政策、决定需求、分配资源、结果预测、偏好度量、系统设计、规划制度、冲突解决和最优化等. 由于这种方法的应用不需要高深的数学知识,所以 AHP 作为一种简易的新决策方法是很值得推广和普及应用的.

自从高兰尼柴 1982 年来我国讲学,介绍了他导师 Saaty 首倡的 AHP 法以后,由于这种方法对解决大系统中多层次、多目标的决策问题具有简易且行之有效等特点,所以 AHP 法的应用在我国的发展亦较快. 1984 年,我国学者刘豹、许树柏等人在《系统工程》上首次发表《层次分析——规划决策的工具》一文,专门介绍 Saaty 的 AHP 法,使之在我国得到了推广和应用. 随后,我国许多专家、学者在 AHP 的理论问题研究中做了大量的工作,并对在政治、经济、生态环境和能源等方面的应用发表了大量的文章. 不过,AHP 作为决策的方法毕竟还处于发展和普及的初级阶段,如何进一步发展 AHP 及将其应用到基层领导的管理决策中去,仍有待不懈的努力.

10.5.2 层次分析法的基本原理与方法

1. 层次分析法的基本原理

为了说明 AHP 的基本原理,让我们首先分析下面这样一个简单的事例.

假定我们已知 n 个西瓜的重量总和为 1,每只西瓜的重量分别为 $W_1, W_2, \cdots, W_n$;若不是,则用

$$W'_i = \frac{W_i}{\sum_{j=1}^{n} W_j}, \quad i = 1, 2, \cdots, n$$

代替 W_i 即可. 把这 n 个西瓜的重量两两比较或相除,很容易得到表示 n 只西瓜相对的重量关系的比较矩阵,以后称之为判断矩阵:

$$
\boldsymbol{A}=\begin{pmatrix} W_1/W_1 & W_1/W_2 & \cdots & W_1/W_n \\ W_2/W_1 & W_2/W_2 & \cdots & W_2/W_n \\ \vdots & \vdots & & \vdots \\ W_n/W_1 & W_n/W_2 & \cdots & W_n/W_n \end{pmatrix}=(a_{ij})_{n\times n}. \tag{10.3}
$$

于是,对任意的 i, j,显然有 $a_{ii}=1$, $a_{ij}>0$,且 $a_{ij}=\dfrac{1}{a_{ji}}$. 可见,矩阵 $\boldsymbol{A}$ 是一个正互反阵. 又由于,$\forall i, j$,有

$$
a_{ij}=\frac{W_i}{W_j}=\frac{W_i/W_k}{W_j/W_k}=\frac{a_{ik}}{a_{jk}} \quad 或 \quad a_{ij}a_{jk}=a_{ik}. \tag{10.4}
$$

设 $\boldsymbol{W}=(W_1, W_2, \cdots, W_n)^{\mathrm{T}}$,则有

$$
\boldsymbol{AW}=\begin{pmatrix} W_1/W_1 & W_1/W_2 & \cdots & W_1/W_n \\ W_2/W_1 & W_2/W_2 & \cdots & W_2/W_n \\ \vdots & \vdots & & \vdots \\ W_n/W_1 & W_n/W_2 & \cdots & W_n/W_n \end{pmatrix}\begin{pmatrix} W_1 \\ W_2 \\ \vdots \\ W_n \end{pmatrix}=\begin{pmatrix} nW_1 \\ nW_2 \\ \vdots \\ nW_n \end{pmatrix}=n\boldsymbol{W}.
$$

由上式可知,n 是 $\boldsymbol{A}$ 的一个特征根. 即每只西瓜的重量恰好是 $\boldsymbol{A}$ 所对应特征根 n 的特征向量. 又由于 $\boldsymbol{A}$ 满足式(10.4),所以我们称 $\boldsymbol{A}$ 具有完全一致性,故又称 $\boldsymbol{A}$ 为完全一致正互反矩阵,这就是所谓判断矩阵的完全一致性.

很自然,我们会提出一个相反的问题:如果事先不知道每只西瓜的重量,也没有衡器称量,但可通过两两比较,判断出两两西瓜重量之比,能否由此计算出这 n 个西瓜的相对重量呢?这就是相当于,在一个系统中,能否通过人对 n 个因素两两的比较,一般来说,这点尚较容易做到,然后得出这 n 个因素的权重值. 注意到,这是 AHP 思想的关键.

可以证明,在判断矩阵 $\boldsymbol{A}$ 具有完全一致性的条件下,我们能够通过解判断矩阵 $\boldsymbol{A}$ 的最大特征值问题. 即通过

$$
\boldsymbol{AW}=\lambda_{\max}\boldsymbol{W} \tag{10.5}
$$

求出正规化特征向量或权重向量,即若假设 n 个西瓜总重量为 1,从而得到每只西瓜相对重量. 为了说明这个关系,我们首先提出一个引理.

引理 10.1 正互反阵的最大特征值是实数,并且它有对应正的特征向量(证明略).

事实上,该引理是以下 Perron 定理的特例.

定理 10.1 设 $\boldsymbol{A}=(a_{ij})_{n\times n}$ 是元素均为正的方阵,则一定有实的特征值 $\lambda_{\max}$, $\lambda_{\max}$ 是特征方程 $f_{\boldsymbol{A}}(\lambda)$ 的一个单根,且大于其他所有特征值的模,$\lambda_{\max}$ 对应 $\boldsymbol{A}$ 的特征向量可以由正分量组成(证明略).

定理 10.2 $n\times n$ 阶的互反阵 $\boldsymbol{A}$ 是完全一致的充分必要条件为 $\boldsymbol{A}$ 的 $\lambda_{\max}$ 满足 $\lambda_{\max}=n$.(证明略)

这样,我们就论证了:判断矩阵 $\boldsymbol{A}$ 在满足完全一致性的条件下,能够通过求其最大特征值的正规特征向量,得到 n 个西瓜的相对重量. 可是,问题并非仅此简单而已,因为通过两两西瓜比较其重量而给予判断是有误差偏离的,因此,判断矩阵常常是不满足完全一致性. 这就意味着,在不完全一致的条件下,正互反阵的 $\lambda_{\max}\geqslant n$. 从此可断言,若 $\lambda_{\max}$ 与 n 相差大,说明判断的偏差致使 $\boldsymbol{A}$ 可能是不可取的. 若 $\lambda_{\max}$ 与 $\boldsymbol{A}$ 相差小说明判断较准,$\boldsymbol{A}$ 可能有用. 这一类问题的解决方法

与其计算等问题,将在下面陆续讨论.

2. 建立层次结构模型

如果说系统工程的关键一环是如何建模的话,则 AHP 的关键就是在于建立层次结构模型. 所以必须根据系统分析的方法,加以对系统因素和其层次的分析,进而设计系统层次结构的表示模型.

为解决建模问题,Saaty 将问题中所包含的因素划分为不同层次,大体上分为以下三大层.

(1) 最高层. 最高层又称目标层,表示解决问题的目的,即层次分析要达到的总目标.

(2) 中间层. 中间层是指策略层、约束层或准则层,表示采取某种措施、政策、方案等来实现预定总目标所涉及的中间环节. 中间层也可以是多层次的.

(3) 最低层. 最低层包括指标层、方案层、措施层等,表示要选用的解决问题的各种措施、政策、方案等.

且用框图形式说明层次的递阶结构与因素的从属关系,如例 10.18 所示. 需要指出,当中间层的某一策略、约束或准则所包含的因素较多时,如超过 9 个,可将该层次进一步划分为若干子层次.

例 10.18(续例 10.15) 把“最愉快”作为旅游的目标,把费用支出、景色、居住条件、饮食条件和旅途条件等,作为选择旅游景点判断准则. 从而构造 AHP 层次结构模型如图 10-15 所示.

例 10.19(续例 10.16) 把“合理使用企业留存利润”作为目标,以调动员工劳动生产积极性、提高生产技术水平、改善员工物质文化生活状况等为策略,判断各项可使用留存利润的实施项目. 进而建立合理判断各使用留存利润项目的重要权值的 AHP 层次结构模型,如图 10-16 所示.

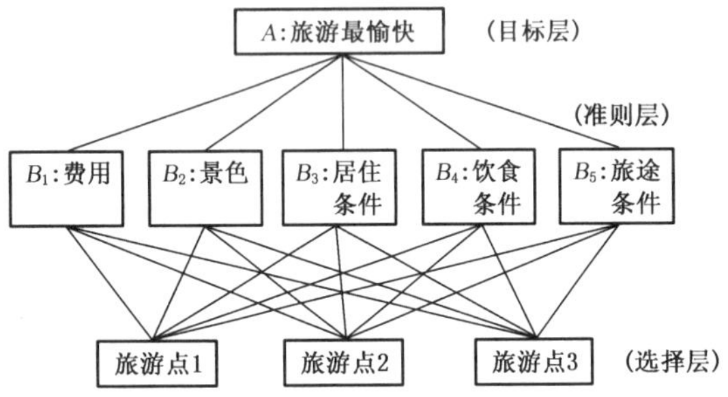

图 10-15 选择最佳旅游景点的 AHP 层次结构模型

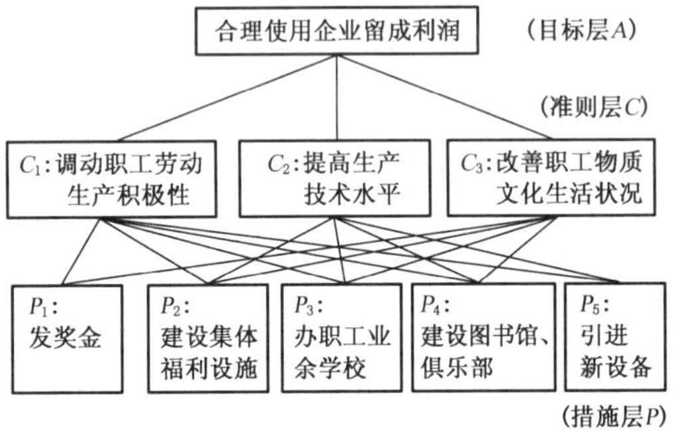

图 10-16 合理使用企业留存利润的 AHP 层次结构模型图

例 10.20(续例 10.17) 县级财政支出的 AHP 模型. 合理分配县级财政支出,即如何有效利用县级财政基金,一直以来就是各县领导所关注的问题. 为了科学合理地构造分配财政基金的 AHP 层次结构模型,系统分析要求,必须了解县级财政收支基本原理和实际情况,作为构造 AHP 模型的依据.

由于国民收入是当年新创造的价值所构成的,物质生产部门的劳动者从事生产活动所创造的财富 $c+v+m$,除补偿当年消耗的生产资料 c 之外,所剩部分即为当年新创造的价值 $v+c$,

它是可供个人消费和社会支配的数量极限，v 以工资形式为劳动者生存繁衍所需基金分配给他们；m 是劳动者以剩余的产品的价值形式对社会所作的贡献，是财政分配的主要对象，m 又可以划分为三个项目，即用于扩大再生产的资金 m_1、用于公共消费的资金 m_2 和用于行政管理的资金 m_3 等三大开支. 非物质生产部门职工的工资福利以及从公共消费所得收益，都是社会消费基金所提供的. 显然，在生产得到不断发展的基础上，逐步提高人民的物质和文化生活水平，使人民的消费结构日趋合理和消费水平日益提高，是社会主义生产的目的所在，也是商品经济和财政分配的方向和归宿. 扩大再生产和国家行政管理，分别是实现社会主义生产目的的物质基础和行政手段，都是必要的. 这样，财政支出即财政资金分配比例是一个重要的决策参数. 在发展各种事业上，按价值计算，各种事业各自能够得到多少劳动力、生产资料和生活资料的数量或比例，社会或国家职能机构必须预先计算好这种比例，使其发挥最大的生产效益及社会效益.

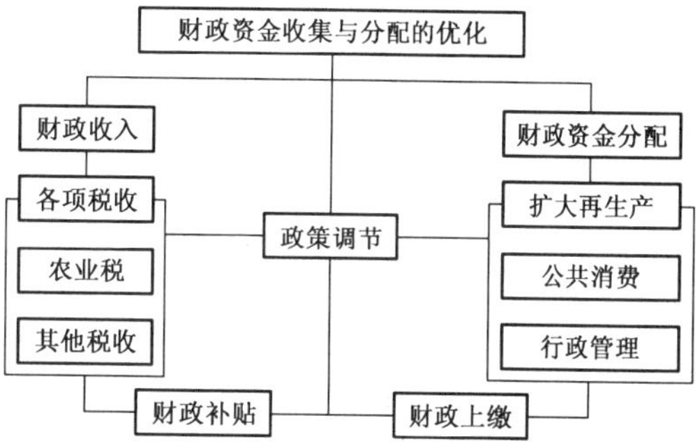

图 10-17　县财政资金运行简图

财政资金主要来源是各项税收即财政收入，而财政资金的运行如图 10-17 所示.

县地方财政支出的基本特点如下：

(1) 用于扩大再生产 m_1. 包括支工、支农、工商事业费、流动资金等；由于工商事业费、流动资金的数额很小，数字又缺乏连续性，因而把它们合并在其他项目.

(2) 公共消费 m_2. 包括文化教育科技卫生、城市维护、优抚救济、价格补贴及其他.

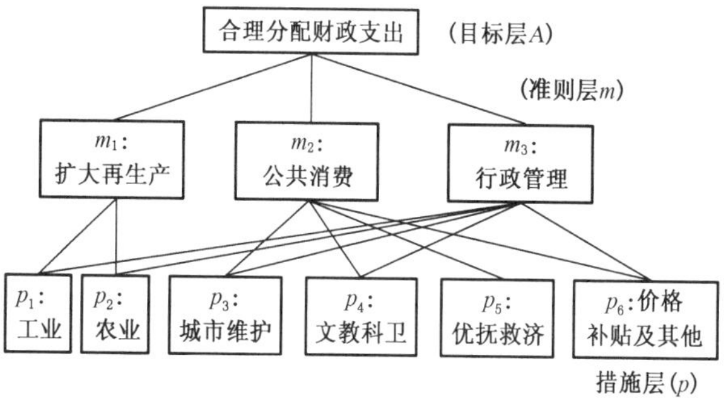

图 10-18　合理分配县级财政支出 AHP 层次结构模型图

(3) 国家行政管理 m_3. 县行政事业和各项开支.

依据这种特点，做出以合理分配财政支出为总目标，即目标层 A；以满足扩大再生产 m_1、公共消费 m_2 和行政管理 m_3 的需求为准则，即准则层 m；又以支工 p_1、支农 p_2、城市维护 p_3、文教科卫 p_4、优抚救济 p_5 和价格补贴及其他 p_6 作为具体实施分配，即分配层 p，构成合理分配县级地方财政支出的 AHP 层次结构模型，如图 10-18 所示.

3. 构造判断矩阵

任何系统分析都以一定的信息为基础. AHP 的信息基础主要是人们通过对客观事实的认识，因而对每一层次各元素的相互重要性给出判断，并标值量化，进而构造出判断矩阵，这是 AHP 的关键一步. 具体地说，假定 $\mathbf{A}$ 层元素 $\mathbf{A}_k$ 与下层次中的元素 B_1，B_2，…，B_n 有联系，如图 10-19 所示，将它们两两比较，判断出其相对重要性，标值量化方法如下.

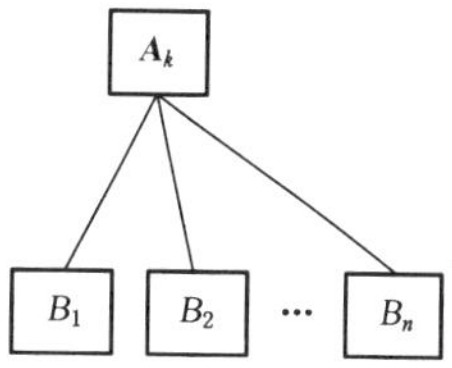

图 10-19　A_k-B 关联图

用数字 1—9 及其倒数表示相对重要性程度，标准为

1：表示 B_i 与 B_j 一样重要；

3：表示 B_i 比 B_j 重要一点；

5：表示 B_i 比 B_j 重要；

7：表示 B_i 比 B_j 重要得多；

9：表示 B_i 比 B_j 极端重要.

用 2，4，6，8 分别表示两邻判断的中值.反之，当 B_j 与 B_i 比较时.其标量是 B_i 比 B_j 标量的倒数.因此，通过表 10-11 构造判断矩阵 $\boldsymbol{A}_k$，其中 $\boldsymbol{A}_k$-$\boldsymbol{B}$ 表示在 $\boldsymbol{A}$ 层元素 $\boldsymbol{A}_k$ 下层次 $\boldsymbol{B}$ 元素间的关系.为简化表示，今后本书中也可用表 10-11 代替判断矩阵 $\boldsymbol{A}_k$.

表 10-11　　判断矩阵 $\boldsymbol{A}_k$ 构造表

$\boldsymbol{A}_k$-$\boldsymbol{B}$	B_1	B_2	…	B_n
B_1	b_{11}	b_{12}	…	b_{1n}
B_2	b_{21}	b_{21}	…	b_{2n}
⋮	⋮	⋮	⋮	⋮
B_n	b_{n1}	b_{n2}	…	b_{nn}

例 10.21(续例 10.18)　构造判断矩阵 $\boldsymbol{A}$ 见表 10-12.

表 10-12

$\boldsymbol{A}$-$\boldsymbol{B}$	B_1	B_2	B_3	B_4	B_5
B_1	1	3	5	5	5
B_2	$\frac{1}{3}$	1	3	3	3
B_3	$\frac{1}{5}$	$\frac{1}{3}$	1	1	1
B_4	$\frac{1}{5}$	$\frac{1}{3}$	1	1	1
B_5	$\frac{1}{5}$	$\frac{1}{3}$	1	1	1

Saaty 提出的这种标量尺度虽然没有严格的理论证明，但是经过多次实验及人的心理因素分析得出的结果，下面用几点事实说明.

第一，在估计事物的区别性时，可用五种判断很好地表示，即相等、较强、强、很强、绝对强.当需要更高的精度时，还可以用在相邻判断之间进行比较.

第二，心理学家认为：7±2 个项目为心理学极限，即若取 7±2 以内的元素逐时比较，它们之间的差别较易掌握.那么其区别可分别用 9 个数字表示.具体指标及含义见表 10-13.

表 10-13　　标度指标及含义

标度 a_{ij}	定　义	标度 a_{ij}	定　义
1	i 因素与 j 因素同等重要	9	i 因素比 j 因素非常重要
3	i 因素比 j 因素略为重要	2，4，6，8	是以上两判断之间的中间状态对应的标度值
5	i 因素比 j 因素较为重要	倒 数	若 j 因素与 i 因素比较，得到判断值为 $a_{ij}=\frac{1}{a_{ji}}$
7	i 因素比 j 因素很重要		

第三，社会调查也表明，在一般情况下，人们至多需要 7 个标度点来区分事物间质的差别或重要性程度的不同.

第四，Saaty 曾用过 26 种标度法进行比较，发现 1—9 标度范围是可行的，也能比较好地将思维判断予以数量化.

4. 排序和一致性检验

(1) 层次单排序及其一致性检验.

所谓层次单排序，是指根据判断矩阵计算对于上层某元素而言，本层次与之有联系元素的重要性次序的权值. 它是对本层次所有的元素针对上一层次而言的重要性进行排序的基础.

层次单排序计算，即对判断矩阵 $\boldsymbol{B}$，求出满足 $\boldsymbol{BW}=\lambda_{\max}\boldsymbol{W}$ 的特征根与特征向量. 式中 $\lambda_{\max}$ 为 $\boldsymbol{B}$ 的最大特征根，$\boldsymbol{W}$ 为对应于 $\lambda_{\max}$ 的正规化向量，$\boldsymbol{W}$ 的分量 $\boldsymbol{W}_i$ 即为所有对应因素 B_i 的单排序的权值，如图 10-19 所示.

前面已提到，判断矩阵仅仅是专家对实际情况做出主观判断的数值矩阵，一般来说，这种判断能力可能是不准确的. 因此，有必要给出检验判断矩阵是否满足一致性的标准.

由定理 10.2 的证明可知，若正矩阵 $\boldsymbol{B}$ 满足完全一致性，设 $\boldsymbol{B}$ 的 n 个特征值 $\lambda_1=\lambda_{\max}$，λ_2，…，λ_n，则有以下等式成立，即

$$\sum_{i=1}^{n}\lambda_i=\sum_{i=1}^{n}a_{ii}=n \Longrightarrow \lambda_{\max}-n=-\sum_{i=2}^{n}\lambda_i \Longrightarrow \frac{\lambda_{\max}-n}{n-1}=\frac{-\sum\limits_{i=2}^{n}\lambda_i}{n-1},$$

且若 $\boldsymbol{B}$ 不满足完全一致性，则有 $\lambda_{\max}\geqslant n$. 于是，定义

$$\mu=-\frac{1}{n-1}\sum_{i=2}^{n}\lambda_i.$$

为判断矩阵 $\boldsymbol{B}$ 对一致性矩阵偏离的某种指标，则由上式知

$$\mu=\frac{\lambda_{\max}-n}{n-1}.$$

因此，定义一致性指标 CI(Consistent Index)为

$$CI=\frac{\lambda_{\max}-n}{n-1}.$$

$CI=0$ 为完全一致，CI 值越大，判断矩阵的完全一致性越差.

不过，为了得到一个对不同阶数判断矩阵均适用的一致性检验的临界值，还必须考虑一致性与矩阵阶数之间的关系. 实际上，判断矩阵阶数越大，两两比较的比例测度越难达到一致. 例如，二阶互反阵总是一致性矩阵，构造三阶矩阵判断也容易达到一致性，而对于 9 阶矩阵，独立给出的两两比较判断有 28 个，很难使其达到一致性，因此，又需要根据判断矩阵的阶数对一致性指标 CI 进行修订.

Saaty 提出用平均随机一致性指标 RI 修订 CI 的方法. 这一方法在 AHP 中的应用已经被普遍接受，他利用概率统计的方法，计算出 RI 对应于 1—9 阶判断矩阵的值，见表 10-14.

表 10-14　　各阶判断矩阵一致性指标 CI 的修正值 RI

判断矩阵阶数	1	2	3	4	5	6	7	8	9
RI 值	0	0	0.58	0.90	1.12	1.24	1.32	1.41	1.45

于是,Saaty 推荐用

$$CR = \frac{CI}{RI} \tag{10.6}$$

来代替 CI,进行一致性检验. 当 $CR < 0.1$ 时,认为判断矩阵有可以接受的一致性,否则,由于判断矩阵偏离一致性程度过大而需要考虑对判断矩阵进行重新修订.

(2) 层次总排序及其一致性检验.

利用同一层次中所有层次单排序的结果,计算出对上一层次而言,本层次所有元素重要性权值,即为层次总排序,层次总排序需要从上至下逐层顺序地进行,即若对于上一层所有元素 $A_1, A_2, \cdots, A_n$ 的总排序已经完成,得到权值分别为 $a_1, a_2, \cdots, a_m$. 本层次所有因素 $B_1, B_2, \cdots, B_n$ 对应 A_i, $i = 1, 2, \cdots, m$ 的单排序结果为 $b_{1i}, b_{2i}, \cdots, b_{ni}$. 其中,若 B_j 与 A_i 无关,则 $b_{ji} = 0$. 所以 B 层次总排序结果的计算方法及结果见表 10-15.

表 10-15　　层次总排序计算表

层次 **A** / 层次 **B**	A_1 a_1	A_2 a_2	$\cdots$ $\cdots$	A_m a_m	**B** 层次总排序结果
B_1	b_{11}	b_{12}	$\cdots$	b_{1m}	$\sum a_i b_{1i}$
B_2	b_{21}	b_{22}	$\cdots$	b_{2m}	$\sum a_i b_{2i}$
$\vdots$	$\vdots$	$\vdots$	$\vdots$	$\vdots$	$\vdots$
B_n	b_{n1}	b_{n2}	$\cdots$	b_{nm}	$\sum a_i b_{ni}$

思想方法同层次单排序方法相同,层次总排序仍需要进行一致性的检验,于是,AHP 提出层次总排序一致性指标 CI 为

$$CI = \sum_{i=1}^{n} a_i (CI)_i, \tag{10.7}$$

式中,$(CI)_i$ 为与 A_i 对应的 **B** 层次中判断矩阵的一致性指标.

同理,层次总排序的一致性指标需要通过层次总排序的随机一致性指标 RI 为

$$RI = \sum_{i=1}^{m} a_i (RI)_i. \tag{10.8}$$

对层次总排序一致性指标 RI 进行修补,其中,$(RI)_i$ 为与 A_i 对应的 **B** 层次中判断的随机一致性指标. AHP 规定用

$$CR = \frac{CI}{RI} = \frac{\sum_{i=1}^{m} a_i (CI)_i}{\sum_{i=1}^{m} a_i (RI)_i} \tag{10.9}$$

作为层次总排序的最终一致性检验指标,当 $CR \leqslant 0.1$ 时,则认为层次总排序的计算结果满足

一致性，否则，需要重新调整判断矩阵，直至满足一致性. 可见，判断是 AHP 的一个关键环节，它取决于判断者思维的一致性结果. 同时需要指出，即使最后结果满足一致性，在理论上，只能说明判断者的判断思维是一致的，并非说明其结果一定符合实际情况. 例如，县级财政支出优化分配对各个县的具体情况，其 AHP 最优结果可能是不同的.

10.5.3 层次分析法的软计算

AHP 计算的根本问题是如何计算判断矩阵的最大特征根及其对应的特征向量. 下面，我们介绍几种近似计算方法的基本步骤，以便初学者自编计算程序. 因为在 AHP 的实际应用过程中，常常需要多次修订判断矩阵，使其满足一致性和符合实际要求，所以在计算机上实现 AHP 的计算是理想的办法. 一般来说，计算判断矩阵的最大特征及其对应向量，并不需要追求较高的精度，这是因为判断矩阵本身有相当误差范围. 应用层次分析法（AHP 法）给出的层次中各因素优先排序权，从本质上来说是表达某种定性的概念.

1. 方根法

方根法属于一次性算法，设 $\boldsymbol{A}$ 为 n 阶判断矩阵，则方根法的计算步骤如下：

（1）计算判断矩阵 $\boldsymbol{A}=(a_{ij})_{n\times n}$ 每行元素的乘积 M_i，即

$$M_i=\prod_{j=i}^{n}a_{ij},\quad i=1,2,\cdots,n. \tag{10.10}$$

（2）计算 M_i 的 n 次方根：

$$\overline{W_i}=\sqrt[n]{M_i},\quad i=1,2,\cdots,n. \tag{10.11}$$

（3）对向量 $\overline{\boldsymbol{W}}=(\overline{W_1},\overline{W_2},\cdots,\overline{W_n})^{\mathrm{T}}$ 正规化如下：

$$W_i=\frac{\overline{W_i}}{\sum_{j=1}^{n}\overline{W_j}},\quad i=1,2,\cdots,n, \tag{10.12}$$

则 $\overline{\boldsymbol{W}}=(\overline{W_1},\overline{W_2},\cdots,\overline{W_n})^{\mathrm{T}}$ 即为所求 $\boldsymbol{A}$ 的最大矩阵特征值的特征向量.

（4）计算判断矩阵的最大特征根：

$$\lambda_{\max}=\sum_{i=1}^{n}\frac{(\boldsymbol{AW})_i}{nW_i}, \tag{10.13}$$

式中，$(\boldsymbol{AW})_i$ 是 $\boldsymbol{AW}$ 的第 i 个分量.

例 10.22 某 AHP 模型中，因素 $\boldsymbol{A}$ 层所对应 $\boldsymbol{B}$ 层因子的判断矩阵 $\boldsymbol{A}$ 如下，用方根法计算 $\boldsymbol{A}$ 的最大特征根及其对应的特征向量.

A-B	B_1	B_2	B_3
B_1	1	$\frac{1}{5}$	$\frac{1}{3}$
B_2	5	1	3
B_3	3	$\frac{1}{3}$	1

具体计算步骤如下：

(1) 根据式(10.10)计算判断矩阵每一行元素的乘积，有

$$M_1=1\times\frac{1}{5}\times\frac{1}{3}=\frac{1}{15}=0.067,$$

$$M_2=5\times1\times3=15,$$

$$M_3=3\times\frac{1}{3}\times1=1.$$

(2) 依照式(10.11)计算 M_i 的 n 次方根 W_i，得

$$\overline{W_1}=\sqrt[3]{M_1}=\sqrt[3]{0.067}=0.405,$$

$$\overline{W_2}=\sqrt[3]{M_2}=\sqrt[3]{15}=2.466,$$

$$\overline{W_3}=\sqrt[3]{M_3}=\sqrt[3]{1}=1.$$

(3) 根据式(10.12)，对向量

$$\overline{\boldsymbol{W}}=(\overline{W_1},\overline{W_2},\overline{W_3})^{\mathrm{T}}=(0.405,2.466,1)^{\mathrm{T}}$$

正规化计算.因为

$$\sum_{j=1}^{3}\overline{W_j}=0.405+2.466+1=3.871,$$

所以

$$W_1=\frac{\overline{W_1}}{\sum_{j=i}^{3}\overline{W_j}}=\frac{0.405}{3.871}=0.105,$$

$$W_2=\frac{\overline{W_2}}{\sum_{j=1}^{3}\overline{W_j}}=\frac{2.466}{3.871}=0.637,$$

$$W_3=\frac{\overline{W_3}}{\sum_{j=1}^{3}\overline{W_j}}=\frac{1}{3.871}=0.258,$$

则所求特征向量为 $\boldsymbol{W}=(0.105\quad 0.637\quad 0.258)^{\mathrm{T}}$.

(4) 按式(10.13)计算判断矩阵的最大特征根 $\lambda_{\max}$.

因为

$$\boldsymbol{AW}=\begin{pmatrix}1&\frac{1}{5}&\frac{1}{3}\\5&1&3\\3&\frac{1}{3}&1\end{pmatrix}\begin{pmatrix}0.105\\0.637\\0.258\end{pmatrix},$$

其中

$$(\boldsymbol{AW})_1 = 1 \times 0.105 + \frac{1}{5} \times 0.637 + \frac{1}{3} \times 0.258 = 0.318,$$

$$(\boldsymbol{AW})_2 = 5 \times 0.105 + 1 \times 0.637 + 3 \times 0.258 = 1.936,$$

$$(\boldsymbol{AW})_3 = 3 \times 0.105 + \frac{1}{3} \times 0.637 + 1 \times 0.258 = 0.785,$$

于是，判断矩阵 **A** 的最大特征根为

$$\begin{aligned}\lambda_{\max} &= \sum_{i=1}^{3} \frac{(\boldsymbol{AW})_i}{nW_i} = \frac{(\boldsymbol{AW})_1}{3W_1} + \frac{(\boldsymbol{AW})_2}{3W_2} + \frac{(\boldsymbol{AW})_3}{3W_3} \\ &= \frac{0.318}{3 \times 0.105} + \frac{1.936}{3 \times 0.637} + \frac{0.785}{3 \times 0.258} = 3.037.\end{aligned}$$

2. 和积法

和积法也是一次性的计算方法，其算法如下：

(1) 将判断矩阵 $\boldsymbol{A} = (a_{ij})_{n\times n}$ 的每一列正规化，有

$$\overline{b_{ij}} = \frac{a_{ij}}{\sum\limits_{k=1}^{n} a_{kj}}, \quad i, j = 1, 2, \cdots, n. \tag{10.14}$$

(2) 每一列经正规化后的判断矩阵按行相加，有

$$\overline{W_i} = \sum_{j=1}^{n} \overline{b_{ij}}, \quad i = 1, 2, \cdots, n. \tag{10.15}$$

(3) 对向量 $\overline{\boldsymbol{W}} = (\overline{W_1} \quad \overline{W_2} \quad \cdots \quad \overline{W_n})^{\mathrm{T}}$ 正规化，得

$$W_i = \frac{\overline{W_i}}{\sum\limits_{i=1}^{n} \overline{W_j}}, \tag{10.16}$$

那么，$\boldsymbol{W} = (W_1 \quad W_2 \quad \cdots \quad W_n)^{\mathrm{T}}$ 即为所求判断矩阵 **A** 的特征向量.

(4) 计算 **A** 的最大特征根：

$$\lambda_{\max} = \sum_{i=1}^{n} \frac{(\boldsymbol{AW})_i}{nW_i}, \tag{10.17}$$

式中，$(\boldsymbol{AW})_i$ 是 $\boldsymbol{AW}$ 的第 i 个分量.

例 10.23 用和积法计算例 10.22 所给出的判断矩阵 **A** 的最大特征根及其对应的特征向量.

具体计算步骤如下：

(1) 将判断矩阵 **A** 每一列正规化，计算如下：

第一列分量正规化. 因为

$$\sum_{k=1}^{3} b_{k1} = 1 + 5 + 3 = 9,$$

所以，根据式(10.14)有

$$\overline{b_{11}} = \frac{b_{11}}{\sum_{k=1}^{3} b_{k1}} = \frac{1}{9} = 0.111,$$

$$\overline{b_{21}} = \frac{b_{21}}{\sum_{k=1}^{3} b_{k1}} = \frac{5}{9} = 0.556,$$

$$\overline{b_{31}} = \frac{b_{31}}{\sum_{k=1}^{3} b_{k1}} = \frac{3}{9} = 0.333.$$

同理,第二列有

$$\sum_{k=1}^{3} b_{k2} = \frac{1}{5} + 1 + \frac{1}{3} = 1.533,$$

$$\overline{b_{12}} = \frac{b_{12}}{\sum_{k=1}^{3} b_{k2}} = \frac{0.2}{1.533} = 0.130,$$

$$\overline{b_{22}} = \frac{b_{22}}{\sum_{k=1}^{3} b_{k2}} = \frac{1}{1.533} = 0.652,$$

$$\overline{b_{32}} = \frac{b_{32}}{\sum_{k=1}^{3} b_{k2}} = \frac{0.333}{1.533} = 0.217.$$

第三列正规化,得

$$\sum_{k=1}^{3} b_{k3} = \frac{1}{3} + 3 + 1 = 4.333,$$

$$\overline{b_{13}} = \frac{b_{13}}{\sum_{k=1}^{3} b_{k3}} = \frac{0.333}{4.333} = 0.077,$$

$$\overline{b_{23}} = \frac{b_{23}}{\sum_{k=1}^{3} b_{k3}} = \frac{3}{4.333} = 0.692,$$

$$\overline{b_{33}} = \frac{b_{33}}{\sum_{k=1}^{3} b_{k3}} = \frac{1}{4.333} = 0.231.$$

(2) 正规化后的判断矩阵 $\overline{\mathbf{A}}$ 按行相加. 因为按列正规化后的判断矩阵为

$$\overline{\mathbf{A}} = \begin{pmatrix} 0.111 & 0.130 & 0.077 \\ 0.556 & 0.652 & 0.692 \\ 0.333 & 0.217 & 0.231 \end{pmatrix},$$

所以，根据式(10.15)计算有

$$\overline{W_1}=\sum_{j=1}^{3}\overline{b_{1j}}=0.111+0.130+0.077=0.317,$$

$$\overline{W_2}=\sum_{j=1}^{3}\overline{b_{2j}}=0.556+0.652+0.692=1.900,$$

$$\overline{W_3}=\sum_{j=1}^{3}\overline{b_{3j}}=0.333+0.217+0.231=0.781.$$

(3) 将向量 $\overline{\boldsymbol{W}}=(0.317\quad 1.900\quad 0.781)^{\mathrm{T}}$ 正规化. 因为

$$\sum_{j=1}^{3}\overline{W_j}=0.317+1.900+0.781=2.998,$$

所以，根据式(10.16)计算. 可得

$$W_1=\frac{\overline{W_1}}{\sum_{j=1}^{3}\overline{W_j}}=\frac{0.317}{2.998}=0.106,$$

$$W_2=\frac{\overline{W_2}}{\sum_{j=1}^{3}\overline{W_j}}=\frac{1.900}{2.998}=0.634,$$

$$W_3=\frac{\overline{W_3}}{\sum_{j=1}^{3}\overline{W_j}}=\frac{0.781}{2.998}=0.261,$$

则所求判断矩阵 $\boldsymbol{B}_2$ 的特征向量为

$$\boldsymbol{W}=(0.106\quad 0.634\quad 0.261)^{\mathrm{T}}.$$

(4) 计算判断矩阵 $\boldsymbol{A}$ 的最大特征根. 因为

$$\boldsymbol{AW}=\begin{pmatrix}1 & \frac{1}{5} & \frac{1}{3}\\ 5 & 1 & 3\\ 3 & \frac{1}{3} & 1\end{pmatrix}\begin{pmatrix}0.106\\ 0.634\\ 0.261\end{pmatrix},$$

所以有

$$(\boldsymbol{AW})_1=1\times 0.106+\frac{1}{5}\times 0.634+\frac{1}{3}\times 0.261=0.320,$$

$$(\boldsymbol{AW})_2=5\times 0.106+1\times 0.634+3\times 0.261=1.941,$$

$$(\boldsymbol{AW})_3=3\times 0.106+\frac{1}{3}\times 0.634+1\times 0.261=0.785,$$

则根据式(10.17)有

$$\lambda_{\max}=\sum_{i=1}^{3}\frac{(\boldsymbol{AW})_i}{nW_i}=\frac{(\boldsymbol{AW})_1}{3W_1}+\frac{(\boldsymbol{AW})_2}{3W_2}+\frac{(\boldsymbol{AW})_3}{3W_3}$$

$$=\frac{0.320}{3\times 0.106}+\frac{1.941}{3\times 0.634}+\frac{0.785}{3\times 0.261}=3.036.$$

3. 实例计算

例 10.24(续例 10.19) 层次分析结构模型如图 10-16 所示,各种因素两两进行判断比较,构造判断矩阵.现假定根据某企业情况构造的数值判断矩阵如下.

(1) 构造目标层对应于准则层 $\boldsymbol{A}$-$\boldsymbol{C}$ 因素的判断矩阵.

相对于合理使用企业利润促进企业发展的总目标,比较各准则之间的相对重要性,构造 $\boldsymbol{A}$-$\boldsymbol{C}$ 的判断矩阵 $\boldsymbol{A}$ 如下:

$\boldsymbol{A}$-$\boldsymbol{C}$	C_1	C_2	C_3
C_1	1	$\frac{1}{5}$	$\frac{1}{3}$
C_2	5	1	3
C_3	3	$\frac{1}{3}$	1

(2) 构造准则层对应于方案层 $\boldsymbol{C}$-$\boldsymbol{P}$ 的判断矩阵.

第一,相对于调动员工劳动积极性准则,根据各种使用留成利润方案措施之间相对重要性比较,做出 $\boldsymbol{C}_1$-$\boldsymbol{P}$ 的判断矩阵 $\boldsymbol{C}_1$ 如下:

$\boldsymbol{C}_1$-$\boldsymbol{P}$	P_1	P_2	P_3	P_4	P_5
P_1	1	2	3	4	7
P_2	$\frac{1}{3}$	1	3	2	5
P_3	$\frac{1}{5}$	$\frac{1}{3}$	1	$\frac{1}{2}$	1
P_4	$\frac{1}{4}$	$\frac{1}{2}$	2	1	3
P_5	$\frac{1}{7}$	$\frac{1}{5}$	1	$\frac{1}{3}$	1

第二,相对于提高生产技术水平准则,构造各种使用留成利润措施方案之间相对重要性比较,做出 $\boldsymbol{C}_2$-$\boldsymbol{P}$ 的判断矩阵 $\boldsymbol{C}_2$ 如下:

$\boldsymbol{C}_2$-$\boldsymbol{P}$	P_2	P_3	P_4	P_5
P_2	1	$\frac{1}{7}$	$\frac{1}{3}$	$\frac{1}{5}$
P_3	7	1	5	3
P_4	3	$\frac{1}{5}$	1	$\frac{1}{3}$
P_5	5	$\frac{1}{3}$	3	1

第三,相对于改善员工物质及文化生活准则,构造出各种使用企业留成利润措施方案相对重要性比较,做出 $\boldsymbol{C}_3$-$\boldsymbol{P}$ 的判断矩阵 $\boldsymbol{C}_3$ 如下:

C_3-P	P_1	P_2	P_3	P_4
P_1	1	1	3	3
P_2	1	1	3	3
P_3	$\frac{1}{3}$	$\frac{1}{3}$	1	1
P_4	$\frac{1}{3}$	$\frac{1}{3}$	1	1

(3) 判断矩阵最大特征根和所对应的特征向量或权重向量,并计算一致性检验结果.

第一,对于判断矩阵 $\boldsymbol{A}$, $\lambda_{\max} = 3.038$,则

$$\boldsymbol{W}_{\boldsymbol{A}} = \begin{pmatrix} 0.105 \\ 0.637 \\ 0.258 \end{pmatrix}, \quad \begin{aligned} CI &= 0.019, \\ RI &= 0.580, \\ CR &= 0.033. \end{aligned}$$

第二,对于判断矩阵 $\boldsymbol{C}_1$, $\lambda_{\max} = 5.126$,则

$$\boldsymbol{W}_{\boldsymbol{C}_1} = \begin{pmatrix} 0.491 \\ 0.232 \\ 0.092 \\ 0.138 \\ 0.046 \end{pmatrix}, \quad \begin{aligned} (CI)_1 &= 0.032, \\ (RI)_1 &= 1.120, \\ CR &= 0.028. \end{aligned}$$

第三,对于判断矩阵 $\boldsymbol{C}_2$, $\lambda_{\max} = 4.117$,则

$$\boldsymbol{W}_{\boldsymbol{C}_2} = \begin{pmatrix} 0.055 \\ 0.564 \\ 0.118 \\ 0.263 \end{pmatrix}, \quad \begin{aligned} (CI)_2 &= 0.039, \\ (RI)_2 &= 0.900, \\ CR &= 0.43. \end{aligned}$$

第四,对于判断矩阵 $\boldsymbol{C}_3$, $\lambda_{\max} = 4.000$,则

$$\boldsymbol{W}_{\boldsymbol{C}_3} = \begin{pmatrix} 0.406 \\ 0.406 \\ 0.094 \\ 0.094 \end{pmatrix}, \quad \begin{aligned} (CI)_3 &= 0, \\ (RI)_3 &= 0.90, \\ CR &= 0. \end{aligned}$$

(4) 层次总排序及其一致性检验.

根据上述各判断矩阵所计算的各因素权重结果,将各使用企业利润方案相对于合理使用企业利润,促进企业新发展总目标的层次总排序计算见表 10-16.

表 10-16 **层次总排序表**

层次 C / 层次 P	c_1	c_2	c_3	层次 **P** 总排序 **W**
	0.105	0.637	0.258	
P_1	0.491	0	0.406	0.157
P_2	0.232	0.055	0.406	0.164
P_3	0.138	0.118	0.094	0.393
P_4	0.092	0.564	0.094	0.113
P_5	0.046	0.263	0	0.172

层次总排序一致性检验如下：

$$CI = \sum_{i=1}^{3} c_1 (CI)_i = 0.105 \times 0.032 + 0.639 \times 0.039 + 0.258 \times 0 = 0.028,$$

$$RI = \sum_{i=1}^{3} c_i (RI)_i = 0.105 \times 1.12 + 0.637 \times 0.9 + 0.258 \times 0.9 = 0.923,$$

$$CR = \frac{CI}{RI} = \frac{0.028}{0.923} = 0.030 < 0.1, \quad \text{满足一致性.}$$

(5) 结论.

对于该企业合理使用企业留成利润，促进企业新发展，更好地为国家建设作贡献这个目标，所考虑的五种方案的相对优先排序为，开办员工业余技术学校 P_3 为 0.393；引进新技术设备，进行企业技术改造 P_5 为 0.172；扩建员工宿舍、食堂、托儿所等福利措施 P_2 为 0.164；作为奖金发给员工 P_1 为 0.157；建图书馆、俱乐部和文体工队 P_4 为 0.113. 企业领导和员工代表大会可根据上述分析结果，决定各种考虑的实施先后次序，或决定分配使用企业留成利润的比例.

例 10.25(续例 10.20) 关于合理分配县级财政支出的讨论. 在确定其 AHP 层次结构模型的基础上. 根据某财税部门提供的资料拟定判断矩阵，从必须力求做到财政收支平衡的要求出发，财政收入数额即为财政支出数额的权限值. 根据各因素的重要性关系以及考虑到某县历年来财政支出的分配比例，以满足扩大再生产、公共消费以及行政管理的需要为准则. 构造判断矩阵，进行计算，所得判断矩阵及相应的计算结果如下.

(1) 构造判断矩阵，并对其一致性检验.

判断矩阵 $\boldsymbol{A}$：

$\boldsymbol{A}$	$\boldsymbol{m}_1$	$\boldsymbol{m}_2$	$\boldsymbol{m}_3$
$\boldsymbol{m}_1$	1	$\frac{1}{7}$	1
$\boldsymbol{m}_2$	7	1	4
$\boldsymbol{m}_3$	1	$\frac{1}{4}$	1

$$CI = 0.0175;$$

判断矩阵 $\boldsymbol{m}_1$：

$\boldsymbol{m}_1$	P_1	P_2
P_1	1	$\frac{1}{4}$
P_2	4	1

$$CI = 0;$$

判断矩阵 $\boldsymbol{m}_2$：

m_2	P_3	P_4	P_5	P_6
P_3	1	$\frac{1}{9}$	1	$\frac{1}{8}$
P_4	9	1	8	3
P_5	1	$\frac{1}{8}$	1	$\frac{1}{6}$
P_6	8	$\frac{1}{3}$	6	1

$$CI = 0.036\ 34;$$

判断矩阵 $\boldsymbol{m}_3$：

m_3	P_1	P_2	P_3	P_4	P_5
P_1	1	$\frac{1}{6}$	$\frac{1}{2}$	$\frac{1}{9}$	$\frac{1}{7}$
P_2	6	1	3	$\frac{1}{5}$	$\frac{1}{4}$
P_3	2	5	1	$\frac{1}{5}$	$\frac{1}{5}$
P_4	9	5	5	1	3
P_5	7	4	5	$\frac{1}{3}$	1

(2) 计算各判断阵的权重向量，并列出层次总排序，见表 10-17. 然后进行总排序的一致性检验.

$$CR = \frac{\sum_{j=1}^{3} m_j (CI)_j}{\sum_{j=1}^{3} m_j (RI)_j} = 0.046\ 7 < 0.10.$$

表 10-17　　合理分配县级财政支出层次总排序表

m / p	m_1	m_2	m_3	权重 **W**	**W**×0.849 6
	0.124 8	0.724 8	0.150 4		
p_1	0.200 0		0.034 2	0.030 1	0.025 6
p_2	0.800 0		0.129 5	0.119 3	0.101 4
p_3		0.051 4	0.061 7	0.046 5	0.039 5
p_4		0.587 8	0.490 1	0.499 8	0.424 6
p_5			0.056 5	0.041 0	0.034 6
p_6	0.304 3	0.284 5	0.263 3	0.223 7	

由上可见，各判断矩阵和层次总排列都有满意的一致性. 所提出的 7 种财政分配项目的优先次序或分配权重次序见表 10-18.

表 10-18　　某县财政支出项目权重排序及分配比例表

次序	1	2	3	4	5	6	7
项　　目	p_4	p_6	m_3	p_2	p_3	p_5	p_1
占财政支出/%	42.46	22.37	15.04	10.14	3.95	3.48	2.56

以上计算步骤总结如图 10-20 所示.

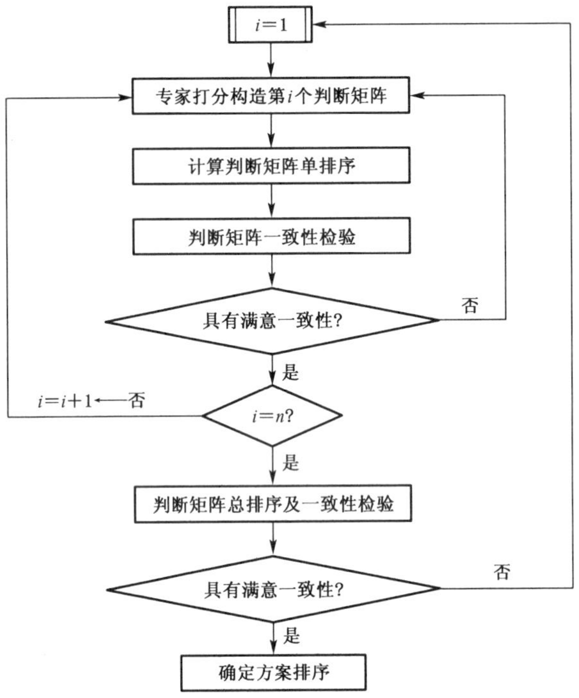

图 10-20 层次分析法(AHP)选择决策方案计算步骤流程图

10.6 马尔科夫决策

马尔科夫决策过程(Markov Decision Processes,简记为 MDP)是基于马尔科夫过程理论的随机动态系统的最优决策过程,是马尔科夫过程与确定性的动态规划相结合的产物. 现已广泛应用于市场占有率、股票价格趋势预测与决策等.

10.6.1 马尔科夫决策的基本原理

1. 马尔科夫性

在 20 世纪初,马尔科夫研究发现自然界中有一类事物的变化过程仅与事物的近期状态有关,而与事物的过程状态无关,称这种特性为无后效性或马尔科夫性. 有一个例子可以很形象地说明"无后效性". 例如,池塘里有三张荷叶,编号为 1, 2, 3,假设有一只青蛙随机地在荷叶上跳来跳去,在初始时刻 t_0,它在第二张荷叶上. 在时刻 t_1,它有可能跳到第一张或者第三张荷叶上,也有可能在原地不动. 我们把青蛙某个时刻所在的荷叶称为青蛙所处的状态. 这样,青蛙在未来处于什么状态,只与它现在所处的状态有关,与它以前所处的状态无关. 这种性质就是所谓的"无后效性".

2. 马尔科夫链

所谓马尔科夫链，就是一种具有无后效性的随机时间序列.

设 $\{X_t = X(t),\ t = 0,\ 1,\ 2,\ \cdots\}$ 为时间集 $T = \{0,\ 1,\ 2,\ \cdots\}$ 上对离散状态的观察值，状态空间 $I = \{a_1,\ a_2,\ \cdots\}$，$a_i \in \mathbf{R}$.

对于马尔科夫链而言，对于任意正整数 n，k 和 $0 \leqslant t_1 < t_2 < \cdots < t_k < m$，$t_i$，$m$，$m + n \in T$，有

$$\begin{aligned} &P(X_{m+n} = a_j \mid X_{t_1} = a_{i_1},\ X_{t_2} = a_{i_2},\ X_{t_3} = a_{i_3},\ \cdots,\ X_{t_k} = a_{i_k},\ X_m = a_i) \\ &= P(X_{m+n} = a_j \mid X_m = a_i). \end{aligned}$$

3. 转移概率和转移矩阵

一般地，设系统有 N 个状态，则由 m 时点的状态 a_i 转移到 $m + n$ 时点的状态 a_j 的转移概率 $P_{ij}(m,\ m+n)$ 可记为

$$P_{ij}(m,\ m+n) = P\{X_{m+n} = a_j \mid X_m = a_i\}.$$

若转移概率 $P_{ij}(m,\ m+n)$ 只与 i，j 及时间间距 n 有关时，则称转移概率具有平稳性，即此时马尔科夫链是齐次的. 此时 $P_{ij}(m,\ m+n)$ 可简记为

$$P_{ij}^{(n)} = P\{X_{m+n} = a_j \mid X_m = a_i\}, \tag{10.18}$$

因此，称 $P_{ij}^{(n)}$ 为 n 步转移概率.

记 $\boldsymbol{P}(n) = (P_{ij}^{(n)})$ 表示由转移概率构成的矩阵（简称转移矩阵），显然此矩阵中每一行元素之和为 1. n 步转移矩阵为

$$\boldsymbol{p}(n) = \begin{pmatrix} p_{11}^{(n)} & p_{12}^{(n)} & \cdots & p_{1j}^{(n)} & \cdots \\ p_{21}^{(n)} & p_{22}^{(n)} & \cdots & p_{2j}^{(n)} & \cdots \\ \vdots & \vdots & & \vdots & \\ p_{i1}^{(n)} & p_{i2}^{(n)} & \cdots & p_{ij}^{(n)} & \cdots \\ \vdots & \vdots & & \vdots & \end{pmatrix}. \tag{10.19}$$

特别，当 $n = 1$ 时，1 步转移矩阵为

$$\boldsymbol{p}(1) = \begin{pmatrix} p_{11} & p_{11} & \cdots & p_{1j} & \cdots \\ p_{21} & p_{21} & \cdots & p_{2j} & \cdots \\ \vdots & \vdots & & \vdots & \\ p_{i1} & p_{i1} & \cdots & p_{ij} & \cdots \\ \vdots & \vdots & & \vdots & \end{pmatrix}.$$

例 10.26 某地区有甲、乙、丙三家食品企业生产同一食品，有 1 000 个用户（或购货点），假设在研究期间无新用户加入也无老用户退出，只有用户的转移，已知 2002 年 5 月份有 500 户是甲企业的顾客；400 户是乙企业的顾客；100 户是丙企业的顾客. 6 月份，甲企业有 400 户原来的顾客，上月的顾客有 50 户转乙企业，50 户转丙企业；乙企业有 300 户原来的顾客，上月的顾客有 20 户转甲企业，80 户转丙企业；丙企业有 80 户原来的顾客，上月的顾客有 10 户转甲企业，10 户转乙企业. 试计算其状态转移概率.

解　由题意得 6 月份顾客转移表,见表 10-19.

表 10-19　　**顾客转移表**

从＼到	甲	乙	丙	合　计
甲	400	50	50	500
乙	20	300	80	400
丙	10	10	80	100
合　计	430	360	210	1 000

由表 10-19 可知,6 月份有 430 户是甲企业的顾客;360 户是乙企业的顾客;210 户是丙企业的顾客. 于是

$$p_{11}=\frac{400}{500}=0.8,\quad p_{12}=\frac{50}{500}=0.1,\quad p_{13}=\frac{50}{500}=0.1,$$

$$p_{21}=\frac{20}{400}=0.05,\quad p_{22}=\frac{300}{400}=0.75,\quad p_{23}=\frac{80}{400}=0.2,$$

$$p_{31}=\frac{10}{100}=0.1,\quad p_{32}=\frac{10}{100}=0.1,\quad p_{33}=\frac{80}{100}=0.8.$$

所以其状态转移概率为

$$\boldsymbol{P}=\begin{pmatrix}P_{11} & P_{12} & P_{13}\\ P_{21} & P_{22} & P_{14}\\ P_{31} & P_{32} & P_{15}\end{pmatrix}=\begin{pmatrix}0.8 & 0.1 & 0.1\\ 0.05 & 0.75 & 0.2\\ 0.1 & 0.1 & 0.8\end{pmatrix}.$$

若一个非负矩阵的每一行各元素之和等于 1,则称该非负矩阵为概率矩阵. 显然转移概率矩阵是一种概率矩阵,所以它具有概率矩阵的如下性质:

(1) 非负性,即各 $p_{ij}\geqslant 0$,且 $p_{ij}\leqslant 1$;

(2) 各行元素之和为 1,即 $\sum\limits_{j=1}^{N}p_{ij}=1$;

(3) $S(n)=S(0)\boldsymbol{P}(n)$;

(4) 在实际问题中存在一类特殊的马尔科夫过程,其 1 步转移概率矩阵 $\boldsymbol{p}(1)$ 与时点 n 无关,即无论在什么时点 t,其 1 步转移矩阵均为 $\boldsymbol{P}(1)$. 把这种概率矩阵逐期保持不变的马尔科夫过程称为平稳马尔科夫过程. 若一个马尔科夫过程为平稳马尔科夫过程,且其 1 步转移概率矩阵为 $\boldsymbol{P}(1)$,则其 2 步转移概率矩阵为 $\boldsymbol{P}(2)=\boldsymbol{P}(1)^2$,3 步转移概率矩阵为 $\boldsymbol{P}(3)=\boldsymbol{P}(1)^3$,…….

一般地,n 步转移概率矩阵为 $\boldsymbol{P}(n)=\boldsymbol{P}(1)^n$.

由此可见,$S(n)=S(0)P(n)=S(0)\boldsymbol{P}(1)^n$,即马尔科夫链的有限维分布由初始分布和 1 步转移矩阵完全确定.

若齐次马尔科夫链的转移概率 $P_{ij}(n)$ 存在极限

$$\lim_{n\to\infty}P_{ij}(n)=u_j,$$

该极限值不依赖于 i，则称马尔科夫链具有遍历性. 也就是说，一个具有遍历性的马尔科夫链，当状态转移的 n 次数极大时，此系统转移到状态 j 的概率为一个常数 u_j，而与初始状态无关.

易证 u_j 是方程组 $u_j = \sum_{i=1}^{m} u_j \cdot P_{ij}$ 在满足条件 $\sum_{j=1}^{N} u_j = 1$，$u_j > 0$ 下的唯一解.

10.6.2 马尔科夫决策的应用

企业的产品在市场销售总额所占的比例称为产品的市场占有率. 利用马尔科夫决策模型，可以根据现有的市场占有率和转移概率预测企业未来的市场占有率.

例 10.27 设 A，B，C 三个企业生产的味精上月在某地区市场上的占有率分别为 0.3，0.2，0.5. 根据市场调查，顾客的流动情况见表 10-20.

表 10-20 **顾客转移表**

	A	B	C
A	0.4	0.3	0.3
B	0.6	0.3	0.1
C	0.6	0.1	0.3

(1) 试预测本月和下个月三个企业生产味精的市场占有率；

(2) 试预测长期(稳定)以后三个企业生产味精的市场占有率.

解 上述味精在市场上的变化过程为一个马尔科夫过程，其初始状态为

$$S(0) = (0.3\ \ 0.2\ \ 0.5),$$

而转移概率矩阵为

$$\boldsymbol{P}(1) = \begin{pmatrix} 0.4 & 0.3 & 0.3 \\ 0.6 & 0.3 & 0.1 \\ 0.6 & 0.1 & 0.3 \end{pmatrix}.$$

(1) 预测本月和下个月的市场占有率.

所以本月三个企业生产味精的市场占有率为

$$S(1) = S(0) \cdot \boldsymbol{P}(1) = (0.3\ \ 0.2\ \ 0.5) \begin{pmatrix} 0.4 & 0.3 & 0.3 \\ 0.6 & 0.3 & 0.1 \\ 0.6 & 0.1 & 0.3 \end{pmatrix} = (0.54\ \ 0.20\ \ 0.26),$$

即本月 A，B，C 三个企业生产味精的市场占有率分别为 54%，20%，26%. 又若近几个月内转移概率矩阵不变即平稳的马尔科夫过程，则下月三个企业生产味精的市场占有率为

$$\begin{aligned} S(2) &= S(0) \cdot \boldsymbol{P}(2) = S(0) \cdot \boldsymbol{P}(1)^2 \\ &= (0.3\ \ 0.2\ \ 0.5) \begin{pmatrix} 0.4 & 0.3 & 0.3 \\ 0.6 & 0.3 & 0.1 \\ 0.6 & 0.1 & 0.3 \end{pmatrix}^2 = (0.492\ \ 0.248\ \ 0.26), \end{aligned}$$

即下个月 A, B, C 三个企业生产味精的市场占有率分别为 49.2%，24.8%和 26%.

(2) 预测长期的市场占有率 u.

假设 $\boldsymbol{u}=(u_1, u_2, u_3)$，利用 $u_j=\sum_{i=1}^{m} u_j \cdot P_{ij}$ 和 $\sum_{j=1}^{N} u_j=1$，$u_j>0$ 解方程组

$$(u_1, u_2, u_3)=(u_1, u_2, u_3)\begin{pmatrix}0.4 & 0.3 & 0.3\\0.6 & 0.3 & 0.1\\0.6 & 0.1 & 0.3\end{pmatrix} \quad 及 \quad u_1+u_2+u_3=1,$$

$$\begin{cases}0.4u_1+0.3u_2+0.3u_3=u_1,\\0.6u_1+0.3u_2+0.1u_3=u_2,\\0.6u_1+0.1u_2+0.3u_3=u_3,\\u_1+u_2+u_3=1,\end{cases} \quad 即 \quad \begin{cases}0.6u_1-0.3u_2-0.3u_3=0,\\-0.6u_1+0.7u_2-0.1u_3=0,\\-0.6u_1-0.1u_2+0.7u_3=0,\\u_1+u_2+u_3=1.\end{cases}$$

解方程组得 $u_1=0.5$，$u_2=0.25$，$u_3=0.25$.

长期的市场占有率 $\boldsymbol{u}=(u_1, u_2, u_3)=(0.5\ \ 0.25\ \ 0.25)$.

即 A 企业生产味精的市场占有率稳定在 50%，B 企业生产味精的市场占有率为 25%，C 企业生产味精的市场占有率为 25%.

马尔科夫分析方法不仅可以用来进行预测，还可以用于对策分析. 一般说来，企业为了提高市场占有率，可以采取三种策略：保留策略、争取策略、混合策略.

保留策略是通过周到的服务或折扣等措施设法保留原有客户. 例如，例 10.17 中 A 企业通过采取保留策略，可以减少客户向其他企业的流失，若流失到 B 企业的减少为 10%，流失到 C 企业的减少为 10%，则使得自身客户保有率提高到 80%. 此时的转移概率矩阵变为

$$\boldsymbol{P}(1)=\begin{pmatrix}0.8 & 0.1 & 0.1\\0.6 & 0.3 & 0.1\\0.6 & 0.1 & 0.3\end{pmatrix},$$

长期的市场占有率变为 $\boldsymbol{u}=(0.75\ \ 0.125\ \ 0.125)$.

由此可见，由于保留策略的作用，A 企业的长期市场占有率由原来的 50%提高到了 75%.

争取策略是通过广告等方式从其他企业争取新客户. 例如，例 10.17 中 B 企业通过采取争取策略后，可以从其他企业中争取到更多新客户，若从 A 企业争取到 20%新客户，则 A 企业转向 B 企业的增加为 50%，A 企业的保有率减少为 20%，此时的转移概率矩阵变为

$$\boldsymbol{P}(1)=\begin{pmatrix}0.2 & 0.5 & 0.3\\0.6 & 0.3 & 0.1\\0.6 & 0.1 & 0.3\end{pmatrix},$$

长期的市场占有率变为 $\boldsymbol{u}=(0.429\ \ 0.339\ \ 0.232)$.

由此可见，由于争取策略的作用，B 企业的长期市场占有率由原来的 25%提高到了 33.9%.

混合策略是上述两种策略的综合运用.

本章小结

决策是管理过程中经常发生的一种活动，在一切失误中，决策的失误是最大的失误. 本章主要介绍了不确定型决策问题的模型和算法，包括基于乐观主义准则、悲观主义准则、等可能性准则、最小机会准则及折衷主义准则等的决策方法. 介绍了风险决策的决策树决策方法以及完全情报价值. 介绍了效用理论及其在决策中的应用以及效用曲线的确定方法. 介绍了在定性和定量相结合分析中广泛应用的层次分析法(Analytic Hierarchy Process, AHP)以及马尔科夫决策模型与方法及其产品在市场占有率计算中的应用.

习 题 10

10.1 某地方书店希望订购最新出版的图书. 根据以往经验，新书的销售量可能为 50，100，150 本或 200 本. 假定每本新书的订购价为 4 元，销售价为 6 元，剩书的处理价为每本 2 元. 要求：

(1) 建立损益矩阵；

(2) 分别用悲观法、乐观法及等可能法决策该书店应订购的新书数字；

(3) 建立后悔矩阵，并用后悔值法决定书店应订购的新书数；

(4) 书店据以往统计资料新书销售量的规律见表 10-21，分别用期望值法和后悔值法决定订购数量；

(5) 如某市场调查部门能帮助书店调查销售量的确切数字，该书店愿意付出多大的调查费用.

表 10-21

需求数	50	100	150	200
比例/%	20	40	30	10

10.2 某非确定型决策问题的决策矩阵见表 10-22.

表 10-22

方案 \ 事件	E_1	E_2	E_3	E_4
S_1	4	16	8	1
S_2	4	5	12	14
S_3	15	19	14	13
S_4	2	17	8	17

(1) 若乐观系数 $\alpha = 0.4$，矩阵中的数字是利润，请用非确定型决策的各种决策准则分别确定出相应的最优方案.

(2) 若表 10-22 中的数字为成本，问对应于上述决策准则所选择的方案有何变化?

10.3 在一台机器上加工制造一批零件共 10 000 个，如加工完后逐个进行修整，则全部可以合格，但需修整费 300 元. 如不进行修理，根据以往资料统计，次品率情况见表 10-23.

表 10-23

次品率(E)	0.02	0.04	0.06	0.08	0.10
概率 $P(E)$	0.20	0.40	0.25	0.10	0.05

一旦装配中发现次品时，需返工修理费为每个零件 0.50 元. 要求：

(1) 用期望值决定这批零件要不要整修；

(2) 为了获得这批零件中次品率的正确资料，在刚加工完的一批 10 000 件中随机抽取 130 个样品，发现其中有 9 件次品，试修正先验概率，并重新按期望值决定这批零件要不要整修.

10.4 某企业正在考虑是现在还是明年扩大生产规模问题. 由于可能出现的市场需求情况不一样，预期利润也不同. 已知市场需求高(E_1)、中(E_2)、低(E_3)的概率及不同方案时的预期利润，见表 10-24.

表 10-24　　单位：万元

方案 \ 事件 / 概率	E_1 $P(E_1)=0.2$	E_2 $P(E_2)=0.5$	E_3 $P(E_3)=0.3$
现在扩大	10	8	-1
明年扩大	8	6	1

对该企业来说损失 1 万元效用值“0”，获利 10 万元效用值为“1”，对以下事件效用值无差别：

(1) 肯定得 8 万元或 0.9 概率得 10 万元和 0.1 概率失去 1 万元；

(2) 肯定得 6 万元或 0.8 概率得 10 万元和 0.2 概率失去 1 万元；

(3) 肯定得 1 万元或 0.25 概率得 10 万元和 0.75 概率失去 1 万元.

求：(1)建立效用值表；(2) 分别根据实际盈利额和效用值按期值法确定最优决策.

10.5 有一种游戏分两阶段进行. 第一阶段，参加者需先付 10 元，然后从含 45%白球和 55%红球的罐中任摸一球，并决定是否继续第二阶段. 如继续需再付 10 元，根据第一阶段摸到的球的颜色的相同颜色罐子中再摸一球. 已知白色罐子中含 70%蓝球和 30%绿球，红色罐子中含 10%的蓝球和 90%的绿球. 当第二阶段摸到为蓝色球时，参加者可得 50 元，如摸到的为绿球，或不参加第二阶段游戏的均无所得. 试用决策树法确定参加者的最优策略.

10.6 某投资商有一笔投资，如投资于 A 项目，一年后能肯定得到一笔收益 C；如投资于 B 项目，一年后或以概率 P 得到的收益 C_1，或以概率$(1-P)$ 得到收益 C_2，已知 $C_1<C<C_2$. 试依据 EMV 原则讨论 P 为何值时，投资商将分别投资于 A,B,或两者收益相等.

10.7 A 和 B 两家厂商生产同一种日用品. B 估计 A 厂商对该日用品定价为 6，8，10 元的概率分别为 0.25，0.50 和 0.25. 若 A 的定价为 P_1，则 B 预测自己定价为 P_2 时它下一月度的销售额为 $1000+250(P_2-P_1)$ 元. B 生产该日用品的每件成本为 4 元，试帮助其决策当将每件日用品分别定价为 6，7，8，9 元时的各自期望收益值，按 EMV 准则选哪种定价为最优.

10.8 假设今天下雨明天仍为雨天的概率为 0.6，今天不下雨明天也不下雨的概率为 0.9.

(1) 求天气变化过程马尔科夫链的一步转移矩阵；

(2) 若今天不下雨，求后天不下雨的概率；

(3) 求稳定状态概率.

10.9 某超市销售三种品牌的牛奶 A，B 及 C，已知各顾客在三种品牌之间的转移关系为下列矩阵：

$$\boldsymbol{P}=\begin{pmatrix} \frac{3}{4} & \frac{1}{4} & 0 \\ 0 & \frac{2}{3} & \frac{1}{3} \\ \frac{1}{4} & \frac{1}{4} & \frac{1}{2} \end{pmatrix}.$$

(1) 有一顾客每天购买一次，今天购买了品牌 A，求两天后仍然购买品牌 A 的概率.

(2) 就长期而言，购买各品牌的顾客比例是多少？

10.10 某企业生产并销售一种产品. 把月初销售状况分成好、中、差三个档次，企业可以根据月初销售情况采取不做广告或做广告两种措施. 取状态空间 $E=\{1, 2, 3\}$，表示月初的销售状况为好、中、差，对每一状态 $i(i=1, 2, 3)$，均有策略集$\{1, 2\}$，策略 1 表示不做广告，策略 2 表示做广告. 由历史资料知，不做广告和做广告的转移概率矩阵分别为

$$\boldsymbol{P}(1)=\begin{pmatrix} 0.2 & 0.5 & 0.3 \\ 0 & 0.2 & 0.8 \\ 0 & 0 & 1 \end{pmatrix}, \quad \boldsymbol{P}(2)=\begin{pmatrix} 0.5 & 0.4 & 0.1 \\ 0.1 & 0.6 & 0.3 \\ 0.05 & 0.4 & 0.55 \end{pmatrix}.$$

不做广告时 3 种状态的利润向量为 $\boldsymbol{r}(1)=(7, 5, -1)^{\mathrm{T}}$，做广告时的利润向量为 $\boldsymbol{r}(2)=(5, 4, 2)^{\mathrm{T}}$. 假设商品的营销周期仅为三个月. 该企业在每个月初应如何根据当时的销售情况确定该月是否要做广告，以使这三个月内尽可能多获利？

11　库存管理及其控制模拟

本章要求

◎ 理解库存管理及其控制模拟的基本概念.
◎ 掌握 ABC 库存分析方法.
◎ 掌握确定型和随机型库存模型.
◎ 理解和掌握库存管理及其控制模拟的若干应用.

库存管理是企业生产辅助性管理活动的核心内容之一,有效的库存管理对降低企业运作成本,提高企业经营效益具有重要意义.在管理科学的发展中,库存管理是一类得到较早关注的问题,因此库存管理和控制也是管理科学的重要组成部分.在这一章里,我们主要讲解库存管理的几个典型的模型及其应用.

11.1　基 本 概 念

库存是企业生产经营活动过程中一种普遍存在的现象,制造企业为保证生产正常进行储备的原材料,银行为保证每日支付准备的现金,水力发电企业的水库蓄水,医院储备的血源,体育比赛中的替补队员等,都可以看作是库存.尽管现在人们提倡"零库存",但在目前的经济环境和社会生产力水平下,了解和掌握库存管理的决策方法,仍然具有必要性和现实意义.为便于库存决策分析模型的学习,我们首先来介绍一些与库存管理有关的概念和术语.

11.1.1　库存与库存管理

库存涵盖的范围很广,可以从不同的角度进行分类认识.按经济用途来分,包括商业企业购进的用于转售的商品库存,生产制作企业的原材料库存,在制品半成品库存,产成品库存等.按库存的来源分,有外购库存和自制库存.按库存物品所处状态分,有静态库存和动态库存.按对生产经营活动的作用分,包括经常性库存,安全性库存,季节性库存,投机性库存,沉淀性库存等.所以,要想讲清楚什么是库存还是一件比较复杂的事情.这里,我们主要立足于生产制造企业原材料库存的管理问题,从狭义和通俗的角度,把库存解释为:处于储存状态的具有经济价值的物品.

适度水平的库存对企业生产经营活动的正常开展很有好处,表现在以下几个方面.

(1) 缓解供货波动的影响.企业所需要的原材料市场供应可能并不总是平稳的,这时候如果拥有必要的原材料库存,就不至于因为原材料供应不及时而在短时间内出现停工待料的被动局面.

(2) 节省订货费用.订货费用是指订货过程中为签订和处理每份订单所发生的与订货数量大小无关的各种费用,如人员工资、交通运输费、邮电通讯费等.对比,如果增大订货批量,就能减少订货次数,从而降低订货这一方面的开支.

(3) 增强生产运作和计划执行过程中的柔性.当市场对产品需求变得比预期活跃时,企业会加班加点进行生产,以争取市场销售机会.此时,如果拥有足够的库存准备,就能为企业改变生产进度创造宽松的条件.

(4) 解决原料供应和生产不一致的矛盾.产品的生产可能是常年性质的,但原料供应却带有明显的季节性.那么,对于这类生产企业,就需要在原料供应旺季进行大量采购和储备,以保证原料供应淡季生产的需要.

(5) 库存还可能带来“投资”的效应.原材料的供应价格会随着原材料市场的供求状况发生改变,当原材料价格上涨时,如果拥有库存,可以在一定程度上享有这种价格差价.

(6) 能获得折扣优惠.增大每批次的订货量,虽然会提升库存,但由于批次订货量的增大,不仅能得到减少订货批次的好处,同时也还能增加采购企业的价格谈判能力,从而获得折扣优惠.

在肯定库存作用的同时,我们也应当注意库存的不利影响.库存的弊端主要表现在:

(1) 降低资金的使用效率.资金的本质在于运动,它只有在循环往复的运动中才能实现增值.物资储备势必会占用大量的资金,从而导致这部分资金的使用效率降低.

(2) 产生库存损耗.储存起来的物品,由于自然力的作用和人为因素的影响,会发生不可避免的品质变化,如锈蚀、损坏、老化、霉变等.

(3) 增加保管处理费用.库存物品的保管和处理,需要投入人工费用及相关的开支,包括盘点、搬运、仓库、防损、保险等.

(4) 掩盖企业生产经营活动中的问题.企业生产经营过程中的许多问题,都有可能通过高库存进行掩盖,如供应商原材料供应的质量、交货的及时性、生产计划安排不当等.

库存客观存在的利弊表明,实施库存管理一方面要积极发挥库存具有的缓冲、调节作用,同时还要注意降低库存成本,缩小库存资产.

库存管理与库存保管是两个不同的概念,在管理科学中,库存管理有时又被称为库存量控制,它是指根据生产需要和市场供销情况,按照经济合理原则,对库存物资的储备数量进行调节和控制的一种管理活动.库存管理的核心任务是要解决何时进行订货,以及需要补充多少存货等问题.

11.1.2 库存管理系统

库存好比蓄水池,当增加采购时,库存的物资数量也随之增加,而当领取使用时,库存的物资数量会发生减少.因此,库存也是一个有输入也有输出的有机整体,需要把它当做一个系统来对待.在购-存-用这样一个系统中,库存处于中间环节,它起着调节供应和需求关系的作用.存储系统可以用图 11-1 简单地进行描述.

图 11-1 库存管理系统

相比之下，库存系统的输出单凭系统本身不好控制，所以库存管理的重点倾向于系统的输入. 对一个库存系统，由于在订货时间既定的条件下，订货数量偏少，势必会造成物资供应不足，如果订货数量过大，又会使库存成本上升. 在订货数量不变的情况下，订货时间推迟，因货物供应脱节会导致生产过程停顿，如果订货时间过早，将会使库存物资储存时间延长，引起库存费用增加. 有鉴于此，库存管理和控制就是在科学确定订货时间和订货数量的基础上，综合实现库存管理的最优经济目标.

11.1.3 库存管理系统的基本要素

1. 需求

对库存管理系统来说，需求就是它的输出，可以用单位时间内对物资的需要量进行反映. 在一定时期或一定条件下，企业的物资需求，可以通过历史数据分析获得. 需求可能呈均匀连续的变化，也可能表现为某种程度的跳跃间断，既可能是可以确定的，也可能是随机波动的.

2. 存货补充

库存的物资由于使用而不断减少，所以需要进行补充. 库存物品的补充是使库存系统运行下去的输入，它可以通过订货方式或者自行安排生产来满足. 存货补充要解决的关键问题有两个，即何时补充和补充多少. 需要指出的是，从订货到货物提交往往存在一个时滞，称为备货期，也可称为订货提前期. 理想化的情形是瞬时交货，即订货提前期为零.

3. 订货周期

订货周期是指一次订货距离前一次订货的时间间隔，它可以通过某一时期内的总需求量和平均日需求量来确定. 下一次的订货时间通常有以下两种确定方式.

(1) 连续检查. 随时注意库存水平的变化，当库存降到某个警戒值时就立即实施订货.

(2) 定期检查. 相邻两次检查之间的时间间隔相等，一旦发现库存降到某个值时就开始订货.

4. 储存系统的费用

研究储存系统的经济效益时，要涉及有关储存过程的各种费用，主要包括以下几个方面.

(1) 订货成本. 是指取得订单的成本，如办公费、差旅费、邮资等支出. 订货成本中，有些与订货次数无关，如常设采购机构的基本开支等，称为固定成本. 另一部分与订货次数有关，成为订货的变动成本，包括物资本身的价格、运输费用等.

(2) 储存成本. 是指为保持存货而发生的成本，包括存货占用资金应计的利息费用、仓储保管费、保险费、存货破损和变质损失的费用等. 储存成本也可以分为变动成本和固定成本. 由于储存成本与物资储存的数量和时间有很大关系，所以要想控制储存成本，需要降低物资储存数量和缩短物资储存时间.

(3) 缺货成本. 是指由于存货供应中断造成的损失，包括材料供应中断造成的停工损失，产成品库存缺货造成的拖欠发货损失，以及丧失销售机会的损失等. 除了以上费用外，在进行决策时货物的价格也是我们需要考虑的一个重要变量.

5. 存储策略

存储策略是指给出何时补充存货，以及补充多少存货的一个方案. 实际中常用的有如下几种策略.

(1) 定期补充法. 以固定的时间间隔订货,对存储进行补充,每次订货要把储存量恢复到某个水平. 如果需求是随机的,可根据剩余储量和估计的需求量订货. 采用这种订货策略只需要在订货期前检查剩余储量,因而比较省事,但容易发生缺货或物资积压较多的现象.

(2) 定点补充法. 当存储量下降到一定数量时就发出订单订货,每次的订货量可以固定. 发出订货单时的剩余储量称为订货点. 这种补充法也叫$(s,\ S)$策略,s 代表订货点储存量,S 代表补充后达到的储存量,因此订货量是二者之差,即订货量 $Q=S-s$. 这种订货策略不容易发生缺货,但需要及时掌握储量是否达到订货点,储存种类越多,工作量将越大.

(3) 混合策略. 同时具备定期补充和定点补充特征的策略,称为混合存储策略.

6. 目标函数

要在一类策略中选择一个最优策略,就需要有一个赖以衡量优劣的准绳,这就是目标函数. 在库存模型中,通常把目标函数取为平均费用函数或平均利润函数. 选择的策略应使平均费用达到最小值,或使平均利润达到最大值.

11.1.4 库存控制模型分类

为了确定库存系统的最优库存方案,需要根据库存管理的实际情况,建立相应的库存决策分析模型. 自从哈里斯在 1915 年建立了一个简单的商业库存模型之后,库存管理和控制理论研究得到了迅速的发展. 早期的库存理论主要集中于确定型模型,第二次世界大战以后,库存研究逐步转移到随机型模型. 现在,关于多种商品库存、多阶段库存、多个库存点的库存等问题成了重点.

1. 确定型库存模型与随机型库存模型

这是根据库存系统的输入和输出状态特征对库存管理模型所做的划分. 如果库存系统的需求量和备货期都呈确定型变化,则称这样的库存决策模型为确定型库存模型. 如果需求量或备货期是随机变化的,那么这样的库存决策模型就是随机型库存模型.

2. 独立需求库存控制盒相关需求库存管理

独立需求库存管理的对象是独立需求的物资,独立需求物资是指,企业对其需求与其他种类物资无关的物资,假如某企业同时生产食品和衣服,食品和衣服所需要的原材料截然不同,因此食品和衣服是独立需求的. 独立需求由市场情况决定,在制订这种需求库存决策时,不需要考虑其他产品的库存方案,也就是库存决策可以完全分别独立地制订. 一般地,我们把为满足独立需求而建立的库存,称为独立需求库存.

相关需求库存管理的对象是非独立需求的物资,非独立需求的物资是指企业对其需求与其他需求存在内在关联的需求. 例如,企业生产的产品数量如果确定下来,则与该产品生产有关的原材料、零配件等需求也就随之得到确定,那么对这些原材料、零配件的需求就是相关性需求. 为满足相关需求而建立的库存,称为相关需求库存.

独立需求库存管理与相关需求库存管理的原理是有差别的. 独立需求对一定的库存控制系统来说,是一种外生变量,相关需求则是控制系统的内生变量. 因此,对相关需求库存的管理,往往要靠计划控制的方式进行. 由于独立需求库存其需求时间和数量,都不是企业本身所能控制的,所以只能采用补充库存的管理机制. 本章主要介绍独立需求库存的管理和控制问题.

3. 单阶段库存控制与多阶段库存控制

在库存管理理论中，人们一般根据物品需求的重复程度，将库存分为单阶段库存和多阶段库存. 单阶段库存模型也叫一次性订货模型，这种库存的特征是需求带有偶发性，物品生命周期短，因而很少重复订货，比如报纸、应时物品等都是单周期需求. 多阶段需求是在长时间内需求反复发生，库存需要不断补充，在实际生活中，这种需求现象较为多见.

11.2 ABC库存分析法

库存物资中，每个品种的库存数量不尽相同，并且价值也不一样. 这就要求在实施库存管理的时候，需要对库存物资进行分类，依据重要程度，重点关注那些重要的物资.

11.2.1 ABC分析原理

ABC分析源于帕累特曲线，1879年意大利社会经济学家帕累特在研究人口与收入分配分析时发现，少数人获取了大部分收入，而大多数人却只能得到较少的收入，收入分配总是呈现出"关键的少数和次要的多数"的状况. 1951年，美国电器公司的H·F·迪克将ABC分析引入到库存管理中，逐步形成了库存管理的ABC分析方法.

ABC库存管理技术是一种简单、有效的库存管理技术，它通过对品种、规格繁多的库存物资进行分类，使得库存管理人员能将注意力集中在需求量大、价值高，最需要加以重视的产品上，从而达到提高库存管理效率的目的. ABC管理模式要求应在兼顾一般的原则下，对重要物资实施重点控制.

A类物资：是最重要的管理对象，品种数不多，但需求量特别大，并且占用很多资金. 通常A类物资占用品种总数的15%左右，金额占全部库存物资的年金额的60%到80%. 这类物资往往是企业生产过程中主要的原材料、零配件、燃料等，是节约企业库存费用的重点和关键.

B类物资：重要程度仅次于A类物资，通常它占全部库存物资品种的25%左右，年金额占全部库存物资年金额的20%左右.

C类物资：相对不太重要，品种数众多，一般占全部库存的物资品种总数的60%左右，但总价值所占比重不大，年金额占全部库存物资金额的10%左右. 表11-1给出了库存物资ABC分类的参考标准.

表11-1　　库存物资ABC分类的参考标准

分类	价值所占比重	品种所占比重
A	60%～80%	10%～20%
B	10%～30%	20%～30%
C	0～20%	50%～70%

11.2.2 ABC分析图的绘制

绘制ABC分析图，首先需要找到一个划分库存重要程度的标准，可以按使用数量多少，也可以按价值大小,对库存物品进行分类,然后将各类物资的使用数量或价值按从大到小的顺序排列,计算各类物资的使用数量或价值占全部总量的比重.把各个类别的数量或价值比重进行累加到累积分布量,最后由累积比重资料绘制出折线图.

例 11.1 库存中共有 10 类物资,各种物资的金额见表 11-2.

表 11-2 **物资种类及其价值**

物资代码	1	2	3	4	5	6	7	8	9	10
价值量/万元	850	320	610	80	78	170	45	28	120	30

试据此绘制 ABC 分析图,并指出各类物资包括的品种.

解 按价值大小进行排列,计算各类物资价值量的比重及累积比重,得到表 11-3.绘制图形,得到图 11-2.

根据 A、B、C 类库存物资的特征,容易知道 1、3 可作为 A 类物资,2、6、9 属于 B 类物资,4、5、7、10、8 为 C 类物资.

表 11-3 **比重及累积比重**

物资代码	价值量	比重	累积比重	类别
1	850	36.47%	36.47%	A
3	610	26.17%	62.64%	
2	320	13.73%	796.37%	B
6	170	7.29%	83.66%	
9	120	5.15%	88.81%	
4	80	3.43%	92.24%	C
5	78	3.34%	95.58%	
7	45	1.93%	97.51%	
10	30	1.29%	98.80%	
8	28	1.20%	100.00%	
合计	2 331	100.00%	—	

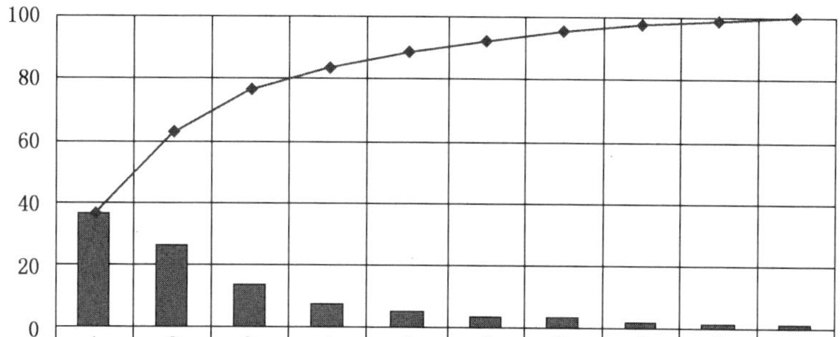

	1	2	3	4	5	6	7	8	9	10
比重	36.5%	26.2%	13.7%	7.29%	5.15%	3.43%	3.34%	1.93%	1.29%	1.2%
累积比重	36.5%	62.6%	76.4%	83.7%	88.8%	92.2%	95.6%	97.5%	98.8%	100%

图 11-2 ABC 分析图

11.2.3 各类物资管理策略

在区分出库存物资重要程度之后，需要针对不同类别的物资采取相应的管理和控制措施.

对于列入 A 类的物资，应严格考查年需求量、库存费用、每批次的采购费用. 采用定期订货方法，密切关注库存情况. 尽量缩短采购供货时间，避免延期交货. 计算经济订货批量，原则上应减少每批次订货的数量. 缩减安全库存，尽可能降低与库存有关的费用. 在保证方便和需要的前提下，对每次的领用量进行控制.

对于 C 类物资，由于品种多，使用量不大，且金额又小，如果也采用 A 类物资那样的管理方式，不仅工作量浩大，而且从经济效果的角度讲也没有太多的必要. 因此，凡列入 C 类的物资，应根据市场供应情况，事先规定出这类物资的最大库存和最小库存，当储备量到达最小点时，一次性订货补充到最大库存. 总之，C 类物资应增大订货批量，减少订货次数.

B 类物资的重要程度介于 A 类物资和 C 类物资之间，对其管理力度原则上可以弱于 A 类但要强于 C 类. 具体做法是，在库存调整期，采用 A 类物资的管理办法，平时应对其中金额较大的品种计算经济订货批量，并实行定期订货方式，对其余品种进行一般性管理，采用最大最小库存控制. 需要注意的是，B 类库存的保险储备要比 A 类物资多，但可以比 C 类物资少.

11.3 确定型库存模型

在确定型库存模型中，需求量、订货点、备货期、订货周期等库存决策参数基本上保持不变，因此这种分析模板是高度理想化的模型，但它有广泛的用途，能为库存管理者提供许多有用信息，同时，也是建立随机库存模型和仿真型的基础.

11.3.1 不允许缺货模型

不允许缺货模型又称为经济订货批量模型，是最早研究也是最经典的一类库存管理模型. 这种模型的特点是：不允许缺货，一旦缺货其造成的损失趋向无穷大；当存货量降低到最低点零时，可以立即得到补充，换句话说就是备货期为零；需求呈现连续均匀变化，即单位时间的需求量始终为常数；能够集中到货，不是陆续到货；每次订货量、每次订货费、单位存储费均保持不变.

不允许缺货模型中，库存量的变化情况如图 11-3 所示.

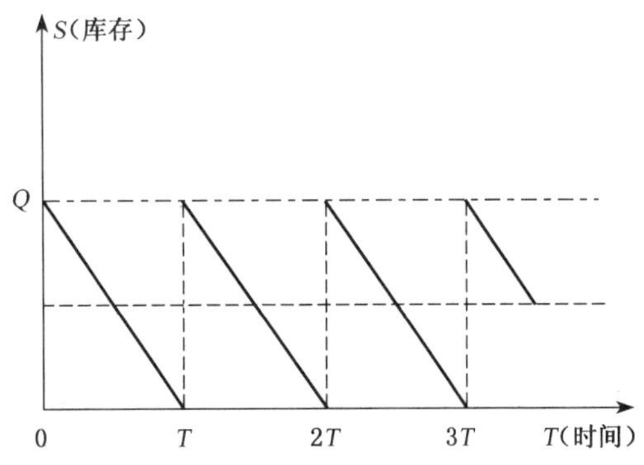

图 11-3 不允许缺货时库存变化

图 11-3 中的 Q 表示订货量和库存量，T 为订货周期. 在 0—T 区间，库存有由 Q 均匀下降到 0，T 点开始补充进货，库存迅速恢复到 Q，如此不断重复进行.

下面，我们讨论采用什么样的订货期 T 和订

货量 Q，才能保证单位时间里的总费用最小.

根据不允许缺货模型的特点，一定存在 $Q=RT$，R 为库存物资单位时间需求量. K 表示订货费，C 为物资单价，则 T 期内的订货成本 $K+CRT$. 由于需求是连续均匀的，那么 T 期内的平均库存量应为 $0.5Q$，用 h 表示单位物资的存储费，则 T 期内的存储费用为 $0.5hRT^2$. 这样一来，我们得到 T 期内总费用 E_T 为

$$E_T = K + CRT + 0.5hRT^2. \tag{11.1}$$

用上式两边除以 T，得到单位时间总费用为

$$PE = \frac{K}{T} + CR + 0.5hRT. \tag{11.2}$$

对式(11.2)求关于 T 的导数，并令其等于零，得到

$$-\frac{K}{T^2} + 0.5hR = 0.$$

由此解出

$$T^0 = \sqrt{\frac{2K}{hR}}. \tag{11.3}$$

由式(11.3)给出的 T^0，可作为最佳订货周期.

在最佳订货期 T^0 下，经济订货量 EOQ(Economic Order Quantity, EOQ)为

$$Q^0 = R \cdot T^0 = \sqrt{\frac{2RK}{h}}. \tag{11.4}$$

经济订货量与物资费用无关，只取决于单位物资的库存费用、订货成本和单位时间的需求量.

例 11.2 某企业对一种原材料的年需求量为 5 000 m^3，该种原材料的市场购价为1 000 元/m^3，每次购买时的订货费为 8 000 元，年库存费为 500 元/m^3，试确定最佳订货周期和经济订货批量.

解 由给定的条件，$R=5\,000$，$K=8\,000$，$h=500$，则由式(11.4)和式(11.3)得

$$Q^0 = \sqrt{\frac{2RK}{h}} = \sqrt{\frac{2\times 5\,000\times 8\,000}{500}} = 400.$$

$$T^0 = \sqrt{\frac{2K}{hR}} = \sqrt{\frac{2\times 8\,000}{500\times 5\,000}} = 0.08.$$

计算结果表明，订货周期 0.08 年，每次订货 400 个单位，可以确保年总费用达到最小.

在确定出经济订货批量后，进一步地还可以计算出订货次数. 以年为单位的订货次数的计算公式为

$$\text{年订货次数} = \frac{\text{年需求量}}{\text{经济订货批量}}. \tag{11.5}$$

或者

$$年订货次数 = \frac{1}{订货周期}. \tag{11.6}$$

拿例 11.2 来说,年订货次数为

$$年订货次数= \frac{年需求量}{经济订货批量} = \frac{5\,000}{400} = 12.5$$

或者由式(11.6)计算,得到最佳订货次数

$$年订货次数= \frac{1}{订货周期} = \frac{1}{0.08} = 12.5.$$

订货次数与订货周期成反向变化关系,订货周期越长,订货次数就越少,订货周期越短,意味着订货次数越频繁.

年订货周期与周订货周期、天订货周期的换算关系为

$$周订货周期 = 年订货周期 \times 52.$$

$$天订货周期 = 年订货周期 \times 365.$$

11.3.2 允许缺货模型

不允许缺货库存模型要求持有充足的库存量,可是在有的场合,库存不足的影响可能不大,这时从减少订货成本和存储费用的角度来看,允许缺货可能还是有利可图的.

允许缺货模型的基本假定:库存系统允许一定程度的缺货,由此造成的损失可以用货币价值衡量,并且单位时间内每件物资的缺货损失为常量 b;物资需求呈匀速变化,每一期的缺货量相等,每一期缺货时间一致;新一批订货到达时缺货能得到及时补充,且无须经过库存;能够集中到货,不是陆续到货;每次订货量、每次订货费、单位存储费都保持不变.

允许缺货时的库存变化情况如图 11-4 所示.图中,Q_s 表示库存最大持有量,Q_E 表示每期最大允许缺货量,T_1 为不缺货时间.

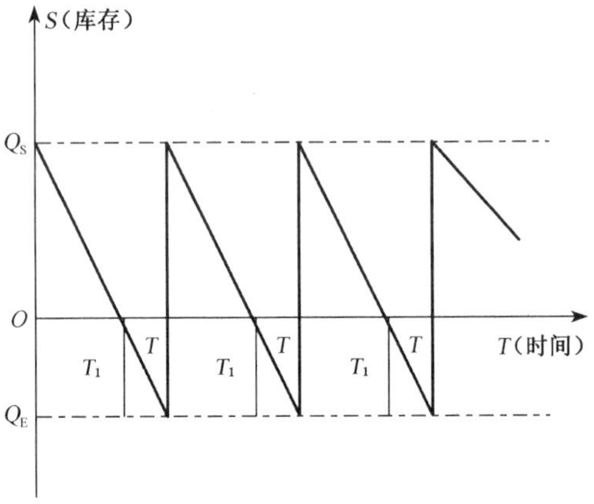

图 11-4　允许缺货库存变化

在上述假定条件下,由于需求速度为 R,库存最大持有量由 Q_s 变成零的时间为 T_1,则一定存在 $Q_s=RT_1$. T_1 时间内平均库存量为$\frac{Q_s}{2}$,$T-T_1$ 缺货期间没有库存成本,因此,一个周期 T 内的存储费用为 $0.5hQ_sT_1=\frac{hQ_s^2}{2R}$, $T-T_1$ 缺货期间内的平均缺货量为 $0.5h(T-T_1)$,因此,在一个周期 T 内的缺货损失为 $0.5Rb(T-T_1)^2=\frac{(RT-Q_s)^2b}{2R}$. 综合存储费、缺货损失和订货费,可以得到一个周期 T 内的总费用

$$E_r = K + \frac{hQ_s^2}{2R} + \frac{(RT - Q_s)^2 b}{2R}. \tag{11.7}$$

单位时间的平均费用

$$PE = \frac{1}{T}\left[K + \frac{hQ_s^2}{2R} + \frac{(RT - Q_s)^2 b}{2R}\right]. \tag{11.8}$$

对式(11.8)求关于 T 和 Q_s 的偏导数,并令其等于零,得到方程组

$$\begin{cases} -\dfrac{1}{T^2}\left[K + \dfrac{hQ_s^2}{2R} + \dfrac{(RT - Q_s)^2 b}{2R}\right] + \dfrac{1}{T}(RT - Q_s)b = 0, \\ \dfrac{1}{T}\left[\dfrac{Q_s}{R}h - \dfrac{(RT - Q_s)b}{2R}\right] = 0. \end{cases}$$

解方程组得

$$Q_s^0 = \sqrt{\frac{2KR}{h}\left(\frac{b}{b+h}\right)}\ , \tag{11.9}$$

$$T^0 = \sqrt{\frac{2K}{hR}\left(1 + \frac{h}{b}\right)}\ . \tag{11.10}$$

其中,Q_s^0 为最优的库存持有量,由求出的最优订货周期,容易得出经济订货批量

$$\begin{aligned} Q^0 = RT^0 &= R\sqrt{\frac{2K}{hR}\left(1 + \frac{h}{b}\right)} \\ &= \sqrt{\frac{2KR}{h}\left(1 + \frac{h}{b}\right)}\ . \end{aligned} \tag{11.11}$$

考虑 $Q = Q_s + Q_E$,那么最大允许缺货量为

$$\begin{aligned} Q_e^0 = Q^0 - Q_s^0 &= \sqrt{\frac{2KR}{h}\left(1 + \frac{h}{b}\right)} - \sqrt{\frac{2KR}{h}\left(\frac{b}{b+h}\right)} \\ &= \sqrt{\frac{2KR}{b}\left(\frac{h}{b+h}\right)}. \end{aligned} \tag{11.12}$$

例 11.3 一电视机制造企业自行生产扬声器用于产品的装配,该企业电视机的生产能力是每月 6 000 台. 扬声器采用成批生产方式,每批次的生产准备费用为 200 元,每个扬声器的生产成本为 20 元,每个扬声器每个月的存储费用为 0.10 元,发生缺货时,每个扬声器摊到的损失代价 1.0 元,试据此确定扬声器的最优生产规模、最大库存量、最大允许缺货量和最优生产周期.

解 根据给定的条件容易知道,$R=6\,000$, $K=1\,200$, $h=0.1$, $b=1.0$.

由式(11.11)计算最优生产规模,得

$$\begin{aligned} Q^0 &= \sqrt{\frac{2KR}{h}\left(1 + \frac{h}{b}\right)} \\ &= \sqrt{\frac{2 \times 1\,200 \times 6\,000}{0.10}\left(1 + \frac{0.10}{1.0}\right)} = 12\,586. \end{aligned}$$

由式(11.9)计算最大库存量为

$$Q_e^0 = \sqrt{\frac{2KR}{b}\left(\frac{h}{b+h}\right)}$$

$$= \sqrt{\frac{2\times 1\,200\times 6\,000}{0.10}\left(\frac{1.0}{1.0+0.1}\right)} = 11\,442.$$

由式(11.12)计算最大允许缺货量为

$$Q_e^0 = \sqrt{\frac{2KR}{b}\left(\frac{h}{b+h}\right)}$$

$$= \sqrt{\frac{2\times 1\,200\times 6\,000}{1.0}\left(\frac{0.10}{1.0+0.10}\right)} = 1\,144.$$

由式(11.10)计算生产周期为

$$T^0 = \sqrt{\frac{2K}{hR}\left(1+\frac{h}{b}\right)}$$

$$= \sqrt{\frac{2\times 1\,200\times 6\,000}{0.10\times 6\,000}\left(1+\frac{0.10}{1.0}\right)} = 2.1.$$

计算结果说明,作为配件的扬声器每个批次的最优生产量为 12 586 个,最高库存应控制在 11 442 个,最大允许的缺货数量为 1 144,最好 2 个月左右生产一次.

11.3.3 连续补充、不允许缺货模型

上面介绍的不允许缺货和允许缺货模型中,库存补充都是一次性完成的,当库存降到最低点时开始订货,货物瞬时到达后库存便又立即恢复到最大持有水平. 有的时候可能不允许缺货,但库存补充却不是一步到位的,而是以均匀的速率持续地进行.

连续补充、不允许缺货模型的假定条件:不允许缺货,换句话就是缺货损失无穷大;单位时间需求量保持不变;在库存物资一边补充一边领用的情况下,当库存到达最大持有量时停止进货,此后只有领用没有进货,直至库存降到零点再开始进行新一轮补充;在订货期间,库存补充速度均匀,订货费和储存费始终为常数.

连续补充、不允许缺货库存变化情况如图 11-5 所示.

图 11-5 中,T_1 为领用边补充情况下库存到达最大持有量的时间,T_2 为只有领用没有补充情况下库存由最大量下降到零点的时间. 在 T_1 期间,库存物资的增加量大于领用量,库存存储量稳步上升,而在 T_2 期间,库存没有增加只有减少,储存量稳步下降.

连续补充、不允许缺货模型的订货模型的订货周期 T 是 T_1 和 T_2 之和,即 $T=T_1+T_2$. 设 T_1 期间存货补充的速度为 S,由于在 T_1 期间能形成库存的物资应该恰好等于 T_2 期间所需要的使用量,因此

$$(S-R)T_1 = R(T-T_1),$$

进而得到

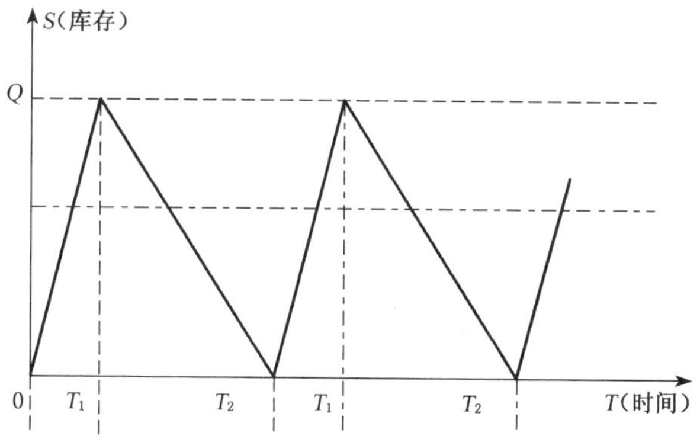

图 11-5　连续补充、不允许缺货库存变化

$$T_1 = \frac{RT}{S}. \tag{11.13}$$

又由于存在

$$T = \frac{Q}{R}, \tag{11.14}$$

T 期间内的库存为 $0.5(S-R)T_1T$，存储费为 $0.5h(S-R)T_1T$. 因此，得到库存总费用

$$E_r = K + QC + 0.5h(S-R)TT_1. \tag{11.15}$$

考虑到式(11.13)、式(11.14)和式(11.15)，又可写成

$$E_r = K + QC + 0.5h(S-R)\frac{R}{S}\left(\frac{Q}{R}\right)^2. \tag{9-16}$$

一个周期内的平均库存费用

$$\begin{aligned} PE &= \frac{1}{T}\left[K + QC + 0.5h(S-R)\frac{R}{S}\left(\frac{Q}{R}\right)^2\right] \\ &= \frac{R}{Q}\left[K + QC + 0.5h(S-R)\frac{R}{S}\left(\frac{Q}{R}\right)^2\right]. \end{aligned} \tag{11.17}$$

对式(11.17)求关于 Q 的导数，并令其等于零，得到

$$-\frac{RK}{Q^2} + 0.5h(S-R)\frac{1}{S} = 0.$$

解方程

$$Q = \sqrt{\frac{2SRK}{h(S-R)}}, \tag{11.18}$$

由式(11.18)确定的 Q^* 即为最优订货批量.

将式(11.18)代入式(11.14)，得到存货最佳补充周期

$$T^0=\frac{Q}{R}=\sqrt{\frac{2SRK}{h(S-R)}}\frac{1}{R}$$
$$=\sqrt{\frac{2SK}{hR(S-R)}}. \tag{11.19}$$

存货最佳持续补充时间

$$T_1^0=\frac{RT}{S}=\frac{R}{S}\sqrt{\frac{2SK}{hR(S-R)}}$$
$$=\sqrt{\frac{2RK}{hS(S-R)}}. \tag{11.20}$$

例 11.4 一企业对某种原料需求量为 20 t/d，一次订货费 1 000 元，保管费 100 元/t·d，该种原料的市场价格为 600 元/t，存货以每天 100 t 连续补充，试确定经济订货批量、最佳订货周期和最佳持续订货时间.

解 已知 $R=20$，$K=1\,000$，$h=100$，$S=100$，则由式(11.18)得

$$Q=\sqrt{\frac{2SRK}{h(S-R)}}$$
$$=\sqrt{\frac{2\times100\times20\times365\times1\,000}{100\times(100-20)}}=427.2.$$

由式(11.19)得到存货最佳补充周期

$$T^0=\sqrt{\frac{2SK}{hR(S-R)}}$$
$$=\sqrt{\frac{2\times100\times1\,000\times365}{100\times20\times(100-20)}}=21.36.$$

由式(11.20)得到最佳持续补充时间

$$T_1^0=\sqrt{\frac{2RK}{hS(S-R)}}$$
$$=\sqrt{\frac{2\times20\times265\times1\,000}{100\times100\times(100-20)}}=4.27.$$

计算结果表明，经济订货批量为 427.2 t，最佳订货周期为 21.36 天，最佳持续订货时间为 4.27天.

11.3.4 不允许缺货、数量折扣模型

前面介绍的三个模型中，经济订货批量计算都没有与货物的市场购买价格发生联系，导致这种结果的主要原因在于我们始终假定货物的价格保持不变. 现实生活中，供应商出于鼓励用户多买东西的目的，可能对购买不同数量的商品实行价格差别对待，一次采购的数量越大，购买者得到的价格折扣优惠也越多. 因此，在确定经济订货批量的时候，应该要考虑这些方面的情况.

不允许缺货、数量折扣库存模型的假定条件：不允许缺货；需要的货物能瞬间得到补充；单位时间内的存储费、一次性订货费保持不变；单位时间物资需求一定；货物购买价格随一次性订购数量不同而发生相应的变化，也就是价格是购买数量的函数

$$C=\begin{cases}C_1, & Q<Q_1,\\ C_2, & Q_1<Q<Q_2,\\ \vdots & \\ C_n, & Q\geqslant Q_{n-1}.\end{cases}\tag{11.21}$$

当订货量小于 Q_1 时，购买价格为 C_1，订货量在 Q_1 和 Q_2 之间时，价格为 C_2，依此类推. 因此，C_1，C_2，…，C_n 为不同订货量时的购买价格，并且 $C_1>C_2>\cdots>C_n$，Q_1，Q_2，…，Q_n 为价格优惠的分界点.

我们已经知道，在没有价格优惠时的平均费用

$$PE=\frac{K}{T}+CR+0.5hRT.$$

由于 $Q=RT$，则上式又可表示成

$$PE=\frac{KR}{Q}+CR+0.5hQ.\tag{11.22}$$

现在因为有价格折扣优惠，若 $Q_{j-1}\leqslant Q\leqslant Q_j$，则式(11.22)变为

$$PE_j=\frac{KR}{Q}+C_jR+0.5hQ.$$

容易理解，在有价格折扣的情况下，订货周期的总平均费用函数就是由各个分段函数共同组成的，即存在

$$PE=\begin{cases}PE_1, & Q<Q_1,\\ PE_2, & Q\leqslant Q<Q_2,\\ \vdots & \\ PE_n, & Q\geqslant Q_{n-1}.\end{cases}\tag{11.23}$$

如果不考虑价格折扣因素的影响，那么平均费用 PE_j 的极小值点都可以通过$\sqrt{2RK/h}$进行计算. 下面，我们着重讨论在价格折扣条件下经济订货批量的确定.

令 Q_j 为某个订货批量，在$(0, Q_j)$区间内，PE 单调下降，因此当订货量 $Q<Q_j$ 时，必有 $PE_j>PE_{j'}$，$j=1, 2, \cdots, j'-1$，这时经济订货批量 $Q^0\geqslant Q_{j'}$. 在$(0, Q_{j'})$区间外，PE 函数都单调上升. 综合起来，最佳订货批量可能为 $Q_{j'}$，$Q_{j'+1}$，$Q_{j'+2}$，…，Q_{n-1}，从中选择一个能保证总费用达到最小的订货量作为最佳订货量即可.

例 11.5 一企业某种零配件的月需求量为 2 000 件，已知该种零配件每月每件存储费0.1 元，一次性订货费 100 元，按订货量的多少能够享受一定的价格折扣优惠，具体规则是

$$C=\begin{cases}1.2, & Q<1\,000,\\ 1.15, & 1\,000<Q<3\,000,\\ 1.10, & 3\,000\leqslant Q\leqslant 5\,000,\\ 1.05, & Q\geqslant 5\,000.\end{cases}$$

试确定最佳订货批量.

解 先不考虑价格折扣因素,把它当作允许缺货模型来处理,在这种情况下得到的经济订货批量

$$Q^0=\sqrt{\frac{2Rk}{h}}=\sqrt{\frac{2\times 2\,000\times 100}{0.10}}=2\,000.$$

由于求出的 Q^0 在 1 000~3 000 之间,因此有

$$\begin{aligned}PE_2&=\frac{KR}{Q^0}+C_2R+0.5hQ^0\\&=\frac{100\times 2\,000}{2\,000}+1.15\times 2\,000+0.5\times 0.10\times 2\,000\\&=2\,500.\end{aligned}$$

再分别计算 PE_3 和 PE_4,得到

$$\begin{aligned}PE_3&=\frac{KR}{Q_3}+C_3R+0.5hQ_3\\&=\frac{100\times 2\,000}{3\,000}+1.10\times 2\,000+0.5\times 0.10\times 3\,000\\&=2\,416.7.\end{aligned}$$

$$\begin{aligned}PE_4&=\frac{KR}{Q_3}+C_3R+0.5hQ_3\\&=\frac{100\times 2\,000}{5\,000}+1.05\times 2\,000+0.5\times 0.10\times 5\,000\\&=2\,390.\end{aligned}$$

由于 2 500>2 416.7>2 390,所以最佳订货量可以确定为 5 000 件.

11.4 随机型库存模型

由于受到众多因素的作用,库存系统中的需求和备货期并不总是能得到完全控制,因此,客观上需要针对需求或备货期的不确定性变化,制订相应的库存管理方案. 本节主要介绍单阶段随机库存决策模型分析的基本原理.

11.4.1 单阶段离散型随机库存模型

单阶段离散随机库存决策又称为单周期离散随机库存决策,这种库存管理模式的主要特点是:将单位时间当作一个订货周期,只在订货周期的初始阶段制订一次库存方案,以满足整个周期里的库存需求;系统需求不再是连续性变量,而是只能取离散的、非负整数值;需求量呈不确定性变化,也就是需求是一个随机变量.

报纸销售是一类非常典型的离散型随机库存决策问题,人们习惯上称之为"报童问题". 报

纸销售零售商可以按季度订购报纸，也可以签订半年或一年订购协议，在整个合同期，报纸零售商每天早上都能从报纸发行商那里领到预订份数的报纸供当天零售．如果订购的数量恰好全部卖出去，则能获得相应的利润，要是不能全部卖出，剩下的报纸只能作为废品处理因而造成损失，如果不够卖，则会失去销售机会．诸如此类的事例还有很多，如商场的服装销售，超市的鲜奶、面包订售等．像这样的问题，它们都有一个共同的特征，供货量保持不变，但需求量却并不确定，因此，就不能保证进货量始终与需求量相等，换句话说，就必然会出现供求平衡、供不应求、供过于求三者之一的局面．供不应求将出现缺货损失，供过于求非但得不到预期收益，反而会产生不必要的商品价值贬损．

离散型随机库存决策的假定条件：

（1）需求量 X 为非负离散随机变量，且概率分布已知，见表 11-4．其中，$0 \leqslant p_i \leqslant 1$，且 $\sum_{j=0}^{\infty} p_j = 1$.

表 11-4　　需求概率分布

需求量 X	0	1	…	n	…
概率	p_0	p_1	…	p_n	…

（2）一个周期的订货数量 Q 一定．

（3）要求瞬时一次性供货．

（4）供不应求时产生缺货损失，单位产品的缺货损失用 C_U 表示，等于零售价加缺货损失减购买单价．注意：这里的缺货损失不包括机会损失（零售价减购买价）．

（5）供过于求时产生库存费用，单位产品的库存费用用 C_O 表示，等于商品购价加存货费用减残值．同样，残值也不应计算“机会残值”．

（6）目标函数为总平均费用．

在上述条件下，当订货量 Q 大于需求量 j 时，总库存费用的期望值

$$E_O = C_O \sum_{Q \geqslant j} (Q - j) p_j; \tag{11.24}$$

当订货量 Q 小于需求量 j 时，总缺货成本的期望值

$$E_U = C_U \sum_{Q < j} (j - Q) p_j. \tag{11.25}$$

考虑到一个周期内的订货费是个常数，产品本身的购买支出已经包含在 C_U 和 C_O 之中，因此，总期望成本 E_T 可以由 E_O 和 E_U 决定，即有

$$E_T = E_T + E_T = C_O \sum_{Q \geqslant j} (Q - j) p_j + C_U \sum_{Q < j} (j - Q) p_j. \tag{11.26}$$

在式（11.26）中，订货量 Q 的变化会产生重要的影响，当 Q 值过大时 E_O 增加，而当 Q 值过小时，E_U 增加．

订货量 Q 为最佳订货量 Q^O 的必要条件是，总期望成本 E_T 在点 Q^O 的值都不大于在 $Q^O + 1, Q^O - 1$ 处的值，即有

$$E_T(Q^O) \leqslant E_T(Q^O + 1), \tag{11.27}$$

$$E_T(Q^O) \leqslant E_T(Q^O-1). \tag{11.28}$$

而 $E_T(Q^O+1)$ 为

$$E_T(Q^O+1) = C_O\sum_{Q\geqslant j}(Q+1-j)p_j + C_U\sum_{Q<j}(j-Q-1)p_j, \tag{11.29}$$

$E_T(Q^O-1)$ 为

$$E_T(Q^O-1) = C_O\sum_{Q\geqslant j}(Q-j-1)p_j + C_U\sum_{Q<j}(j-Q+1)p_j. \tag{11.30}$$

把式(11.26)中的 Q 用 Q^O 代替，然后和式(11.29)一起代入式(11.27)，得到

$$C_O\sum_{Q^O\geqslant j}(Q^O-j)p_j + C_U\sum_{Q^O<j}(j-Q^O)p_j \leqslant C_O\sum_{Q\geqslant j}(Q+1-j)p_j + C_U\sum_{Q<j}(j-Q-1)p_j. \tag{11.31}$$

把式(11.26)中的 Q 用 Q^O 代替，然后和式(11.30)一起代入式(11.28)，得到

$$C_O\sum_{Q^O\geqslant j}(Q^O-j)p_j + C_U\sum_{Q^O<j}(j-Q^O)p_j \leqslant C_O\sum_{Q\geqslant j}(Q-j-1)p_j + C_U\sum_{Q<j}(j-Q+1)p_j. \tag{11.32}$$

由式(11.31)得

$$\sum_{j=0}^{Q}p_j \geqslant \frac{C_U}{C_U+C_O}. \tag{11.33}$$

由式(11.32)得

$$\sum_{j=0}^{Q-1}p_j \leqslant \frac{C_U}{C_U+C_O}. \tag{11.34}$$

表明订货量 Q 满足

$$\sum_{j=0}^{Q-1}p_j \leqslant \frac{C_U}{C_U+C_O} \leqslant \sum_{j=0}^{Q}p_j$$

时，总期望成本最小.

一般地，根据式(11.33)来确定最佳订货量 Q^O. 具体做法是：先计算出 $\frac{C_U}{C_U+C_O}$ 值，然后把需求量按从小到大的顺序排列，并递次计算累计概率，当累积概率刚刚达到或超过 $\frac{C_U}{C_U+C_O}$ 时的需求量即可作为最佳订货量 Q^O.

例 11.6 售报亭每卖出一份报纸可获 0.1 元纯收入，卖不出去的报纸，每份将亏损 0.3 元，根据过去的记录，该售报亭每天卖出去的报纸及其概率见表 11-5.

表 11-5 **报纸需求及其概率**

需求量 X	300	310	320	330	340	350	360	370
概 率	0.05	0.08	0.15	0.20	0.30	0.12	0.07	0.03

试确定该报亭每天报纸的最佳订购份数.

解 每个问题有多种处理办法,我们先按风险决策中的期望值准则进行决策,然后再用本节的方法求解.

为符合风险决策中期望值准则决策的要求,要求把问题进行适当的变换,主要是把需求量同时作为自然状态和备选方案,并以此计算相应的收益,结果见表 11-6.

表 11-6 风险决策表

		市场需求状态							
		300	310	320	330	340	350	360	370
状态概率		0.05	0.08	0.15	0.20	0.30	0.12	0.07	0.03
决策方案	300	30	30	30	30	30	30	30	30
	310	27	31	31	31	31	31	31	31
	320	24	28	32	32	32	32	32	32
	330	21	25	29	33	33	33	33	33
	340	18	22	26	30	34	34	34	34
	350	15	19	23	27	31	35	35	35
	360	12	16	20	24	28	32	36	36

计算各个方案的期望收益,得到表 11-7.

表 11-7 方案期望收益

方案	300	310	320	330	340	350	360	370
期望收益	30	30.8	31.28	31.16	30.24	28.12	25.52	22.64

期望收益的最大值为 31.28,因此,最佳订购数量应为 320 份报纸.

现在,我们用本节介绍的方法确定决策方案.由给定的条件知,$C_U=0.1$, $C_O=0.3$,则得到方案期望收益见表 11-7.

又因为

$$\frac{C_U}{C_U+C_O}=\frac{0.1}{0.1+0.3}=0.25.$$

表明收益发生转折的概率为 0.25.

计算需求量的累积概率分布见表 11-8.

表 11-8 需求量累积概率分布

需求量	300	310	320	330	340	350	360	370
累积概率	0.05	0.13	0.28	0.48	0.78	0.90	0.97	1.00

由式(11.33),当需求量为 320 时,累积概率 0.28 大于转折概率 0.25,因此,可以把 320 作为最佳订购方案.

例 11.7 某企业对某种原材料的月需求量及其概率分布见表 11-9.

表 11-9 原材料需求量及概率分布

需求量	100	110	120	130	140	150	160	170	180	190	200
概率	0.02	0.03	0.05	0.10	0.20	0.20	0.20	0.10	0.05	0.03	0.02

已知每次订货费 1 000 元，每月每件库存保管费 100 元，缺货损失费 3 000 元，这种原材料的购价 1 500 元，试确定每个月的订货量.

解 C_U等于零售价加缺货损失减购买单价，由于这里不存在零售问题，因此可以令零售价等于零，这样一来，$C_U=3\,000-1\,500=1\,500$. C_O等于商品购价加存货费用减残值，可以令残值等于零，则 $C_O=1\,500+100=1\,600$.

计算得

$$\frac{C_U}{C_U+C_O}=\frac{1\,500}{1\,500+1\,600}=0.483\,9.$$

由表 11-9 计算累积概率分布见表 11-10.

表 11-10 **原材料需求量累积概率分布**

需求量	100	110	120	130	140	150	160	170	180	190	200
概率	0.02	0.03	0.05	0.10	0.20	0.20	0.20	0.10	0.05	0.03	0.02
累积	0.02	0.05	0.10	0.20	0.40	0.60	0.80	0.90	0.95	0.98	1.00

当需求量 150 时，累积概率 0.60 大于转折概率 0.483 9，故此该企业每个月的最佳订货量可以确定为 150 件.

11.4.2 单阶段连续型随机库存模型

离散型随机库存分析过程同样适用于连续型的情况，假定需求量 X 为非负连续型变量，且服从概率密度函数为 $f(x)$的分布.

当 $x>Q$，即供不应求时，缺货损失的期望值为

$$E_U=C_U\int_Q^{\infty}(x-Q)f(x)\mathrm{d}x; \tag{11.35}$$

当 $x\leqslant Q$，即供过于求时，发生库存成本，其期望值为

$$E_O=C_O\int_0^{Q}(Q-x)f(x)\mathrm{d}x. \tag{11.36}$$

因此，总成本的期望值就是式(11.35)和式(11.36)两者之和

$$\begin{aligned}E_T&=E_U+E_O\\&=C_U\int_Q^{\infty}(x-Q)f(x)\mathrm{d}x+C_O\int_0^{Q}(Q-x)f(x)\mathrm{d}x.\end{aligned} \tag{11.37}$$

对式(11.37)求关于 Q 的一阶导数，并令其等于零，得到

$$-C_U+(C_U+C_O)\int_0^{Q}f(x)\mathrm{d}x=0,$$

解方程得

$$\int_0^{Q}f(x)\mathrm{d}x=\frac{C_U}{C_U+C_O}. \tag{11.38}$$

由式(11.38)确定的 Q,即可作为最佳订货数量.

例 11.8 某时装专卖店计划在冬季到来之前订购一批款式新颖的皮装,已知皮装的进价每件 1 000 元,估计利润率为 40%,多进的货如果卖不出去只能以进价的一半返还给厂家. 假定这种皮装的销售服从如下的均匀分布

$$f(x)=\begin{cases}\dfrac{1}{50}, & 50\leqslant x\leqslant 100;\\ 0, & 其他,\end{cases}$$

试确定最佳订货批量.

解 分别计算缺货损失 C_U 和库存费 C_O. 由于 C_U 等于零售价加缺货损失减购买单价,因此 $C_U=1\,000\times(1+40\%)-1\,000=400$. 又因为 C_O 等于商品购价加存货费用减残值,则 $C_O=1\,000-500=500$.

又因为

$$\frac{C_U}{C_U+C_O}=\frac{400}{400+500}=0.44.$$

在销售服从均匀分布的假定下,根据式(11.38)得

$$\int_{50}^{Q}\frac{1}{50}\mathrm{d}x=0.44,$$

解之得

$$Q=72.$$

所以,该时装专卖店最好订购 72 件皮装.

本 章 小 结

库存管理是企业生产辅助性管理活动的核心内容之一,有效的库存管理对降低企业运作成本,提高企业经营效益具有重要意义. 在管理科学的发展中,库存管理是一类得到较早关注的问题,因此库存管理和控制也是管理科学研究方法的重要组成部分. 在这一章里,我们主要讲解库存管理及其控制模拟的基本概念、ABC 库存分析方法、确定型库存模型和随机型库存模型等若干个典型的模型及其应用.

习 题 11

11.1 设某企业每年需用某种原料 1 800 t,不需每日供应,但不得缺货,设每吨每月的保管费用为 60 元,每次订购费用为 200 元,试求最佳订购量.

11.2 某公司采用无安全存量的存储策略,每年使用某种零件 100 000 件,每件每年的保管费用为 30 元,每次订购费用为 600 元,试求:

(1) 经济订购批量；

(2) 订购次数.

11.3 设某企业生产某种零件，每年需要量为 18 000 个，该企业每月可生产 3 000 个，每次生产的装配费用为 5 000 元，每个零部件的存储费用为 1.5 元，求每次生产的最佳批量.

11.4 某产品每月用量为 4 件，装配费用为 50 元，存储费用为每月每件为 8 元，求产品每次最佳生产量及最小费用. 若生产速度为每月可生产 10 件，求每次生产量及最小费用.

11.5 每月需要某种机械零件 2 000 件，每件成本 150 元，每年的存储费用为成本的 16%，每次订购费用为 100 元，求 EOQ 及最小费用.

11.6 在 11.5 题中如允许缺货，求库存量 S 及最大缺货量，设缺货费用为 $C_2=200$ 元.

11.7 某制造企业每周购进某种机械零件 50 件，订购费用为 40 元，每次订购费用为 3.6 元，

(1) 求 EOQ；

(2) 该企业为少占用流动资金，希望存储量达到最低限度，决定可使总费用超过最低费用的 4% 作为存储＋策略，问这时订购批量为多少？

11.8 某公司采用无安全存量的存储策略，每年需要电感 5 000 个，每次订购费用为 500 元，保管费用为每年每个 10 元，不允许缺货，若采购少量电感每个单价 30 元，若一次采购 1 500 个以上则每个单位 18 元，问该公司每次应采购多少个？（提示：本题属于订货量多，价格有折扣的类型，即订货费用为 C_3+KQ，K 为阶梯函数）

11.9 某企业的采购情况如下：

采购数量/单位	单位/元
0～1 999	100
2 000 以上	80

假设年需要量为 10 000，每次订货费用为 2 000 元，存储费用率为 20%，则每次应采购多少？

11.10 一个允许缺货的 EOQ 模型的费用绝不会超过一个具有相同存储费用、订购费用，但不允许缺货的 EOQ 模型的费用，试说明之.

11.11 某企业对原材料需求的概率如下：

需求量 r/t	20	30	40	50	60
概率 $P(r)$	0.1	0.2	0.3	0.3	0.1

每次订货费用为 $C_3=500$ 元，原材料每吨价格为 $K=400$ 元，每吨原材料存储费用为 $C_1=50$ 元，缺货费用为每吨 $C_2=600$ 元，该企业希望制定 (s, S) 型存储策略，试求 s 和 S 的值.

11.12 某企业需用配件数量 r 是一个随机变量，其概率服从泊松分布，t 时间内需求概率为 $\varphi_t(r)=\frac{e^{-\rho t}(\rho t)^r}{r!}$，平均每日需求为 $1(\rho=1)$，备货时间为 x 天的概率服从正态分布：$P(x)=\frac{1}{\sqrt{2\pi}\sigma}e^{-\frac{(x-\mu)^2}{2\sigma^2}}$，平均拖后时间 $\mu=14$ 天，方差 $\sigma^2=1$.

在生产循环周期内存储费用为 $C_1=1.25$ 元，缺货费用为 $C_2=10$ 元，装配费用为 $C_3=3$ 元，问两年内应分多少批订货？每次批量及缓冲存储量各为何值才能使总费用最少？

12 博　弈　论

本章要求

◎ 正确理解博弈论的背景、基本要素及分类.

◎ 掌握两人完全信息静态非合作博弈模型的建立.

◎ 掌握占优战略均衡及重复剔除的占优战略均衡的解法.

◎ 掌握混合战略纳什均衡的解法,并理解其意义.

博弈论(Game Theory),又称对策论,是研究竞争或冲突环境当中决策的理论和方法. 以往的运筹学理论大部分着眼于研究单个决策主体的最优决策,但在现实当中经常可以见到多种多样的带有竞争性质的活动,如军事战争、政治谈判、商业竞争等,在这些过程中参与竞争的双方或者多方均会想方设法地寻求最有利的策略. 其中,每个决策主体均有自己不同的利益和目标,而且彼此的决策又会影响到对手的选择. 如何在考虑对手各种可能的策略的情况下,寻求自己的最优策略,就是博弈论有别于传统运筹学理论之处.

博弈论的思想早在19世纪中叶的经济学研究当中已经出现,但其正式作为一门学科的建立则始于1944年冯·诺伊曼与奥斯卡·摩根斯特恩合著《博弈论与经济行为》一书,目前在生物学、经济学、国际关系、计算机科学、政治学、军事战略和其他很多学科都有广泛的应用. 1994年,约翰·福布斯·纳什、约翰·C·海萨尼及莱因哈德·泽尔腾因为他们对博弈论的突出贡献而获得当年的诺贝尔经济学奖. 博弈论已经被认为是20世纪经济学最伟大的成果之一.

12.1　基本要素和分类

12.1.1　博弈论的基本要素

1. 参与人(player)

参与人是博弈中的决策主体,既可能是个人,也可能是组织,如企业、国家等,只要他们具有一致的行动准则以及同样的偏好函数就可以认为是一个参与人. 博弈中不做决策的被动主体不是参与人,只能当做环境参数. 为分析上的方便,博弈论中把"自然"(nature)作为"虚拟参与人"(pseudo-player)处理. 当外部环境存在不确定因素,如市场需求等,我们假定"自然"在一开始以特定的概率决定其大小. 但自然作为虚拟参与人是无偏好的.

2. 信息(information)

信息是参与人关于博弈的知识，包括外部环境的知识，以及对其他参与人的特征和行动的知识. 对于某个特定变量的信息组合称作信息集(information set). 这里有两个相关联的概念：完美信息(perfect information)和完全信息(complete information). 前者是指一个参与人对于其他信息有着全面的了解，包括其他参与人每一步的行动，亦即每个信息集只有一个元素；后者则只针对虚拟参与人"自然"的选择，以及其他参与人的特征和偏好函数. 此外，"所有参与人知道，并且也都知道其他参与人知道"的信息称作共同知识(common knowledge)，譬如博弈的基本规则和结构.

3. 行动(action)和策略(strategy)

行动是参与人在一个博弈中某个时点的决策变量，而在这个时点可供参与人选择的所有行动的集合称为行动集(action set). 行动集可以是离散的，也可以是连续的. 并且，参与人之间的行动顺序(order of actions)也是非常重要的一个要素. 策略则是对具体某个参与人来说，在给定信息集下的行动规则. 它告诉参与人在什么时候应该选择什么行动.

4. 支付(payoff)

支付也称为效用(utility)，是指参与人在一个特定的战略组合下能得到的结果(outcome)，或者是能够反映此结果对参与人所带来的价值. 支付是参与人在博弈中最关心的东西，并以此决定其偏好函数，是参与人进行决策的根本依据.

5. 均衡(equilibrium)

均衡是所有参与人的最优策略的组合. 博弈论分析的最终目的就是要寻找某个博弈的均衡. 而在均衡状况下所有参与人的最优行动的组合则称为均衡结果(equilibrium outcome)，这两者在概念上略有区别，但实际使用中两者经常被混用并通称为均衡. 本书中也不对这一点作专门区分.

12.1.2 博弈论的分类

1. 非合作博弈(non-cooperative game)与合作博弈(cooperative game)

这是博弈论的最基本的分类之一，主要区别在于博弈的参与人之间能否达成一个具有约束力的协议. 如果能达成一个各方都能遵守的协议，就是合作博弈；否则就是非合作博弈. 需要特别说明的是，如果协议不具有约束力的话，那么仍然是非合作博弈. 合作博弈强调的是团体理性、效率，而非合作博弈强调的是个人理性、个人最优决策，但可能会导致无效率的结果. 在经济学当中，没有特别强调合作状态下所使用的"博弈"一般都是指非合作博弈.

2. 静态博弈(static game)与动态博弈(dynamic game)

这是根据参与人的行动顺序而划分的. 若博弈当中所有参与人同时进行决策，或者是在对其他参与者的决策不知情的条件下独立进行决策，则称为静态博弈；否则，若参与人的决策顺序有先后之分，后行动者能够掌握先行动者的决策信息，则称为动态博弈.

3. 完全信息博弈(games with complete information game)与不完全信息博弈(incomplete information)

这是根据上述完全信息的定义而划分的. 若博弈中所有参与人都掌握了完全信息，即为完全信息博弈；否则即为不完全信息博弈. 若一方掌握的信息另一方并未掌握，这称为信息不对称(information asymmetry),是经济学里很常见的一项研究课题.

4. 零和博弈(zero-sum game)、常和博弈(constant-sum game)与变和博弈(variable-sum game)

这是根据博弈当中所有参与人的支付总和而划分的. 若所有参与人的支付总和在各种策略组合中均为 0,则此博弈称为零和博弈;若为固定常数,称为常和博弈;若在不同策略组合中总和不固定,则称为变和博弈. 不难看出,常和博弈跟零和博弈是等价的. 零和博弈是对抗程度最高的博弈类型,一方得益的同时必然伴随着另一方的受损;而变和博弈则存在着双赢的可能性.

由于篇幅所限,本章对于博弈论的介绍仅限于完全信息静态博弈. 我们还将在下面结合实例进一步对以上的基本概念进行解释.

12.2 完全信息静态博弈

我们首先引用著名的田忌赛马的故事为例来阐述完全信息静态博弈的模型.

战国时期,齐王与他的大将军田忌进行赛马,双方各有三匹等级不同的马,分别称为上马、中马、下马,两两配对进行比赛,每一场以千金为赌注. 因为田忌的三匹马分别都比齐王的略逊一筹,所以三战全负. 后来田忌的谋士孙膑给他出谋划策,让他以下马应战齐王的上马,上马迎战齐王的中马,中马迎战齐王的下马,这样就可以两胜一负.

在这个博弈里,参与人显然是齐王和田忌,双方可采用的行动均为派出上马、中马、下马中的某一匹出赛,而策略则是三场比赛当中派出三匹马的顺序,共有 6 种组合:(上中下)(上下中)(中上下)(中下上)(下上中)(下中上). 对每个参与人来说,其每一次决策所获得的结果是赢或输一千两黄金,而三场比赛总的支付是赢三千两黄金(全胜)、输三千两黄金(全负)、赢一千两黄金(两胜一负)、输一千两黄金(一胜两负). 以上这些是双方都掌握的共同知识,信息是完全信息. 并且齐王的策略是固定的,对田忌来说是完美信息. 此外,双方的总支付为零,所以这是一个零和博弈.

结合上述的例子,我们介绍策略形式(strategic form)的概念. 策略形式是对非合作博弈的一种基本的表述形式,又称为标准形式(normal form). 策略形式的博弈通过列出参与人集合、参与人的策略集合以及效用函数来描述一个博弈,通常用来描述静态博弈. 通常,一个博弈当中的参与人用 $i=1, 2, \cdots, n$ 表示,$I=\{1, 2, \cdots, n\}$ 表示所有参与人的集合. 在完全信息博弈当中无须考虑虚拟参与人"自然"的存在(一般用 N 表示). 参与人 i 的某个特定行动用 a_i 表示,而某个特定策略用 s_i 表示. 譬如在上述田忌赛马的故事中,记齐王为 $i=1$,田忌为 $i=2$,则田忌最终获胜的策略就是 $s_2=$(下上中). 为了简化表述,可用 s_{-i} 表示除了参与人 i 以外所有其他参与人的策略组合,即 $s_{-i}=\{s_1, s_2, \cdots, s_{i-1}, s_{i+1}, \cdots, s_n\}$. S_i 用来表示参与人 i 所有可用策略的集合. 对给定一组所有参与人的策略组合 $S=\{s_1, s_2, \cdots, s_n\}$,参与人 i 的支付用 $u_i(S)$ 表示,而在各种可能的策略组合下参与人 i 可获得的支付的集合用 U_i 表示. 根据这些记法,我们给出以下关于策略表述的正式定义:

定义 12.1 一个 n 人博弈的策略表述为 $G=\{I, (S_i)_{i\in I}, (U_i)_{i\in I}\}$,其中 $I=\{1, 2, \cdots, n\}$ 为参与人的集合,S_i 为参与人 i 的可用策略集合,U_i 为参与人 i 的支付集合.

若一个博弈当中参与人的数目有限,且每个参与人的可用策略数目是有限的,这个博弈被称为有限博弈(finite game).特别地,只有两个参与人的有限博弈的策略表述可直观地用矩阵的方式来表示.仍以田忌赛马为例,此博弈可表述为表 12-1 所示的矩阵.

表 12-1 **田忌赛马** 单位:千两黄金

齐王 \ 田忌	上中下	上下中	中上下	中下上	下上中	下中上
上中下	3, −3	1, −1	1, −1	1, −1	−1, 1	1, −1
上下中	1, −1	3, −3	1, −1	1, −1	1, −1	−1, 1
中上下	1, −1	−1, 1	3, −3	1, −1	1, −1	1, −1
中下上	−1, 1	1, −1	1, −1	3, −3	1, −1	1, −1
下上中	1, −1	1, −1	1, −1	−1, 1	3, −3	1, −1
下中上	1, −1	1, −1	−1, 1	1, −1	1, −1	3, −3

在以上的矩阵里,每一个单元格表示对应的一组策略,单元格内的数值代表两个参与人各自的支付:左边数值的代表齐王的支付,右边的数值代表田忌的支付.以左上第一格为例,(3, −3)是双方均采用(上中下)的策略时的支付,表示这种情况下齐王赢得三千两黄金,田忌输掉三千两黄金.

例 12.1 两个人(甲、乙)玩"石头剪刀布"游戏,规定输家要付给赢家 1 元,若两人不分胜负则无须付钱.试写出此博弈的策略表述的矩阵形式.

解 两个参与人的策略空间均为 $S_1 = S_2 = \{石头、剪刀、布\}$,相应的支付有赢 1 元、输 1 元,不分胜负三种.此博弈的策略表述的矩阵形式见表 12-2.

表 12-2 **石头剪刀布**

甲 \ 乙	石头	剪刀	布
石头	0, 0	1, −1	−1, 1
剪刀	−1, 1	0, 0	1, −1
布	1, −1	−1, 1	0, 0

12.3 纳什均衡

12.3.1 占优策略均衡

如果不管其他参与人采取什么策略,某个参与人可以找到一个策略使得他总能获得更好的支付(相对于他的其他可行策略),则这个策略被称为该参与人的占优策略(dominant strategy).关于占优策略的正式定义可表述如下:

定义 12.2 在策略形式的博弈 $G = \{I, (S_i)_{i\in I}, (U_i)_{i\in I}\}$ 中,若对任何其他参与人的策略组合 s_{-i},参与人 i 的策略 s_i^* 总能获得更高的支付,即

$$u_i(s_i^*, s_{-i}) \geqslant u_i(s_i', s_{-i}),\ \forall s_{-i},\ \forall s_i' \neq s_i^*$$

那么,称 s_i^* 为参与人 i 的占优策略.

如果在一个博弈当中,所有的参与人的策略集合中都存在一个占优策略,那么自然而然地他们都会选择此策略,而这种情况下所有参与人各自的占优策略的组合即为该博弈的占优策略均衡,其正式定义如下:

定义 12.3 在策略形式的博弈 $G = \{I, (S_i)_{i\in I}, (U_i)_{i\in I}\}$ 中,若对所有的参与人 $i\in I$, s_i^* 为参与人 i 的占优策略,则策略组合 $S^* = \{s_1^*, s_2^*, \cdots, s_n^*\}$ 为此博弈的占优策略均衡.

占优策略均衡的直观含义是,不管对手采取何种行动,每个参与人总能明确找到自己的最优策略,所以根据均衡的定义,这样的最优策略组合就是博弈的一个均衡. 但有趣的是,这样的"最优策略"所获得的结果有时却不如想象中的那么好. 下面我们将用著名的"囚徒困境"(prisoner's dilemma)来说明这一点.

例 12.2 有两个囚徒因涉嫌某起案件而被逮捕. 警方相信这两人有罪,但并无确凿证据将这两人定罪,于是将他们分别关押并进行审讯,同时告知每一个囚徒:若两人均坦白其罪行,两人都会被判刑 8 年;若一个人坦白另一个人抵赖,坦白的可获得释放而抵赖的会被判刑 10 年;若两个人均抵赖,两人会被以轻微的罪行指控并判刑 1 年. 在这种情况下,两个囚徒所面临的博弈的策略表述可概述为表 12-3.

表 12-3 囚 徒 困 境

A \ B	坦白	抵赖
坦白	−8, −8	0, −10
抵赖	−10, 0	−1, −1

在这个博弈当中,每个囚徒都有两种策略. 若囚徒 A 选择坦白,他可能获得的支付是−8(囚徒 B 坦白)或 0(囚徒 B 抵赖);若他选择抵赖,则可能获得的支付是−10(囚徒 B 坦白)或−1(囚徒 B 抵赖). 显然,不管囚徒 B 的策略是什么,囚徒 A 选择坦白总能获得较好的支付,亦即"坦白"是囚徒 A 的占优策略. 同理,"坦白"也是囚徒 B 的占优策略. 因此在这个博弈里,(坦白,坦白)就构成一个占优策略均衡.

囚徒困境反映了个人理性与集体理性的冲突:从总体上看,(坦白,坦白)显然对两个囚徒来说是最坏的结果,而更好的结果显然是(抵赖,抵赖). 那么,如果两个囚徒在被逮捕前约定都抵赖的话,这个协议有用吗? 答案是否定的,因为这不是一个有约束力的协议,两人都会意识到如果对方背叛的话自己将会遭受更大的损失. 这个结论有着非常深远的意义,因为它动摇了经济学的一个根基:亚当·斯密的"看不见的手". 原来的理论认为,在市场经济中,每一个人都从利己的目的出发,最终还是能使全社会达到利他的效果. 亚当·斯密的《国富论》里写道,"通过追求(个人的)自身利益,他常常会比其实际上想做的那样更有效地促进社会利益."但是囚徒困境却表明了从利己目的出发的结果可能是损人不利己的,既不利己也不利他.

囚徒困境可以延伸到许多不同的其他情境当中,譬如下面一个例子:双寡头公司之间的价格战问题.

例 12.3 市场上两家寡头公司分别销售自家的产品并进行定价的决策. 这两种产品可互相替代,因此顾客购买哪一种主要取决于两者的价格. 若两家公司均采用高定价,他们将平分市场并获取较高的利润;若一家公司采用高定价而另一家采用低定价,则采用低定价的公司将抢走大部分的市场,并因薄利多销而获利丰厚;若两家公司均采用低定价,他们仍将平分市场但所获利润会减少很多. 两家公司所面临的博弈的策略表述可概述为表12-4.

表 12-4 价 格 战 (单位:万元)

B / A	高定价	低定价
高定价	5, 5	1, 6
低定价	6, 1	3, 3

跟囚徒困境类似地,我们不难发现低定价对两家公司来说都是占优策略,因此(低定价,低定价)是一个占优策略均衡,但(高定价,高定价)会给两家公司带来更高的利润. 这在现实的商业竞争当中是很常见的现象. 当然,两家寡头公司也可以签订同盟,这样就可以垄断市场形成所谓卡特尔模式,但这种同盟协定不可能长久维持. 另一方面,价格战的结果虽然对两家公司不利,但却对更多的消费者来说是有利的;这个例子从另一个角度解释了上述囚徒困境对传统经济学带来的冲击:在某些情况下,个人理性与集体理性的冲突尽管对这个集体内的成员不是一件好事,但对整个社会还是有利的.

12.3.2 重复剔除的占优策略均衡

以上我们定义了占优策略的概念,即此策略优于该参与人可用的其他每一个策略. 相应地,我们可以定义(相对)劣策略(dominated strategy)的概念.

定义 12.4 在策略形式的博弈 $G=\{I,(S_i)_{i\in I},(U_i)_{i\in I}\}$ 中,给定参与人 i 的两个策略 s_i 和 s_i'. 若对任何其他参与人的策略组合 s_{-i},策略 s_i 所得支付恒大于策略 s_i' 所得支付,即

$$u_i(s_i, s_{-i}) \geqslant u_i(s_i', s_{-i}),\ \forall s_{-i}$$

且其中至少一组等式不成立. 那么,称 s_i' 为相对于 s_i 的劣策略.

要注意的是,与劣策略相对的另一个策略并不一定是占优策略.

占优策略实际上是一个比较强的概念,在很多博弈当中占优策略都是不存在的. 尽管如此,由于一个理性的参与人不会选择劣策略,我们可以应用重复剔除劣策略的思路来寻找博弈的均衡解,其具体步骤如下:首先找出某个参与人的劣策略(假定存在),然后将此策略剔除并构造一个新的不包含此劣策略的博弈;再在新的博弈中寻找某个参与人的劣策略并剔除;如此不断继续这个过程,一直到只剩下一个唯一的策略组合为止. 下面我们给出它的严格定义.

定义 12.5 在策略形式的博弈 $G=\{I,(S_i)_{i\in I},(U_i)_{i\in I}\}$ 中,策略组合 $S^*=\{s_1^*, s_2^*, \cdots, s_n^*\}$ 称为重复剔除的占优策略均衡,如果它是重复剔除劣策略后所剩下的唯一的策略组合. 如果这种策略组合是唯一存在的,则称博弈 G 是重复剔除占优可解的.

在这个定义里我们强调了"唯一"这个词. 如果重复剔除劣策略后剩下的策略组合不唯一,则此博弈不是重复剔除占优可解的. 尽管重复剔除的占优策略均衡要弱于占优策略均衡,仍然有相当多的博弈是不能用这种方法求解的.

以下,我们用博弈论里另一个著名的例子“智猪博弈”来展示重复剔除的占优策略的求解思路和过程.

例 12.4 猪圈里有两头猪,一头大猪,一头小猪.猪圈的一头有一个猪食槽,另一头安装了一个按钮,控制着猪食的供应.按一下按钮会有 10 个单位的猪食进槽,但按按钮者需要付出 2 个单位的成本.若大猪先到,它可以吃到 9 个单位的猪食,小猪只能吃到 1 个单位;若同时到,大猪吃 7 个单位,小猪吃 3 个单位;若小猪先到,大猪吃 6 个单位,小猪吃 4 个单位.由于按按钮者会比不按者晚到,此博弈的策略表述见表 12-5.

表 12-5 智猪博弈

大猪 \ 小猪	按	等待
按	5, 1	4, 4
等待	9, −1	0, 0

在这个博弈里,大猪并无占优策略:若小猪选择按按钮,则大猪的最优选择是等待;若小猪选择等待,则大猪只能去按(双方都不按就都没得吃).因此占优策略均衡不存在.但对于小猪来说,“等待”总是优于“按”,也就是说“按”是一个劣策略.根据重复剔除劣策略的思路,我们首先剔除此策略.在新的博弈里,小猪总是选择“等待”,于是理性的大猪就必须选择“按”.因此,(按,等待)成为剔除后的唯一策略组合,根据定义这就是博弈的均衡解.

智猪博弈在现实当中有非常多的应用例子.比方说市场中的大企业和小企业对研究开发新产品的态度.开发新产品需要大量的投入,对大企业来说是值得的,但对小企业来说可能得不偿失.于是在这种情况下,小企业可能会等待大企业进行研发,然后再模仿其设计生产类似的廉价产品.又比如说在改革中,同样的改革对不同的人带来的利益不一样,这时获利较大的那部分人就会更积极地推进改革,而另一部分人则持观望态度.实际中某项改革的顺利推行,都离不开这些“大猪”的努力.

例 12.5 试用重复剔除劣策略的方法求表 12-6 的博弈.

表 12-6

A \ B	L	M	R
U	2, 3	0, 2	3, 4
D	1, 1	2, 7	4, 5

解 不难发现,对于参与人 B,策略 L 相对于策略 R 是劣策略,因此可被剔除.接下来,在新的博弈里,对于参与人 A,策略 U 相对于策略 D 是劣策略,可被剔除;亦即参与人 A 必定会选择策略 D.据此,参与人 B 必定会选择策略 M,亦即(D, M)是此博弈的重复剔除的占优策略均衡.整个过程的全部步骤可用下图表示:

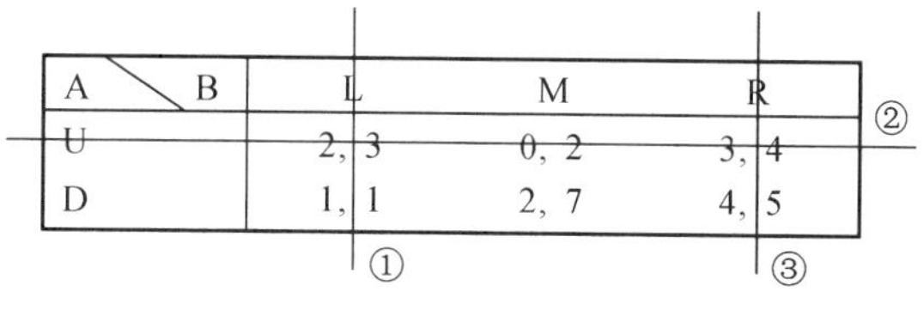

12.3.3 纳什均衡

在上面我们已经提到,在某些博弈中,所有参与人的可行策略中都不存在(相对)劣策略.这种情况下,我们无法使用重复剔除劣策略的方法对博弈进行求解.在本小节中,我们将介绍博弈论中最基本的概念——纳什均衡(Nash equilibrium),由约翰·福布斯·纳什在 1950 年首先提出.

定义 12.6 在策略形式的博弈 $G=\{I, (S_i)_{i\in I}, (U_i)_{i\in I}\}$ 中,给定策略组合 $S^*=\{s_1^*, s_2^*, \cdots, s_n^*\}$.在此策略组合中,对于每一个参与人 i,若他的任意其他策略 s_i' 所得支付均不高于策略 s_i^* 的所得支付,即

$$u_i(s_i^*, s_{-i}^*)\geqslant u_i(s_i', s_{-i}^*),\ \forall s_i'\neq s_i^*$$

那么,称 S^* 为此博弈的一个纳什均衡.

简单地说,假如博弈中的其他参与人均采用了某一个纳什均衡的策略,那么,余下的这一参与人只有同样地采用这一个均衡中的策略才能获得最优的支付.换句话说,在此情况下,博弈中的任何一个参与人都不会单方面地改变其策略背离此均衡解.如果一个博弈当中各方能达成一个满足纳什均衡的协议,我们称这个协议是可以自动实施的(self-enforcing).

纳什均衡是完全信息静态博弈的一般概念.因此,我们有以下两个命题.

命题 12.1 纳什均衡在重复剔除劣策略的方法中不会被剔除.

命题 12.2 重复剔除的占优策略均衡一定是纳什均衡.

这两个命题可以很容易地根据重复剔除的占优策略均衡和纳什均衡的定义(定义 12.4、定义 12.5、定义 12.6)来证明.下面我们看一个纳什均衡的例子.

例 12.6 有一对夫妇打算一起共度周末.丈夫喜欢看足球赛,而妻子喜欢看电影,但最重要的是两人要选择同一种活动,否则分开的话他们的支付就都是零.选择足球或者电影的话,喜欢那一方获得的支付自然要大一些,而另一方相对就小一些.此博弈的策略表述见表 12-7.

表 12-7 **性 别 战**

妻子 / 丈夫	足球	电影
足球	4, 2	0, 0
电影	0, 0	2, 4

在这个通常被称作"性别战"的博弈里,我们可以根据定义验证(足球,足球)是一个纳什均衡.对于策略组合(足球,足球),如果丈夫选择看足球,则妻子选择看足球的支付 2 大于选择看电影的支付 0;如果妻子选择看足球,则丈夫选择看足球的支付 4 大于选择看电影的支付 0,所以(足球,足球)是一个纳什均衡.类似地,我们可以验证(电影,电影)也是一个纳什均衡.但在这个例子里,任一方都不存在占优策略或者劣策略.因此纳什均衡是比占优策略均衡以及重复剔除的占优策略均衡更强的概念.

以上的"性别战"博弈存在两个纳什均衡.当一个博弈有多个纳什均衡时,博弈论并没有一个一般的理论来证明哪一个均衡结果一定会出现.但在现实生活中,参与人可能使用某些被博弈模型抽象掉的信息来达到一个"焦点"均衡(focal point).这些信息可能与社会文化习惯、参

与人过去博弈的历史有关. 譬如,在“性别战”中,如果今天是丈夫的生日,(足球,足球)可能是一个焦点均衡;而如果是妻子的生日,(电影,电影)就可能是一个焦点均衡.

当一个博弈里参与人的可用策略有很多时,要一一根据定义来检验每组策略组合是否纳什均衡是很麻烦的. 对于两人有限策略博弈的情况,这里提供一个相对较简单的方式:首先考虑参与人 A 的策略,对其对手(参与人 B)的每一个可能的策略,找到 A 相应的最优策略,并在对应的支付下划一道下划线;然后类似地考虑参与人 B 的策略,对其对手(参与人 A)的每一个可能的策略,找到 B 相应的最优策略,并在对应的支付下划一道下划线. 最终检查整个支付表,若某个策略组合的两个支付均划了下划线,则就是一个纳什均衡;否则此博弈不存在纳什均衡.

例 12.7 试寻找表 12-8 所示的博弈的纳什均衡.

表 12-8

A \ B	L	M	R
U	0, $\underline{4}$	$\underline{4}$, 0	5, 3
M	$\underline{4}$, 0	0, $\underline{4}$	5, 3
D	3, 5	3, 5	$\underline{6}$, $\underline{6}$

解 划线的结果已经标示在表 12-8 当中. 当参与人 B 的策略分别为 L, M, R 时,参与人 A 的最佳策略分别是 M, U, D;而当参与人 A 的策略分别为 U, M, D 时,参与人 B 的最佳策略分别是 L, M, R. 因此(D, R)是此博弈的纳什均衡.

12.4 混合策略纳什均衡

以上的章节给出了纳什均衡的定义以及一个简单的寻找纳什均衡的方法——划线法. 那是否所有博弈都存在唯一的纳什均衡呢? 结果是否定的. 如例 12.1 的“石头剪刀布”博弈就不存在纳什均衡,而例 12.6 的“性别战”博弈则存在着多个纳什均衡. 在这种情况下,参与人可能会以一定的概率从他/她的所有策略中随机选择一个. 这种以某种概率随机选择自己策略的方式称为混合策略(mixed strategy),相对地前述的称为纯策略(pure strategy). 正式地,我们给出下面的定义.

定义 12.7 在策略形式的博弈 $G=\{I,(S_i)_{i\in I},(U_i)_{i\in I}\}$ 中,假定参与人 i 有 n_i 个纯策略: $S_i=\{s_i^1, s_i^2, \cdots, s_i^{n_i}\}$. 那么,概率分布 $p_i=\{p_i^1, p_i^2, \cdots, p_i^{n_i}\}$ 称为参与人 i 的一个混合策略,如果对所有的 $j=1, 2, \cdots, n_i$,他/她按照概率 p_i^j 选择策略 s_i^j, $p_i^j\in[0, 1]$,且 $\sum_{j=1}^{n_i}p_i^j=1$.

注意到参与人选择纯策略 s_i^j 的话,实际上可以看成是选择了 $p_i^j=1$,其他为 0 的混合策略,所以纯策略可以认为是混合策略的一个特例. 用 p_i 表示参与人 i 选择的混合策略,那么 $P=\{p_1, p_2, \cdots, p_n\}$ 表示所有参与人的混合策略组合(mixed strategy profile). 类似于纯策略的纳什均衡,基于期望意义下的支付我们可以定义出混合策略纳什均衡:

定义 12.8 在策略形式的博弈 $G=\{I,(S_i)_{i\in I},(U_i)_{i\in I}\}$ 中,给定策略组合 $P^*=\{p_1^*, p_2^*, \cdots, p_n^*\}$. 在此策略组合中,对于每一个参与人 i,若他的任意其他混合策略 p_i'所得支付均

不高于混合策略 p_i^* 的所得期望支付，即

$$E[u_i(p_i^*,\ p_{-i}^*)] \geqslant E[u_i(p_i',\ p_{-i}^*)],\ \forall p_i' \neq p_i^*,$$

则称 P^* 为此博弈的混合策略纳什均衡.

对混合策略的一种解释是，一个参与人选择混合策略时会给其他参与人带来不确定性，这样就算其他参与人知道他/她选择每个策略的概率，在特定的一次博弈当中并不能知道他/她会选择哪个策略. 因此，混合策略可以理解为是参与人对其他参与人的不确定性行为的反应. 另一方面，假如同样的博弈重复多次进行，参与人可以根据混合策略的概率计算出他/她所得支付的期望值，而混合策略纳什均衡则是这种长期博弈当中的一个稳定状态，告诉参与人一个长期的决策方案.

尽管纯策略纳什均衡不一定存在，但纳什在 1950 年证明，一个有限博弈必定存在混合策略纳什均衡. 下面我们结合一个例子讲述混合策略纳什均衡的求解方法.

例 12.8 政府准备救济一些流浪汉，改善社会福利，但前提是流浪汉必须试图寻找工作结束游荡状态，否则政府就不会救济. 而流浪汉可以选择继续游荡或者寻找工作，双方的支付见表 12-9.

表 12-9　社会福利博弈

政府 \ 流浪汉	寻找工作	继续游荡
救济	3，2	−1，3
不救济	−1，1	0，0

从这个支付表里可以看出，当政府选择救济时，流浪汉的最佳策略是继续游荡；而政府选择不救济时，流浪汉才会去寻找工作. 显而易见地，这个博弈没有纯策略纳什均衡. 那么我们现在分析一下双方的混合策略. 假定政府以 α 概率选择救济，$1-\alpha$ 概率选择不救济，即 $p_1=(\alpha,\ 1-\alpha)$；流浪汉以 β 概率选择寻找工作，$1-\beta$ 概率选择继续游荡，即 $p_2=(\beta,\ 1-\beta)$. 那么，政府的期望支付为

$$E[u_1(p_1,\ p_2)] = 3\alpha\beta - \alpha(1-\beta) - (1-\alpha)\beta = 5\alpha\beta - \alpha - \beta.$$

为了最大化此期望支付，对上式对 α 求导后我们得到 $5\beta-1=0$，亦即 $\beta^*=0.2$. 这就是说，在混合策略纳什均衡里，流浪汉以 0.2 的概率选择寻找工作，0.8 的概率选择继续游荡.

比较有趣的是，我们本来求解的是政府的最优化问题，但解出来的却是流浪汉的混合策略. 这里我们可以这样理解：首先假定最优混合策略是存在的. 给定流浪汉的混合策略，政府选择纯策略救济 $(\alpha=1)$ 所得支付为 $4\beta-1$，选择纯策略不救济 $(\alpha=0)$ 所得支付为 $-\beta$. 政府的最优混合策略 $p_1=(\alpha,\ 1-\alpha)$ 一定是使得政府在救济与不救济之间的所得支付是无差异的，亦即 $4\beta-1=-\beta$，得出 $\beta^*=0.2$. 否则，如果 $\beta>0.2$，政府一定会选择救济，而如果 $\beta<0.2$，政府一定会选择不救济，只有在 $\beta=0.2$ 时政府才有可能选择混合策略或者任何纯策略.

接下来我们再分析流浪汉的期望支付：

$$E[u_2(p_1,\ p_2)] = 2\alpha\beta + 3\alpha(1-\beta) + (1-\alpha)\beta = -2\alpha\beta + 3\alpha + \beta.$$

为了最大化此期望支付，对上式对 β 求导后我们得到 $-2\alpha+1=0$，亦即 $\alpha^*=0.5$. 这就是说，在混合策略纳什均衡里，政府以 0.5 的概率选择救济，0.5 的概率选择不救济. 解释跟上面

的类似：如果政府选择救济的概率大于 0.5，则流浪汉的最佳策略是继续游荡；如果政府选择救济的概率小于 0.5，则流浪汉的最佳策略是寻找工作；只有当政府的混合策略 $\alpha = 0.5$ 时，流浪汉才会选择混合策略或者任何纯策略. 于是 $\alpha^* = 0.5$，$\beta^* = 0.2$ 就构成这个博弈的混合策略纳什均衡.

从例 12.8 的解答我们可以归纳出混合策略纳什均衡求解的一般方法：先假定混合策略纳什均衡存在（根据纳什的证明对于有限策略博弈确实是存在的），然后令每个参与人在选择他/她的各种策略时所得的期望支付均相等，联立解方程组即可求得博弈的混合策略纳什均衡. 下面我们再看一例：

例 12.9 试求“性别战”博弈（例 12.6，矩阵表述参看表 12-7）的混合策略纳什均衡.

解 假定丈夫以 α 概率选择足球，$1-\alpha$ 概率选择电影，即 $p_1 = (\alpha, 1-\alpha)$；妻子以 β 概率选择足球，$1-\beta$ 概率选择电影，即 $p_2 = (\beta, 1-\beta)$. 那么，丈夫的两种策略所得期望支付应满足 $4\beta = 2(1-\beta)$，解得 $\beta^* = \frac{1}{3}$. 妻子的两种策略所得期望支付应满足 $2\alpha = 4(1-\alpha)$，解得 $\alpha^* = \frac{2}{3}$. 所以此博弈的混合策略纳什均衡是：丈夫以 $\frac{2}{3}$ 的概率选择足球，$\frac{1}{3}$ 的概率选择电影；妻子以 $\frac{1}{3}$ 的概率选择足球，$\frac{2}{3}$ 的概率选择电影.

值得注意的是，这个博弈本身有两个纯策略纳什均衡，而这里求得的混合策略纳什均衡跟两者都不同. 而且，在混合策略纳什均衡中，丈夫和妻子的期望支付都是 $\frac{4}{3}$，低于任何一个纯策略纳什均衡中他们所得的支付. 这里可以这么理解：因为混合策略纳什均衡是双方都随机化自己的策略选择，使对方不能确定自己要用哪一种策略，所以长期的博弈当中必然会出现（足球，电影）或者（电影，足球）这样的双方支付均为 0 的策略组合，而计算时这些 0 支付就拉低了总的期望支付.

最后我们将之前提到的四种均衡：占优策略均衡、重复剔除的占优策略均衡、纯策略纳什均衡、混合策略纳什均衡可以通称为纳什均衡，它们之间的相互关系如图 12-1 所示。

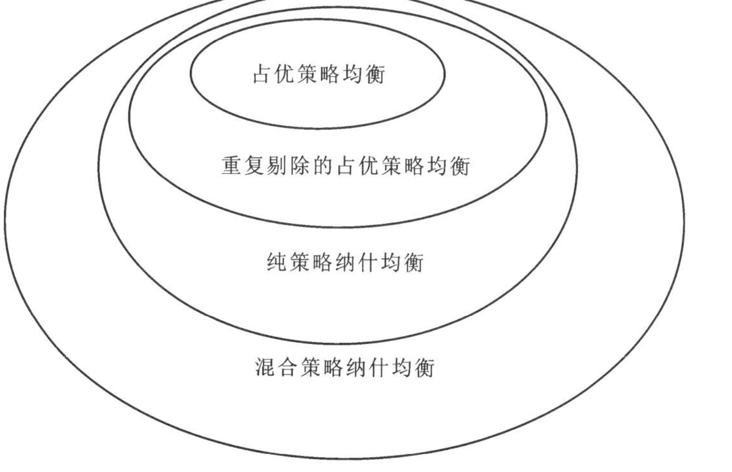

图 12-1　四种均衡的相互关系

12.5 案例分析

案例 12.1 田忌赛马

在本章的 12.2 节，我们以田忌赛马为例讲解了完全信息静态博弈的策略式表述. 在这个故事里，齐王的策略是给定的，所以并不是严格意义上的博弈，而只是田忌的单方面决策而已. 现在假定齐王也会考虑田忌的策略而进行决策，试问此博弈是否存在纯策略纳什均衡？混合策略纳什均衡又是怎么样的？

解 我们先在表 12-1 的基础上用划线法寻找此博弈的纯策略纳什均衡，见表 12-10.

表 12-10

齐王 \ 田忌	上中下	上下中	中上下	中下上	下上中	下中上
上中下	$\underline{3}, -3$	$1, -1$	$1, -1$	$1, -1$	$-1, \underline{1}$	$1, -1$
上下中	$1, -1$	$\underline{3}, -3$	$1, -1$	$1, -1$	$1, -1$	$-1, \underline{1}$
中上下	$1, -1$	$-1, \underline{1}$	$\underline{3}, -3$	$1, -1$	$1, -1$	$1, -1$
中下上	$-1, \underline{1}$	$1, -1$	$1, -1$	$\underline{3}, -3$	$1, -1$	$1, -1$
下上中	$1, -1$	$1, -1$	$1, -1$	$-1, \underline{1}$	$\underline{3}, -3$	$1, -1$
下中上	$1, -1$	$1, -1$	$-1, \underline{1}$	$1, -1$	$1, -1$	$\underline{3}, -3$

显然，对田忌的每一个可能的策略，齐王相应的最优策略是采用跟他一样的出马顺序，这样可以三战全胜. 而对齐王的每一个可能的策略，田忌的最优策略则与之前说的类似，总是安排下马迎战上马、中马迎战下马、上马迎战中马. 由于没有一种策略组合有两条下划线，此博弈不存在纯策略纳什均衡.

接下来我们分析此博弈的混合策略纳什均衡. 由于田忌赛马是有限博弈，混合策略纳什均衡必定存在. 以 $p_1 = \{x_1, x_2, x_3, x_4, x_5, x_6\}$ 代表齐王的混合策略，$p_2 = \{y_1, y_2, y_3, y_4, y_5, y_6\}$ 代表田忌的混合策略，则均衡时它们应满足：

$$
\begin{aligned}
& 3y_1 + y_2 + y_3 + y_4 - y_5 + y_6 \\
={} & y_1 + 3y_2 + y_3 + y_4 + y_5 - y_6 \\
={} & y_1 - y_2 + 3y_3 + y_4 + y_5 + y_6 \\
={} & -y_1 + y_2 + y_3 + 3y_4 + y_5 + y_6 \\
={} & y_1 + y_2 + y_3 - y_4 + 3y_5 + y_6 \\
={} & y_1 + y_2 - y_3 + y_4 + y_5 + 3y_6
\end{aligned}
\qquad
\begin{aligned}
& -3x_1 - x_2 - x_3 + x_4 - x_5 - x_6 \\
={} & -x_1 - 3x_2 + x_3 - x_4 - x_5 - x_6 \\
={} & -x_1 - x_2 - 3x_3 - x_4 - x_5 + x_6 \\
={} & -x_1 - x_2 - x_3 - 3x_4 + x_5 - x_6 \\
={} & x_1 - x_2 - x_3 - x_4 - 3x_5 - x_6 \\
={} & -x_1 + x_2 - x_3 - x_4 - x_5 - 3x_6
\end{aligned}
$$

以及 $\sum_{i=1}^{6} x_i = 1$，$\sum_{i=1}^{6} y_i = 1$.

联立求解这两个方程组可得 $x_1 = x_2 = x_3 = x_4 = x_5 = x_6 = \dfrac{1}{6}$，$y_1 = y_2 = y_3 = y_4 = y_5 = y_6 = \dfrac{1}{6}$.（计算过程略）这就是说，如果田忌赛马多次进行，双方的均衡策略都是以相等

的$\frac{1}{6}$概率随机地安排自己的出马顺序. 在均衡条件下，齐王的期望支付为

$$E[u_1(p_1,\ p_2)] = \frac{3+1+1+1-1+1}{6} = 1,$$

而田忌的期望支付为

$$E[u_2(p_1,\ p_2)] = \frac{-3-1-1+1+1-1}{6} = -1.$$

即，如果齐王也会调整自己策略的话，在长期的赛马中平均下来每场齐王能赢田忌一千两黄金. 这实际上反映了双方的马能力上的差距.

案例 12.2 监察博弈

一小偷欲偷窃有一守卫看守的仓库，如果小偷偷窃时守卫在睡觉，则小偷就能得手，偷得价值为 V 的赃物；如果小偷偷窃时守卫没有睡觉，则小偷就会被抓住. 设小偷被抓后要坐牢，负效用为 $-P$，守卫睡觉而未遭偷窃有 S 的正效用，因睡觉被窃要被解雇，其负效用为 $-D$. 而如果小偷不偷，则他既无得也无失，守卫不睡意味着出一份力挣一分钱，他也没有得失. 此博弈的策略表述见表 12-11.

表 12-11 **监 察 博 弈**

守卫 \ 小偷	睡觉	不睡觉
偷窃	$V,\ -D$	$-P,\ 0$
不偷窃	$0,\ S$	$0,\ 0$

解 首先分析此博弈是否存在纯策略纳什均衡. 如果小偷选择偷窃，则守卫的最优策略是不睡觉；如果守卫选择不睡觉，则小偷的最优策略是不偷窃；如果小偷选择不偷窃，守卫的最优策略是睡觉；如果守卫选择睡觉，则小偷的最优策略是偷窃. 显然，这里不存在纯策略纳什均衡.

接下来我们分析混合策略纳什均衡. 设小偷选择偷窃的概率是 p_t，守卫选择睡觉的概率是 p_g，则应有 $p_g V-(1-p_g)P=0$，$p_t(-D)+(1-p_t)S=0$. 因此可得混合策略纳什均衡 $p_t^*=\dfrac{S}{S+D}$，$p_g^*=\dfrac{P}{P+V}$. 我们可以进一步画图(图 12-2)分析其中的几个参数对此均衡的影响.

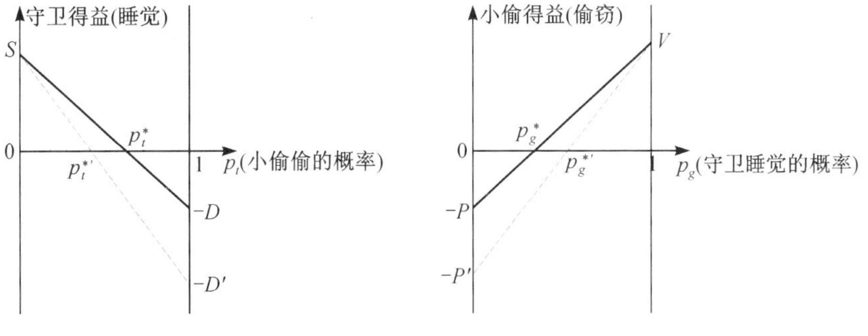

图 12-2

左边的图反映了小偷的策略. 从图 12-2 可见，当 D 变大，意味着守卫因睡觉而失窃所受处罚变重时，小偷偷窃的概率会下降. 表面上看，单纯惩罚守卫并不会影响小偷的策略，但由于加重对守卫的惩罚会使守卫更加尽职，在长期中的结果正好是降低了小偷偷窃的概率.

右边的图反映了守卫的策略. 从图中可见，当 P 变大，意味着小偷被抓住所受处罚变重时，守卫睡觉的概率会上升. 表面上看，加重对偷窃的处罚应该会降低犯罪的发生率，但长期中却不会影响到小偷偷窃的概率，只是让守卫有更多的机会偷懒而已.

监察博弈在现实中有很多的应用，譬如税收部门的税收检查与公司的逃税行为、工商部门的质量检查与假冒伪劣产品的生产、雇主监督雇员的工作努力程度等，都可以用这个博弈模型来描述.

案例 12.3 古诺竞争

古诺竞争(Cournot competition)是由法国经济学家古诺(Antoine Augustin Cournot)在 1838 年提出的一项理论，用以描述市场中只有两个寡头厂商进行竞争的经济学模型. 这个模型可以说是纳什均衡最早的版本，但比纳什本人的定义早了 100 多年.

假定市场中两家企业分别为博弈的两个参与人，记为企业甲和企业乙，它们生产的是完全可替代的产品. 该产品的市场价由投放到最终投放到市场中的数量而决定，量少则价高，量大则价低. 这两家企业各自需要决定其产量来追求自身的利润最大化. 设甲公司的产量为 q_1，乙公司的产量为 q_2，单位生产成本均为 c，而产品在市场上的售价满足 $p_1 = p_2 = P(q_1 + q_2)$ 的关系. 这样两家企业的利润分别为

$$\pi_i = (p - c)q_i = [P(q_1 + q_2) - c]q_i, \quad i = 1, 2.$$

为简化计算，这里假设 $p_1 = p_2 = P(q_1 + q_2) = A - (q_1 + q_2)$，$A$ 为给定常数代表潜在的市场容量. 试求两家企业的均衡产量.

解 此博弈跟前述博弈有一处不同是它并非有限博弈，因为决策变量(产量)是连续的. 但为了令企业的利润最大化，我们可以对每家企业的利润函数求一阶导数并令其等于 0：

$$\frac{\partial \pi_i}{\partial q_i} = A - 2q_i - q_{-i} - c = 0, \quad i = 1, 2.$$

于是我们可得

$$q_i^* = \frac{A - q_{-i} - c}{2}, \quad i = 1, 2.$$

这称为企业对另一家企业的生产策略的最佳反应函数(best response function). 联立以上两个方程即可求得

$$q_1^* = q_2^* = \frac{A - c}{3}.$$

最终市场价为 $p = \dfrac{A + 2c}{3}$，两家企业的利润为 $\pi_1 = \pi_2 = \dfrac{(A - c)^2}{9}$.

我们可进一步把此均衡解与市场上只有一个垄断企业的情况做对比.

在垄断情况下，沿用上面的模型不难解得 $q^* = \dfrac{A - c}{2}$，市场价为 $p = \dfrac{A + c}{2}$，企业所得利

润为$\pi=\frac{(A-c)^2}{4}$. 可见存在竞争时，虽然单个企业的产量变少，但市场的总产量上升了，于是市场价下降，同时企业的利润也大幅减少了. 如果两家企业都控制其产量，应该可得更多的利润，但在博弈的情况下它们都只从个人理性的角度出发决定产量. 这可看作是囚徒困境的一个延伸.

案例 12.4 伯川德竞争与豪泰林模型

伯川德竞争(Bertrand competition)是由另一位法国经济学家伯川德(Joseph Louis François Bertrand)在 1883 年提出的，同样用于描述市场中的两个寡头厂商进行竞争的经济学模型. 与古诺竞争不同之处在于，伯川德竞争假定两家企业的决策是其售价而不是产量.

如果沿用古诺竞争的假设，两家企业生产的产品是完全可替代的话，我们不难发现顾客必然只会选择售价较低的那一种. 因此两家企业必然会持续降价直到售价等于单位生产成本 c 为止，也就是说 $p_1=p_2=c$ 是此博弈唯一的均衡. 因此，均衡时两家企业的利润均为 0. 同样是两个寡头厂商的竞争，仅仅是决策变量的改变，就得出了与古诺竞争迥异的结果. 而且，两家企业本来都是基于利润最大化的目的进行决策，最终却得到了最坏的结果，这就是伯川德所证明的“伯川德悖谬”(Bertrand paradox).

解决此悖谬的一种方法就是考虑产品的差异性(product differentiation)，也就是说两个企业所生产的产品不是完全可替代的. 实际中产品差异性随处可见，不仅表现为产品本身的功能、质量、外观等特性，还可以是商场的地理位置、产品的售后服务水平等. 在存在产品差异性的情况下，纳什均衡的价格应该是怎样的呢？下面就要介绍美国数学家豪泰林(Harold Hotelling)在 1929 年提出的豪泰林模型(Hotelling model).

假设有一个长度为 1 的线性城市，人民均匀地居住在城市里，记城市的一端为 0，另一端为 1，则居民均匀分布在$[0, 1]$的区间里. 城市有两家商店，分别在城市的两端各自出售一种产品，即商店甲(出售企业甲的产品)位置在 $x=0$ 处，商店乙(出售企业乙的产品)位置在 $x=1$ 处. 位置在 x 的顾客购买时除了要付出产品本身的价格外，还要支付一个跟移动距离成正比的单位旅行成本 t，亦即到商店甲的旅行成本为 tx(从 x 移动到 0)，到商店乙的旅行成本为 $t(1-x)$(从 x 移动到 1). 顾客选择哪种产品取决于价格以及购买时的旅行成本.

考虑某个住在 x^* 的顾客，他到两家商店的购买总成本是相等的，也就是说两家商店对他来说没有差异. 那么，住在他家左边($x<x^*$)的肯定会选择商店甲，而住在他家右边($x>x^*$)的肯定会选择商店乙. 于是我们可以用这个顾客来计算两家商店的需求为

$$p_1+tx^*=p_2+t(1-x^*).$$

解得 $x^*=\frac{p_1-p_2+t}{2t}$. 于是两家商店的利润分别为

$$\pi_1=(p_1-c)x^*=\frac{(p_1-c)(p_1-p_2+t)}{2t},$$

$$\pi_2=(p_2-c)(1-x^*)=\frac{(p_2-c)(p_2-p_1+t)}{2t}.$$

对它们分别求 p_1, p_2 的一阶偏导数，得到两家企业各自的最佳反应函数为

$$p_i^*=\frac{c+t+p_{-i}}{2},\quad i=1,2.$$

联立两个方程，解得 $p_1^* = p_2^* = c + t$. 最终两家企业的利润为 $\pi_1 = \pi_2 = \frac{t}{2}$.

由此可见，均衡时两家商店的定价相等，均为单位生产成本与旅行成本之和. 旅行成本越高，说明两种产品的差异性越大，均衡价格就越高从而两家商店的利润也越高；反之，如果旅行成本 $t=0$，则得到伯川德悖谬的结论.

本 章 小 结

博弈论是研究竞争和冲突当中的决策理论和方法，在经济学和管理学中有广泛的应用. 本章主要介绍了博弈论的基本要素和分类体系，然后针对最基本的一类博弈：完全信息静态博弈，介绍了其定义和策略表述，并给出了占优策略均衡、重复剔除的占优策略均衡、纳什均衡和混合策略纳什均衡的定义以及解法. 最后，通过若干实例说明博弈论的实际应用.

习 题 12

12.1 找出表 12-12 所示的博弈的重复剔除的占优策略均衡.

表 12-12

A \ B	L	M	R
U	4, 3	5, 1	6, 2
M	2, 1	8, 4	3, 6
D	3, 0	9, 6	2, 8

12.2 假定有两个参与人(记为 1, 2)要在三个项目(A, B, C)中选择一个，他们同时投票，不允许弃权. 得票最多的项目将被选中，如果没有任何项目得到多数票，则不进行立项. 参与人的支付函数如下：

$$u_1(A) = u_2(B) = 2,$$
$$u_1(B) = u_2(C) = 1,$$
$$u_1(C) = u_2(A) = 0.$$

没有项目立项的情况下两个参与人的支付也都是 0. 试写出此博弈的策略表述，并找出所有的纳什均衡(包括纯策略和混合策略).

12.3 说明在表 12-13 的博弈当中只有唯一的纳什均衡(包括纯策略和混合策略)，并解出这一纳什均衡.

表 12-13

A \ B	L	M	R
U	1, −2	−2, 1	0, 0
M	−2, 1	1, −2	0, 0
D	0, 0	0, 0	1, 1

12.4 甲乙两企业是市场上的竞争对手，它们都想通过改革管理措施争取更多的市场份额.甲企业的可行措施有(1)降低产品价格；(2)提高产品质量；(3)推出具有新功能的升级产品.乙企业的可行措施有(1)增加广告费用；(2)提高售后服务水平；(3)改进产品性能.假定总市场份额一定，由于各自采取的措施不同，经预测未来的市场份额变动见表12-14(正数表示甲公司增加，乙公司减少；负数则相反).试确定两家企业的策略.

表12-14

甲 \ 乙	1	2	3
1	10	−1	3
2	12	10	−5
3	−6	8	5

12.5 (伯川德竞争的另一种形式)假定两家企业的产品是部分可替代的，则每种产品的需求不仅受到自身价格的影响，还会受到对方价格的影响.设两家企业的需求函数为 $q_i = A - p_i + \theta p_{-i}$，$i = 1, 2$，其中 θ 为 $(0, 1)$ 间的一个常数.求两家企业同时决定价格时的纳什均衡.

12.6 两个参与人每人都报一个最多为100的非负整数，分别记为 a_1 和 a_2.若 $a_1 + a_2 \leqslant 100$，每个参与人的支付就是他所报的数.若 $a_1 + a_2 > 100$ 且 $a_1 < a_2$，参与人1收到 a_1，参与人2收到 $100 - a_1$；若 $a_1 > a_2$，参与人1收到 $100 - a_2$，参与人2收到 a_2；若 $a_1 = a_2$，两个参与人各得50.试说明此博弈存在占优策略均衡并解出来.

12.7 两个投资者处在一场奖金为1元的竞赛中，每个投资者可花费区间 $[0, 1]$ 中的任何一个数量，花费较多的投资者获胜.平局的情况下，每个投资者得到奖金0.5元.试解此博弈的混合策略纳什均衡.(注意参与人的支付函数是不连续的)

12.8 甲乙两游泳队举行100 m蛙泳、自由泳、蝶泳三个项目的对抗赛，两队各有一名健将级运动员(甲队为李，乙队为王)，在三个项目上的成绩都很突出，但比赛规定他们最多只能参加两个项目的比赛.两队还各有两名队员，这些队员可参加全部三个项目的比赛.最终每队在每个项目上需派两名队员参加，第一名得5分，第二名得3分，第三名得1分.各队队员平时成绩见表12-15(单位：s).试分析两队的比赛策略.

表12-15

项目	甲队			乙队		
	A_1	A_2	李	王	B_1	B_2
100蛙	59.7	63.2	57.1	58.6	61.4	64.8
100自	67.2	68.4	63.2	61.5	64.7	66.5
100蝶	74.1	75.5	70.3	72.6	73.4	76.9

附录A　WinQSB应用及管理运筹学实验

A1　实验教学目的与要求

教学目的　充分发挥WinQSB软件的强大功能和先进的计算机工具，改变传统的教学手段和教学方法，将软件的应用引入到课堂教学，理论与应用相结合．使学生掌握管理运筹学建模的方法以及至少掌握一种规划软件的使用，提高学生应用管理运筹学方法解决实际问题的实践动手能力．通过实验，使学生更深入、直观地理解和掌握管理运筹学的基本概念及基本理论和方法．

教学要求　要求学生能对一般的管理运筹学问题建立正确的运筹学数学模型，掌握运筹学软件包WinQSB中常用模块的操作方法与步骤，能对求解结果进行简单的应用分析和管理学以及经济学分析．

A2　实验项目名称和学时分配

实验项目	实验名称	学时分配	实验项目	实验名称	学时分配
1	线性规划	2	6	动态规划	2
2	对偶理论与灵敏度分析	4	7	最大流问题	2
3	运输问题	1	8	网络计划	2
4	整数规划	1	9	决策分析	4
5	目标规划	2	合　计		20

A3　单项实验的内容和要求

A3.1　线性规划

A3.1.1　实验目的

安装WinQSB软件，了解WinQSB软件在Windows环境下的文件管理操作，熟悉软件界面内容，掌握操作命令．用WinQSB软件求解线性规划．

A3.1.2　内容和要求

安装并启动软件，建立新问题，输入模型，求解模型，结果的简单分析．

A3.1.3　实验例题

线性规划问题　某集团摩托车公司产品年度生产计划的优化研究．

(1) 问题的提出

某集团摩托车公司是生产各种类型摩托车的专业厂家，有 30 多年从事摩托车生产的丰富经验. 近年来，随着国内摩托车行业的发展，市场竞争日趋激烈，该集团原有的优势逐渐丧失，摩托车公司的生存和发展面临严峻的挑战. 为此，公司决策层决心顺应市场，狠抓管理，挖潜创新，从市场调查入手，紧密结合公司实际，运用科学方法对其进行优化组合，制定出 1999 年度总体经济效益最优的生产计划方案.

(2) 市场调查与生产状况分析

1998 年，受东南亚金融风暴的影响，国内摩托车市场出现疲软，供给远大于需求，该集团的摩托车生产经营也出现开工不足、库存增加和资金周转困难等问题.

该集团共有三个专业厂，分别生产轻便摩托车、普通两轮车和三轮摩托车三大系列产品. 在市场调查的基础上，从企业实际出发普遍下调整车出厂价和目标利润率，有关数据见表 A-1.

表 A-1

产品系列	轻便摩托车			普通两轮车			三轮摩托车		
型号	M1	M2	M3	M4	M5	M6	M7	M8	M9
出厂价/元	1 800	2 100	2 300	3 800	4 800	6 500	8 200	8 800	9 200
目标利润率	6%	7%	10%	5%	6%	8%	6%	6%	6%
最大生产能力/辆	50 000			60 000			10 000		

1999 年该集团可供摩托车生产的流动资金总量为 4 000 万元，年周转次数为 5 次，生产各种型号摩托车资金占用情况见表 A-2.

表 A-2

型号	M1	M2	M3	M4	M5	M6	M7	M8	M9
占用资金/(元/辆)	1 520	1 700	1 850	3 200	4 100	5 400	6 000	7 450	8 600

由于发动机改型生产的限制，改型车 M3 和 M6 两种车 1999 年的生产量预测数分别为 20 000 辆和 22 000 辆.

经预测三种系列摩托车 1999 年产销率及仓储面积占用情况见表 A-3.

表 A-3

产品系列	轻便摩托车	普通两轮车	三轮摩托车
产销率	97%	97%	92%
单车占用面积	1 个仓储单位	1.5 个仓储单位	3 个仓储单位

公司 1999 年可提供的最大仓储能力为 3 000 个仓储单位，库存产品最大允许占用生产资金为 1 600 万元.

根据以上情况，该公司应如何制定 1999 年度总体经济效益最优的生产计划方案?

(3) 线性规划建模

设 x_j 表示生产 M_j 型摩托车的数量，$j = 1, 2, \cdots, 9$，则总利润最大的摩托车产品生产计划数学模型为

$$\begin{aligned}\max z =& 0.18\times 0.06x_1 + 0.21\times 0.07x_2 + 0.23\times 0.1x_3 + 0.38\times 0.05x_4 + 0.48\times 0.06x_5 + \\ & 0.65\times 0.08x_6 + 0.82\times 0.06x_7 + 0.88\times 0.06x_8 + 0.92\times 0.06x_9 \\ =& 0.010\,8x_1 + 0.014\,7x_2 + 0.023x_3 + 0.019x_4 + 0.028\,8x_5 + 0.052x_6 + 0.049\,2x_7 + \\ & 0.052\,8x_8 + 0.055\,2x_9,\end{aligned}$$

$$\text{s.t.}\begin{cases}x_1+x_2+x_3\leqslant 50\,000,\\ \qquad\qquad x_4+x_5+x_6\leqslant 60\,000,\\ \qquad\qquad\qquad\qquad x_7+x_8+x_9\leqslant 10\,000,\\ 0.152x_1+0.17x_2+0.185x_3+0.32x_4+0.41x_5+0.54x_6+0.6x_7+0.745x_8+0.86x_9\leqslant 20\,000,\\ \qquad x_3\leqslant 20\,000,\\ \qquad\qquad\qquad x_6\leqslant 22\,000,\\ 0.03(x_1+x_2+x_3)+0.03\times 1.5(x_4+x_5+x_6)+0.08\times 3(x_7+x_8+x_9)\leqslant 3\,000,\\ 0.004\,56x_1+0.005\,1x_2+0.005\,55x_3+0.009\,6x_4+0.012\,3x_5+0.016\,2x_6+0.048x_7+0.059\,6x_8+\\ 0.068\,8x_9\leqslant 1\,600,\\ x_j\geqslant 0,\quad j=1,2,\cdots,9.\end{cases}$$

(4) 模型求解

求解步骤如下：

① 安装 WinQSB 软件.

② 启动线性规划程序. 点击开始→程序→WinQSB→Linear and Integer Programming，线性规划和整数规划程序工作界面如图 A-1 所示.

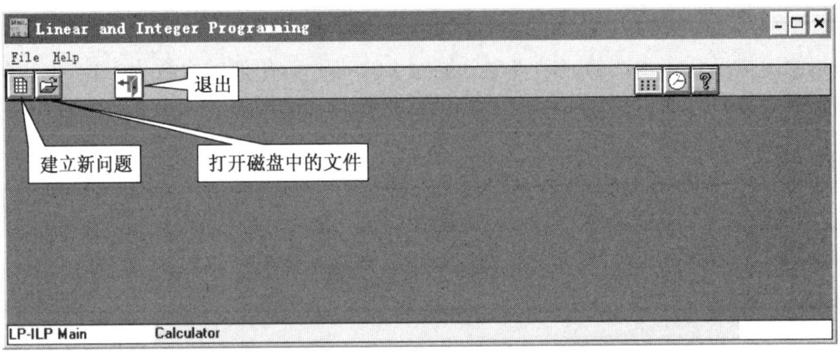

图 A-1

③ 建立新问题或打开磁盘中已有的文件. 点击 File→New Problem 建立新问题. 点击 File→Load Problem 打开磁盘中的数据文件. 建立新问题出现如下选项输入界面(图 A-2).

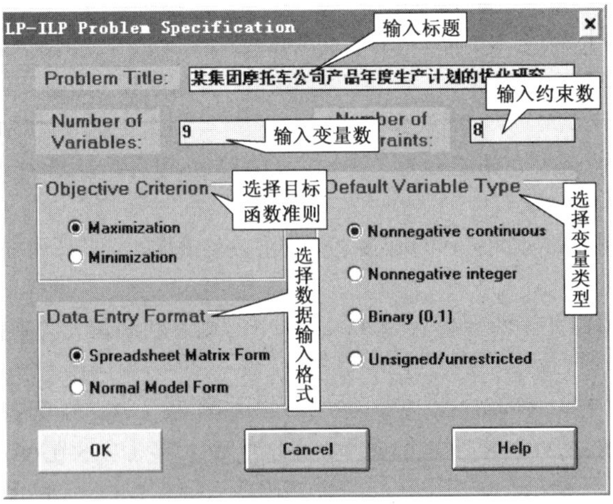

图 A-2

④ 输入数据. 在选择数据输入格式时,选择 Spreadsheet Matrix Form,则以电子表格形式输入变量系数矩阵和右端常数,如图 A-3 所示.

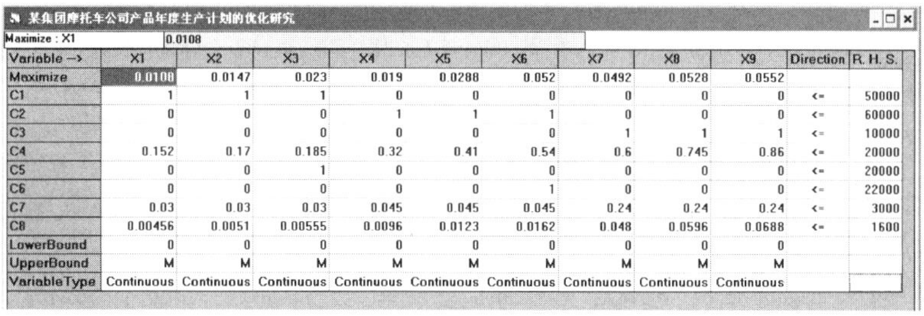

某集团摩托车公司产品年度生产计划的优化研究

Maximize : X1 | 0.0108

Variable -->	X1	X2	X3	X4	X5	X6	X7	X8	X9	Direction	R. H. S.
Maximize	0.0108	0.0147	0.023	0.019	0.0288	0.052	0.0492	0.0528	0.0552		
C1	1	1	1	0	0	0	0	0	0	<=	50000
C2	0	0	0	1	1	1	0	0	0	<=	60000
C3	0	0	0	0	0	0	1	1	1	<=	10000
C4	0.152	0.17	0.185	0.32	0.41	0.54	0.6	0.745	0.86	<=	20000
C5	0	0	1	0	0	0	0	0	0	<=	20000
C6	0	0	0	0	0	1	0	0	0	<=	22000
C7	0.03	0.03	0.03	0.045	0.045	0.045	0.24	0.24	0.24	<=	3000
C8	0.00456	0.0051	0.00555	0.0096	0.0123	0.0162	0.048	0.0596	0.0688	<=	1600
LowerBound	0	0	0	0	0	0	0	0	0		
UpperBound	M	M	M	M	M	M	M	M	M		
VariableType	Continuous	Continuous	Continuous	Continuous	Continuous	Continuous	Continuous	Continuous	Continuous		

图 A-3

若选择 Normal Model Form,则以自由格式输入标准模型,如图 A-4 所示.

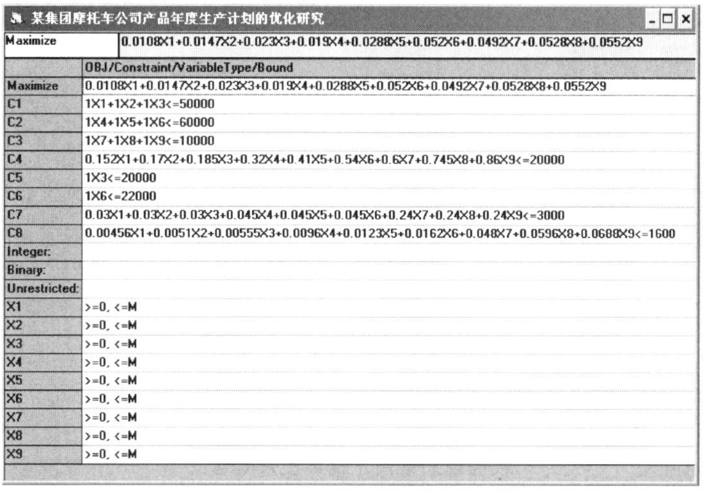

某集团摩托车公司产品年度生产计划的优化研究

Maximize | 0.0108X1+0.0147X2+0.023X3+0.019X4+0.0288X5+0.052X6+0.0492X7+0.0528X8+0.0552X9

	OBJ/Constraint/VariableType/Bound
Maximize	0.0108X1+0.0147X2+0.023X3+0.019X4+0.0288X5+0.052X6+0.0492X7+0.0528X8+0.0552X9
C1	1X1+1X2+1X3<=50000
C2	1X4+1X5+1X6<=60000
C3	1X7+1X8+1X9<=10000
C4	0.152X1+0.17X2+0.185X3+0.32X4+0.41X5+0.54X6+0.6X7+0.745X8+0.86X9<=20000
C5	1X3<=20000
C6	1X6<=22000
C7	0.03X1+0.03X2+0.03X3+0.045X4+0.045X5+0.045X6+0.24X7+0.24X8+0.24X9<=3000
C8	0.00456X1+0.0051X2+0.00555X3+0.0096X4+0.0123X5+0.0162X6+0.048X7+0.0596X8+0.0688X9<=1600
Integer:	
Binary:	
Unrestricted:	
X1	>=0, <=M
X2	>=0, <=M
X3	>=0, <=M
X4	>=0, <=M
X5	>=0, <=M
X6	>=0, <=M
X7	>=0, <=M
X8	>=0, <=M
X9	>=0, <=M

图 A-4

这两种输入格式可自由转换.

⑤ 修改变量类型. 图 A-2 中给出了非负连续、非负整数、0—1 型和无符号限制或无约束 4 种变量类型,当选择了某一种类型后系统默认所有变量都属该种类型. 若变量类型有不同,可以在电子表格数据输入格式中通过双击改变变量类型,变量上、下界可以直接修改,M 是一个任意大的正数,如图 A-5 所示.

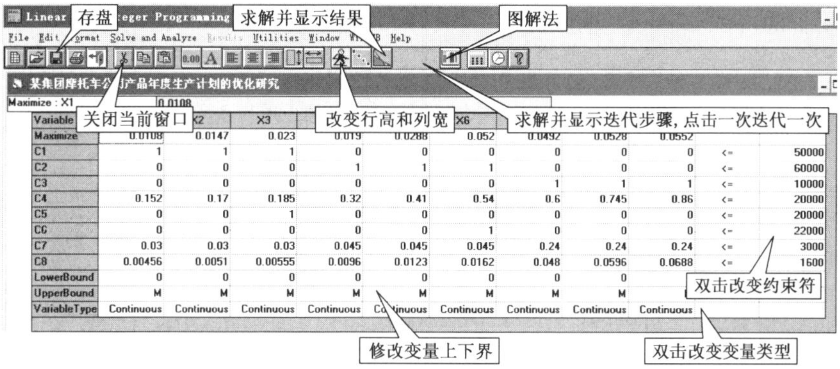

图 A-5

⑥ 修改变量名和约束名. 系统默认变量名为 $X_1, X_2, \cdots, X_n$，约束名为 $C_1, C_2, \cdots, C_m$，可根据需要进行修改. 点击菜单栏 Edit 后，出现的下拉菜单有四个修改选项：修改标题名(Problem Name)、变量名(Variable Name)、约束名(Constraint Name)和目标函数准则(Max 或 Min)，可以输入中文名称.

⑦ 求解. 点击菜单栏 Solve and Analyze，出现的下拉菜单有三个选项：求解不显示迭代过程(Solve the Problem)、求解并显示单纯形法迭代步骤(Solve and Display Steps)及图解法(Graphic Method，限两个变量).

如选择 Solve the Problem，则系统直接显示求解的综合报告，如图 A-6 所示.

	Decision Variable	Solution Value	Unit Cost or Profit c(j)	Total Contribution	Reduced Cost	Basis Status	Allowable Min. c(j)	Allowable Max. c(j)
1	X1	0	0.0108	0	-0.0023	at bound	-M	0.0131
2	X2	26,000.0000	0.0147	382.2000	0	basic	0.0139	0.0164
3	X3	20,000.0000	0.0230	460.0000	0	basic	0.0160	M
4	X4	0	0.0190	0	-0.0087	at bound	-M	0.0277
5	X5	0	0.0288	0	-0.0067	at bound	-M	0.0355
6	X6	22,000.0000	0.0520	1,144.0000	0	basic	0.0467	M
7	X7	0	0.0492	0	-0.0027	at bound	-M	0.0519
8	X8	0	0.0528	0	-0.0116	at bound	-M	0.0644
9	X9	0	0.0552	0	-0.0192	at bound	-M	0.0744
	Objective	Function	(Max.) =	1,986.2000				
	Constraint	Left Hand Side	Direction	Right Hand Side	Slack or Surplus	Shadow Price	Allowable Min. RHS	Allowable Max. RHS
1	C1	46,000.0000	<=	50,000.0000	4,000.0030	0	46,000.0000	M
2	C2	22,000.0000	<=	60,000.0000	38,000.0000	0	22,000.0000	M
3	C3	0	<=	10,000.0000	10,000.0000	0	0	M
4	C4	20,000.0000	<=	20,000.0000	0	0.0865	15,580.0000	20,680.0000
5	C5	20,000.0000	<=	20,000.0000	0	0.0070	0	43,891.8900
6	C6	22,000.0000	<=	22,000.0000	0	0.0053	20,740.7400	30,185.1800
7	C7	2,370.0000	<=	3,000.0000	630.0001	0	2,370.0000	M
8	C8	600.0000	<=	1,600.0000	1,000.0000	0	600.0000	M

图 A-6

图中的各项含义见表 A-4 说明.

表 A-4　　线性规划常用术语词汇及其含义

常用术语	含　义	常用术语	含　义
Alternative Solution exists	存在替代解，有多重解	Dual Problem	对偶问题
Basic and Nonbasic Variable	基变量和非基变量	Entering Variable	进基变量
Basic	基	Feasible Area	可行域
Basis Status	基变量状态，提示是否为基变量	Feasible Solution	可行解
Branch-and-Bound Method	分支定界法	Infeasible	不可行
$c_j - z_j$	检验数	Infeasibility Analysis	不可行性分析
Combined Report	组合报告	Leaving Variable	出基变量
Constraint Summary	约束条件摘要	Left-hand Side	左端
Constraint	约束条件	Lower or Upper Bound	下界或上界
Constraint Direction	约束方向	Min and Max Allowable c_j	最优解不变时，价值系数允许变化范围
Constraint Status	约束状态	Min and Max Allowable RHS	最优基不变时，资源限量允许变化范围
Decision Variable	决策变量	Objective Function	目标函数

续　表

常用术语	含　义	常用术语	含　义
Optimal Solution	最优解	Sensitivity Analysis of OBJ Coefficients	目标函数系数的灵敏度分析
Parametric Analysis	参数分析	Sensitivity Analysis of Right-hand Side	右端常数的灵敏度分析
Range and Slope of Parametric Analysis	参数分析的区间和斜率	Shadow Price	影子价格
Reduced Cost	约简成本(价值),检验数,即当非基变量增加一个单位时目标函数的改变量	Simplex Method	单纯形法
Range of feasibility	可行区间	Slack, Surplus or Artificial Variable	松弛变量、剩余变量或人工变量
Range of Optimality	最优区间	Solution Summary	最优解摘要
Relaxed Problem	松弛问题	Subtract (Add) More Than This From $A(i, j)$	减少(增加)约束系数,调整工艺系数
Relaxed Optimum	松弛最优	Total Contribution	总体贡献,目标函数 c_jx_j 的值
Right-hand Side	右端常数	Unbounded Solution	无界解

由图 A-6 可知最优解为 $\boldsymbol{X}=(0, 26\,000, 20\,000, 0, 0, 22\,000, 0, 0, 0)^{\mathrm{T}}$,最优值 $z=1\,986.2$ 万元.

(5) 结果分析

① 根据计算结果,能够使年利润达到最大化的产品生产计划是:M2 型车生产 26 000 辆,M3 型车生产 20 000 辆,M6 型车生产 22 000 辆,共计 68 000 辆. 目标利润为 1 986.2 万元.

② 由以上求解结果可知,三种系列的摩托车生产能力均有富余,尤其是三轮摩托车未安排生产,生产能力完全剩余;摩托车生产的流动资金完全用完,M3 和 M6 两种车型的发动机也完全用完;库存容量和库存车占用的生产资金额度也有富余. 由影子价格也可看出,流动资金、M3 和 M6 两种车型的发动机是稀缺的,若增加这三种资源,可提高总利润,并且增加流动资金可使总利润提高最快. 因此,上述产品生产计划在实践中应做出适当调整.

(6) 方案调整分析

① 增加流动资金. 一是流动资金总量不变,加速资金周转,比如年周转次数由 5 次增至 6 次,其他条件不变,则求解结果如图 A-7 所示. 资金周转加速后,摩托车总产量由 68 000 辆提高到 79 710 辆,目标利润由 1 986.2 万元提高到 2 284.1 万元.

Decision Variable	Solution Value	Unit Cost or Profit c(j)	Total Contribution	Reduced Cost	Basis Status	Allowable Min. c(j)	Allowable Max. c(j)
X1	0	0.0108	0	-0.0027	at bound	-M	0.0135
X2	30,000.0000	0.0147	441.0000	0	basic	0.0124	0.0220
X3	20,000.0000	0.0230	460.0000	0	basic	0.0157	M
X4	0	0.0190	0	-0.0039	at bound	-M	0.0229
X5	6,873.9480	0.0288	197.9697	0	basic	0.0232	0.0336
X6	22,000.0000	0.0520	1,144.0000	0	basic	0.0374	M
X7	836.1347	0.0492	41.1378	0	basic	0.0427	0.0845
X8	0	0.0528	0	-0.0059	at bound	-M	0.0587
X9	0	0.0552	0	-0.0111	at bound	-M	0.0663
Objective	Function	(Max.) =	2,284.1080				
Constraint	Left Hand Side	Direction	Right Hand Side	Slack or Surplus	Shadow Price	Allowable Min. RHS	Allowable Max. RHS
C1	50,000.0000	<=	50,000.0000	0	0.0023	20,000.0000	62,838.7100
C2	28,873.9500	<=	60,000.0000	31,126.0500	0	28,873.9500	M
C3	836.1347	<=	10,000.0000	9,163.8650	0	836.1348	M
C4	24,000.0000	<=	24,000.0000	0	0.0658	21,955.0000	25,326.6700
C5	20,000.0000	<=	20,000.0000	0	0.0073	0	50,000.0000
C6	22,000.0000	<=	22,000.0000	0	0.0146	11,794.8700	26,783.6300
C7	3,000.0000	<=	3,000.0000	0	0.0405	2,854.3900	3,818.0000
C8	745.0840	<=	1,600.0000	854.9160	0	745.0840	M

图 A-7

二是在资金周转加速的基础上，增加流动资金总量，比如增加 1 000 万元，由流动资金的影子价格可看出，总利润有更大提高，求解结果如图 A-8 所示：摩托车的生产量为 73 333 辆，目标利润为 2 506.4 万元.

Decision Variable	Solution Value	Unit Cost or Profit c(j)	Total Contribution	Reduced Cost	Basis Status	Allowable Min. c(j)	Allowable Max. c(j)
X1	0	0.0108	0	-0.0084	at bound	-M	0.0192
X2	0	0.0147	0	-0.0045	at bound	-M	0.0192
X3	20,000.0000	0.0230	460.0000	0	basic	0.0192	M
X4	0	0.0190	0	-0.0098	at bound	-M	0.0288
X5	31,333.3300	0.0288	902.4000	0	basic	0.0221	0.0345
X6	22,000.0000	0.0520	1,144.0000	0	basic	0.0288	M
X7	0	0.0492	0	-0.1044	at bound	-M	0.1536
X8	0	0.0528	0	-0.1008	at bound	-M	0.1536
X9	0	0.0552	0	-0.0984	at bound	-M	0.1536
Objective	Function	(Max.) =	2,506.4000				
Constraint	Left Hand Side	Direction	Right Hand Side	Slack or Surplus	Shadow Price	Allowable Min. RHS	Allowable Max. RHS
C1	20,000.0000	<=	50,000.0000	30,000.0000	0	20,000.0000	M
C2	53,333.3300	<=	60,000.0000	6,666.6690	0	53,333.3300	M
C3	0	<=	10,000.0000	10,000.0000	0	0	M
C4	28,426.6700	<=	30,000.0000	1,573.3340	0	28,426.6700	M
C5	20,000.0000	<=	20,000.0000	0	0.0038	9,999.9970	50,000.0000
C6	22,000.0000	<=	22,000.0000	0	0.0232	0	34,102.5600
C7	3,000.0000	<=	3,000.0000	0	0.6400	1,590.0000	3,172.6830
C8	852.8000	<=	1,600.0000	747.2000	0	852.8000	M

图 A-8

② 增加 M3 和 M6 两种车型的发动机. 若 M3 和 M6 两种车型的发动机各增加 5 000 台，在上述条件基础上，求解结果如图 A-9 所示：摩托车产量为 75 000 台，目标利润为 2 641.4 万元.

Decision Variable	Solution Value	Unit Cost or Profit c(j)	Total Contribution	Reduced Cost	Basis Status	Allowable Min. c(j)	Allowable Max. c(j)
X1	0	0.0108	0	-0.0084	at bound	-M	0.0192
X2	0	0.0147	0	-0.0045	at bound	-M	0.0192
X3	25,000.0000	0.0230	575.0000	0	basic	0.0192	M
X4	0	0.0190	0	-0.0098	at bound	-M	0.0288
X5	23,000.0000	0.0288	662.3999	0	basic	0.0221	0.0345
X6	27,000.0000	0.0520	1,404.0000	0	basic	0.0288	M
X7	0	0.0492	0	-0.1044	at bound	-M	0.1536
X8	0	0.0528	0	-0.1008	at bound	-M	0.1536
X9	0	0.0552	0	-0.0984	at bound	-M	0.1536
Objective	Function	(Max.) =	2,641.4000				
Constraint	Left Hand Side	Direction	Right Hand Side	Slack or Surplus	Shadow Price	Allowable Min. RHS	Allowable Max. RHS
C1	25,000.0000	<=	50,000.0000	25,000.0000	0	25,000.0000	M
C2	50,000.0000	<=	60,000.0000	10,000.0000	0	50,000.0000	M
C3	0	<=	10,000.0000	10,000.0000	0	0	M
C4	28,635.0000	<=	30,000.0000	1,365.0000	0	28,635.0000	M
C5	25,000.0000	<=	25,000.0000	0	0.0038	9,999.9970	50,000.0000
C6	27,000.0000	<=	27,000.0000	0	0.0232	0	37,500.0000
C7	3,000.0000	<=	3,000.0000	0	0.6400	1,965.0000	3,149.8170
C8	859.0500	<=	1,600.0000	740.9500	0	859.0500	M

图 A-9

③ 合理安排生产品种. 为保持公司各种系列摩托车有一定的市场占有率，需对上述结果做出修改，要保证三轮摩托车达到一个最低生产量. 比如 M9 型车生产不少于 2 000 辆，即增加约束 $x_9 \geqslant 2\,000$，求解结果如图 A-10 所示：摩托车产量为 66 333 台，目标利润为 2 444.6 万元.

Decision Variable	Solution Value	Unit Cost or Profit c(j)	Total Contribution	Reduced Cost	Basis Status	Allowable Min. c(j)	Allowable Max. c(j)
X1	0	0.0108	0	-0.0084	at bound	-M	0.0192
X2	0	0.0147	0	-0.0045	at bound	-M	0.0192
X3	25,000.0000	0.0230	575.0000	0	basic	0.0192	M
X4	0	0.0190	0	-0.0098	at bound	-M	0.0288
X5	12,333.3300	0.0288	355.2000	0	basic	0.0221	0.0345
X6	27,000.0000	0.0520	1,404.0000	0	basic	0.0288	M
X7	0	0.0492	0	-0.1044	at bound	-M	0.1536
X8	0	0.0528	0	-0.1008	at bound	-M	0.1536
X9	2,000.0000	0.0552	110.4000	0	basic	-M	0.1536
Objective	Function	(Max.) =	2,444.6000				
Constraint	Left Hand Side	Direction	Right Hand Side	Slack or Surplus	Shadow Price	Allowable Min. RHS	Allowable Max. RHS
C1	25,000.0000	<=	50,000.0000	25,000.0000	0	25,000.0000	M
C2	39,333.3300	<=	60,000.0000	20,666.6700	0	39,333.3300	M
C3	2,000.0000	<=	10,000.0000	8,000.0000	0	2,000.0000	M
C4	25,981.6700	<=	30,000.0000	4,018.3330	0	25,981.6700	M
C5	25,000.0000	<=	25,000.0000	0	0.0038	0	43,500.0000
C6	27,000.0000	<=	27,000.0000	0	0.0232	0	39,333.3300
C7	3,000.0000	<=	3,000.0000	0	0.6400	2,445.0000	3,441.0370
C8	865.4500	<=	1,600.0000	734.5500	0	865.4500	M
C9	2,000.0000	>=	2,000.0000	0	-0.0984	0	4,312.5000

图 A-10

④ 适当增加库存能力.为保证三轮摩托车生产线的开动,公司整个摩托车的产量和目标利润受到较大影响,由于三轮摩托车占用的库存量较大,库存容量资源影子价格很高,可适当增加库存容量,以提高目标利润.比如增加库存容量 500 个单位,求解结果如图 A-11 所示:摩托车产量为 79 176 台,目标利润为 2 741.2 万元.

Decision Variable	Solution Value	Unit Cost or Profit c(j)	Total Contribution	Reduced Cost	Basis Status	Allowable Min. c(j)	Allowable Max. c(j)
X1	0	0.0108	0	-0.0031	at bound	-M	0.0139
X2	5,198.9260	0.0147	76.4242	0	basic	0.0124	0.0192
X3	25,000.0000	0.0230	575.0000	0	basic	0.0154	M
X4	0	0.0190	0	-0.0059	at bound	-M	0.0249
X5	19,978.4900	0.0288	575.3806	0	basic	0.0221	0.0355
X6	27,000.0000	0.0520	1,404.0000	0	basic	0.0345	M
X7	0	0.0492	0	-0.0353	at bound	-M	0.0845
X8	0	0.0528	0	-0.0380	at bound	-M	0.0908
X9	2,000.0000	0.0552	110.4000	0	basic	-M	0.0958
Objective	Function	(Max.) =	2,741.2050				
Constraint	Left Hand Side	Direction	Right Hand Side	Slack or Surplus	Shadow Price	Allowable Min. RHS	Allowable Max. RHS
C1	30,198.9300	<=	50,000.0000	19,801.0700	0	30,198.9300	M
C2	46,978.4900	<=	60,000.0000	13,021.5100	0	46,978.4900	M
C3	2,000.0000	<=	10,000.0000	8,000.0000	0	2,000.0000	M
C4	30,000.0000	<=	30,000.0000	0	0.0435	27,953.8900	30,537.2200
C5	25,000.0000	<=	25,000.0000	0	0.0076	0	31,081.7600
C6	27,000.0000	<=	27,000.0000	0	0.0175	22,867.5200	37,865.4900
C7	3,500.0000	<=	3,500.0000	0	0.2432	3,441.0370	3,724.5730
C8	985.9999	<=	1,600.0000	614.0000	0	986.0000	M
C9	2,000.0000	>=	2,000.0000	0	-0.0406	457.7054	2,404.9410

图 A-11

综上分析,安排 1999 年摩托车生产计划,要适当增加流动资金和扩充库存面积,这样能有效利用现有生产能力,增加利润.故 1999 年合理生产计划为:M2, M3, M5, M6, M9 车型分别生产 5 199 辆、25 000 辆、19 978辆、27 000 辆、2 000 辆,其余车型不生产.另外要说明一下,摩托车生产数量是整数,应该用整数规划来求解，但由于摩托车生产数量较大，故采用线性规划求解，四舍五入取整，误差很小.

A3.2 对偶理论与灵敏度分析

A3.2.1 实验目的与要求

进一步熟悉对偶规划及灵敏度分析的有关基本概念；掌握运筹学软件包 WinQSB 中 Linear and Integer Programming 写对偶线性规划的方法，灵敏度分析和参数分析的使用方法及操作步骤；理解其输出结果.

A3.2.2 实验内容与步骤

(1) 选择线性规划模型. 从本附录提供的参考选题中或从其他途径选择合适的线性规划模型.

(2) 写出对偶线性规划模型. 应用运筹学软件包 WinQSB 中 Linear and Integer Programming 写出对偶线性规划.

(3) 进行灵敏度分析.

(4) 进行参数分析.

A3.2.3 实验例题

已知线性规划模型如下：

$$\max z = x_1 + 2x_2 + 4x_3 + x_4,$$

$$\text{s.t.}\begin{cases} 3x_1 \qquad\quad + 9x_3 + 5x_4 \leqslant 15, \\ 6x_1 + 4x_2 + \ \ x_3 + 7x_4 \leqslant 30, \\ \qquad\quad 4x_2 + 3x_3 + 4x_4 \leqslant 20, \\ 5x_1 + 3x_2 + 8x_3 + 3x_4 \leqslant 40, \\ x_j \geqslant 0, \quad j = 1, 2, 3, 4. \end{cases}$$

(1) 写出对偶线性规划，变量用 Y 表示；

(2) 求原问题及对偶问题的最优解；

(3) 分别写出价值系数 c_j 及右端常数 b_i 的最大允许变化范围；

(4) 目标函数系数改为 $\boldsymbol{c} = (4, 2, 6, 1)$，同时常数改为 $\boldsymbol{b} = (20, 40, 20, 40)^{\mathrm{T}}$，求最优解；

(5) 删除第四个约束，同时删除第三个变量，求最优解；

(6) 增加一个变量 x_5，系数为 $(c_5, a_{15}, a_{25}, a_{35}, a_{45}) = (6, 5, 4, 2, 3)$，求最优解；

(7) 目标函数为 $\max z = (1+\mu)x_1 + (2+3\mu)x_2 + 4x_3 + (1-\mu)x_4$，分析参数的变化区间及对应解的关系，绘制参数与目标值的关系图.

求解步骤如下：

启动 Linear and Integer Programming，建立新问题，取名为例 2，输入数据得到数据表(图 A-12)，存盘.

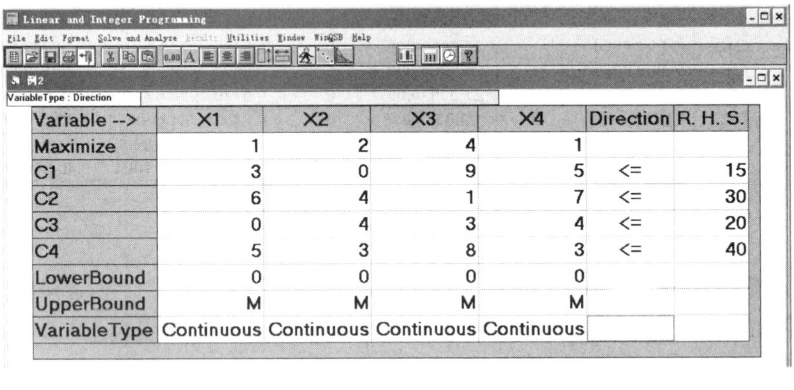

Variable -->	X1	X2	X3	X4	Direction	R. H. S.
Maximize	1	2	4	1		
C1	3	0	9	5	<=	15
C2	6	4	1	7	<=	30
C3	0	4	3	4	<=	20
C4	5	3	8	3	<=	40
LowerBound	0	0	0	0		
UpperBound	M	M	M	M		
VariableType	Continuous	Continuous	Continuous	Continuous		

图 A-12

(1) 点击 Format→Switch to Dual Form,得到对偶问题数据表(图 A-13),点击 Edit→Variable Name,分别修改变量名和约束名(图 A-14, 图 A-15),点击 Format→Switch to Normal Model Form,得到对偶模型,此即为得到的以 Y 为变量名的对偶模型(图 A-16).

Variable -->	C1	C2	C3	C4	Direction	R. H. S.
Minimize	15	30	20	40		
X1	3	6		5	>=	1
X2		4	4	3	>=	2
X3	9	1	3	8	>=	4
X4	5	7	4	3	>=	1
LowerBound	0	0	0	0		
UpperBound	M	M	M	M		
VariableType	Continuous	Continuous	Continuous	Continuous		

图 A-13

Y4

Original Name	New Name
C1	Y1
C2	Y2
C3	Y3
C4	Y4

OK Cancel Help

图 A-14

C4

Original Name	New Name
X1	C1
X2	C2
X3	C3
X4	C4

OK Cancel Help

图 A-15

例2

Minimize	15Y1+30Y2+20Y3+40Y4
	OBJ/Constraint/VariableType/Bound
Minimize	15Y1+30Y2+20Y3+40Y4
C1	3Y1+6Y2+5Y4>=1
C2	4Y2+4Y3+3Y4>=2
C3	9Y1+1Y2+3Y3+8Y4>=4
C4	5Y1+7Y2+4Y3+3Y4>=1
Integer:	
Binary:	
Unrestricted:	
Y1	>=0, <=M
Y2	>=0, <=M
Y3	>=0, <=M
Y4	>=0, <=M

图 A-16

(2) 再求一次对偶返回到原问题,求解模型显示如图 A-17 所示,最优解为 $\boldsymbol{X}=(2, 4.25, 1, 0)^{\mathrm{T}}$,最优值 $z=14.5$. 最优表中影子价格对应列的数据就是对偶问题的最优解,即 $\boldsymbol{Y}=(0.2833, 0.025, 0.475, 0)^{\mathrm{T}}$.

	Decision Variable	Solution Value	Unit Cost or Profit c(j)	Total Contribution	Reduced Cost	Basis Status	Allowable Min. c(j)	Allowable Max. c(j)
1	X1	2.0000	1.0000	2.0000	0	basic	0.8333	4.1667
2	X2	4.2500	2.0000	8.5000	0	basic	1.3333	5.7778
3	X3	1.0000	4.0000	4.0000	0	basic	1.1667	4.5000
4	X4	0	1.0000	0	-2.4917	at bound	-M	3.4917
	Objective	Function	(Max.) =	14.5000				
	Constraint	Left Hand Side	Direction	Right Hand Side	Slack or Surplus	Shadow Price	Allowable Min. RHS	Allowable Max. RHS
1	C1	15.0000	<=	15.0000	0	0.2833	5.0000	27.4719
2	C2	30.0000	<=	30.0000	0	0.0250	16.6667	50.0000
3	C3	20.0000	<=	20.0000	0	0.4750	0	33.3333
4	C4	30.7500	<=	40.0000	9.2500	0	30.7500	M

图 A-17

(3) 由图 A-17 可得价值系数 c_j 的最大允许变化范围分别是

$$[0.8333, 4.1667], [1.333, 5.7778], [1.1667, 4.5], [-\infty, 3.4917].$$

右端常数 b_i 的最大允许变化范围分别是

$$[5, 27.4719], [16.6667, 50], [0, 33.3333], [30.75, +\infty].$$

(4) 直接修改图 A-12 的数据,求解后得到最优解为 $\boldsymbol{X}=(3.6667, 4.25, 1, 0)^{\mathrm{T}}$,最优值 $z=29.1667$.

(5) 将数据修改回原问题,点击 Edit→Delete a Constraint,选择要删除的约束 c_4. 然后,再点击 Edit→Delete a Variable,选择要删除的变量 X_3. 最后得到如图 A-18 所示的模型,求解后得到最优解为 $\boldsymbol{X}=(1.6667,$

5, 0)^{T},最优值 $z=11.6667$.

Variable -->	X1	X2	X4	Direction	R. H. S.
Maximize	1	2	1		
C1	3	0	5	<=	15
C2	6	4	7	<=	30
C3	0	4	4	<=	20
LowerBound	0	0	0		
UpperBound	M	M	M		
VariableType	Continuous	Continuous	Continuous		

图 A-18

(6) 返回到原问题数据表,点击 Edit→Insert a Variable,显示如图 A-19 所示,选择变量名和变量插入的位置,在显示的电子表中输入数据(6, 5, 4, 2, 3),求解后得到最优解为 $\boldsymbol{X}=(0, 3.5, 0, 0, 3)^{T}$,最优值 $z=25$.

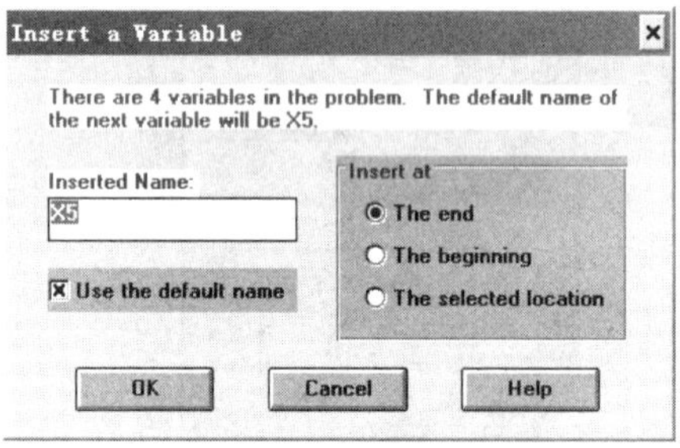

图 A-19

(7) 返回到原问题数据表,先求解. 目标函数系数由两部分构成,参数 μ 的系数为(1, 3, 0, −1).

点击 Results→Perform Parametric Analysis,在图 A-20 中选择目标函数(Objective Function),在图 A-21 中输入参数 μ 的系数,确定后显示如图 A-22 所示. 如果对右端常数进行参数分析,则选择 Right Hand Side.

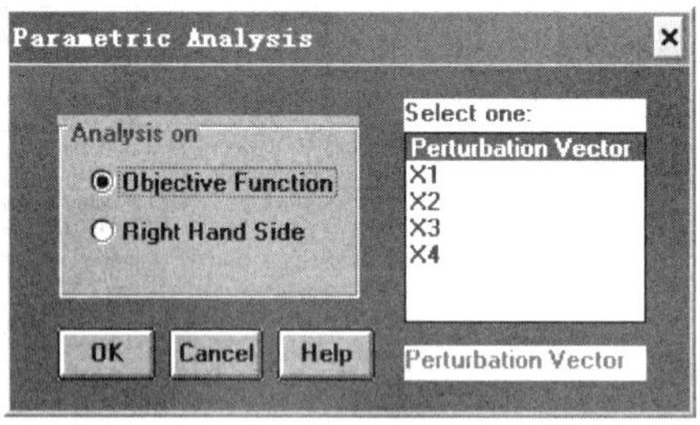

图 A-20

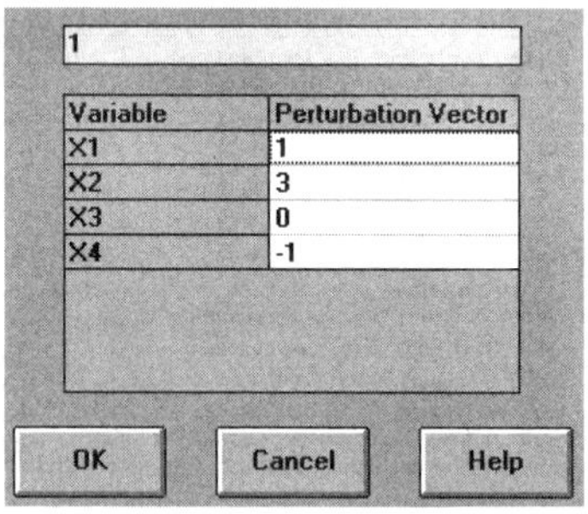

图 A-21

Range	From ?(Vector)	To ?(Vector)	From OBJ Value	To OBJ Value	Slope	Leaving Variable	Entering Variable
1	0	1.4783	14.5000	36.3043	14.7500	X3	Slack_C1
2	1.4783	M	36.3043	M	16.6667		
3	0	-0.0952	14.5000	13.0952	14.7500	X1	Slack_C2
4	-0.0952	-0.6667	13.0952	6.6667	11.2500	X2	Slack_C3
5	-0.6667	-1.2222	6.6667	6.6667	0	X3	X4
6	-1.2222	-M	6.6667	M	-3.0000		

图 A-22

由图 A-22 可知，将参数 μ 分成 6 个区间讨论，在不同区间显示了目标函数值的变化区间及其变化率(Slope)、出基变量和进基变量. 点击 Results→Graphic Parametric Analysis，显示如图 A-23 所示.

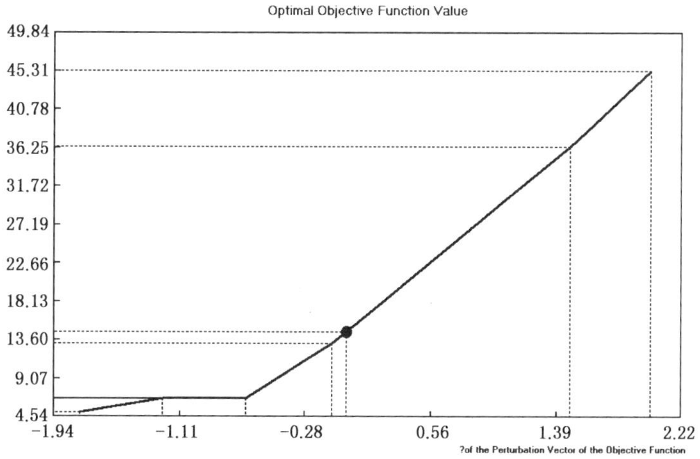

图 A-23

A3.3 运输问题

A3.3.1 实验目的与要求

熟悉运输问题的有关基本概念；掌握运筹学软件包 WinQSB 中 Network Modeling 模块求解运输问题的使用方法和操作步骤；理解其输出结果.

A3.3.2 实验内容与步骤

(1) 选择运输问题. 从本实验指导书提供的参考选题中或从其他途径选择运输问题.

(2) 求解运输问题. 应用运筹学软件包 WinQSB 中 Network Modeling(网络模型)，选项为 Network Flow 或 Transportaion Problem 求解运输问题.

(3) 理解其输出结果.

A3.3.3 实验例题

某混凝土构件公司有 3 个碎石生产厂，供应 4 个搅拌站碎石. 各碎石生产厂的产量和各搅拌站的碎石需求量以及每个碎石生产厂到各搅拌站的距离见表 A-5，求使总运输量最小的方案.

表 A-5

销地 产地	B_1	B_2	B_3	B_4	产量
A_1	3	2	7	6	500
A_2	7	5	2	3	600
A_3	1	5	4	6	300
销量	600	400	200	200	1 400

求解步骤如下：

(1) 启动程序. 点击开始→程序→WinQSB→Network Modeling.

(2) 建立新问题. 在图 A-24 中分别选择 Transportation Problem，Minimization，输入标题、产地数 3 和销地数 4.

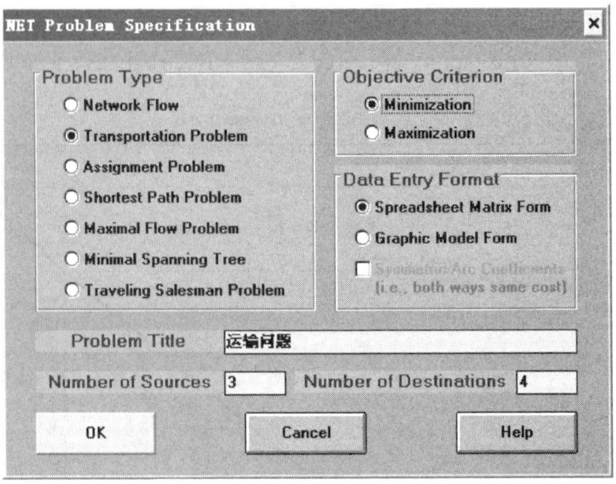

图 A-24

(3) 输入数据. 在选择数据输入格式时，选择 Spreadsheet Matrix Form，则以电子表格形式输入运输系数矩阵，并点击菜单栏 Edit→Node Names 对产地和销地进行重命名，如图 A-25 所示.

From \ To	B 1	B 2	B 3	B4	Supply
A1	3	2	7	6	500
A2	7	5	2	3	600
A 3	1	5	4	6	300
Demand	600	400	200	200	1400

图 A-25

(4) 求解并显示结果. 点击菜单栏上的 Solve and Analyze，出现的下拉菜单中有四个选择求解方法：Solve the Problem(只求出最优解)、Solve the Display Steps-Network(网络图求解并显示迭代步骤)、Solve the Display Steps-Tableau(表格求解并显示迭代步骤)、Select Initial Solution Method(选择求初始解方法).

求初始解有八种方法选择，如图 A-26 所示.

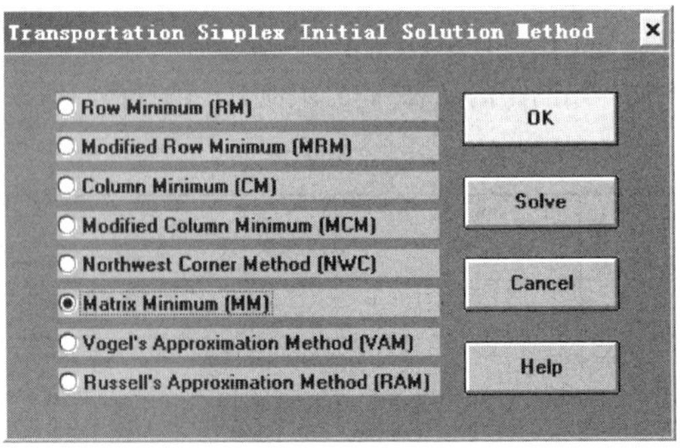

图 A-26

这八种方法是：RM 逐行最小元素法，MRM 修正的逐行最小元素法，CM 逐列最小元素法，MCM 修正的逐列最小元素法，NWC 西北角法，MM 矩阵最小元素法即最小元素法，Vogel 近似法及 Russell 近似法. 系统默认的是 RM 法.

例如，选择最小元素法(MM)、Solve the Display Steps-Tableau，得到初始表如图 A-27 所示. 从图 A-27

中可看到进基、出基变量，还可以得到位势，即对偶变量(Dual $P(i)$，Dual $P(j)$)，求出检验数，继续迭代得到最优方案表如图 A-28 所示，总运输量 $z=3\,600$.

Transportation Tableau for 运输问题 - Iteration 1

From \ To	B 1	B 2	B 3	B4	Supply	Dual P(i)
A1	3 100	2 400	7	6	500	0
A2	7 200*	5 Cij=-1 **	2 200	3 200	600	4
A 3	1 300	5	4	6	300	-2
Demand	600	400	200	200		
Dual P(j)	3	2	-2	-1		
	Objective Value = 3800 (Minimization)					
	** Entering: A2 to B 2 * Leaving: A2 to B 1					

图 A-27

Transportation Tableau for 运输问题 - Iteration 2 (Final

From \ To	B 1	B 2	B 3	B4	Supply	Dual P(i)
A1	3 300	2 200	7	6	500	0
A2	7	5 200	2 200	3 200	600	3
A 3	1 300	5	4	6	300	-2
Demand	600	400	200	200		
Dual P(j)	3	2	-1	0		
	Objective Value = 3600 (Minimization)					

图 A-28

选择 Solve the Problem(只求出最优解)，结果如图 A-29 所示.

From	To	Shipment	Unit Cost	Total Cost	Reduced Cost
A1	B 1	300	3	900	0
A1	B 2	200	2	400	0
A2	B 2	200	5	1000	0
A2	B 3	200	2	400	0
A2	B4	200	3	600	0
A 3	B 1	300	1	300	0
Total	Objective	Function	Value =	3600	

图 A-29

点击菜单栏 Results→Graphic Solution，以网络图的形式显示结果，如图 A-30 所示.

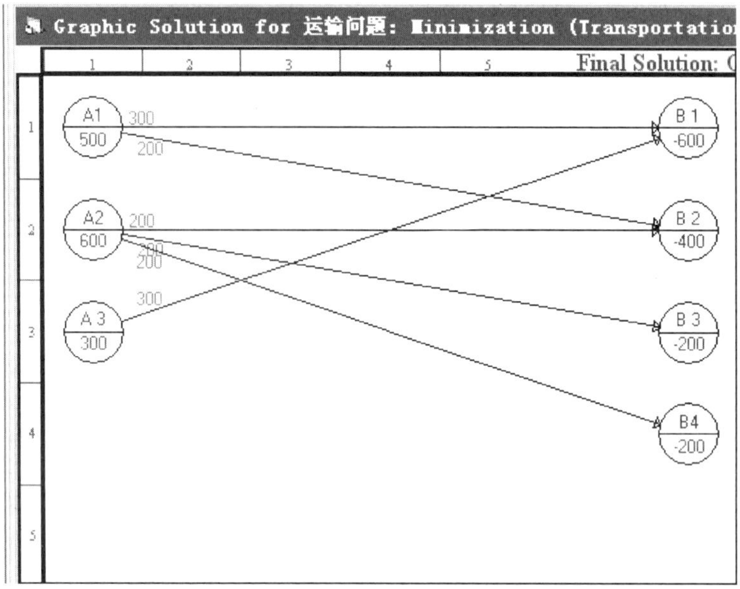

图 A-30

(5) 最优运输方案. 由求解结果可知，最优运输方案为：产地 A_1 给销地 B_1 运 300、给销地 B_2 运 200，产地 A_2 给销地 B_2 运 200、给销地 B_3 运 200、给销地 B_4 运 200，产地 A_3 给销地 B_1 运 300，总运输量最小为 3 600.

说明：若为产销不平衡问题，事先不必化为平衡问题.

A3.4 整数规划与指派问题

A3.4.1 实验目的与要求

进一步熟悉整数线性规划与指派问题的有关基本概念；掌握运筹学软件包 WinQSB 中 Linear and Integer Programming 模块求解整数线性规划、Network Modeling 模块求解指派问题的使用方法和操作步骤；理解其输出结果.

A3.4.2 实验内容与步骤

(1) 选择整数规划模型与指派问题. 从本实验指导书提供的参考选题中或从其他途径选择整数规划模型与指派问题.

(2) 求解整数规划模型与指派问题. 应用运筹学软件包 WinQSB 中 Linear and Integer Programming，Network Modeling 分别求解整数规划模型与指派问题.

(3) 理解其输出结果.

A3.4.3 实验例题

1. 整数线性规划模型

求解整数规划

$$\max z = 4x_1 + 3x_2,$$

$$\text{s.t.} \begin{cases} 3x_1 + 4x_2 \leqslant 12, \\ 4x_1 + 2x_2 \leqslant 9, \\ x_j \geqslant 0 \text{ 且 } x_j \text{ 为整数}, \quad j = 1, 2. \end{cases}$$

求解步骤如下：

（1）启动 Linear and Integer Programming，建立新问题，取名为“整数规划”，在变量类型选择中选“Nonnegative Integer”，若是混合整数规划，则在电子数据表中通过双击变量类型来修改，输入数据得到数据表（图 A-31）.

（2）点击 Solve and Analyze→Solve the Problem，系统直接显示求解的综合报告如图 A-32 所示：最优解为 $\boldsymbol{X} = (1, 2)^{\mathrm{T}}$，最优值 $z = 10$.

Variable -->	X1	X2	Direction	R. H. S.
Maximize	4	3		
C1	3	4	<=	12
C2	4	2	<=	9
LowerBound	0	0		
UpperBound	M	M		
VariableType	Integer	Integer		

图 A-31

	16:34:19		2007-5-14 16:34:18 下午	2007-5-14 16:34:18 下午	2007-5-14 16:34:18 下午	2007-5-14 16:34:18 下午
	Decision Variable	Solution Value	Unit Cost or Profit c(j)	Total Contribution	Reduced Cost	Basis Status
1	X1	1.0000	4.0000	4.0000	0	basic
2	X2	2.0000	3.0000	6.0000	0	basic
	Objective	Function	(Max.) =	10.0000		
	Constraint	Left Hand Side	Direction	Right Hand Side	Slack or Surplus	Shadow Price
1	C1	11.0000	<=	12.0000	1.0000	0
2	C2	8.0000	<=	9.0000	1.0000	0

图 A-32

2. 指派问题

某商业集团计划在市内 4 个点投资 4 个专业超市，考虑的商品有电器、服装、食品、家具及计算机 5 个类别. 通过评估，家具超市不能放在第 3 个点，计算机超市不能放在第 4 个点，不同类别的商品投资到各点的年利润（万元）预测值见表 A-6. 该商业集团如何做出投资决策使年利润最大？

表 A-6

商品 \ 地点	1	2	3	4
电器	120	300	360	400
服装	80	350	420	260
食品	150	160	380	300
家具	90	200	—	180
计算机	220	260	270	—

求解步骤如下：

（1）启动程序. 点击开始→程序→WinQSB→Network Modeling，屏幕上出现程序工作界面如图 A-33 所示.

图 A-33

(2) 建立新问题或打开磁盘中已有的文件. 点击 File→New Problem 建立新问题. 点击 File→Load Problem 打开磁盘中的数据文件. 建立新问题时出现选项输入界面(图 A-34).

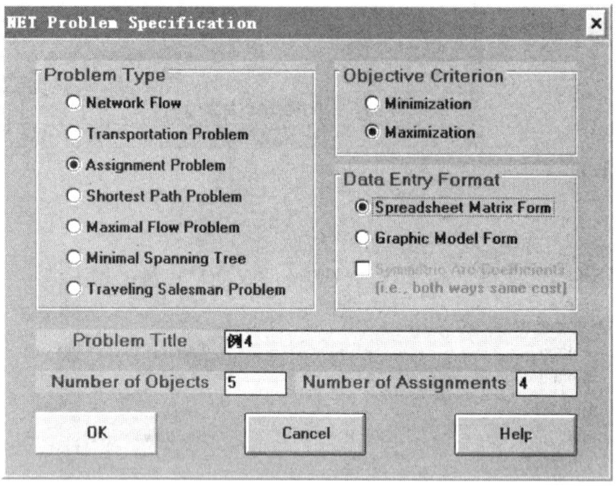

图 A-34

From \ To	地点1	地点2	地点3	地点4
电器	120	300	360	400
服装	80	350	420	260
食品	150	160	380	300
家具	90	200	0	180
计算机	220	260	270	0

图 A-35

在图 A-34 中分别选择 Assignment Problem, Maximization,输入标题,人数(目标数)为 5 及任务数(配置数)为 4.

(3) 输入数据. 在选择数据输入格式时,选择 Spreadsheet Matrix Form,则以电子表格形式输入价值系数矩阵,并点击菜单栏 Edit→Node Names 对目标和配置进行重命名(图 A-35).

(4) 求解并显示结果. 点击菜单栏 Solve and Analyze,出现的下拉菜单中有三个选择求解方法: Solve the Problem(只求出最优解)、Solve the Display Steps-Network(网络图求解并显示迭代步骤)、Solve the Display Steps-Tableau(表格求解并显示迭代步骤). 选择 Solve the Display Steps-Tableau(表格求解并显示迭代步骤)则显示匈牙利算法的每一步迭代表. 得初始表如图 A-36 所示,最优表如图 A-37 所示.

Hungarian Method for 例4 - Iteration 1

	地点1	地点2	地点3	地点4	Dummy
电器	100	50	60	0	0
服装	140	0	0	140	0
食品	70	190	40	100	0
家具	130	150	420	220	0
计算机	0	90	150	400	0

图 A-36

Hungarian Method for 例4 - Iteration 2 (Final)

From \ To	地点1	地点2	地点3	地点4	Dummy
电器	100	50	60	0	40
服装	140	0	0	140	40
食品	30	150	0	60	0
家具	90	110	380	180	0
计算机	0	90	150	400	40

图 A-37

选择 Solve the Problem(只求出最优解),得数据如图 A-38 所示.

ization (Assignment Problem)

From	To	Assignment	Unit Profit	Total Profit	Reduced Cost
电器	地点 4	1	400	400	0
服装	地点2	1	350	350	0
食品	地点3	1	380	380	0
家具	Unused_Supply	1	0	0	0
计算机	地点1	1	220	220	0
Total	Objective	Function	Value =	1350	

图 A-38

点击菜单栏 Results→Graphic Solution，以网络图的形式显示结果，如图 A-39 所示.

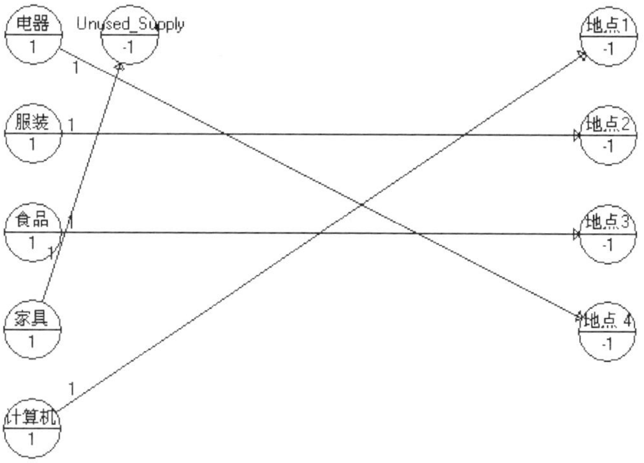

图 A-39

(5) 最优决策方案. 由求解结果可知，最优决策方案为：电器超市设在地点 4、服装超市设在地点 2、食品超市设在地点 3、计算机超市设在地点 1，最大年利润为 1 350 万元.

A3.5 目标规划

A3.5.1 实验目的与要求

进一步熟悉目标规划问题的有关基本概念；掌握运筹学软件包 WinQSB 中 Goal Programming(GP) 模块求解目标规划问题的使用方法和操作步骤；理解其输出结果.

A3.5.2 实验内容与步骤

(1) 选择目标规划问题. 从本实验指导书提供的参考选题中或从其他途径选择目标规划问题.

(2) 求解目标规划问题. 应用运筹学软件包 WinQSB 中的 Goal Programming 求解目标规划问题.

(3) 理解其输出结果.

A3.5.3 实验例题

某企业集团计划用 1 000 万元对下属 5 个企业进行技术改造，各企业单位的投资额已知，考虑 2 种市场需求变化、现有竞争对手、替代品的威胁等影响收益的 4 个因素，技术改造完成后预测单位投资收益率((单位投资获得利润/单位投资额)×100%)见表 A-7.

表 A-7

		企业 1	企业 2	企业 3	企业 4	企业 5
单位投资额/万元		12	10	15	13	20
单位投资收益率预测 r_{ij}	市场需求 1	4.32	5	5.84	5.2	6.56
	市场需求 2	3.52	3.04	5.08	4.2	6.24
	现有竞争对手	3.16	2.2	3.56	3.28	4.08
	替代品的威胁	2.24	3.12	2.6	2.2	3.24
期望(平均)收益率		3.31%	3.34%	4.27%	3.72%	5.03%

集团制定的目标是：

(1) 希望完成总投资额又不超过预算；

(2) 总期望收益率达到总投资的 30%；

(3) 投资风险尽可能最小；

(4) 保证企业 5 的投资额占 20%左右.

集团应如何做出投资决策？

由题意，目标规划数学模型为

$$\min z = P_1(d_1^- + d_1^+) + P_2 d_2^- + P_3\left[\sum_{i=3}^{6}(d_i^- + d_i^+)\right] + P_4(d_7^- + d_7^+),$$

$$\text{s. t.}\begin{cases} 12x_1 + 10x_2 + 15x_3 + 13x_4 + 20x_5 + d_1^- - d_1^+ = 1\,000, \\ -0.29x_1 + 0.34x_2 - 0.23x_3 - 0.18x_4 - 0.97x_5 + d_2^- - d_2^+ = 0, \\ 1.01x_1 + 1.66x_2 + 1.57x_3 + 1.48x_4 + 1.53x_5 + d_3^- - d_3^+ = 0, \\ 0.21x_1 - 0.3x_2 + 0.81x_3 + 0.48x_4 + 1.21x_5 + d_4^- - d_4^+ = 0, \\ -0.15x_1 - 1.14x_2 - 0.71x_3 - 0.44x_4 - 0.95x_5 + d_5^- - d_5^+ = 0, \\ -1.07x_1 - 0.22x_2 - 1.67x_3 - 1.52x_4 - 1.79x_5 + d_6^- - d_6^+ = 0, \\ -2.4x_1 - 2x_2 - 3x_3 - 2.6x_4 + 16x_5 + d_7^- - d_7^+ = 0, \\ x_j \geqslant 0, d_i^-, d_i^+ \geqslant 0, \quad i = 1,2,\cdots,7;\ j = 1,2,\cdots,5. \end{cases}$$

求解步骤如下：

(1) 启动程序. 点击开始→程序→WinQSB→Goal Programming，屏幕上出现程序工作界面(图 A-40).

图 A-40

(2) 建立新问题或打开磁盘中已有的文件. 点击 File→New Problem 建立新问题. 点击 File→Load Problem 打开磁盘中的数据文件. 建立新问题出现选项输入界面(图 A-41).

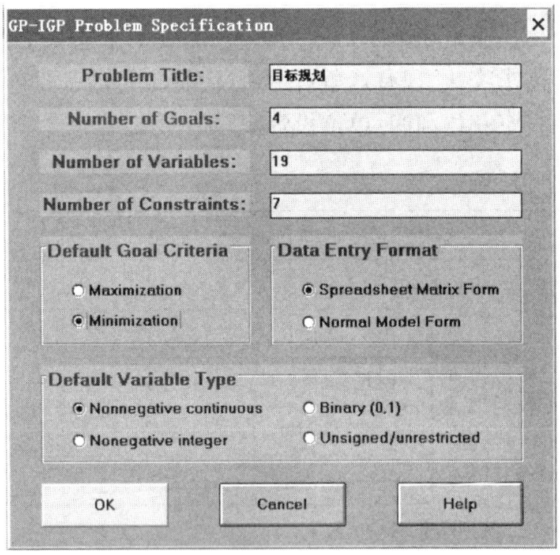

图 A-41

在图 A-41 中分别输入标题，输入目标数 4、变量数 19 及约束数 7. 目标数等于优先级别的个数，变量数等于决策变量数加偏差变量数. 其他选项同线性规划.

(3) 输入数据. 系统显示变量为 x_j，$j = 1, 2, \cdots, 19$，为了便于观察将 d_i^+，d_i^- 分别重新命名为 n_i，p_i，如 x_6，x_7 分别命名为 n_1，p_1. 还可以对约束重命名. 按图 A-42 输入数据. 在选择数据输入格式时，选择 Spreadsheet Matrix Form，则以电子表格形式输入价值系数矩阵，然后点击菜单栏 Edit→Node Names 对目标和配置进行重命名，如图 A-42 所示.

Variable -->	X1	X2	X3	X4	X5	n1	p1	n2	p2	n3	p3	n4	p4	n5	p5	n6	p6	n7	p7	recti	R. H. S.
Min:G1						1	1														
Min:G2								1													
Min:G3										1	1	1	1	1	1	1	1				
Min:G4																		1	1		
总投资	12	10	15	13	20	1	-1													=	1000
利润率	-0.29	0.34	-0.23	-0.18	-0.97			1	-1											=	0
风险1	1.01	1.66	1.57	1.48	1.53					1	-1									=	0
风险2	0.21	-0.3	0.81	0.48	1.21							1	-1							=	0
风险3	-0.15	-1.14	-0.71	-0.44	-0.95									1	-1					=	0
风险4	-1.07	-0.22	-1.67	-1.52	-1.79											1	-1			=	0
企业5	-2.4	-2	-3	-2.6	16													1	-1	=	0
LowerBound	0	0	0	0	0	0	0	0	0	0	0	0	0	0	0	0	0	0	0		
UpperBound	M	M	M	M	M	M	M	M	M	M	M	M	M	M	M	M	M	M	M		
VariableType	inuous	ıuous	nuous	nuous	nuous	nuous	nuous	inuous	inuous	ıuous	ıuous	inuous	inuous	inuous	nuous	nuous	inuous	ıuous	nuous		

图 A-42

(4) 求非负连续解. 点击菜单栏 Solve and Analyze/Solve the Problem,得到的数据如图 A-43 所示,故得到满意解

$$X^{(1)} = (25.07, 49.91, 0, 0, 10)^T, G_3 = 251.74,$$

$$d_3^+ = p_3 = 123.48, \quad d_4^+ = p_4 = 2.39, \quad d_5^- = n_5 = 70.16, \quad d_6^- = n_6 = 55.71.$$

其余偏差变量等于零. 点击 Results/Obtain Alternate Optimal,可得到另一个满意解.

57	G3	p7	0	0	0	0.10	-0.10	M
58	G4	X1	25.07	0	0	0	0	0
59	G4	X2	49.91	0	0	0	-M	0
60	G4	X3	0	0	0	0	0	M
61	G4	X4	0	0	0	0	-M	M
62	G4	X5	10.00	0	0	0	-M	20.00
63	G4	n1	0	0	0	0	-M	M
64	G4	p1	0	0	0	0	-M	M
65	G4	n2	0	0	0	0	0	M
66	G4	p2	0	0	0	0	-M	M
67	G4	n3	0	0	0	0	-M	M
68	G4	p3	123.48	0	0	0	0	0
69	G4	n4	0	0	0	0	-M	M
70	G4	p4	2.39	0	0	0	0	43.24
71	G4	n5	70.16	0	0	0	0	0
72	G4	p5	0	0	0	0	-M	M
73	G4	n6	55.71	0	0	0	0	M
74	G4	p6	0	0	0	0	-M	M
75	G4	n7	0	1.00	0	1.00	0	M
76	G4	p7	0	1.00	0	1.00	-M	M
	G1	Goal	Value	(Min.) =	0	(Alternate	Solution	Exists!!)
	G2	Goal	Value	(Min.) =	0			
	G3	Goal	Value	(Min.) =	251.74			
	G4	Goal	Value	(Min.) =	0			

图 A-43

(5) 求非负整数解. 双击图 A-42 下面 Variable Type 行中的 Continuous, 将 x_1, x_2, …, x_5 改为非负整数型,偏差变量不需要取整. 求解得到满意解

$$X^{(2)} = (30, 50, 0, 0, 7)^T, \quad G_3 = 248, G_4 = 60,$$

$$d_2^+ = 1.51, \quad d_3^+ = 124, \quad d_4^- = 0.23, \quad d_5^- = 68.15, \quad d_6^- = 55.63, \quad d_7^- = 60.$$

(6) 结果分析. 以第一个解为例, 取 $X^{(1)} = (25, 50, 0, 0, 10)^T$,第一个企业投资 25 个单位资金,投资额为 300 万元,第二企业投资 50 个单位资金,投资额为 500 万元,第五个企业投资 10 个单位资金,投资额为 200 万元,总投资 1 000 万元,完成总利润 300 万元,收益率为 30%,总风险系数 252.35. 同理,可以对解 $X^{(2)}$ 进行分析. 由于解不唯一,决策者可以依据实际情形或主观要求对多方案进行选择.

A3.6 动态规划

A3.6.1 实验目的与要求

进一步熟悉动态规划的最短路问题的有关基本概念;掌握运筹学软件包 WinQSB 中 Network Modeling

模块求解最短路问题的使用方法和操作步骤；理解其输出结果.

A3.6.2　实验内容与步骤

(1) 选择最短路问题. 从本实验指导书提供的参考选题中或从其他途径选择最短路问题.

(2) 求解最短路问题. 应用运筹学软件包 WinQSB 中的 Network Modeling 求解最短路问题.

(3) 理解其输出结果.

A3.6.3　实验例题

图 A-44 是某地区的航线图，图中的顶点表示各个机场，图中的弧表示航线及航线方向，弧旁数字表示各相应机场间的飞行时间，现在的问题是：应如何确定航线，才能使从机场 V_1 飞往机场 V_{12} 所需的时间为最短？

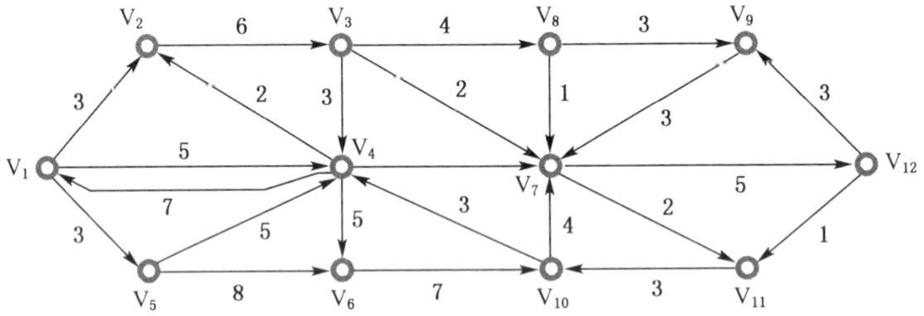

图 A-44

求解步骤如下：

(1) 启动程序. 点击开始→程序→WinQSB→Network Modeling.

(2) 建立新问题. 选择 Shortest Path Problem，输入标题、节点(顶点)数 12.

(3) 输入数据. 在选择数据输入格式时，选择 Spreadsheet Matrix Form，则以电子表格形式输入权数，并点击菜单栏 Edit→Node Names 对节点进行重命名. 如果是有向图就按弧的方向输入数据，若是无向图，每一条边的权数必须输入两次，无向边变为两条方向相反的弧. 如图 A-45 所示.

From \ To	V_1	V_2	V_3	V_4	V_5	V_6	V_7	V_8	V_9	V_{10}	V_{11}	V_{12}
V_1		3		5	3							
V_2			6									
V_3				3				4				
V_4	7	2				5	1					
V_5				5		8						
V_6										7		
V_7			2								2	5
V_8							1		3			
V_9							3					
V_{10}				3			4					
V_{11}										3		
V_{12}									3		1	

图 A-45

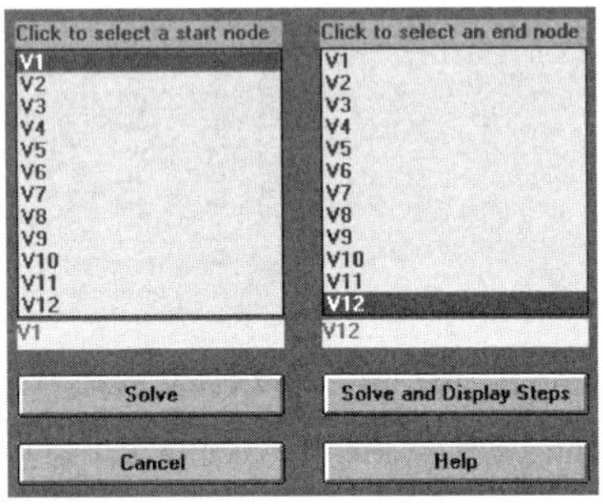

图 A-46

(4) 求解并显示结果. 点击菜单栏 Solve and Analyze，出现的下拉菜单中有两个选择求解方法：Solve the Problem(只求出最优解)、Solve the Display Steps-Network(网络图求解并显示迭代步骤).

选择 Solve the Problem(只求出最优解)，确定最短路的起点和终点，如图 A-46 所示，求解结果如图 A-47 所示.

ath Problem 最短路问题

05-16-2007	From	To	Distance/Cost	Cumulative Distance/Cost
1	V1	V4	5	5
2	V4	V7	1	6
3	V7	V12	5	11
	From V1	To V12	Distance/Cost	= 11

图 A-47

点击菜单栏 Results→Graphic Solution，以网络图的形式显示结果，如图 A-48 所示.

（5）最优航线方案. 由求解结果可知，最优航线方案为：V_1 至 V_4 至 V_7 至 V_{12}，总飞行时间最短为 11.

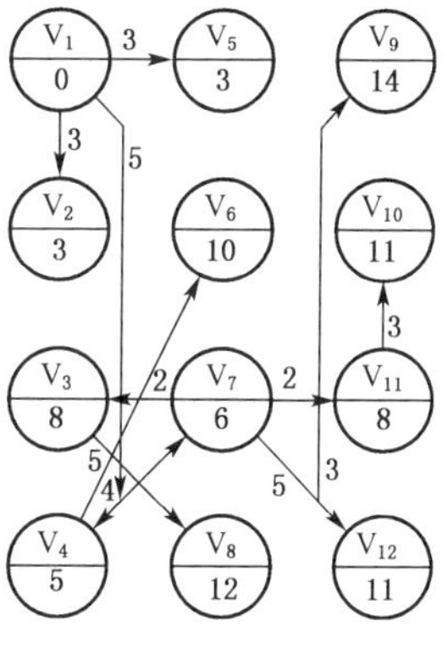

图 A-48

A3.7 最大流问题

A3.7.1 实验目的与要求

进一步熟悉最大流问题的有关基本概念；掌握运筹学软件包 WinQSB 中 Network Modeling 模块求解最大流问题的使用方法和操作步骤；理解其输出结果.

A3.7.2 实验内容与步骤

（1）选择最大流问题. 从本实验指导书提供的参考选题中或从其他途径选择最大流问题.

（2）求解最大流问题. 应用运筹学软件包 WinQSB 中的 Network Modeling 求解最大流问题.

（3）理解其输出结果.

A3.7.3 实验例题

某企业生产某种产品，通过市场调查获悉，目前该产品在市场上脱销，所以该企业决定将尽可能多的产品运到指定的市场销售. 假定从生产厂到市场要经过一些中间环节，如图 A-49 所示：V_1 表示生产厂，V_9 表示指定的市场，各个弧表示各个渠道，各弧的权值表示该渠道单位时间内最大的通过能力，即允许通过的最多产品数.

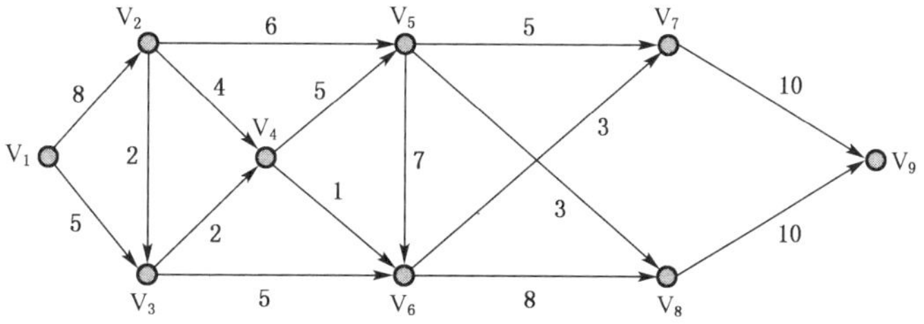

图 A-49

现在的问题是：企业如何制定运送方案，在不超过每个渠道允许通过能力的条件下，使得从生产厂运送到市场的产品为最多？

求解步骤如下：

（1）启动程序. 点击开始→程序→WinQSB→Network Modeling.

（2）建立新问题. 选择 Maximal Flow Problem，输入标题、节点（顶点）数 9.

（3）输入数据. 在选择数据输入格式时，选择 Spreadsheet Matrix Form，则以电子表格形式输入权数，并点击菜单栏 Edit→Node Names 对节点进行重命名，按弧的方向输入数据，如图 A-50 所示.

From \ To	V_1	V_2	V_3	V_4	V_5	V_6	V_7	V_8	V_9
V_1		8	5						
V_2			2	4	6				
V_3				2		5			
V_4					5	1			
V_5						7	5	3	
V_6							3	8	
V_7									10
V_8									10
V_9									

图 A-50

（4）求解并显示结果. 点击菜单栏 Solve and Analyze，出现的下拉菜单中有两个选择求解的方法：Solve the Problem（只求出最优解）、Solve the Display Steps-Network（网络图求解并显示迭代步骤）.

选择 Solve the Problem（只求出最优解），确定最大流的起点 V_1 和终点 V_9，求解结果如图 A-51 所示.

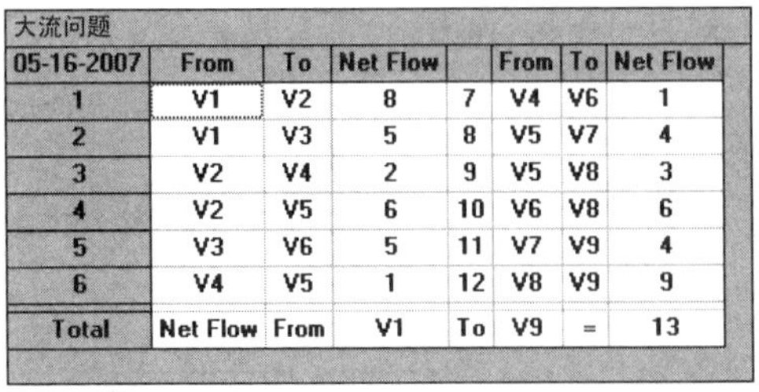

大流问题							
05-16-2007	From	To	Net Flow		From	To	Net Flow
1	V1	V2	8	7	V4	V6	1
2	V1	V3	5	8	V5	V7	4
3	V2	V4	2	9	V5	V8	3
4	V2	V5	6	10	V6	V8	6
5	V3	V6	5	11	V7	V9	4
6	V4	V5	1	12	V8	V9	9
Total	Net Flow	From	V1	To	V9	=	13

图 A-51

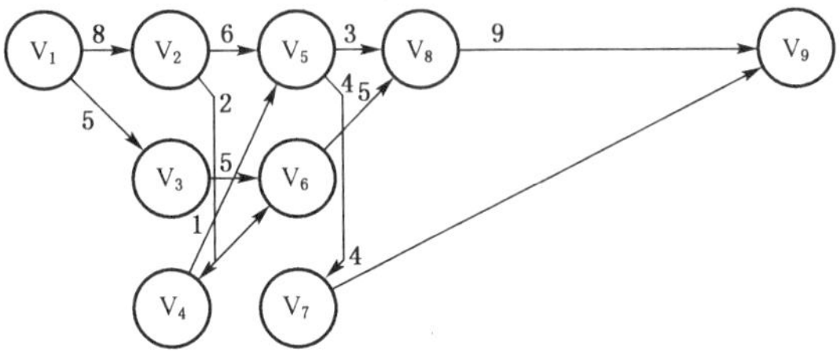

图 A-52

点击菜单栏 Results→Graphic Solution,以网络图的形式显示结果,如图 A-52 所示.

(5) 最优运送方案. 由求解结果可知,最优运送方案为: V_1 至 V_2 为 8, V_1 至 V_3 为 5, V_2 至 V_4 为 2, V_2 至 V_5 为 6, V_3 至 V_6 为 5, V_4 至 V_5 为 1, V_4 至 V_6 为 1, V_5 至 V_7 为 4, V_5 至 V_8 为 3, V_6 至 V_8 为 6, V_7 至 V_9 为 4, V_8 至 V_9 为 9,从生产厂运送到市场的产品最多为 13.

A3.8 网络计划

A3.8.1 实验目的与要求

掌握计划网络图的绘制以及关键路线法和计划协调技术的应用方法,至少掌握一种网络计划技术软件的使用方法,提高应用网络计划技术方法解决实际问题的实践动手能力. 通过实验,更深入、直观地理解和掌握网络计划技术的基本概念及基本理论和方法. 要求能对一般的网络计划技术问题绘制正确的网络图,掌握运筹学软件包 WinQSB 中 PERT/CPM 模块的使用方法和操作步骤;理解其输出结果. 能对求解结果进行简单的应用分析.

A3.8.2 实验内容与步骤

(1) 确定网络计划技术问题.

(2) 绘制计划网络图.

(3) 用 WinQSB 中 PERT/CPM 模块求解网络计划技术问题(写出求解的具体步骤).

(4) 对求解结果进行应用分析.

A3.8.3 实验例题

1. 确定性网络计划技术问题

某项目工序资料见表 A-8.

表 A-8

工序	紧前工序	时间/周		成本/万元		时间的最大缩量/周	应急增加成本/(万元·周$^{-1}$)
		正常	应急	正常	应急		
A		8	6	50	60	2	5
B		20	16	100	140	4	10
C	A	9	7	80	130	2	25
D	B	9	6	41	50	3	3
E	B, C	13	11	60	90	2	15
F	C, D	8	6	80	120	2	20
G	E, F	15	12	60	84	3	8
总成本				471	674		

(1) 绘制网络图、计算时间参数、总成本和工期(分别按正常和应急时间计算).

(2) 以应急完工时间为标准，分别计算每延迟一周完工增加成本 6 万元和 9 万元的总成本最低完工期及方案.

(3) 给定预算成本 544 万元，求项目完工期及方案.

(4) 给定完工期 48，求最低总成本及方案.

(5) 显示项目施工成本进度表并作图，分析项目施工到 20 周时的工序完成情况.

求解步骤如下：

(1) 启动网络计划技术程序. 点击开始→程序→WinQSB→PERT/CPM，程序工作界面如图 A-53 所示.

图 A-53

(2) 建立新问题或打开磁盘中已有的文件. 点击 File→New Problem 建立新问题. 点击 File→Load Problem 打开磁盘中的数据文件. 建立新问题出现工作界面如图 A-54 所示，从中输入标题、工序数 7、时间单位 Week，选择确定性的 CPM，选择正常时间、应急时间、正常成本和应急成本，若只有时间则只选择正常时间. 最后点击 OK 按钮.

(3) 输入数据. 在选择数据输入格式时，选择 Spreadsheet Matrix Form，则以电子表格形式输入各个数据，如图 A-55 所示.

若选择 Graphic Model，系统显示一张 $n \times n$(n 为工序数)的方阵表格，在对应的方格中双击，系统自动按工序 A，B，…顺序显示，输入时间数据，画箭头将工序连接起来.

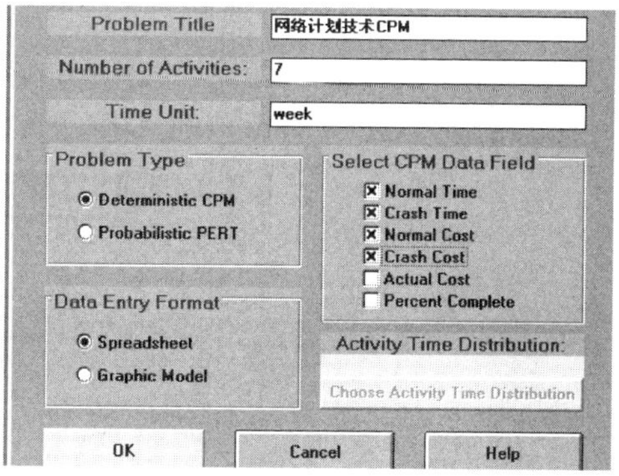

图 A-54

Activity Number	Activity Name	Immediate Predecessor (list number/name, separated by ',')	Normal Time	Crash Time	Normal Cost	Crash Cost
1	A		8	6	50	60
2	B		20	16	100	140
3	C	A	9	7	80	130
4	D	B	9	6	41	50
5	E	B，C	13	11	60	90
6	F	C，D	8	6	80	120
7	G	E，F	15	12	60	84

图 A-55

(4) 求解与分析. 点击菜单栏 Solve and Analyze，出现的下拉菜单中有三个选项：求解正常时间关键路径、应急时间关键路径和应急赶工分析.

选择 Solve Critical Path Using Normal Time(求解正常时间关键路径)，显示如图 A-56 所示的时间参数计算结果.

网络计划技术CPM (Using Normal Time)

Activity Name	On Critical Path	Activity Time	Earliest Start	Earliest Finish	Latest Start	Latest Finish	Slack (LS-ES)
A	no	8	0	8	7	15	7
B	Yes	20	0	20	0	20	0
C	no	9	8	17	15	24	7
D	Yes	9	20	29	20	29	0
E	no	13	20	33	24	37	4
F	Yes	8	29	37	29	37	0
G	Yes	15	37	52	37	52	0
Project	Completion	Time	=	52	weeks		
Total	Cost of	Project	=	$471	(Cost on	CP =	$281)
Number of	Critical	Path(s)	=	1			

图 A-56

点击 Results→Graphic Activity Analysis,系统绘制节点式网络图如图 A-57 所示.

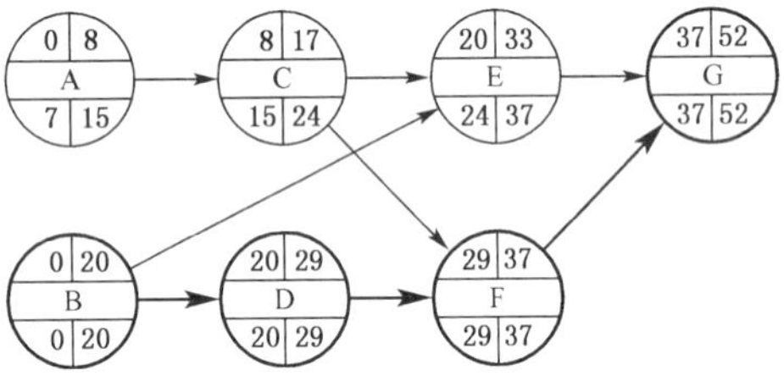

图 A-57

05-17-2007	Critical Path 1
1	B
2	D
3	F
4	G
Completion Time	52

图 A-58

点击 Results→Show Critical Path,显示关键工序、关键路线和完工期如图 A-58 所示.

选择 Solve Critical Path Using Crash Time,显示时间参数计算结果如图 A-59 所示.

网络计划技术CPM (Using Crash Time)

Activity Name	On Critical Path	Activity Time	Earliest Start	Earliest Finish	Latest Start	Latest Finish	Slack (LS-ES)
A	no	6	0	6	4	10	4
B	Yes	16	0	16	0	16	0
C	no	7	6	13	10	17	4
D	Yes	6	16	22	16	22	0
E	no	11	16	27	17	28	1
F	Yes	6	22	28	22	28	0
G	Yes	12	28	40	28	40	0
Project	Completion	Time	=	40	weeks		
Total	Cost of	Project	=	$674	(Cost on	CP =	$394)
Number of	Critical	Path(s)	=	1			

图 A-59

选择 Perform Crashing Analysis 进行应急赶工分析,屏幕上出现的选项如图 A-60 所示,这是网络计划优化的主要部分.

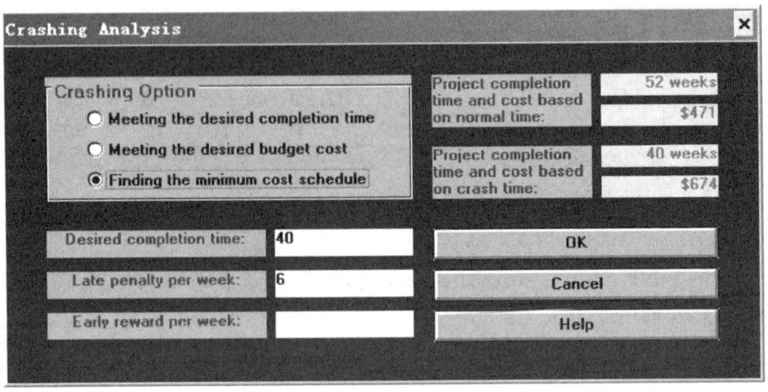

图 A-60

图 A-60 右上方显示了正常时间和应急时间的完工期和相应的成本，在 Crashing Option 对话框中有三个选项，第一个选项为给定项目完工期求总成本；第二个选项为给定预算成本求项目完工期；第三个选项是给定应急完工期及每延迟一个单位时间增加的成本，求最低成本日程. 第一、二个选项是在只有应急成本和没有其他成本及收益时，模拟分析工期与成本之间的关系.

图 A-60 的左下方的三个输入框的含义分别是，设定一个完工期 T、延迟一个单位时间（对 T 而言）完工的损失、缩短一个单位时间（对 T 而言）的收益.

本例中，选择 Finding the minimum cost schedule，输入框中分别输入 40 和 6，如图 A-60 所示. 不能在第一个输入框中输入 52，第三个框中输入 6. 计算结果如图 A-61 所示.

nalysis for 网络计划技术CPM

05-17-2007 16:54:21	Activity Name	Critical Path	Normal Time	Crash Time	Suggested Time	Additional Cost	Normal Cost	Suggested Cost
1	A	no	8	6	8	0	$50	$50
2	B	Yes	20	16	20	0	$100	$100
3	C	no	9	7	9	0	$80	$80
4	D	Yes	9	6	6	$9	$41	$50
5	E	no	13	11	13	0	$60	$60
6	F	Yes	8	6	8	0	$80	$80
7	G	Yes	15	12	15	0	$60	$60
	Late	Penalty:						$54
	Overall	Project:			49	$9	$471	$534

图 A-61

由图 A-61 可知，工序 D 缩短 3 周，增加直接成本 9 万元，最低成本日程为 49 周，总成本为 $471+9+9\times 6=534$（万元）. 若按正常时间完工总成本为 $471+12\times 6=543$（万元）.

同理，每延迟一周完工增加成本 9 万元，在图 A-60 中输入框中分别输入 40 和 9，计算结果如图 A-62 所示.

网络计划技术CPM

Activity Name	Critical Path	Normal Time	Crash Time	Suggested Time	Additional Cost	Normal Cost	Suggested Cost
A	no	8	6	8	0	$50	$50
B	Yes	20	16	20	0	$100	$100
C	no	9	7	9	0	$80	$80
D	Yes	9	6	6	$9	$41	$50
E	no	13	11	13	0	$60	$60
F	Yes	8	6	8	0	$80	$80
G	Yes	15	12	12	$24	$60	$84
Late	Penalty:						$54
Overall	Project:			46	$33	$471	$558

图 A-62

由图 A-62 可知，工序 D，G 分别缩短 3 周，增加直接成本 33 万元，最低成本日程为 46 周，总成本为 $471+33+6\times 9=558$（万元）. 若按正常时间完工总成本为 $471+12\times 9=579$（万元）.

在图 A-60 选项框中点击 Meeting the desired budget cost，输入 544，得到的结果如图 A-63 所示. 结果显示所有工序都是关键工序，其中 B，D 和 G 需要赶工，完工期为 42 周.

在图 A-60 选项框中点击 Meeting the desired completion time，输入 48，得到的结果如图 A-64 所示. 结果显示 D 和 G 分别缩短 3 和 1 周，总直接成本为 488 万元.

按正常时间求解后，点击 Results→PERT/Cost-Table 得到的结果如图 A-65 所示.

网络计划技术CP

Activity Name	Critical Path	Normal Time	Crash Time	Suggested Time	Additional Cost	Normal Cost	Suggested Cost
A	Yes	8	6	8.0000	￥0.00	$50	￥50.00
B	Yes	20	16	16	$40	$100	$140
C	Yes	9	7	9	0	$80	$80
D	Yes	9	6	6	$9	$41	$50
E	Yes	13	11	13	0	$60	$60
F	Yes	8	6	8.0000	￥0.00	$80	￥80.00
G	Yes	15	12	12	$24	$60	$84
Overall Project:				42.00	￥73.00	$471	￥544.00

图 A-63

nalysis for 网络计划技术CP

05-17-2007 18:06:58	Activity Name	Critical Path	Normal Time	Crash Time	Suggested Time	Additional Cost	Normal Cost	Suggested Cost
1	A	no	8	6	8	0	$50	$50
2	B	Yes	20	16	20	0	$100	$100
3	C	no	9	7	9	0	$80	$80
4	D	Yes	9	6	6	$9	$41	$50
5	E	no	13	11	13	0	$60	$60
6	F	Yes	8	6	8	0	$80	$80
7	G	Yes	15	12	14	$8	$60	$68
	Overall Project:				48	$17	$471	$488

图 A-64

05-17-2007 18:24:02	Project Time in week	Cost Schedule Based on ES	Cost Schedule Based on LS	Total Cost Based on ES	Total Cost Based on LS
1	1	¥11.25	$5	¥11.25	$5
2	2	¥11.25	$5	¥22.50	$10
3	3	¥11.25	$5	¥33.75	$15
4	4	¥11.25	$5	$45	$20
5	5	¥11.25	$5	¥56.25	$25
6	6	¥11.25	$5	¥67.50	$30
7	7	¥11.25	$5	¥78.75	$35
8	8	¥11.25	¥11.25	$90	¥46.25
9	9	¥13.89	¥11.25	¥103.89	¥57.50
10	10	¥13.89	¥11.25	¥117.78	¥68.75
11	11	¥13.89	¥11.25	¥131.67	$80
12	12	¥13.89	¥11.25	¥145.56	¥91.25
13	13	¥13.89	¥11.25	¥159.44	¥102.50
14	14	¥13.89	¥11.25	¥173.33	¥113.75
15	15	¥13.89	¥11.25	¥187.22	$125
16	16	¥13.89	¥13.89	¥201.11	¥138.89
17	17	¥13.89	¥13.89	¥215.00	¥152.78
18	18	$5	¥13.89	¥220.00	¥166.67
19	19	$5	¥13.89	¥225.00	¥180.56
20	20	$5	¥13.89	¥230.00	¥194.44
21	21	¥9.17	¥13.44	¥239.17	¥207.89
22	22	¥9.17	¥13.44	¥248.34	¥221.33
23	23	¥9.17	¥13.44	¥257.51	¥234.78
24	24	¥9.17	¥13.44	¥266.68	¥248.22
25	25	¥9.17	¥9.17	¥275.85	¥257.39
26	26	¥9.17	¥9.17	¥285.03	¥266.56
27	27	¥9.17	¥9.17	¥294.20	¥275.73
28	28	¥9.17	¥9.17	¥303.37	¥284.91
29	29	¥9.17	¥9.17	¥312.54	¥294.08
30	30	¥14.62	¥14.62	¥327.15	¥308.69
31	31	¥14.62	¥14.62	¥341.77	¥323.31
32	32	¥14.62	¥14.62	¥356.38	¥337.92
33	33	¥14.62	¥14.62	¥371.00	¥352.54
34	34	$10	¥14.62	¥381.00	¥367.15
35	35	$10	¥14.62	¥391.00	¥381.77
36	36	$10	¥14.62	¥401.00	¥396.38
37	37	$10	¥14.62	¥411.00	¥411.00
38	38	$4	$4	¥415.00	¥415.00
39	39	$4	$4	¥419.00	¥419.00
40	40	$4	$4	¥423.00	¥423.00
41	41	$4	$4	¥427.00	¥427.00
42	42	$4	$4	¥431.00	¥431.00
43	43	$4	$4	¥435.00	¥435.00
44	44	$4	$4	¥439.00	¥439.00
45	45	$4	$4	¥443.00	¥443.00
46	46	$4	$4	¥447.00	¥447.00
47	47	$4	$4	¥451.00	¥451.00
48	48	$4	$4	¥455.00	¥455.00
49	49	$4	$4	¥459.00	¥459.00
50	50	$4	$4	¥463.00	¥463.00
51	51	$4	$4	¥467.00	¥467.00
52	52	$4	$4	¥471.00	¥471.00

图 A-65

图中显示了从第 1 周到第 52 周最早开始、最迟开始的每周成本和累计成本的需求进度表.

点击 Results→PERT/Cost-Graphic，将上表绘制成成本曲线图，如图 A-66 所示.

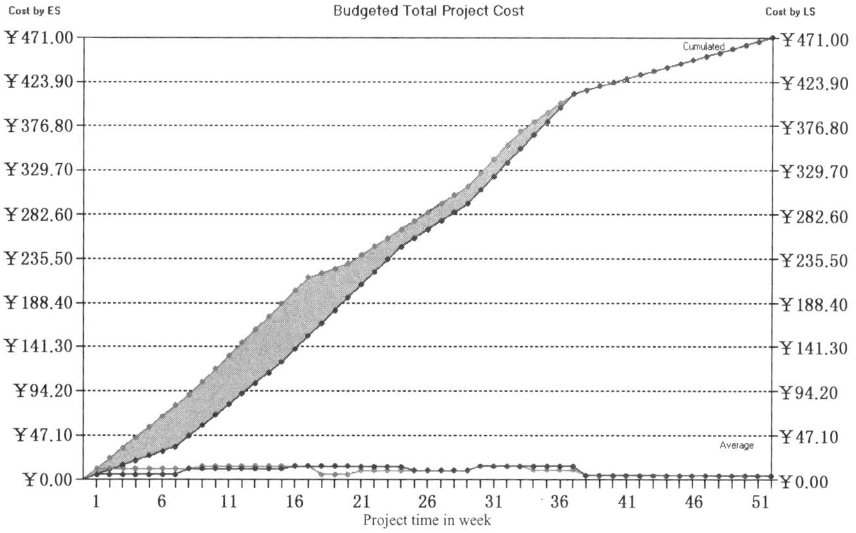

图 A-66

点击 Results→Project completion Analysis 并输入 20，则显示工序完成进度表，如图 A-67 所示.

网络计划技术CPM (Using Normal Time)

7 Activity Name	On Critical Path	Activity Time	Latest Start	Latest Finish	Planned % Completion
A	no	8	7	15	100
B	Yes	20	0	20	100
C	no	9	15	24	55.5556
D	Yes	9	20	29	0
E	no	13	24	37	0
F	Yes	8	29	37	0
G	Yes	15	37	52	0
Overall	Project:		0	52	38.4615

图 A-67

2. 概率型网络计划技术问题

考虑由 9 道作业（A, B, …, I）组成的计划项目，各作业的前后关系和时间估计见表 A-9 左半部分. 现要求：(1) 画出计划网络图；(2) 找出关键路线；(3) 求出整个项目的期望工期和方差；(4) 指定工期为 $T_0=50$ 周，求计划项目能在 50 周内完成的概率.

表 A-9

工序	紧前工序	a	m	b	μ	σ	σ_2
A	—	2	5	8	5	1	1
B	A	6	9	12	9	1	1
C	A	6	7	8	7	$\frac{1}{3}$	$\frac{1}{9}$
D	B, C	1	4	7	4	1	1
E	A	8	8	8	8	0	0
F	D, E	5	14	17	13	2	4
G	C	3	12	21	12	3	9
H	F, G	3	6	9	6	1	1
I	H	5	8	11	8	1	1

求解步骤如下：

(1) 建立新问题. 输入标题、工序数 9、时间单位 Week、选择概率型的 PERT，点击 OK 按钮.

(2) 输入数据. 在选择数据输入格式时，选择 Spreadsheet Matrix Form，则以电子表格形式输入，如图 A-68 所示.

Activity Name	Immediate Predecessor (list number/name, separated by ',')	Optimistic time (a)	Most likely time (m)	Pessimistic time (b)
A		2	5	8
B	A	6	9	12
C	A	6	7	8
D	B, C	1	4	7
E	A	8	8	8
F	D, E	5	14	17
G	C	3	12	21
H	F, G	3	6	9
I	H	5	8	11

图 A-68

(3) 求解与分析. 点击菜单栏上的 Solve and Analyze，出现的下拉菜单中有三个选项：求解关键路径 (Solve Critical Path)、完工概率估算(Perform Probability Analysis)和进行模拟(Perform Sinulation).

选择 Solve Critical Path，显示如图 A-69 所示的时间参数计算结果.

Activity Name	On Critical Path	Activity Mean Time	Earliest Start	Earliest Finish	Latest Start	Latest Finish	Slack (LS-ES)	Activity Time Distribution	Standard Deviation
A	Yes	5	0	5	0	5	0	3-Time estimate	1
B	Yes	9	5	14	5	14	0	3-Time estimate	1
C	no	7	5	12	7	14	2	3-Time estimate	0.3333
D	Yes	4	14	18	14	18	0	3-Time estimate	1
E	no	8	5	13	10	18	5	3-Time estimate	0
F	Yes	13	18	31	18	31	0	3-Time estimate	2
G	no	12	12	24	19	31	7	3-Time estimate	3
H	Yes	6	31	37	31	37	0	3-Time estimate	1
I	Yes	8	37	45	37	45	0	3-Time estimate	1
Project	Completion	Time	=	45	weeks				
Number of	Critical	Path(s)	=	1					

图 A-69

05-17-2007	Critical Path 1
1	A
2	B
3	D
4	F
5	H
6	I
Completion Time	45
Std. Dev.	3

图 A-70

点击 Results→Show Critical Path，显示关键工序、关键路线和完工期如图 A-70 所示.

由图 A-70 可知，关键路线为：A→B→D→F→H→I，项目期望工期为 45 周，方差为 9.

点击 Results→Graphic Activity Analysis，得到系统绘制节点式网络图如图 A-71 所示.

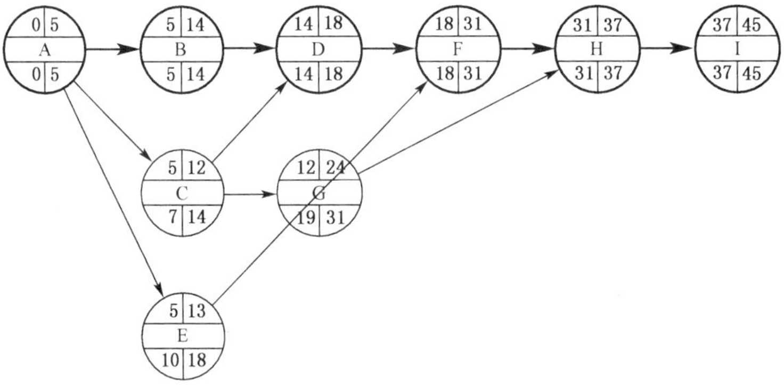

图 A-71

选择 Perform Probability Analysis，进行完工概率估算. 输入给定时间 50，点击 Compute Probability. 如图 A-72 所示，得到 50 周内完工的概率为 95.22%.

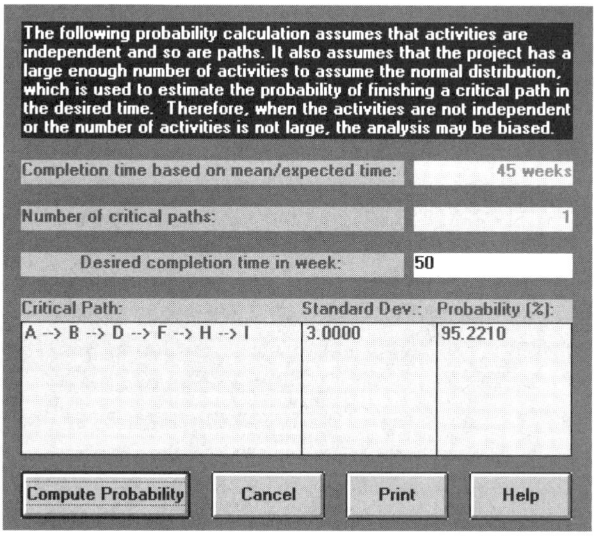

图 A-72

A3.9 决策分析

A3.9.1 实验目的与要求

进一步熟悉决策分析问题的有关基本概念;掌握运筹学软件包 WinQSB 中 Decision Analysis(DA)模块:Bayesian Analysis(贝叶斯分析)、Payoff Table Analysis(效益表分析)、Decision Tree Analysis(决策树)等及 Markov Process(MKP)(马尔科夫决策)模块等决策分析问题的使用方法和操作步骤;理解其输出结果.

A3.9.2 实验内容与步骤

(1) 选择决策分析问题. 从本附录提供的参考选题中或从其他途径选择决策分析问题.

(2) 求解决策分析问题. 应用运筹学软件包 WinQSB 中 Decision Tree Analysis、Markov Process 求解决策分析问题.

(3) 理解其输出结果.

A3.9.3 实验例题

1. 效益表分析

效益表分析是已知策略各状态的效益和概率,分析 7 种决策准则下的决策结果.

某公司为经营业务的需要,决定要在现有生产条件不变的情况下,生产一种新产品,现可供开发生产的产品有Ⅰ,Ⅱ,Ⅲ,Ⅳ四种不同产品,对应的方案为 A_1,A_2,A_3,A_4. 由于缺乏相关资料背景,对产品的市场需求只能估计为大、中、小三种状态,而且对于每种状态出现的概率无法预测,每种方案在各种自然状态下的效益值见表 A-10.

表 A-10

自然状态 / 供选方案 A_i	需求量大 S_1	需求量中 S_2	需求量小 S_3
A_1:生产产品Ⅰ	800	320	−250
A_2:生产产品Ⅱ	600	300	−200
A_3:生产产品Ⅲ	300	150	50
A_4:生产产品Ⅳ	400	250	100

求解步骤如下：

(1) 启动程序.点击开始→程序→WinQSB→Decision Tree Analysis.

(2) 建立新问题.系统显示如图 A-73 所示的对话框，选择 Payoff Table Analysis，输入标题、自然状态 3 和供选方案数 4.

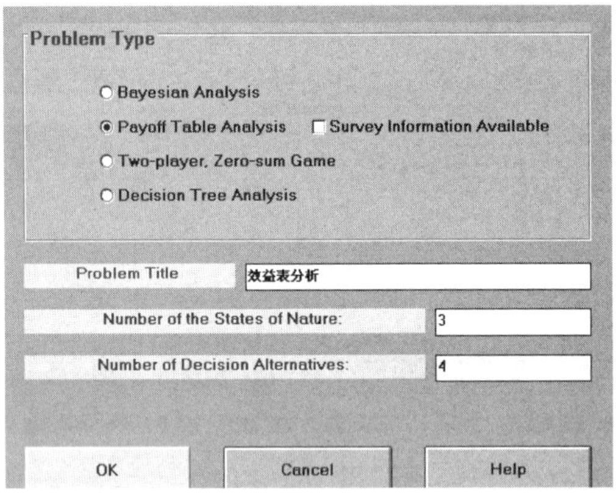

图 A-73

(3) 输入数据.将表 A-10 的数据输入到图 A-74 中，第一行是输入先验概率，本例没有先验概率.

Decision \ State	需求量大	需求量中	需求量小
Prior Probability			
产品1	800	320	-250
产品2	600	300	-200
产品3	300	150	50
产品4	400	250	100

图 A-74

(4) 求解并显示结果.点击 Solve the Problem，系统显示如图 A-75 所示的界面，提示将用到的各种检测准则，并得到对应的决策结果，输入乐观系数 0.3.求解结果见图 A-76.点击 Results→Show Payoff Table Analysis，显示各决策准则的详细分析结果，如图 A-77 所示.点击 Show Regret Table 显示后悔值表，然后点击 Decision Tree Gragh 显示决策树图.

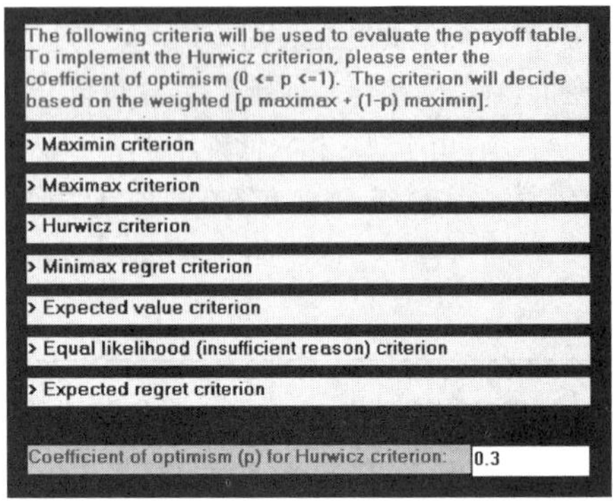

图 A-75

12-01-2010 Criterion	Best Decision	Decision Value	
Maximin	产品4	$100	
Maximax	产品1	$800	
Hurwicz (p=0.3)	产品4	$190	
Minimax Regret	产品2	$300	
Expected Value	产品1	$290	
Equal Likelihood	产品1	¥290.00	
Expected Regret	产品1	¥116.67	
Expected Value	without any	Information =	$290
Expected Value	with Perfect	Information =	¥406.67
Expected Value	of Perfect	Information =	¥116.67

图 A-76

由于图 A-74 中没有输入状态发生的概率，图 A-75 和图 A-76 的期望收益(后悔)值按各状态发生的概率相等计算，如果在图 A-74 中第一行输入概率 0.35，0.4，0.25，结果如图 A-78 所示.

12-01-2010 Alternative	Maximin Value	Maximax Value	Hurwicz (p=0.3) Value	Minimax Regret Value	Equal Likelihood Value	Expected Value	Expected Regret
产品1	($250)	$800**	¥65.00	$350	¥290.00**	$290**	¥116.67**
产品2	($200)	$600	¥40.00	$300**	¥233.33	¥233.33	¥173.33
产品3	$50	$300	$125	$500	¥166.67	¥166.67	¥240.00
产品4	$100**	$400	$190**	$400	¥250.00	$250	¥156.67

图 A-77

12-01-2010 Alternative	Maximin Value	Maximax Value	Hurwicz (p=0.3) Value	Minimax Regret Value	Equal Likelihood Value	Expected Value	Expected Regret
产品1	($250)	$800**	¥65.00	$350	¥290.00**	¥345.50**	¥87.50**
产品2	($200)	$600	¥40.00	$300**	¥233.33	$280	$153
产品3	$50	$300	$125	$500	¥166.67	¥177.50	¥255.50
产品4	$100**	$400	$190**	$400	¥250.00	$265	$168

图 A-78

2. 马尔科夫过程分析

马尔科夫过程分析在给定状态的一步转移概率矩阵、初始状态概率和各状态下的成本(收益)时，系统可以计算 $n(n=1, 2, \cdots)$ 步后的状态概率、稳定状态概率、期望成本(收益)及绘制状态概率变化图.

有 3 家通信器材公司分别生产三种不同牌子的手机. 各自开展广告宣传本公司产品. 各公司所占的市场比例是随时间变化的. 顾客的流动服从马尔科夫过程. 已知市场占有率 $\boldsymbol{G}(0)$ 及转移概率矩阵 $\boldsymbol{P}$ 为

$$\boldsymbol{G}(0)=(0.3, 0.35, 0.35), \quad \boldsymbol{P}=\begin{pmatrix} 0.5 & 0.25 & 0.25 \\ 0.5 & 0.5 & 0 \\ 0 & 0.25 & 0.75 \end{pmatrix}.$$

求：3 家公司最终的市场占有率；第 2 期后 3 家公司的市场占有率.

求解步骤如下：

(1) 启动程序. 点击开始→程序→WinQSB→Markov Process.

(2) 建立新问题. 点击 New Problem，系统显示如图 A-79 所示的对话框，在显示的对话框中输入标题和状态数，最后点击 OK 按钮.

Problem Title	马尔科夫过程分析
Number of States:	3

图 A-79

(3) 输入数据. 在图 A-80 中，依次输入一步转移概率矩阵和状态的初始概率，如果有状态成本指数，则输入成本数据.

From \ To	State1	State2	State3
State1	0.5	0.25	0.25
State2	0.5	0.5	0
State3	0	0.25	0.75
Initial Prob.	0.3	0.35	0.35
State Cost			

图 A-80

(4) 求解并显示结果. 点击 Solve and Analyze 后，出现的下拉菜单中有三个选项：Solve Steady State (求稳定时的状态概率)、Markov Process Step(指定转移步数求状态概率)、Time Parametric Analysis(参数分析).选定参数分析时,指定某个状态、指定开始期数、最后期数、步长、系统给出各期的状态概率,还可以显示状态各期的概率变化图.

点击 Solve Steady State,得到稳定时的状态概率表如图 A-81 所示.结果表明,长期以后,3 家公司的市场占有率占 1/3.

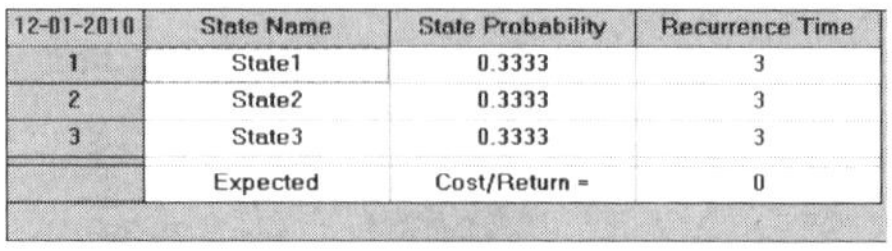

12-01-2010	State Name	State Probability	Recurrence Time
1	State1	0.3333	3
2	State2	0.3333	3
3	State3	0.3333	3
	Expected	Cost/Return =	0

图 A-81

点击 Markov Process Step,在图 A-82 的期数中输入 2,显示右边的结果,即 2 期后 3 家公司的市场占有率为(0.331 250, 0.334 375, 0.334 375).

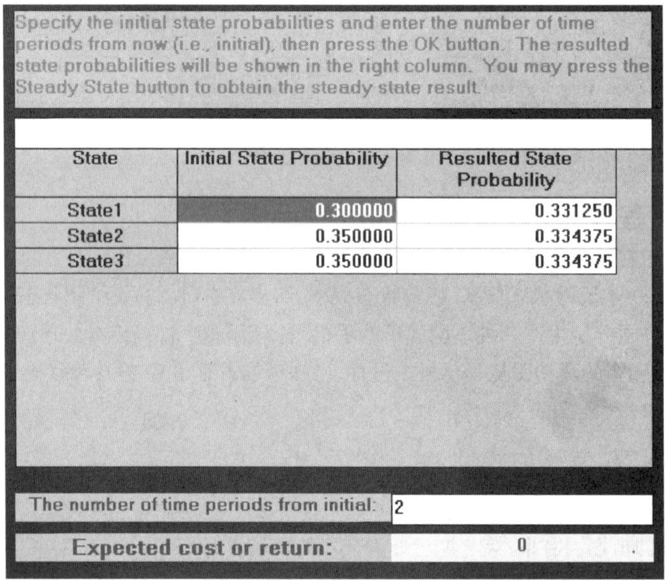

图 A-82

A3.10 存储论

A3.10.1 实验目的与要求

在掌握经济订货批量(Economic Order Quantity, EOQ)公式的基础上,学会四种模型对应存储策略的求解过程;掌握单时期离散型随机需求模型,单时期连续随机需求模型;了解多时期动态需求批量模型.通过实验,更深入的理解和掌握存储论的基本理论和方法.要求能够对存储论模型中涉及的各要素进行分析,理解其具体的涵义,能对应实际问题,建立确定型或随机离散型存储模型,掌握运筹学软件包 WinQSB 中的 Inventory Theory and System 模块的使用方法和操作步骤,理解其输出结果.

A3.10.2 实验内容与步骤

(1) 选择需求模型.从本实验指导书提供的参考选题中或从其他途径选择需求模型.

(2) 求解需求模型.应用运筹学软件包 WinQSB 中的 Inventory Theory and System(存储论及存储控制系统).

(3) 理解其输出结果.

A3.10.3 实验例题

1. 确定需求模型

设某化工厂全年需甘油料 $D = 12\ 000$ t,每次订货的成本为 $A = 1\ 000$ 元,材料购买价格为 $C = 8\ 000$

元/t,每吨材料年平均储存成本为 $H = 300$ 元/(t·年),订货提前日期为 $L = 15$ 天,一年按 365 天计算 $L = 0.041\ 1$,求下列各种情形的订货策略:

(1) 瞬时供货,不允许缺货;

(2) 瞬时供货,允许缺货,货到后补充,缺货费 $B = 100$ 元 /t;

(3) 供货速率为每天 100 t,允许缺货,货到后补充,缺货费 $B = 100$ 元 /t;

(4) 瞬时供货,不允许缺货;订货量一次达到 1 000 t 时价格优惠 1%,以后每增加 2 000 t 价格优惠 0.5%,最多优惠3%;工厂考虑库存容量限制,当存储量达到 1 000 t 时持有成本将达到 $H = 800$ 元/(t·年).

求解步骤如下:

(1) 启动存储论及存储控制系统程序. 点击开始→程序→WINQSB→Inventory Theory and System,程序工作界面如图 A-83 所示.

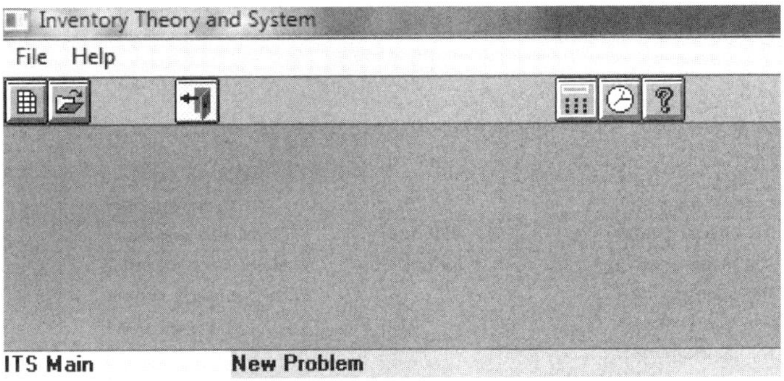

图 A-83

(2) 建立新问题或打开磁盘中已有的文件. 点击 File→New Problem 建立新问题. 点击 File→New Problem 打开磁盘中的数据文件. 建立新问题出现工作界面如图 A-84 所示,从中选择第一个选项,输入标题和时间单位后点击 OK 按钮.

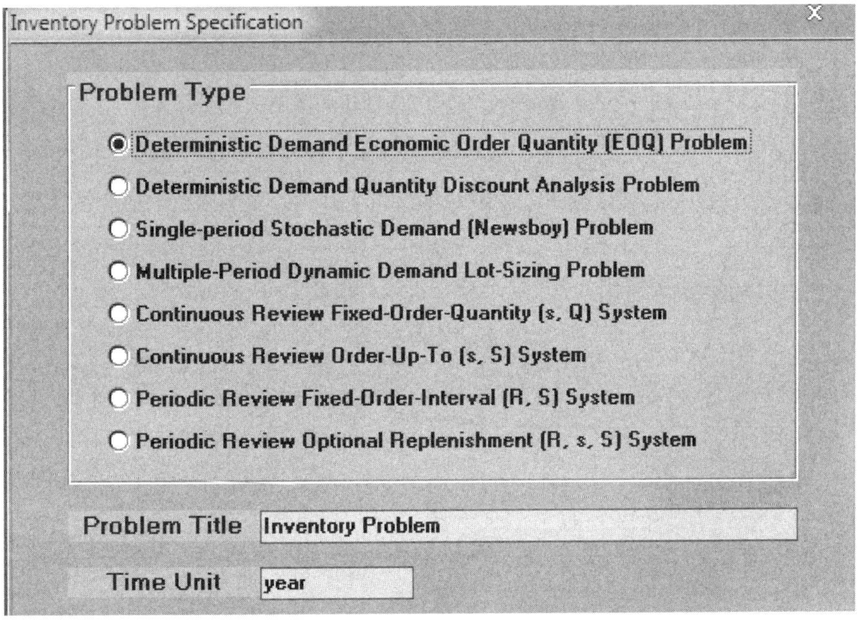

图 A-84

(3) 输入数据. 输入如图 A-85 所示的数据,瞬时供货和不允许缺货时系统缺损值是 M.

DATA ITEM	ENTRY
Demand per year	12000
Order or setup cost per order	1000
Unit holding cost per year	300
Unit shortage cost per year	M
Unit shortage cost independent of time	
Replenishment or production rate per year	M
Lead time for a new order in year	0.0411
Unit acquisition cost without discount	8000
Number of discount breaks (quantities)	
Order quantity if you known	

图 A-85

(4) 求解与分析. 点击菜单栏 Solve and Analyze→Solve and Problem 显示计算结果如图 A-86 所示.

04-21-2013	Input Data	Value	Economic Order Analysis	Value
1	Demand per year	12000	Order quantity	282.8427
2	Order (setup) cost	¥1,000.00	Maximum inventory	282.8427
3	Unit holding cost per year	¥300.00	Maximum backorder	0
4	Unit shortage cost		Order interval in year	0.0236
5	per year	M	Reorder point	210.3573
6	Unit shortage cost			
7	independent of time	0	Total setup or ordering cost	¥42,426.41
8	Replenishment/production		Total holding cost	¥42,426.41
9	rate per year	M	Total shortage cost	0
10	Lead time in year	0.0411	Subtotal of above	¥84,852.81
11	Unit acquisition cost	¥8,000.00		
12			Total material cost	¥96,000,000.00
13				
14			Grand total cost	¥96,084,856.00

图 A-86 计算结果

点击菜单栏 Results→Graphic Cost Analysis 显示成本变化如图 A-87 所示.

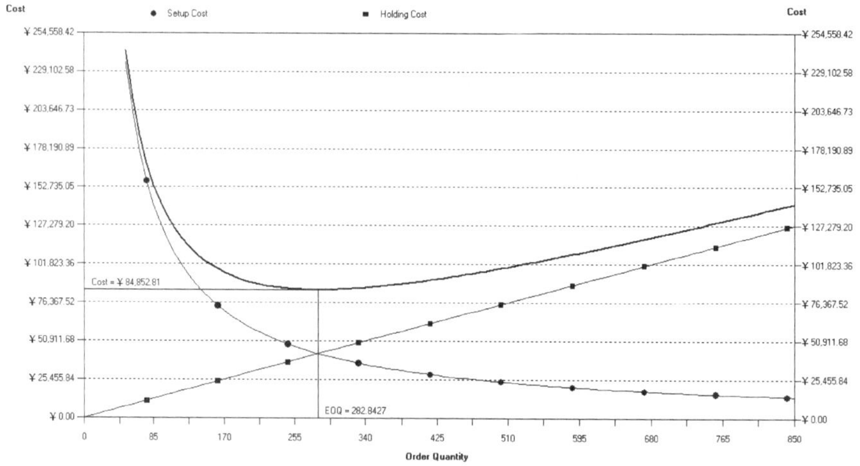

图 A-87 成本变化

点击菜单栏 Results→Graphic Inventory Profile 显示库存变化图 A-88.

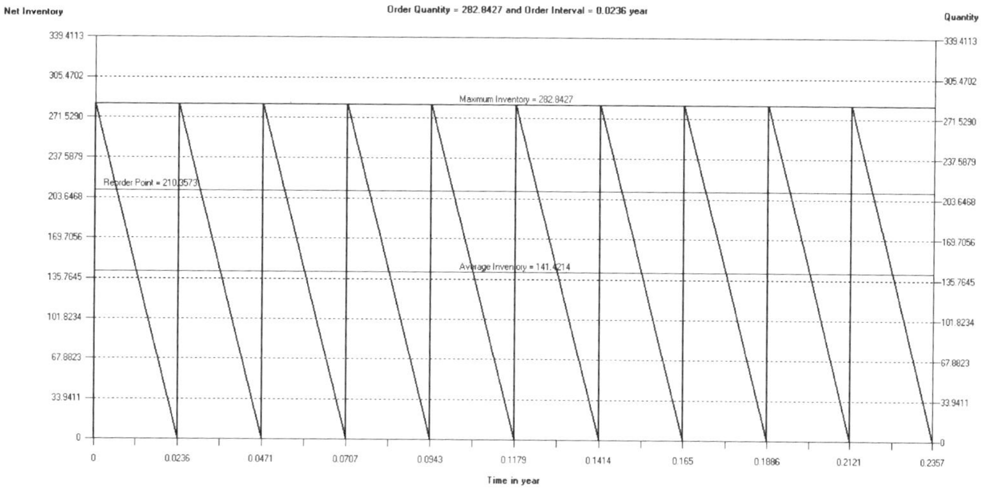

图 A-88　库存变化

点击菜单栏 Results/Perform Parametric Analysis，显示的参数分析选项如图 A-89 所示.

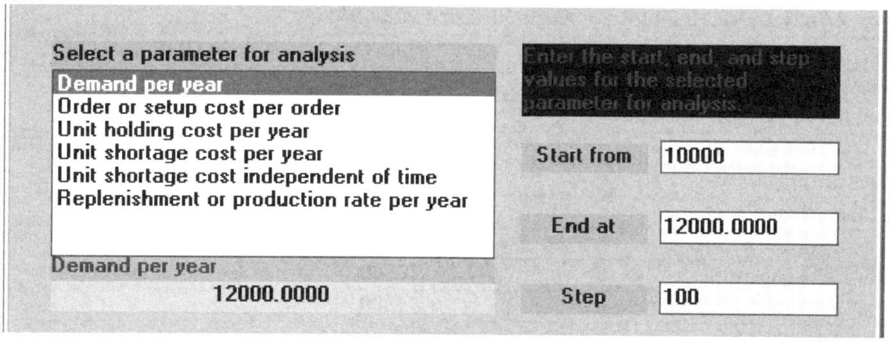

图 A-89　参数分析选项

由图 A-86 知，订货策略：每次订货批量为 283 t，订货间隔期是 0.023 6 年，约 9 天订货一次，再订货点是 210 t，各项成本如图 A-86 所示.

(5) 允许缺货时，将图 A-84 中 Unit shortage cost per year 一栏的 M 改为 100. 求解后得到订货策略：每次订 5 批量为 566 t，订货间隔期是 0.047 1 年，约 17 天订货一次，再订货点是 69 t，最大缺货量为 424 t.

(6) 供货速率为每天 100 t，供应速率 $P=36\ 500$，将图 A-84 中 Unit shortage cost per year 及 Replenishment rate per year 一栏的 M 改为 36 500. 求解后得到订货策略：每次订货批量为 690 t，订货间隔期是 0.057 5 年，约 21 天订货一次，再订

DATA ITEM	ENTRY
Demand per year	12000
Order or setup cost per order	1000
Unit holding cost per year	300
Unit shortage cost per year	M
Unit shortage cost independent of time	
Replenishment or production rate per year	M
Lead time for a new order in year	0.0411
Unit acquisition cost without discount	8000
Number of discount breaks (quantities)	
Order quantity if you known	

图 A-90

货点是 55 t，最大缺货量为 348 t.

(7)瞬时供货，不允许缺货；Edit→Problem Specification，选择图 A-84 中第二个选项后，输入如图 A-90 所示的数据. 点击 Edit→Discount Breaks，输入折扣条件如图 A-91 所示；求解后得到订货策略：每次订货批量为 173 t，订货间隔期是 0.014 4 年，约 5 天订货一次，再订货点是 147 t.

Number	Discount Break	Discount %
1	1000	1
2	3000	1.5
3	5000	2
4	7000	2.5
5	9000	3

图 A-91

2. 单时期离散型随机需求模型

商店拟定在第二、三季度采购一批圆珠笔. 预计销售量的概率见表 A-11.

表 A-11 销售量概率表

需求量 x_i	0	100	200	300	400	500
概率 p_i	0.01	0.15	0.25	0.30	0.20	0.09

已知每台空调成本 2 000 元，零售 6 800 元，如果当年未售完，就要转到下一年度销售，每台的存储费为 500 元，问商店应采购多少台空调最佳？

求解步骤如下：

(1) 建立新问题. 从中选择第三个项，输入标题和时间单位后点击 OK 按钮.

(2) 输入数据. 输入如图 A-92 所示的数据输入格式；双击第一行，选择需求分布如图 A-93 所示.

0/0.01,100/0.15,200/0.25,300/0.30,400/0.20,500/0.09

DATA ITEM	ENTRY
Demand distribution (in year)	Discrete
Number of discrete values	6
Discrete values	0/0.01,100/0.15,200/0.25,300/0.30,400/0.
(Not used)	
Order or setup cost	
Unit acquisition cost	2000
Unit selling price	6500
Unit shortage (opportunity) cost	4500
Unit salvage value	
Initial inventory	
Order quantity if you know	456
Desired service level (%) if you know	

图 A-92

(3) 在图 A-92 中选择 Discrete，求解得到图 A-94. 由第 13 行知道，最优服务水平 81.82%，由第 11 行和第 14 行，知商店应采购 400 台空调最佳，收益期望值为 1 325 000 元；如果在表 A-12 中的 Order quantity if you know 一行输入 456(给定每天销售量)，求解后由第 18 和 19 行可知，最优服务水平 81.82%，但收益期望只有 864 439.88 元.

3. 单时期离散型随机需求模型

鲜花商店准备在 9 月 10 日教师节到来之前比以往多订购一批鲜花，用来制作“园丁颂”的花篮. 每只花篮的材料、保养及制作成本是 60 元，售价为 120 元/只. 9 月 10 日过后只能按 20 元/只出售. 据历年经验，其销售量服从期望值为 200、均方差为 150 的正态分布. 该商店应准备制作多少花篮使利润最大，期望利润是多少？

求解步骤如下：

(1) 建立新问题. 从中选择第三个选项，输入标题和时间单位后点击 OK 按钮.

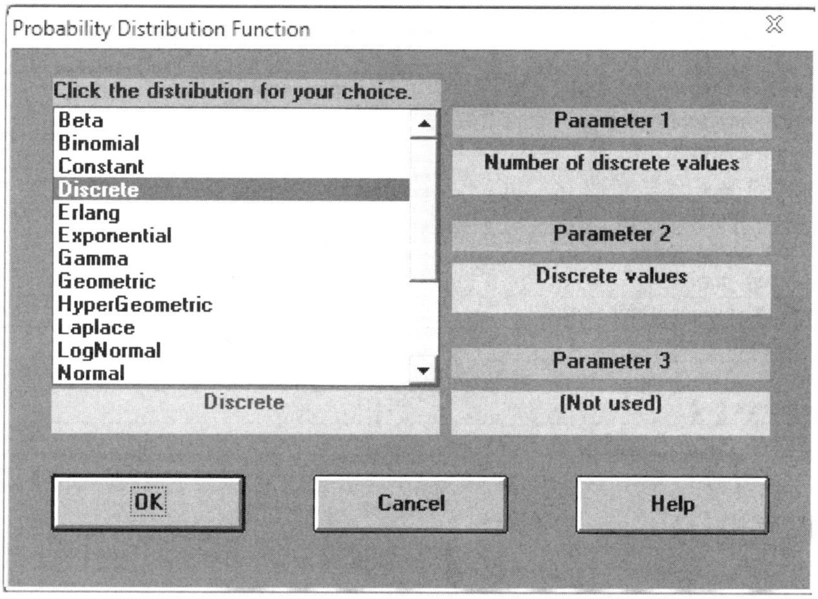

图 A-93

04-21-2013	Input Data or Result	Value
1	Demand distribution (in year)	Discrete
2	Demand mean	280
3	Demand standard deviation	120.8305
4	Order or setup cost	0
5	Unit cost	￥2,000.00
6	Unit selling price	￥6,500.00
7	Unit shortage (opportunity) cost	￥4,500.00
8	Unit salvage value	0
9	Initial inventory	0
10		
11	Optimal order quantity	400
12	Optimal inventory level	400
13	Optimal service level	81.8182%
14	Optimal expected profit	￥1,325,000.00
15		
16	If known order quantity =	456
17	Maximum inventory level	456
18	Service level	91%
19	Expected profit	￥864,439.88

图 A-94

(2) 输入数据.选择需求分布 Discrete,系统指数分布为

$$f(x)=\frac{1}{b}e^{-\frac{x-a}{b}}.$$

因此图 A-95 中第二行 $a=200$，第三行 $b=150$. 求解得到，期望利润为 15 502.25 元.

DATA ITEM	ENTRY
Demand distribution (in year)	Exponential
Location parameter (a)	200
Scale parameter (b>0)	150
(Not used)	
Order or setup cost	
Unit acquisition cost	60
Unit selling price	120
Unit shortage (opportunity) cost	
Unit salvage value	20
Initial inventory	
Order quantity if you know	
Desired service level (%) if you know	

图 A-95

参 考 文 献

[1] 韩伯棠. 管理运筹学[M]. 4 版. 北京:高等教育出版社,2015.

[2] [美]戴维 R. 安德森. 数据、模型与决策[M]. 14 版. 侯文华,杨静蕾,译. 北京:机械工业出版社,2018.

[3] 徐辉,张延飞. 管理运筹学[M]. 上海:同济大学出版社. 2011.

[4] 耿修林. 管理科学原理[M]. 北京:科学出版社,2006.

[5] 王益松. 管理科学概论[M]. 武汉:武汉大学出版社,2007.

[6] 吴凤平. 运筹学方法与应用[M]. 2 版. 南京:河海大学出版社,2003.

[7] 胡运权,郭耀煌. 运筹学教程[M]. 3 版. 北京:清华大学出版社,2007.

[8] 朱求长. 运筹学及其应用[M]. 武汉:武汉大学出版社,2003.

[9] Render B, Stair R M. Quantitative Analysis for Management[M]. 7th ed. [s. l.]: Prentice Hall, Inc. 2000.

[10] Anderson D R, Sweenney D J, Williams T A. An Introduction to Management Science: Quantitative Approaches to Decision Making[M]. 8th ed. [s. l.]: West Publishing Company, 1997.

[11] Bell P C. Management Science[M]. Beijing: China Machine Press, 1997.

[12] 陈又星,徐辉,吴金椿. 管理科学研究方法——数据·模型·决策[M]. 上海:同济大学出版社. 2013.

[13] 薛声家,左小德. 管理运筹学[M]. 2 版. 广州:暨南大学出版社,2004.

[14] 张维迎. 博弈论与信息经济学[M]. 上海:上海人民出版社,1996.

[15] 肖条军. 博弈论及其应用[M]. 上海:上海三联书店,2004.

[16] 徐辉. 基于 Markov chain 理论的科技成果转化的市场预测[J]. 东华理工大学学报,2005(2):196-200.

[17] 陈又星. 基于模糊 AHP 模型的产业集群内部风险识别及其定量测度研究[J]. 科技管理研究,2011(4):161-164.

[18] 胡盛强. 阿米巴经营模式下面向定制需求的生产线管理机制[J]. 中国管理科学,2018,26(7):119-131.

[19] Feng Wang, ShuPing Wan. Possibility degree and divergence degree based method for interval-valued intuitionistic fuzzy multi-attribute group decision making Expert Systems with Applications, volume 141, 1 March 2020, Article 112929.